民衆宗教論

宗教的主体化とは何か

島薗進／安丸良夫／磯前順一［著］

東京大学出版会

ON POPULAR RELIGIONS
What Religious Subjectification Is
Susumu SHIMAZONO, Yoshio YASUMARU,
and Jun'ichi ISOMAE
University of Tokyo Press, 2019
ISBN 978-4-13-010413-5

まえがき

島薗　進

民衆宗教は近世近代の日本の宗教や倫理を考える上で、またそもそも宗教や倫理とは何かを考える上で重要な素材である。「民衆」という言葉は、「支配層」や「エリート」や「知識人」に対して用いられ、社会構成が複雑化した現代社会では何を指すのかがわかりにくく、使いにくい言葉になっている。しかし、近代のある時期までの社会では、「農民」（牧畜や林業や漁業等、農業以外の第一次産業に携わる者）や「町人」「労働者」（商工業従事者）といえば共通の特性をもった人々として捉えることができ、それらの人々が共有する文化や行動様式を考えることができた。それらを捉えることが歴史の理解にとって重要だという理解は、歴史学をはじめとする人文社会系諸学の共通認識だったと言ってよいだろう。

宗教研究と民衆文化研究は関係が深い。社会変革と民衆文化を関連づけようとする研究は一九世紀のジュール・ミシュレなどに先駆があり、二〇世紀前半にはエルンスト・ブロッホ、アントニオ・グラムシらが現れた。千年王国思想の研究は東アジアの歴史研究にも大きな影響を及ぼした。二〇世紀中葉には、フランスのアナール学派（『社会学年報』に結集した学者群）が出て、「心性史」や「社会史」が注目されるようになる。さらに、インド研究等で重要な役割を果たしたサバルタン（被従属層）研究などが民衆文化研究で大きな業績を上げてきた。そこでは宗教の重要性は言うまでもないことだった。新しいところでは、一九三九年生まれのカルロ・ギンズブルグの業績がよく知られている。

文化人類学や民俗学、また文学研究や宗教学においても、民衆文化、とりわけ民衆宗教は重要な主題であり続けている。エリートが主体となる「大伝統」「文字の文化」に対して民衆が伝える「小伝統」「声の文化」の意義を強調したロバート・レッドフィールドやウォルター・オング、カーニヴァルや祝祭の意義に注目したエミール・デュルケム、ミハイール・バフチーン、ヴィクター・ターナー、ブリコラージュ（日曜大工仕事）としての神話生成に注目したレヴィ＝ストロースなどの名が思い起こされる。

日本でも二〇世紀前半に柳田國男や折口信夫が切り開いた民間信仰・民俗宗教研究の地平は、諸分野に大きな影響を及ぼした。歴史学と宗教学においては、一九六〇年代に大きな展開があり、民衆思想・民衆宗教研究で豊かな成果が生み出されていった。鹿野政直、色川大吉、村上重良、ひろたまさきらの名が思い起こされるが、安丸良夫（一九三四—二〇一六）の業績はとくに影響力の大きいものだった。安丸のこの分野の業績は六〇年代から亡くなる直前にまで及び、広範な問題領域に及んでおり、その評価・継承は今も諸分野で行われている。

私は宗教学の立場からこれら民衆宗教研究の先達の業績をどう受け継ぐかを自らの課題として、一九七〇年代に天理教や金光教の研究に取り組んだ。同世代の民衆宗教研究者には、小澤浩、神田秀雄、桂島宣弘、浅野美和子らがいる。少しずれてはいるが、池上良正や川村邦光も問題意識を共有していたと思う。若い世代の業績としては、永岡崇『新宗教と総力戦——教祖以後を生きる』（名古屋大学出版会、二〇一五年）のような業績もある。私に限っていうと、一九八〇年代には民衆宗教研究を離れて、主たる業績は新宗教研究や現代宗教論、さらには国家神道研究という方向に展開していった。他の研究者との交流も続き、韓国の研究者との交流は大きな刺激となってはいたが、研究者集団として顕在化するようなまとまった業績は少なくなっていった。これはやや残念なことである。

今回、磯前順一とともに、民衆宗教論の基本的なモチーフを再考することとなった。金光教の教学研究との交流のなかで安丸良夫が残した講演や討議の記録は、これまで多くの読者の目にふれる形で公刊されてはいなかった。金光教研究では小澤浩や桂島宣弘や私の研究もあり、安丸は自らそこに踏み込む意思はもっていなかったが、金光教をどう理解するかについては強い関心をもち続けていたことも確かである。晩年の安丸良夫を囲む研究会については「あとがき」で磯前が述べるが、たいへん知的な刺激に富んだものだった。しかし、そこでも金光教研究の意義を学術的に取り上げられることがなかった。本書に収録した講演や討議の記録はその意味で貴重な資料である。

安丸良夫の民衆宗教研究は、一九七四年に刊行された『日本の近代化と民衆思想』（青木書店、現在は平凡社ライブラリー版が入手しやすい）、七七年に刊行された『出口なお』（朝日新聞社、現在は岩波現代文庫版が入手しやすい）が代表的な業績である。前者では、通俗道徳や世直し思想の検討の文脈で富士講や丸山教や大本教について論じられている。七七年には『日本ナショナリズムの前夜』（朝日新聞社）も刊行されており、ここには大本教の出口王仁三郎についての重要な論考も含まれている。その後、『安丸良夫集3　宗教とコスモロジー』（岩波書店、二〇一三年）がまとめられており、『日本の近代化と民衆思想』や『日本ナショナリズムの前夜』に収録された論考も含め、安丸の民衆宗教論をまとめて読むことができる。しかし、金光教についての論考が書物に収録されたのは本書だけである。

加えて、一九七〇年代末から八〇年代初めにかけての私の金光教についての諸論考を、まとめて掲載することになった。これらも主に大学の紀要に掲載されたもので、人目にふれにくいものだった。私にとっては、日本の宗教史をどう捉えるか、また、そもそも宗教をどう理解するか、という問いに自分なりの視点をもつ端緒を得た一群の論文である。天理教については、池田士郎、関一敏との共著、『中山みき・その生涯と思想——救いと解放の歩み』（明石書店、一九九八年）があり、本書における金光教発生論とあわせて、書物の形で読むことができることになったのはうれしい。

本書に収録された安丸と私の仕事は、今からおよそ四〇年以上も前のものだが、これらがまとめて公表されることによって、金光教を素材とし、民衆宗教の主体形成について考察した一群の研究成果が、初めて読みやすい形で提示されることになった。加えて、民衆宗教の主体形成という視角を現代的にどう捉え返すかについて、磯前による踏み込んだ考察がなされ（序章、第Ⅰ部第1章、第2章）、私もそれに応答するつもりで新たに終章を書き加えた。

民衆宗教論は今も重要なテーマであり続けている。日本の精神文化の歴史を考える上でも、宗教の比較研究、近代文化の比較研究という点でもそうである。ささやかながら、本書がそのことを証するものとなることを願っている。

民衆宗教論——宗教的主体化とは何か

目次

第II部　異端と全体性

安丸　良夫

序章　オウム真理教事件、そして東日本大震災との遭遇

磯前　順一

一九七〇―一九八〇年代　反権力としての宗教論

一九九八年のオウム真理教事件は、二〇一一年の東日本大震災とともに日本の宗教研究に大きな衝撃を与えた。「あれ以降、生き神信仰の研究は難しくなりましたね」そのように島薗進は現在から振り返る。言うまでもなく、麻原彰晃という教祖が生き神であるかのように信者たちから崇められ、果ては殺人まで実行させていたからである。

そこに教祖という存在の持つ両義性、人々を救済すると同時に破滅させる力を感じる。殺人を犯すことが、殺された人間を救済することだという確信まで付与するのだから、宗教は恐ろしい。そんな評判はあの事件から数年の間は普通に人々の口を衝いて出る言葉であった。麻原彰晃もまた日本の民衆宗教の流れを引く生き神思想の体現者にほかならなかった。その一方で、「なぜ宗教や宗教学者だけがオウム真理教事件で責められなければならないのか」と反論する宗教学者も現われる。そうした状況のなか、生き神信仰を肯定的に分析する宗教社会学の新宗教研究は下火になっていった。

オウム真理教事件より以前、一九七〇年代から一九八〇年代にかけて、島薗進と安丸良夫は民衆宗教をめぐる代表的研究者であった。島薗は宗教社会学、安丸は民衆史という学問分野の違いはあったが、宗教的主体がどのように確立されるかという観点から、近代西洋的な影響を受けた日本の啓蒙主義、例えば丸山真男の日本思想史や色川大吉の民衆史

を批判する点では立場を同じくしていた。島薗や安丸からすれば、民衆宗教論は啓蒙主義に収まらない主体化論の視座を提供する可能性を秘めたものであった。

島薗や安丸が民衆宗教論を展開した一九七〇年代から一九八〇年代は、網野善彦らの社会史と中沢新一らのニュー・アカデミズムの時代であった。一九七一年にはエリック・ホブズボーム『反抗の原初形態——千年王国主義と社会運動』、一九七四年には、カルロス・カスタネダ『呪術師と私』、一九七五年にはC・G・ユング『人間と象徴』、一九七六年にはトーマス・ルックマン『見えない宗教』、一九七八年にはノーマン・コーン『千年王国の追求』、同じくバクワン・ラジニーシ『究極の旅』、一九七九年にはピーター・バーガー『聖なる天蓋』、さらに一九八七年にミルチャ・エリアーデ『宗教の歴史と意味』が日本語に翻訳されて出版された。いずれも、世俗化された資本主義社会に対抗するオルタナティヴな社会を精神的世界に求めるカウンター・カルチャー的な運動を背景とするものである。

こうした欧米の著作に刺激されてか、日本人の著作もまた、一九七〇年の水木しげるの漫画『悪魔くん復活　千年王国』、一九七五年に山口昌男『文化と両義性』、一九七七年に真木悠介『気流の鳴る音』、一九七八年に網野善彦『無縁・公界・楽』、一九八四年に中沢新一『チベットのモーツァルト』、一九八九年に島田裕巳『フィールドとしての宗教体験』が刊行された。やはり現実世界の規則に拘束されない、ある種アナーキーな世界の可能性を宗教に求める機運の中で生まれた作品群であった。

息苦しい体制の中で、どのようにして自由の王国を精神世界にあるいは現実世界に確保するのかというのが、彼らの関心事であった。それほどに社会の世俗化や国家権力の支配はゆるぎないものに見えたのである。この時代が、一九六〇年代の政治的な異議申し立て運動が潰えた直後であったことを考えれば、自然の成り行きである。事実、かれらの多くは一九六〇年代前半から後半に学生運動を経験し、その翻訳書の多くはやはり一九六〇年代に書かれていた。

一九六〇年代との密接なつながりは宗教研究のみならず、現代思想においても確認される。一九八七年には「ポストンにおけるワークショップ——日本のポストモダン」という会議が開かれ、ハリー・ハルトゥーニアンや柄谷行人や酒井直樹が「外部の日本／日本の外部」（『現代思想』一五―五）という討論を行っている。時代の趨勢は権力外部に出ることが不可能ならば、その内部でどのようにして自由な領域を確保するかが問題になっていた。それは哲学でもよいし、宗教実践でもよい。反権力としてのユートピア、そして学問と宗教実践の境界線の曖昧化がこの時代の特徴であった。

そんななかで安丸良夫は一九七四年に処女作『日本の近代化と民衆思想』を出版し、一九七九年に島薗進が宗教社会学研究会の同人と共に論文「新宗教における生命主義的救済観」を総合雑誌『思想』六六五号に発表する。島薗進らの論文は、その前年に東京で国際宗教社会学会（ＣＩＳＲ）が開かれ、カール・ドベラーレ、トーマス・ルックマン、ブライアン・ウィルソンら、世俗主義をめぐる様々な立場の国際的研究者が一堂に集うなか、島薗は日本の生命主義を取り上げ、一概に世俗化に呑み込まれたとは言いがたい日本における民衆宗教の伝統を論じた。

彼らはいずれも知識人中心の歴史・宗教観に対して、民衆が中心をなす近代宗教史像を提示した。それは変革主体が民衆であること、そして民衆宗教にはエリート文化と異なる独自の主体形成の論理がプラスもマイナスも含めて存在すること、そうした問題を抽出しながら、安丸は丸山教や大本教などの「世直し型」を中心とする民衆宗教を、島薗は金光教や天理教などの「生命主義型」を中心とする新宗教を論じた。

島薗ら宗教社会学者が民衆宗教を「新宗教」と呼ぶのは、世俗化された社会でも宗教が枯渇することなく、新たな形で活動しているからという意味である。一方、安丸はエリートの宗教に対して民衆のものという意味で民衆宗教という術語を、マルクス主義の宗教史家である村上重良らに倣って用いていた。すなわち、「新宗教」には世俗主義に対抗する宗教存続論という宗教社会学のニュアンスが、「民衆宗教」には社会革命の主体を前衛たるエリートではなく、民衆に求めるマルクス主義のニュアンスが込められていたのである。

一九六〇年代に研究活動を開始していた安丸に対して、遅れて一九七〇年代に登場した島薗は、安丸に自分の執筆論文を送ることで、安丸からコメントを貰い、同じ近世・近代の日本民衆宗教史の研究者として親密な交流を持つようになる。それが公的な論文として露わになったのが、一九八一年に島薗が発表した論文「日本の近代化過程と宗教」（『ジ

ュリスト増刊　総合特集　現代人と宗教』）である。その中で、島薗は安丸の民衆宗教論を近代化の視点からとりあげ、いまだ呪術を停滞的なものと見る点で、マックス・ウェーバーのプロテスタンティズム中心主義的な世俗化理論にとらわれていると批判を加えた。

管見では、両者の知的交流はここから緊張関係を伴いつつも、信頼関係を結んでいったと思われる。この時期に島薗が書いた論文が一つの著作にまとめられるのは、一九九一年の『現代救済宗教論』である。その四年前、一九八七年には安丸のまとまった民衆宗教論、『出口なお』が刊行されている。確かに、今から見ると、島薗と安丸には宗教社会学と民衆史というジャンルの違いを超えて、他の研究者から一線を画する共通点があったように思われる。それは、実存的関心と客観性の兼ね合いである。

一九七〇年代から一九八〇年代にかけて、特に宗教学の分野では体験主義という呼び名のもとに、研究者も宗教を体験してみなければ理解できないという実存的関心を直截的に表明する傾向が強かった。島薗と同じ東京大学宗教学科出身で、当時メディアの寵児となった中沢新一や島田裕巳はその代表であろう。彼らは、特定教団や宗教グループでの自らの宗教体験をもとにして、宗教を一種の実存的な雰囲気のもとに学問的に解釈していく方法を一般的な読者向けに提示していった。

彼らがともに、ウェーバー社会学をアメリカに導入し、そこから近代化理論を組み立てたタルコット・パーソンズの社会学を継承しようとした宗教社会学者の柳川啓一の感化を受けた弟子であったことは興味深い。柳川はそうした学問に限界を感じ、より宗教体験へと没入していく実存的な学風を志向した。東大宗教学科での柳川の同僚である、宗教心理学者の脇本平也や宗教哲学者の田丸徳善はそうした主客一体化を打ち出した柳川の学風に一抹の危惧を覚えていたと言われる。事実、その後こうした実存的な宗教学を批判していく宗教体験論や宗教概念論は、島薗らを介して脇本や田丸の流れを汲む研究者の中から登場してくることになる。

島薗はそうしたなかで「内在的理解」を提唱し、共感的であると共に歴史的文脈の中で研究対象の宗教者に近づいていく方法を打ち出していく。内在とは、宗教者に内在すると共に、歴史的文脈に内在するという方法である。歴史学と宗教学と、学問分野は異なれど、安丸と共通する姿勢である。歴史的文脈に内在するということは、真理を説く宗教者の歴史的制約を弁えるということであり、宗教者に内在するということはその真理の論理を理解することを意味するものであった。

客観性と主観性の交差し合う状況の中で、その発話を歴史的にどう位置づけるか、あるいは歴史的文脈の中でその発話の批評性をどのように見出すか。島薗と安丸は、視点は宗教学と歴史学と異なるとはいえ、その二つの方向のいずれか一方に偏ることなく、その均衡のなかで宗教的な言動を解釈しようと努めていた。

一九九五年　オウム真理教事件という転機

こうして安丸と島薗によって代表される民衆宗教研究は飛躍的な展開を遂げ、学問の世界で民衆宗教は市民権を得ることになる。しかし、一九九〇年に刊行された『新宗教事典』（弘文堂）を境として、その研究は大きく退潮していく。画期的な研究の多くがそうであるように、研究のノウハウが定まり、その方向での研究が著しく推進されると同時に、他の方法が見えにくくなるために、そうした研究方向に対する違和感もまた強まっていく。

代わって一九九〇年代に盛んになったのが、ポストモダニズムの影響を受けた「宗教体験論」、次いでポストコロニアリズムと結びついた「宗教言説論」であった。先に現れた宗教体験論は宗教経験が純粋な真理の経験であるという宗教者の主張に対して、そうした純粋性の経験もまた体験者を取り巻く歴史的文脈の中でなされる以上、歴史的な制約を被ったものに他ならないとする議論である。

当時、東大宗教学研究室のゼミでは、「君の報告は学問というよりも、神学的だね」という、いささか性急なコメントで議論に終止符が打たれることがしばしばあった。宗教体験論はまさにそうした雰囲気を体現する議論であった。ただし、自分の学問もまた神学的な色彩を免れるものではないということには、ほとんどの者が気づいていなかった。

そのような雰囲気のなかで起きた一九九五年のオウム真理教事件は、宗教学は個別の宗教や宗派を批判してきたものの、教団を超えた「宗教」概念そのもののもつ政治性に対しては無自覚であったことを明らかにした。だから、宗教社会学系の研究者の何人もが、既成教団を批判する宗教教団に対して、結果としてそれが反社会的な集団であったにもかかわらず、共感的な発言をしていたのであった。こうした学問に対する自己批判から生じた宗教概念論は、プロテスタント的な"Religion"の日本語訳である「宗教」概念の受容過程の分析を通して、非宗教と分類された神道概念と宗教概念が表裏一体なものであると判じ、純粋性を唱える信仰者の主体がナショナリズムのもとに天皇制国家に忠実な国民へと回収されていくことを明らかにした。

だが、宗教概念論も宗教体験論も、それぞれの言説を支持する宗教研究者に次第に認知されて、真理の相対化と発明された言説の発見という紋切り型の結論を反復するようになる。宗教的な言説を批判すればするほど、批判する者の主体は言説の外部で中立的な第三者として、透明で客観的な脱自的な立場を保持すると見なされるようになっていく。その中で、「宗教とは本来的に人間の世界を超越したものなので、人を殺しうるものである」といった、現実に殺された者や遺族の悲しみとは関わりなく、オウム真理教団を肯定するようにとられかねない発言までが宗教体験論者のなかから発せられていく。

そこには何のための現実批判か、超越性かということが見落とされた結果としての、宗教学者自身の認識のもつ暴力性への自覚の欠如が見られる。麻原の場合であれば、それが宗教者の暴力性への無自覚さであったわけである。宗教者であれ宗教学者であれ、自らの認識が真理だと思い定めたとき、しかもそれが小さな場にせよ、体制側に立った時には真理の名のもとに、社会的にせよ精神的にせよ、自分と見解を異にする立場を撲滅する行為が肯定されることになる。それは全体主義であり共産主義であり、そして六〇年代の学生運動にまで共通する、真理の名のもとに展開された体制批判の言動の行き着く先を示すものとなった。革命幻想の終焉である。

どれほど「言説批判」を行なったにせよ、自分の主体を透明なものと信じているかぎり、その批判者の主体は自らが帰属する言説のなかに溶かし込まれていってしまう。なぜならば、いかなる言説であれ、それは主体が作り出すものというよりは、言説によってそこに帰属する主体が生み落とされるものだからである。言説という立場が新たな批判的主体を立ち上げることが可能であるとするならば、それは唯一、自らの属する言説を批判の俎上に挙げる場合においてなのである。

そうでないかぎり、信仰者がどのような宗教的主体化を試みてきたのかという視点が言説論者からは脱落していく。ここにおいて一九七〇年代から一九八〇年代にかけて島薗や安丸が推進してきた民衆宗教研究が解明してきた国家権力への抵抗主体の場、あるいは日常実践の主体形成の場としての宗教という視座が放棄されてしまう事態が引き起こされる。

そのようなときに襲った二〇一一年の東日本大震災は、経済的繁栄が幸福をもたらすと信じてきた戦後日本社会の価値観と明らかに矛盾をきたすものであった。資本主義経済に保護された大都会と、その犠牲になってきた地方社会。そうした経済的格差は国外でも国内でも、国内でも同じ地域の内部の農村部と漁村部など、微細な空間にまで浸透していった。誰かが豊かになれば、誰かが貧しくなる。「私たち」が成立すれば、「私たちでない者たち」が必ず生み出されるように。

グローバル資本主義の運動がもたらす均質化とは、みんなが等しく豊かになるような多様な個性を認め合った共生ではない。決して主体は透明でも平等でもなく、平等な公共空間を維持するためにこそ、歴史的差異を刻印されて差別された人々が生み出されることが、いまや多くの人々の目に明らかになっていったのである。宗教学者や宗教者が言う「私たち」とは誰なのか、そこで私たちから零れ落ちるのは誰なのか、オウム真理教事件以降、ほとんどの宗教学者はこの問いを否認するようになる。

二〇一〇年代　主体化過程の宗教論

一九七〇年前後、ポストモダニズムが盛行した時期には、国家に規定された既成の主体化モデルが強固なものとして存在していた。だからこそ、島薗や安丸ら宗教研究者たちにとって、こうした既存の権威に同化された主体に対してどのように抵抗し、別の主体を構築するかが最大の関心事であった。その過程で、国民国家が提供する国民というモデルに対して、民衆あるいは信仰者といった主体化のモデルが模索された。既成の主体化過程を批判することで、すでに制度化された主体化過程に疑問が付されるため、そこで主体的な自由が得られたような感触が得られたのも確かである。

そのさいに研究対象として島薗や安丸が注目したのが、金光教や大本教、あるいは天理教といった、教祖の人生を西洋啓蒙主義的な主体化過程と重ね合わせることのできる民衆宗教であった。とくに、金光教と大本教は同じ金神信仰の流れを汲む民衆宗教であり、島薗も安丸もともに、かつては社会から疎まれた祟り神であったものの、それが宗教的覚醒をもたらす世界の主宰神へと転換する主体化過程に着目した。秩序から排除された祟りや憤りの感情が肯定的なものに転ずることで、それが秩序を構成する力に変わる。一方、麻原は憎しみの感情が変容しないままに、自らが秩序の側に立ったので、自分と同じような犠牲を作り出すことを反復することになったのである。

そこに本書が宗教的な主体化論を主題に据える理由がある。しかし、社会の権威が流動化し、規律化を通して国民を組み込む権力のモデルから、主体を構築しない人々をそのまま権力の中に埋め込む生政治へと権力のあり方が変更される中で、主体を相対化する行為自体が意味を持たないものになっていく。批判する権力が明瞭な主体の姿を形成していない以上、主体を批判すればするほどよりいっそう大きな言説の中に取り込まれることになる。

権力のあり方が、ミシェル・フーコーの説くところの「規律」から「生政治」に転換した今、むしろそうした生政治の脱主体的な管理のしかたを批判するためにこそ、主体をどのように構築するのかをめぐる議論が求められる。主体を消去するような通俗化した宗教言説論ではなく、主体化過程の分析を通じて、その批判的な再構築を推し進める宗教的な主体化過程をめぐる議論である。

しかし、その主体がかつての啓蒙主義者らの主体論をそのまま復活させることとは峻別されなければならない。そうでなければ、民衆宗教的な主体を啓蒙的主体と同一視した村上重良の民衆宗教史の議論に戻ってしまう。そもそも、それでは何ゆえ高学歴の科学者の卵たちが麻原の殺人命令に簡単に服したのかという謎も解き明かすことはできない。合理性に還元することのできない主体形成の秘密。それこそがオウム真理教事件後の、民衆宗教が取り組むべき課題なのである。

「われ思うゆえにわれあり」と言ったデカルトの言葉を通俗的に理解するならば、それは神仏などの「謎めいた他者の眼差し」を必要としない、自己だけで完結する主体の存在を意味する。理解しつくすことのできない謎めいた他者とは、神仏だけを指すのではない。それは同時に国家や天皇にもなりうる存在である。

こうした制度化された固定した他者像を、精神分析家のジャック・ラカンは「大文字の他者」と名づけた。他方、制度化や固定化を逃れ出る他者を「小文字の他者」あるいは「対象a」と呼んだのである。対象aは自分が主体を構築するときに切り捨てられた残余であるから、主体の自己統一性に不安をもたらす。その不安を認識することで主体は新たな状況に対応する再編も可能になる。一方で、それを否認することで症状が悪化することもある。

制度化とその脱構築は表裏一体の両義的関係のもとに、構築される主体のあり方を強く規定し続けている。長い人間の歴史のなかで、そうした他者は、神仏や国家あるいはポップスターなど、姿を変えつつ人間の主体化を情動の次元から支えてきた。その典型が先の敗戦までの天皇であり、オウム真理教の麻原であった。こうした大文字の他者がいかに個人の主体の自立性を失わせるものかを痛感してきたからこそ、戦後日本の啓蒙主義的知識人たちは謎めいた他者の眼差しを必要としない合理的な主体化を推し進めようとしてきた。ただし、実際のところは国民国家といった他者の眼差しに規定された国民という主体を構築し、無数の非国民や二級国民を作り出す結果になったわけだが。麻原の起こした事件とは、そうした否認された世界の住人からの、ルサンチマンに満ちた復讐であった。

そもそも主体を確立するとは何なのか。それは少なくとも、無意識の領域を含めて自分という単位を確定することである。ただし、その単位は個人とは限らない。家族、村落、国家、あるいは職場や宗教教団。私たちは何かの一部であることで自己を確立する。それが、謎めいた他者の眼差しによって主体が可能になるという意味でもある。

他者の眼差しがあるからこそ、各主体は他の主体との共約的な関係性のもとに繋ぎとめられていく。その眼差しは均質化されたイデオロギーではなく、各人に読み解かれることで、空洞の内実が多様なかたちに読み取られていくプラトンの言うエイドス（枠組）のようなものである。ホミ・バーバが言うような「非共約的なものの共約性」[1]、理解できないという認識を絆とした共同性が、各主体の不均質さを前提として公共空間として成立する可能性を帯びる。

ただし、オウム真理教や国家神道のように、各主体が均質なものとして大文字の他者に呑み込まれてしまえば、個としての主体が結節点とならない全体主義が出現する。しかし、そうした他者が謎めいた余白を保ちながら、各自の裁量のもと解釈されていくならば、認識し尽くすことのできない他者に支えられて個人の主体が各人の歴史的文脈に応じて生み出されていく。そこでは、主体の中に組み込まれなかった小文字の他者、対象aの醸し出す存在の不安との再折衝が、主体にとって欠かせないものとなる。その怨念や不安に満ちたざわめきをどのように聴き取り、肯定的なものに変えてどのように主体に組み込んでいくかが課題になるのだ。自己憐憫は絶対的な躓きの石となる。

アレントの説くような公共空間は、啓蒙主義的な自立した個人の存在が前提となって、各自が完結した存在として関係を結ぶものである。公共空間を構成する単位と見なされる個人は、人間関係の網の目の中で相互に受動かつ能動的な関係に曝されているものの、あくまで自己完結したもの同士が働きかけあう関係として捉えられる。だが、大文字あるいは小文字の他者という存在を念頭に置いたとき、彼らの存在は、主体が生成するさいに否応なしに何かに働きかけられて、同じ場に帰属する存在になるといえる。

そもそも同じ場に帰属している特質をもたらすこと自体が、そうした不可視の謎めいた他者の眼差しに捉えられているがゆえに生じた事態なのである。非共約的なものの共約性を前提とした場の存在を考えた時に、主体論は個体の自己意識としてのアイデンティティ・ポリティクスにとどまるものではなく、複数性の主体が関わりあう公共性論として展開していく。元来、宗教とは、個人の生き方を司ると同時に、大いなる存在の名の下に他者と結び合わされて共存していく技法でもある。実のところ、謎めいた他者の眼差しに支えられた主体化過程の両義性こそ、宗教のダイナミクスを物語るものなのだ。

その点で、何かから自己を切り離して、完結した主体を確立するという考え方はしょせん幻想にすぎない。たしかに謎めいた他者に盲従するならば、主体は大文字の他者の一部に呑み込まれて、個人としての自立性が失われる。それに対して小文字の他者とはそうした固定化された主体を脱臼させ、新たな主体編成に導く謎めいた他者の役割を果たす。ルイ・アルチュセールは、主体はイデオロギーに呼びかけられて成立すると述べた。しかし、その声を捉え返すことができるならば、その声の独自の聴き方をもとにして個人の主体が成立することも可能になるのである。

主体とはこうした他者の眼差しとの両義的な関係のもとで、自己を確立したり、それを再編していくものと捉えられるべきである。他者の眼差しによって支えられながらも、その眼差しを自覚的に捉え返し、個人の主体の中に批判的に取り込んでいくあり方が現在では求められる。その謎めいた他者の眼差しによる主体化行為の最たるものが、長い人類の歴史の中で「宗教」あるいは「信仰」と呼び表わされてきた主体化の実践行為である。なかでも東日本大震災は多数の犠牲者を通して、死者の眼差しやざわめく声が行き交うなかで、生者の主体が構築されてきたことを再認識させる出来事となった。

＊

以下、本書の構成を記しておきたい。本書が主に対象とする金光教は、民衆の主体形成に主眼を置いてきた日本民衆宗教研究のなかでも、天理教や大本教と並んで最も議論の俎上にあげられてきた宗教である。すでに触れたように、それは金神と呼ばれる祟り神、共同体から恐れられて排除された神を謎めいた他者の眼差しのもと主体化をうながす世界の主宰神として読み替え、マイナスの存在をプラスの存在へと、神とともに主体のあり方自体も転換を図る主体化の技術――ミシェル・フーコーの言うところの「自己のテクノロジー」――に最も長けた宗教である。それが本書に収録された諸論文に共通した主題である。

第I部の磯前論文は書き下ろし。オウム真理教事件と東日本大震災を経て，戦後日本社会の見直しが叫ばれる現在の地点から，一九七〇年代から一九八〇年代に書かれた安丸論文と島薗論文の，今日の宗教的主体化論における位置づけを語ったものである。新宗教研究の現在への召喚の試みとして，本書全体の総論をなす。

そこでは，金光教から大本教へとつながる金神信仰の展開を論じ，謎めいた他者の眼差しのもとどのように主体化過程が推し進められるか，金光教と大本教の例を通して論証する。同時に一九七〇―八〇年代にかけて行なわれた安丸と島薗の民衆宗教研究が，今日の主体化論の視座のもとにおいてどのような意味を持つものなのか，その再評価をおこなう。安丸が歴史学，島薗が社会学とすれば，磯前のものは精神分析学的な視点に基づくアプローチといえる。そこにおいて，宗教言説論から宗教的主体化論への再転換が具体的に提示されることになる。

この宗教的主体化論とは個人的な次元に限定されるものではなく，国家や宗教教団や家族など，様々な単位をとる主体化過程の運動のアクセントを，謎めいた他者との関係でバランスよく移動させていくこと，すなわち世界との「転移」関係の変容が宗教実践の焦点になることを焦点に置くものである。そこから個が他者と共存するとはどのようなことなのか，共約性がどのように可能になるのかという公共性をめぐる議論が，やはり謎めいた他者との転移関係から解き明かされることになる。すなわち宗教的主体化論は公共宗教論の一部をなす議論なのである。

第II部の安丸の論文においては，異端であることこそが，社会批判を可能とする全体性，すなわち「超越性」の眼差しを獲得できるという主題を軸に議論を展開する。本論文は，「安丸良夫氏を囲むシンポジウム」という題名で『金光教報』昭和四九年五月号に掲載された。内容は二回に分けて行われた講演とシンポジウムを収録したものである。講演のほうはその一年前，一九七三年二月二四日に「日本思想史における宗教史研究の意義」の題名で，岡山県金光教本部の教学研究所にて昭和四八年度総会の一部として行われた。続いて一九七四年一月二一―二二日に，東京出張所主催で

「安丸良夫氏を囲むシンポジウム」が東京都勤労福祉会館で行われた。今回の収録が、安丸の全集や単著を通して初めての単行本への収録となる。

安丸の処女作『日本の近代化と民衆思想』が刊行されるのは、一九七四年秋のことである。そこには世直し型の民衆宗教の丸山教に関する論文が収録されたが、その前後する時期に生命主義型の民衆宗教である金光教を全面的に論じたこの講演録が発表されていたことはこれまでほとんど知られていない。その意味で本論文は初期の安丸良夫の隠された学問的な息吹を伝えるものとして貴重である。さらに、その金光論が、同じ金神信仰を奉じる大本教の教祖を論じた名著『出口なお』（一九七七年）に展開していく点では、その初期構想を告げるものとしても興味深い。

しかし、それ以上に重要なのが、本論文を通して安丸が宗教教団と具体的に対話を試みていることである。現在の宗教研究は、オウム真理教事件の衝撃が大きすぎたためか、宗教教団のもつ価値規範に直接踏み込んで対話を試みる研究がまれになった。研究情報を提供してもらうのだから、互いに摩擦は少なく協力し合いたいという慮りである。この安丸論文には、それとは全く異質な緊張感あふれる教団との真摯な対話の姿が示されている。宗教研究が学界内の地位保全のためではなく、信仰を深めるための宗教者との対話であり、社会の理解を深めるための一般人への寄与行為であることを、改めて思い起こさせてくれる報告文となっている。

第III部の島薗の諸論文においては、生き神思想というものが生身の人間としての孤独を引き受けた上で、自我インフレーションを引き起こさずに、どのように神と人間の関係を取り結ぶものなのか、世俗主義の時代のもとに主体が超越性を獲得することの意味を提示する。その書誌は左記のとおりである。

「生神思想論――新宗教による民俗〈宗教〉の止揚について」宗教社会学研究会編『現代宗教への視角』雄山閣出版、一九七八年

「金光教学と人間教祖論――金光教の発生序説」『筑波大学哲学・思想学系論集』四、一九七八年

「金神・厄年・精霊《しょうりょう》――赤沢文治の宗教的孤独の生成」『筑波大学哲学・思想学系論集』五、一九七九年
「宗教の近代化――赤沢文治と日柄方位信仰」五来重ほか編『講座・日本の民俗宗教5　民俗宗教と社会』弘文堂、一九八〇年
「民俗宗教の構造的変動と新宗教――赤沢文治と石鎚講」『筑波大学哲学・思想学系論集』六、一九八〇年
「初期新宗教における普遍主義――習合宗教の流れの中で」南山宗教文化研究所編『神道とキリスト教――宗教における普遍と特殊』春秋社、一九八四年

安丸論文が一九七四年に発表されたものであるのに対して、島薗の諸論文は一九七〇年代後半から一九八〇年代前半にかけて書かれたものである。やはり教団との熾烈な対話を経て書かれた産物であり、そこには信仰者と一般社会という想定読者の像が浮かび上がる。この時期には、天理教論と大本教論も書かれているが、今回は金光教論のものを主に収録した。ただし、冒頭の「生神思想論」と末尾の「初期新宗教における普遍主義」は、この時期の島薗新宗教論の全体像を示すものになっている。

安丸は「全体性」、磯前は「外部性」、島薗は「孤独」として、超越性を呼び表わしてきた。これらの諸論文を通して、主体が超越性を獲得することの意味、本書でいうところの宗教的な主体化過程の意味が具体的な例をもとに提示されることになるだろう。それは人間が世界の一部でありながら、同時にその世界を批判的に俯瞰するフーコーのいう「主体の二重性」――先験的主体と認識論的主体――を確立することに他ならない。民衆宗教の豊かな伝統に眼をやるとき、そこから私たちが主体化の技術をどのように取り出すことができるのか、本書は一九七〇年代以降の宗教研究の成果を再度、現代社会の課題のもとに接合させる野心的な試みと言える。

オウム真理教事件、そして東日本大震災と向き合ってきた宗教研究の現在の姿が今ここにある。とりもなおさず、主体化・公共性・差別という問題群から見た宗教論の再編成である。

第Ⅰ部　謎めいた他者と宗教的主体化

磯前順一

はじめに――金光教へ

東京で安丸良夫の葬儀が終わった数カ月後、新幹線に乗って岡山県の金光駅に向かった。かつて安丸は幾度かこの地を訪れていたと本人から聞いていたからである。日本の民衆思想史を牽引してきた安丸は、民衆宗教にも造詣の深い歴史家であった。なかでも、大本教や丸山教といった世直しを説く民衆宗教を好んで論じた。安丸は宗教をめぐる思想と運動の可能性を次のように言明する。

「宗教というものは、国家権力からの人々の精神的自立のもっとも源初的なかたちであり、内面的権威性の本源的形態だと思われるからである。歴史のなかにおける宗教が、もし右のような意味をになうものだとすれば、当該社会における精神の自由と自立のありようを、その社会における宗教的なものの特質を通じて探求できるはずではなかろうか」（傍点は磯前、以下、とくにことわりのないかぎり同様）[1]。

それは、一九六〇年代から七〇年代の世俗主義的な時代状況のなかで、一見すると非合理に見える民衆宗教の教えに、苦しみからの人間の救済と社会変革の可能性を見いだそうとする試みであった。そのなかで金光教をめぐる議論が前面に押し出されることはなかったが、大本教をはじめとする民衆宗教を生み出した母胎として『出口なお』（一九七七年）

のなかでも再三言及されている。日本宗教史における金光教の意義を、安丸は次のように述べている。

「金光教の根本神は、天地金乃神と称されるが、それは、天の神、地の神と鬼門の金神を一体化し、天地万物をその根源においてなりたたせているはたらきを全体として把握しようとするものである。……そこには、人間の運命を外からあやつっている雑多な迷信を克服して、信仰を内面化し、偉大な普遍神を獲得してゆくという特徴がよくあらわれている。強力な祟り神だったものは、人間のがわの信心を媒介にして福神に転化されると、福神としても力強いのであって、こうした祟り神や悪神の福神化という傾向は、民衆信仰史の重要な特質でもあった(2)」。

私は災いを転じて福となすこの信仰に以前から興味があった。差別を作り出すのが人間の歴史の常であったとすれば、それをプラスの力に転換する装置もまた人間には欠かせない知恵であろう。排除された者がどのように救われていくのか、そして差別を作り出す私たちの心をどのように鎮めることができるのか。安丸の著作を読むなかで、金光教あるいはその流れを汲む大本教の信仰にはその問題を解決する鍵があるのではないかと感じていたのだ。

思い起こせば、安丸と私、そして島薗進は他の研究仲間も交えて、一九九七年から小さな勉強会を組織した。安丸の著作に対する批評を軸において、歴史的な文脈のなかで宗教をどのように研究すべきか、新たな研究ヴィジョンを約一〇年にわたり共同で模索していった。結局のところ、そこで大きな関心事として浮かび上がってきたのは、他者との共存のかたち、そのさいに超越性をどのように理解し、日常世界の中に位置づけるかということであった。

安丸良夫はこうした超越性の問題を主体との関係性において深く考察した稀有な思想家であった。だとすれば、「超越性（transcendence）」を体験した宗教的主体の変容過程こそが本稿において問われなければならないのではないか。そのとき、私はユダヤ教の神学者、エマニュエル・レヴィナスの次の言葉を思い浮かべていた。

「意識とは異なる〈他なる思考〉のもとに、何を求めることが出来るのでしょうか。窮極的には、〈他なるもの〉を〈同なるもの〉

に同化することなく、〈他なるもの〉を〈同なるもの〉に統合することのない思考が求められているのですが、これはどのような思考なのでしょうか。これは、すべての超越者を内在に還元せず、理解することによって超越を損ねることのない思考なのです」(3)。

超越とは、文字通り「越え出ること」である。「現世」を、「既存の価値観」を、そして「自分自身」を越え出る。言葉でそのように言うだけなら簡単なことだ。しかし、その越え出る瞬間に主体にどのような事態が出来するのか。主体は何を受肉し、どのように再編されていくものなのか。そもそも超越する主体とは誰なのか、何なのか。人間なのか、神なのか。それを体感し得なければ、本当に超越性を理解したことにはならないだろう。

その超越性を安丸は「全体性」と、島薗は「孤独」と、私は「外部性」と、それぞれ固有の意味合いを持って呼び表した。しかし、私の東京離任もあって、この研究会は停止を余儀なくされ、互いの「超越性」の理解がどのように結び合わされていくのかは明らかにされないままになった。だからこそ本稿を執筆することによって、安丸の死によって途絶えたこの討論を、島薗の学説との対話をふくめて自分なりに完遂させたいという気持ちに傾いていった。安丸は民衆宗教教団を訪れるなかで何を感じていたのか。少しでも理解を試みようと、私は岡山に赴くことにした。

新幹線の中で、「自分の学問は理解されていない」という安丸の言葉を思い出していた。学界でも世間でも高い評価を得ていた彼がなぜそのようなことを口にしたのだろうか。「市井の隠者になりたい」とも安丸は言っていた。隠者とは社会的な欲望を去勢することだとすれば、彼は制度を代表することも、制度との関係で評価されることも望まなかったのだろう。世俗の社会で人と交際しながらも、同時に世捨て人であることはまことに至難の技である。自由が孤独と引き換えにすることでしか得られるものではないこと。その孤独と自由が備わってこそ、書くものが読み手の心に届くものになること。そのときの私は分かっていなかったと思う。

「知識人は非当事者の立場から他人を記述せざるをえないわけだから、それと引き換えにみずからの孤独は甘受しなければならない」。

かつて安丸の口を衝いて出た言葉を私は思い出していた。安丸を追悼することとは、彼を一方的に賞賛する態度とは別のことである、彼が達成したことと、出来なかったこと。双方を見極めることで、安丸の学問を、現在に開かれた可能性として私たちは継承することができる。発表するあてのない安丸宗教論を、私は超越論を主題に書き続けることをいつしか心に決めていた。今はこの世にいない安丸良夫と、対話を続けたいと思ったからだ。そうした行為を通して、謎めいた他者に己れを開いていく行為こそ、安丸や私たちが情熱を傾けてきた宗教論を自分もまた実践することになるのではないだろうか。そこに「安丸」でも「私」でもない、超越論的主体が立ち現れてくることになるのではないだろうか。そんな気がしていたのである。

【注】

（1）安丸良夫『日本ナショナリズムの前夜』朝日選書、一九七七年、ⅲ頁。
（2）安丸良夫『出口なお――女性教祖と救済思想』朝日新聞社、一九七七年（岩波現代文庫、二〇一三年、一一九頁）。
（3）エマニュエル・レヴィナス『超越と知解可能性――哲学と宗教の対話』一九八四年（中山元訳、彩流社、一九九六年、一二六頁）。

第1章　宗教的主体と転移論的回心

1　超越論——孤独と自由

そんなことを考えているうちに、激しい雨の降りつづく金光駅に着いた。山陽新幹線の岡山駅からローカル電車に乗り四〇分ほどの距離である。海に向かって開かれた瀬戸内の平野のひとつだが、後方には山地が控える。海の干拓地と高台の造成地が入り混じる農村地帯である。そこに高梁川の支流が東西に走り、この地域に物流をもたらすとともに、文化・宗教的な刺激を運び込んできた。この地域は近世に綿作が広がるにつれて、金肥などの肥料や技術が発展した農業の先進地帯であった。

しかし、それは生産力の向上だけでなく、農民の上昇と没落を引き起こす商品経済の浸透をも招き入れた。豊かさと背中合わせの不安定さ。それがこの地域の農業の特質であった。そのなかで社会的な上昇手段として、勤勉、倹約、実直など安丸の言う通俗道徳が発展するとともに、金神信仰や憑霊信仰などの民間信仰や民俗宗教が人々の不安を解消するかのように社会に深く根を張りめぐらしていた。[1]その点について、金光教学の竹部弘は次のように説明している。

「農民層分解が進行する中、潰れ行く農民と、飲酒・博打・不和等の生活態度が存する一方で、没落を免れるためには勤勉・倹約の励行が説かれ、庄屋・地主層を主導者とする通俗道徳の励行によって、実際に家政を維持・発展させ得た人物が存在する……。金光大神が一生の殆どを過ごした大谷村でも、宝暦・明和（一七五〇～七〇年代）の頃に、大谷村全体で困窮のため他村に田地を売る者が多くあり、……その後も農民層の変転は激しく、天明七（一七八七）年から慶応三（一八六七）年までの八十年間に、新たに本百姓になった者が九十五戸ある反面、五十二戸が逆に転落ないし廃絶しており、継続して本百姓たり得た家は、村全体の約三分の一に過ぎなかった(2)」。

金光大神が養子に入った川手家も一時は零細農民層に身を落としていたが、養父粂治郎と、後に金光大神となる文治の働きで、その所有高で大谷村の百姓一二五人中、九番目の家になるまでに家運を回復していく(3)。金光大神もまた当初は通俗道徳のよき実行者であり、「実意丁寧」といった金光の教えもまたこうした流れを汲むものであった(4)。しかし、こうした家運の回復の過程で、川手家に不幸が何度も訪れ、経済的繁栄を迎えるものの、ついに金光大神としての回心が起こることになる。

最初に私が案内された金光教の施設は、木の香り漂う黒板の壁と漆喰の白壁が調和をなす教学研究所であった。この建物は直前に中止になったものの、昭和天皇の行幸を迎えるときに建てられた和洋一体となった建築様式のものである。そこで研究所の方たちと、安丸の金光教の評価について言葉を取り交わすことになった。研究所の所長が、金光教で安丸が語った記録「安丸良夫氏を囲むシンポジウム『信仰の思想化について』」（『金光教報』昭和四九年五月号）を私に差し出してくれた。著作集にも収録されたことのない、若き日の安丸の声が収められた貴重な記録である。

「金光教は、個人の生活、普通の庶民の生活を非常に重んずる思想であるわけで、……そこからすごく保守的なものも出てくるし、革新的なものも同時に出てくるという領域なので、いろいろな試みが出てくることが重要な意味をもつのではないか。……宗教教団として異端が全然出て来ないのは、長い目で見てあまり得ではない。短い目で見ると、異端が出てくれれば非常に面倒なことだし、まずい面もあるが、長い目で見ると、それは一つの衝撃であり、問題提起だから、そういう問題が、教団をゆさぶって、それらを通じていろいろな論争が行われることになる」(5)。

ここで安丸は、かつての金光教の分裂騒動に触れて、異端が生まれる動きこそが教団の力動性を物語るものであると肯定的に捉える。そもそも金光教の教祖は「金光大神」という、生き神を意味する神号を神より授かっていた。しかも教祖に限らず、その家族や高弟にも、「一子大神」「金光山神」等の神号が次々と授けられていった。こうした現象を安丸は「金光教の非常に偉大な教え」として、「『信心して神になれ』『生神になるのだ』というわけだから、そういう意味では、だれもが取次者になれるし、それゆえにだれでもがある意味で教祖になれるともいえる」(6)と受け止めたのである。むろん、生き神になるとき、その人間の主体はもはや単なる「私」ではない。

唯一神の求心性を唱える一神教では、異端派は排除されるべき誤った教えとされるが、多神教では異端の形をとって多様な教義が族生しえる。人間は誰でも神性や仏性を有するという汎神論的な視点は、教祖や天皇のみに収斂しがちな生き神思想を捉え返すものとなる。こうした汎神的世界のあり方について金光大神は次のように語っている。

「これへ、おいでなされるおかたが、神さまであります(まいる人をゆびさし)。あなたがたが、神さまのお子でありましょうが。生神ということは、ここに神がうまれる、ということであります。私が、おかげのうけはじめであります。あなたがたも、そのとおりに、おかげがうけられます」(7)。

この教祖の教えを、岩本徳雄は次のように嚙み砕いて説いている。

「金光大神の信仰世界で言えば、神は切り離すことのできないものとなるにとどまらず、神が一切であり、自らも神であり、人も神であるというところまで進み拡大していったのである。そして、神であるべき自身も人々も、それにふさわしく神名を授けられるのが当然となった。かくして、人神は増大し、神が一切という信仰は、金光大神一人の意識世界を超えて周囲の人々に、そして世界へと、あたかも波紋が広がるように拡大していったのである」[8]。

そこでは人間が世界の一部に同化されるのではなく、世界から各自が中心として屹立する主体性を生み出す根拠となる。ただし、それは「凡夫で相わからず」[9]と、「凡夫の自覚」を前提とするものであり、そうすることで「人間を自己一身の責任として摂取することであり、同時に神を摂取すること」になる[10]。それが金光大神をはじめ、信者が神号を持つ意味であり、自分を神と同一視するような自我インフレーションとは異なる主体形成のあり方であることは明らかである。同時にそれは「私」があくまで理性的な「私」であるという、デカルト的な近代的主体とも異なるものである。

汎神論は両義的なもので、負に作用すれば世界のあらゆるところに見出される神々を恐れるとともに、人間の欲を叶えてもらうために、神々に盲従するような「呪術的世界」となる。そこでは人間は世界に埋没し、その一部として同化されてしまう。そこでは神が人間に対して超越的であったとしても、人間が世界に対して超越的であるのは不可能となる。他方、同じ世界に神々を見いだす汎神論でも、金光教のように肯定的に作用する場合には、いたるところに見出される神性や仏性はすべての人間のなかに可能性として潜むものと感じられる。それこそが、金光教でいう「生き神」なのではないだろうか。

こうした肯定的な汎神論を安丸は、「実は地上の権威は何もないのだから、信仰というものは無限に内面化されていかねばならない」[11]として、一人ひとりの信仰者による主体的咀嚼として理解したのである。

弟の香取繁右衛門の神憑りが契機となって、金光大神の回心が決定的になったことはよく知られている。この繁右衛門の家系もまた自分独自の教団「香取金光教」を組織するのだが、その一方で、金光大神の金光教と今でも緩やかなつながりを保っている。金光教を私が訪れたときに、金光教団の方に、教祖の実家の香取家とともに同じ平野の山際にある香取金光教の本部にも案内してもらい参拝した。そこは、「香取金光教」という簡素な看板が掲げられていた。教義などの相違はあるだろうが、「教祖とご兄弟ですから」とともに広前で拝む姿は、一神教の宗教的寛容とは異なるかたちでの相互理解のあり方を感じた。

一神教の場合、宗教的「寛容」は自分の唯一の正しさを前提としたうえで、誤りを含む相手の立場も許容してあげるといった見下した意味合いがどうしても含まれてしまう。それに対して、金光教の場合はいずれか一方が絶対的に正しいといった排他的価値観が強くないように思われる。それでも自分のやり方こそが正しいと思うゆえに分立現象が起きるわけだが、それでも全ての人間が生き神になれるという前提が、考えの異なる相手を尊重する姿勢を可能とする。

異端であることが自分の属する社会や集団に対する批判を可能とし、批判的な姿勢が全体性のヴィジョンをもたらす。安丸思想史の根幹をなす全体性のヴィジョンの把握について、彼は大本教の教祖、出口なおの宗教的主体の確立過程を通して次のように語っている。

「生活者としてのなおには、日常的些事のはてしないつらなりとしての苦難があったが、神がかりしたなおは、自分の苦難のなかへ凹型に降りていって、そこから独自の意味をくみあげ、そこに拠点をすえて世界の全体性をとらえかえすようになったのである。……民衆とは、自己と世界の全体性を独自に意味づける機能を拒まれている人たちのことであり、神がかりとは、こうした人たちが神という現存の秩序を超える権威を構築することによって、自己と世界との独自な意味づけに道を拓く特殊な様式のことである」[12]。

たしかに安丸が指摘するように、神がかりとは民衆が世界の全体像を把握するための回路なのだ。世俗化した今日の社会では理解しにくいことだが、昭和三〇年代までの日本社会では神がかりは東北地方のイタコやカミサマに限られたことではなく、日本各地で見られる現象であった。幕末に金光教の活動を妨害した山伏も神憑りを生業とする宗教者であり、その点で新宗教と修験道は同業者ゆえに競合関係にあったと見るべきである[13]。

金光教も便宜的であったにせよ、一時期は修験者から免許状をもらっている。西洋近代の合理主義的な教育システムが日本社会に根付く前には、こうした土着宗教の回路を通じて自分の属する社会で何が起きているのか、自分は何者なのかといった問いに対して、安丸の言う「全体性」を提示する試みが民衆の日常世界でおこなわれていた。安丸にとって全体性とは、自己を取り巻く状況全体を俯瞰する力であり、そのためにはその環境に埋没した状況から一度切断し、高く舞い上がった場所から全体を眺め下ろす能力を身につける必要がある。状況に対して違和感を覚える力、孤独を感じる力こそが、安丸の言う全体性のヴィジョンを獲得するためには欠かせない前提なのである。

この全体性のヴィジョンこそが、安丸が宗教を研究することを通して到達しようとしたものであり、なかでも異端であることを通して社会や自己を根本的に問い直すために手に入れようとしたところのものである。だからこそ安丸にとっては、異端の存在を許さない社会や集団は病んだ状態に陥っているように映ずる。異端の存在を拒否するということは、一人ひとりがそれぞれのかたちで全体性を把握することを拒むことに他ならないからである。安丸の議論の狙いは宗教の本質の定義などにはない。人間における自由がどのように確立されるか、そのとき何が人間に要求されるのか、それを安丸は次のように神という「メタファー」――英文学者のホミ・バーバが言うところの、いかなる意味も読み込むことのできる空洞だが、広汎に共有されたシニフィアン――を通して見極めたいだけなのだ。

我々にとっての問題もまた、いわゆる宗教的とみなされている現象を通して、安丸が何を見ようとしていたのかを明らかにできるかどうか、その一点にかかっている。安丸は、「幕藩体制によって宗教的な異端が徹底的に弾圧される、ということを境目として、宗教の政治に対する従属性というのは非常に強くなったと思う」として、次のように言葉を継ぐ。

「そういうものが、ヨーロッパ列強の圧力という近代社会成立期の非常に困難な状況のなかで、明治の近代国家にも受け継がれる。そういう意味で、日本の社会は、宗教の自由が本来的には欠如したような性格があるのではないか。そして、そのような宗教の自由の欠如は、単に個々の宗教活動が自由に行われないというだけではなくて、日本人の精神というものの自立、我々の本当の自由というものに非常に大きな意味を持ち、そういう自由が本格的に成立することをはばんでいるということの非常に大きな歴史的な表現であるのではないか、というふうに思う[14]」。

この発言には、安丸が後年刊行する『神々の明治維新』（一九七九年）のなかで述べる天皇制国家における宗教的権威の抑圧、さらには宗教的権威の独占といった見解の雛形がすでに見られる。どのようにして人間の真の自由を獲得することができるのかが安丸の関心事なのだ。

全体性の獲得は、自分を取り巻く状況を対象化することで、そこから自由になることを意味する。しかし、そこで得られる自由とは、すべてから解き放たれた完全な自由ではない。かつて歴史家の石母田正が津田左右吉との議論で述べたように、何物にも制約されない完全なる自由とは、人間が歴史的存在として状況に規定された存在である以上、ありえない[15]。法則性に規定されたなかでの自由――それを石母田は「客観的に生起する偶然事を人間が克服すること」と捉える――、それが全体性のヴィジョンを獲得するための主体の存在要件となる。それは批評家の柄谷行人が「超越論的（transcendental）」と呼んだところの、歴史的条件に規定された自分の存在拘束性を対象化する視点といえる。

ここにおいて自由と全体性、そして超越性の関係が明らかとなる。自由とは全体性を獲得することで得られる認識と行動の自由であるが、それは自分という主体の存在的拘束性を自覚するところではじめて得られる。自分の主体への拘束性が全く存在しないと考えるところでは、自由は現実感のない夢想としてしか思い描かれない。そうした歴史的拘束性への自覚を欠くならば、それは状況の変革をもたらすものではなくなる。夢想によるカタルシスをもたらすことで、現実の体制への追従を招き入れるものにしかならない。

魯迅が言うように、奴隷にとっては奴隷であるという現実の存在拘束性を認めることが、もっとも受け入れがたいことである。彼らが奴隷でないことを夢想している間は、奴隷制は転覆される危険性はない。なぜならば、現実を認識し損ねているところに、現実批判が起こる可能性は存在しないからだ。だからこそ、主体の歴史的規定性への自己認識こそが、まさに超越論的視点なのである。

「デカルトの主体は、必ずしも認識論的な主体（主観）ではない。それは、むしろ後者を疑うとき、そこにあらわれてくるような主体である。この主体（私）は、奇妙なものだ。フッサールは、これを『超越論的自己』とよんでいる。……それは個としての私を、たえず共同体の中に回帰させようとする支配的な言説（文法）に強制されているのではないか、と疑ってみることができる。そのように疑う私が、いわば超越論的な自己である。それは個としての私ではなく、外部性・単独性としての私である」[16]。

柄谷行人が注意を促すように、認識の全体性が現実において完全に実現することはない。あくまでそれは不完全なかたちでしか現実化しない。それゆえに、超越的なヴィジョンは、現実に完全に到来することはないが、しかし現実に近接するかたちで主体に想起される。こうした現実を超え出るがゆえに、現実には完全に把握されきることのない状況、それが超越的なヴィジョンが「超越的」と呼ばれるゆえんである。アガンベンはそれを「メシア的召命」、あるいは「残りの時」と呼び、絶えずずれていく回収不能な動きとして、次のように読み解いた。

「普遍的なものとは、かれにとっては、そこからもろもろの差異を眺めることのできる超越的な原理ではないのであって――かれはそのような観点を自由に使いうる立場にはない――、律法上の分割自体を分割して、それらを働かなくさせるような、しかしながら最終的な土地に達することはけっしてない、ひとつの操作なのである。そもそも、ユダヤ人にとってもギリシア人にとっても、原理としても目的としても、普遍的な人間あるいはキリスト教徒は存在しない。そこには、ひとつの残余があるにすぎない。ユダヤ人やギリシア人が自己自身と一致することの不可能性があるにすぎないのだ」[17]。

再度言うならば、現実に完全に具現化されてしまうなら、それは現実もそこで生きる主体をも「超越した（beyond）」ものとは見なせない。そうした歴史的状況と無関係に「外部」に屹立する信念を超越性と呼び表わすこともあるが、ここではドゥルーズや島薗進が批判したように、それは超越性の理念に憑依された病んだ状態として否定的に捉えるにとどめたい[18]。むしろ主体を規定する歴史的状況を引き受けるからこそ、その主体に対する「超越論」的反省ははじめて可能になる。超越論的姿勢のもとでこそ、超越的な全体性のヴィジョンは獲得可能になるものなのだ。

ただし、国家対宗教という形で、権力と自由を二項対立的に捉える見方では片付かないような、より現実に即応した視点を安丸、とくに晩年の安丸は有していた。だとすれば、権力はいたるところに偏在しており、自分自身も含めて、真理という信憑性を通して権力が主体を構築していくことを考える必要がある。超越というとき、現実と対峙する主体そのものも超越されなければならない。なぜならば、現実を自己が超越したと思い込むとき、自己は正義と一体化して自我インフレーションを引き起こすからだ。その点について、翻訳論の観点から酒井直樹は、超越性が主体にとってつねに外部的な余白にとどまるという指摘をおこなっている。

「普遍性において暗に了解されているのは、『私たち』あるいは『私』は普遍であるものを知らないということに対応する根源的な対話論性であり、普遍性は『私たちの』あるいは『私の』意識に対して常に（外部性あるいは他者性という意味において）外部的なのだ。私は普遍的なものを求めることによって、他者によって教えられなければならないのである[19]」。

内部に対立する外部として超越性を実体化するのではなく、認識不能な外部から来る啓示として超越性を捉えること。それは超越性をつねに社会の、そして私の外側に位置する他者性（alterity）として捉えることを意味する。超越とは主体の外部から、主体を基礎付ける行為である。そこにおいてのみ、超越性は真に超越的なものとしてあらゆるものを越え出る真理であり正義となる。ジャック・デリダが説くように、正義とは決して現前しないがゆえに、現実を、そして自らの理念をつねに超越していくものとなる。

本稿の主題に即していうならば、天皇制が国民の主体を構築することと、金神信仰が金光教の信者の主体を形成することに、どのような違いがあるのかを明らかにする必要がある。そのさいに天皇や金光大神が実体化された超越的存在として主体の想像する世界の内部に同質化されて取り込まれてしまうのか、主体や世界を相対化する異質な他者として措定されるにとどまるのか。いかなるかたちで超越性を想起するかで、その超越的存在のまなざしのもとで生起する主体のあり方も変わってくる。

この分岐点においてこそ、安丸が希求していた自由とはなにか、それが吟味されなければならないだろう。そこにおいて、安丸が宮田登と交わした「異端と正統」をめぐる議論も再吟味される必要がある。しかも、民衆宗教のよき理解者である安丸において、その自由とは神に帰依することで妨げられるものではない。むしろ、そうすることで積極的に獲得されるものなのだ。それは啓蒙主義の立場にたつ者には理解しがたいものである。そこでは近代個人の自由とは、神から解放されることで獲得されると考えられてきたからである。この問題は、安丸の言う全体性のヴィジョンのあり方、さらには日本における超越性のかたちを考える議論と響き合うものとなっていく。

2　転移論——通俗道徳と生命主義

ここで安丸とは異なる生命主義の立場から、民衆宗教を捉える島薗進の見解を紹介しておこう。「島薗先生は生命主義なんですよね。安丸先生は世直し。金光教は生命主義を軸にするので、世直しを軸にする大本教より、安丸先生の中では評価が低かったかもしれませんね」。金光教の教学研究所でこのような対比を所長から聞いた。安丸は金光教と大本教の違いを通俗道徳と世直しの違いとして次のように対比する。

「金光教……には、人間の運命を外からあやつっている雑多な迷信を克服して、信仰を内面化し、偉大な普遍神を獲得してゆくという特徴がよく表れている。……しかし、金光教の神が、この世界のなりたちや仕組のおおよそをひとまず承認し、そのなかでの生き方を求めて、そうした信仰的な生き方をする人間に『おかげ』をあたえるのにたいし、〔大本教の教祖〕なおの神は、この世界の全体性をほとんど絶対的な悪として措定し、終末観的な立替えを告知する点で、大きな相違があった」[20]（〔 〕は磯前による補足、以下同じ）。

通俗道徳と世直しとの違いは、現世の絶対的否定の観点があるか否かだと安丸は説く。金光教と大本教は、出口なおが一時は金光教の教団に属していたように、同じく金神を世界の根源神とする点で共通点を有する。しかし、同じ金神でもその意味付けが異なると安丸は捉えていた。「祟り神や悪神の福神化という傾向は、民衆信仰史の重要な特質であった」[21]と指摘したうえで、安丸は大本教の特質を金光教と比較して、次のように説明している。

「なおの神学では、この世界が『悪の世』『獣類の世』であるのは、この地上を支配すべき使命をもった艮の金神を、三千年……以前に悪神たちが艮の隅に押しこめたからだとされる。……この世界は、本当は善悪の価値の完全に顛倒した世界なのであり、この顛倒を再転させるべく、『此の世のエンマ』としての艮の金神が審判をくだし、善神＝根本神としての艮の金神が、ふたたびこの地上の世界を支配するようになる。それが立替えである」[22]。

根源から現実世界を批判するのでなければ、新しい社会には生まれ変わることはできないと安丸は考えた。徹底した批判こそが、新しい社会への蘇生をもたらすと考えたのである。

安丸の表現を借りれば、宗教学者の島薗進は「安丸の宗教史論は世直し型や千年王国型に偏っており、近代日本の宗教史の捉え方として正しくない」[23]といった批判を提起した。島薗自身も、「民衆宗教論は教祖個人の教えや信仰に関心を集中し、一般信徒がどのような宗教生活をしていたかについてあまり関心を払わない。宗教史ではなく、変革思想史、体制転換史に主たる注意が向けられるためである」[24]と述べている。島薗は日本の民衆宗教の基本的特質を「生命主義」に求め、「宇宙全体が一個の生命体とされることから、その一部として存在している万物は本質的に生命のつながりによって調和的に結びついているという考え方[25]」と定義づける。そこでは、救済は「根源的生命との調和の回復[26]」として、個人的で主観的な経験が強調される一方で、社会構造そのものを対象化したり、変化する意欲は弱まる。

島薗からすれば、こうした立場を重視しない安丸の世直し中心の立場は終末論世界観に基づく「悲観的な認識」であり、「社会に対して楽観的な認識をもつ生命主義的救済観を窒息させるように作用した」ことになる[27]。一方で、安丸は、「これは……『通俗道徳』が日本人の自己規律の基本的な形だという安丸説の、宗教史研究からの確認」に過ぎず、そのような「心なおしを軸とする生活思想」だけでは自分の議論は尽くせないと反論している[28]。ここで安丸にとって、通俗道徳から飛躍した世直しというものがどのような論理を持つものであるかを確認しておこう。

「通俗道徳は……それ自体としては社会変革の論理でもないし、社会体制や国家権力の問題を具体的に考察するにふさわしい原理でもない。だから、通俗道徳的自己規律を懸命に実践し、極度の忍従、謙譲などの生活態度を身につけている一介の庶民が、秘められた憤りを爆発させて社会全体を批判しうるためには、この時代では宗教的媒介が不可欠だった。荒業と神憑りがそれである。……荒業を通して〔丸山教の伊藤〕六郎兵衛は神の声を聞き、神の代理者となり、そのことによって家、国家、世間などの権威から脱却した予言者となりえたからである[29]」。

重要なのは、安丸が通俗道徳と世直しを単に対立するものとは考えていないことである。「民衆的な通俗道徳を、高い緊張感をもって実践してきたということが、こうした社会批判のはげしさや鋭さをささえていた[30]」と安丸は言う。そこでは、島薗が生命主義の特徴として説く「他者への『思いやり』や環境との『調和』という価値が強調[31]」された融和的な主体は想定されていない。むしろ、その内部に葛藤や対立を含み込む強靭さとしなやかさを備えているからこそ、世直しの思想と行動へ跳躍しえる主体になれると考えていた。

では、安丸が捉える通俗道徳はどのようなものであったのだろうか。改めてここでおさえておこう。安丸は大原幽学らの例を取り上げて、こう規定する。

「彼は伝統的共同世界に習慣化されている素朴な『和』を排して、きびしい自己規律に基礎づけられたあらたな『和』を樹立しようというのである。……こうした『自我』は、いわゆる『近代的自我』とはまったく異質なものであり、和合や自己抑制の徳目をかかげて家や村落などの共同体への献身をめざすものである。だがこの献身を、鍛えられた人間の自発性・積極性にもとづくものたらしめようとするところに、幽学らの課題があった。……重要なのは、彼らの人生における深刻な体験――多くは貧困や病気――が、こうした性格をきわだたせ、内省をつきつめさせたことである[32]」。

「民衆の生活伝統からなにほどか分離し理念化されて、あるまとまりをもった自己規律的規範が成立した[33]」という安丸の理解は、やはり「強靭な自己統制[34]」を核とする通俗道徳が民衆の日常生活から飛躍したところに成立する。世直しが通俗道徳から飛躍したものであるように、通俗道徳もまた日常世界から跳躍したところに成り立つものと安丸は把握していた。通俗道徳が名主・庄屋層に担われていたように、世直しもまた民衆宗教家や一揆指導者など一部の者によって初めて現実化される。安丸は民衆の思想や宗教を一元的に均質化されたものとは見なさず、不均質で多層的な構造からなるものと考えていた。

ここには北陸の農村で育った安丸ならではの、民衆世界の複雑さに精通するとともに、その世界を安易にロマン化することなく、透徹した目で批判的に把握しようとするリアリズムがみられる。安丸にとって全体性とはヴィジョンとして想起されるものであっても、ありのままに存在する現実の同質な存在ではない。世直しにしても通俗道徳にしても現実を捉える言動として、あるいはヴィジョンとして想起されるためには、日常からの跳躍が不可欠の前提として求められる。そこに安丸の希求する全体性が超越性と限りなく接近する契機が存在する。超越性も全体性も、届きそうで届かない未完の理念なのだ。美学者のジョルジュ・アガンベンは、そうした超越性的全体性が不可避に伴う残余の性質について、民衆という理念を例にとって次のように説明している。

「民衆とは、全体でも部分でもなく、多数派でも少数派でもない。それはむしろ、全体としても部分としても自己自身と一致することのけっしてできないもの、あらゆる分割において限りなく残っていて、あるいは抵抗していて、……多数派にも少数派にも還元されたままになっていることのけっしてできないものである。そして、この残りの者こそは、民衆が決定的瞬間にとる形姿ないしは内実なのであり――そのようなものとして、それは唯一の現実的な政治的主体であるのだ[35]」。

安丸と島薗の両者において通俗道徳と生命主義はほとんど同じものに考えられていたようである。しかし、この飛躍をめぐる安丸の言葉を聞くかぎり、通俗道徳と生命主義をまったく同じものと見ることはできない。全体の調和を重んじる生命主義には断絶や亀裂は見られない。正確に言えば存在していたにせよ、亀裂は否認されてしまい、存在していないことにされてしまう。一方、通俗道徳においては心の規律主体の確立に伴って、その担い手たる主体は周囲の世界から切断される。そこには、現実世界への感情的転移からの目覚めがあるか否かの違いがある。

世直しほどではないにせよ、このように通俗道徳にも世界からの分離の萌芽が存在している。島薗はこうした世界観が調和を失うというよりも、安丸自身の持っている世界観がそうなのだと言うべきかも知れない。それは実際の民衆が、った「悲観的な認識」と捉えたが、問題はその悲観的世界から何が生まれ、生命主義のような楽観的世界が生み出したものとどのように異なる効果をもたらすものなのかを、二人の学問的理解の違いから見出すべきであろう。

そもそも精神分析の用語である「転移（transference）」とは、主体の心的エネルギーが対象に流れ出して、一種の信頼関係を作り出すことをいう[36]。その対象は家族や恋人のような人間であったり、社会や国家であったり、世界そのものであったり、自分を取り巻く環境に対する場合もある。教祖や天皇など特定の人間を媒介として、世界への転移を実現する場合も珍しくはない。その場合に確立される信頼関係はラポールと呼ばれ、感情価を伴ったエネルギーが対象へと備給される。その関係は肯定的な信頼関係として、主体の自律を支えるものとなる場合もある。逆に、負的な依存関係として、主体の自立を阻止するような、対象への没入関係を誘発する場合もある。いずれにせよ、それは完成することのない挫折に終わる。しかし、未完の情動ゆえに、人々を捉えて離さすことがない。それをジャック・ラカンは「享楽（jouissance）」と呼び、他者によって主体が捕縛され、消費されて止まない状態と理解した。

生命主義の場合は島薗の理解によれば、対象の没入的転移が全体への調和関係として積極的に評価される。だが、通俗道徳では安丸によれば、従来自分が属してきた民衆的世界からの分離が前提とされるため、幾ばくなりとも、そうした世界との関係を、新たに中心化された主体である自己によって再編成される咀嚼行為がおこなわれる。そこでは転移現象は、転移を一切やめて幻想から目覚めるといった形で解決を見るものではない。むしろ止むことのない転移作用をどのような形で対象と自己との関係性の再編に用いるか、その転移のあり方が論じられものとなる。なぜならば、主体を捉える謎めいた他者のまなざしこそが、主体を享楽に繋ぎ止めるものだからである。

だとすれば、通俗道徳における生活世界への転移からの覚醒は転移の廃止ではなく、世界と自己との関係の再編のための、切断の導入として受け止められるべきである。そこでは、生命主義で島薗の説くような切断のない滑らかな全体に没入する主体が望ましいのか、そうした主体に欠損をもたらす安丸の言う通俗道徳的主体が望ましいのかが問題となる。再確認するならば、その社会の「全体」のなかへと主体が没入することと、その社会の「全体性」のヴィジョンを主体が獲得することは全く性質の異なる事柄である。そこにおいて、状況からの主体の切断、言い換えれば主体のアイデンティティにはすでに孔が穿たれていることを認められるかどうかが問われている。損なわれていなければ、神であれ人間であれ、他者を自己のなかへ呼び込むことはできない。欠損しているからこそ、主体は互いを引き合う状態を引き起こすことが可能になるのだ。

主体の亀裂からこそ、安丸は全体性のヴィジョンが芽生えるとしたが、島薗はむしろ全体性の維持につとめる。しかし、主体が亀裂を有さなければ全体性を保持することはできない。これまでの安丸論では看過されてきたが、主体自体の全体性と、全体性を俯瞰することの区別、存在論的全体性と認識論的全体性の二律背反的な関係が存在すると見るべきである。

金光教の教学研究所でそんな長い会話をかわすなかで、所長は「生命主義のほうが長い時間を生きる中で、緩やかに世の中を変えていくしなやかな生き方だと、金光教を信じるものとして個人的には思うんですけれどね」と話してくれた。金光教は世直し的な志向が強くないために、むしろその調和的な力を使って世の中と自分自身を長い時間をかけて変えていこうとしてきたのだと言いたかったのだろう。しかし、私の転移論の理解からすれば、金光教の教えは島薗の言う生命主義とまったく同じものではなく、教祖の回心に典型的に見られるように、通俗道徳とも生命主義とも距離を置いた、世界との分離が独特のかたちで刻み込まれたものと見るべきものなのだ。事実、竹部所長もまた一方で既成の通俗道徳の抱える危うさを指摘している。

「通俗道徳の実践が成功者と劣敗者を生み出して進む中で、やがて共同体的な心性の風化を促進しつつ、立身出世主義から更に私欲の公認という方向へと移り変わっていく。つまり、通俗道徳説は、近世の百姓的世界観における価値・規範の中から生まれ、その共同体世界を維持・再生産するために普及が図られたものでありながら、一面では逆に、この共同体世界を内側から掘り崩していくことにもなったのではないか(37)」。

心の自律性を唱える通俗道徳はその中心化作用によって、それまで埋没していた世界から主体を分離することに成功する。しかし、それは同時に中心化した主体の自分勝手な欲望をも率直に肯定する事態も引き起こす。そこにおいて、儒学を母体とした通俗道徳は、宗教社会学者のマックス・ウェーバーのいうプロテスタンティズムと同様に、それまで蔑視された日常の労働を肯定する倫理となり、さらに資本主義経済に向かう近代化が推進されていく。

金光大神を取り巻く大谷村一帯の環境もまたそうした資本主義の倫理の中に巻き込まれていた。「金光大神自身は、その実践による成功者として歩み得たが、そう成り得なかった多くの人間が傍らを通り過ぎていったことであろう。……金光大神が田畑を購入した買い入れ先は、いずれも村内の地主であり、没落農民たちの手放す田地が吸収されていく先であった」[38]。こうした通俗道徳のもつ限界を安丸は、「成功しようとすれば通俗道徳のワナにかかって支配秩序を安定化させることになってしまう」[39]として、次のように指摘する。

「民衆的諸思想に共通する強烈な精神主義は……すべての困難が、自己変革——自己鍛練によって解決しうるかのような幻想をうみだした。この幻想によって、客観的世界（自然や社会）が主要な探求対象とならなくなり、国家や支配階級の術策を見ぬくことがきわめて困難となった」[40]。

耽溺する幻想こそが、大文字の他者によって主体が消費される享楽という情動の塊りなのだ。問題はその精神の自立が自己の欲望への追従に終わらないようにするのにはどうしたらよいのか、全体への調和が個の自立を抹殺する全体主義に陥らないようにするためにはどうしたらよいのかということなのだ。その視点から金光教のもつ批判的教説を吟味する必要がある。管見では、それが教祖四二歳の大病のときに起きた「回心（conversion）」の体験である。文字通り心が「転回」するとは、通俗道徳的な価値観にもとづく生き方から、別の生き方への転換を意味する。それはまさしく金光教の立教を告げるものであったのだ。

3　回心論——金光大神ののどけ

安政二年（一八五五）四月二五日、四二歳の厄年の時、金光大神は気分が悪くなり、翌日には病が重くなった。医師を自宅に招いて薬を飲み、神仏に祈願したにもかかわらず、のどけと呼ばれる口の利けない病気になった。湯も水も喉を通らなくなり、衰弱して、日々の農作業もままならなくなった。その年の正月には祇園社と吉備津宮に参拝し、地元の西大寺の観音院にもお参りして、会陽の裸祭りの神事に加わったにもかかわらずの不幸であった。そこで石鎚講の先達を勤める義弟に神仏を降ろしてもらったところ、その名を明らかにしないままに、次のようなお告げが下された。

「普請わたましにつき、豹尾、金神へ無礼いたし、お知らせ。妻の父が、当家において金神様おさわりはないと申し、方角を見て建てたと申し。そんなら、方角見て建てたら、この家は滅亡になりても、亭主〔金光大神〕は死んでも大事ないか、と仰せられ。私びつくり仕り、なんたこと（なんということ）言はれるじやろうかも思い。私がもの言われだし、寝座にてお断り申しあげ。ただいま氏子〔妻の父〕の申したは、なんにも知らず申し。私戌の年、年回り悪し、ならんところを方角見てもらい、何月何日と申して建てましたから、狭い家を大家に仕り、どの方角へご無礼仕り候、〔私は〕凡夫で相わからず。方角見てすんだとは私は思いません。以後無礼のところ、お断り申しあげ。
戌の年〔金光大神〕はよい。ここへ這い這いも出て来い、と。……」[41]。

ここでは厳しい神の姿勢が窺われる。金光大神の義父が方位占いは済んだと釈明すると、そんな心積もりでいたら金光大神は亡くなるぞと厳しい叱責があった。それを金光大神が実直に受け止めると、のどけは治り、急に喋れるようになる。そこで神から教え諭されたのは、のどけは神の祟りではなく、信心が篤かったために熱病で命が取られるところを軽くしてもらえたという理解の仕方であった。そのうえで降ろされた神仏はこう金光大神に指示を与えた。

「五月朔日験をやる。金神、神々へ、礼に〔般若〕心経百巻今夕にあげ、とお知らせ。石鎚へ、妻に、衣装着かえて、七日のごちそう、香、灯明いたし、お広前五穀お供えあげ。日天四が、戌の年、頭の上を、昼の九つには日々日舞うて通ってやりおるぞ。……
盆をうけ、これを戌年に、かゆに炊いて食はせい、と仰せつけられ候。
しだいによし。五月四日には起きてちまきを結い。ご節句安心祝い。おいおい全快仕り、ありがたし仕合わせに存じ奉り候」[42]。

こうして金光大神の病は全快するわけだが、注目すべきことが二点ある。ひとつは般若心経の読経をその晩百遍したとあるような、激しい実践行為の徹底を通した神への謙譲心の練成。もう一つは、金神ではない神仏のお告げであっても、金神への慎ましさの表明が軸であること。しかもそれにとどまらず、日天四などさまざまな神への感謝が大切になるということである。金光教は一神教的ともいわれてきたが、そうではなく金神を軸とすることで、こうした様々な神々への交渉を通して、自らの主体さらには世界との関係を再編していく信仰行為と考えられるべきなのだ。

一神教か多神教かという二分法に収まらない民衆宗教の信心のあり方は、同様に神道の神に対して仏典である般若心経をあげる行為にも見て取れる。「神仏習合（syncretism）」とは本来の信仰の純粋性が堕落して混じり合うという、否定的な評価を含意する術語だが、そうではなく様々な宗教的要素が組み合わされることで、異種混交的な宗教的主体が自己自身との関係のみならず、世界との関係を構築していくと見るべきなのだ。「異種混交的（hybrid）」とは本来別に存在したものが後で交じり合うと考えるよりも、既存の制度化された主体には回収することのできない「余白（margin）」と考えるべきものである(43)。そして、この回心にいたる金光大神のライフ・ヒストリーを村上重良は次のように説明している。

「赤沢家がようやく家産を回復した嘉永初年から、一家は、つぎつぎと不幸に見舞われた。すでに長男は夭折していたが、一八四八（嘉永元）年には二歳の長女、翌々年には九歳の次男が急逝し、三男と四男は疱瘡にかかった。……文治はわずか十数年のあいだに、飼い牛を含めて合わせて七つの墓を築かねばならなかった。ちょうど普請中であった文治は、これこそ『金神七殺の祟り』であると恐れおののいた。金神は周期的に遊行している神とされ、その方位をおかして土木、建築、旅行、縁組み等をすれば七殺の祟りを受けるとされていたのである(44)」。

金神信仰は陰陽道に起源をなす民間信仰であり、鬼門の方角に位置する金神の祟りを回避するために祭祀をおこなう。金神は岡山地方で特に発達した民間信仰と考えられる。「金神」と単一名で総称されることが多いものの、金光大神自身が「金神という神は、天の星の数ほどある(45)」と述べているように、多数存在する汎神教的な神々であった。金光教団で調査した資料に基づいて、金光教学の福嶋義次は、「天地金神・鬼門金神・子之金神・七殺金神・太歳金神・大将軍金神・大陰金神・歳刑金神・歳破金神・歳殺金神・黄旗金神・豹尾金神・日塞金神・月塞金神・地金神・八百八金神など十六種もの金神名を数えることができる」(46)と述べている。回心後の明治六年のことになるが、金光大神が自分の信仰している金神をどのような神々として見ていたかが分かる書附を自伝の中から引用しておこう。

「日天四、月天四、丑寅未申鬼門金神、日本に知らん人なし、おかげ受けた者もなし。今般、結構なおかげを知らせ、知っておかげを受けけん人あり。
日天四　　金光大神　人力おどし命　人力威命
　　　　惣身命　金乃神　神力明賀命
月天四　　大しょうぐん不残金神　土田命
たずねる氏子あれば申して聞かせ、苦しゅうなし」(47)。

ここに挙げられた「日天四」と「月天四」が日・月の神としての二柱の天神、「丑寅未申鬼門金神」が地神にあたる。この三神について金光大神は、「日天四様と月天四様とは天の神様で、これほど高い神様はない。金乃神様は地の神様で、これほど低い神様はない」(48)と述べている。金光大神はこの三神に加えて、やはり金神の一種である「大将軍」を崇拝していたことになる。

福嶋は言葉を継いで、金神信仰が人々の不安と深く絡み合ったものであることを次のように述べる。「これらの金神は総じて、時間・空間と関連をもって動き回る、遊行する神として信じられておって、遊行する金神の方位が、旅行・建築など人の営みによって妨害されると、それぞれ祟り障りをすると恐れられた。……種々な俗説が複雑にからみあい、素人では簡単な法則しか察知できず、方角の専門家でさえ相互に法則の判断が相違してくる有り様であった」(49)という。

私もまた教団の方の案内で現地の金神信仰に関連する神社をいくつか訪れてみた。そのひとつが、金光大神も参拝に訪れた岡山市の艮御崎神社である。北関東に生まれた私には、鬼門の神としての金神は暦に出てくる方位の神にとどまり、実際に祭神として祀っている神社を見たことはなかった。艮御崎神社が吉備津宮の境内の鬼門に祀られている祠の分社であるように、金神社は祠であれば、その神社境内の鬼門に、神社自体が金神社であれば、なにか別の建物に対して鬼門にあたる位置に祀られていた。

同様に弟繁右衛門が神懸りをした場所のすぐ近くの神前神社も訪れてみたが、そこには大歳天神と並んで、疫神である牛頭天王の木像が左右二体ほど祀られていた。牛頭天王は鬼門の方位神ではないが、当時の流行病である疱瘡などの疫病をもたらす神として知られていた[50]。わずか一日の岡山滞在であったが、いくつかの社を訪問しただけでも金神や疫神など、この地方における祟りなす神に対する強い不安、それを祀ることで回避したいという必死の願いを目の当たりにした思いだった。

鬼門に対する配慮は、この地方では家の建築に際してもおこなわれる。自宅に金神の神棚を設けるだけでなく、家の建物の鬼門に当たる隅を角張らないように、斜めに削るのである。単なる方位に対する風習にとどまらず、それを人格化して神として祀ったり、建築に実際に反映させるほどに鬼門の神の祟りを恐れていたのだろう。島薗は山伏たちによって広められた金神信仰について、アニミズムの観点からこう説明している。

「とりわけ由来不明とされる金神と金神の祟りの信仰において、アニミズム的な要素は顕著である。文治が一生のほとんどを送った幕末の岡山県地方は金神信仰がとくに盛んであったが、そこでは金神から身を守り、その祟りを取り除くためのさまざまな呪術的対処法が存在した。山伏たちは、金神のとどまる方角の壁や柱の下に呪符を埋める『金神除け』の呪術を行ったり、稲荷など特定の社に金神を祀りこめる『金神封じ』を指導したりした。また出雲大社の砂をまき、土地の神大国主の神の札を祀る『出雲屋敷』とか、富原（総社市）に在住する陰陽師、上原太夫の巫儀と祈禱によって祟りを排除しようとする『上原祈禱』などの方法もとられた。屋敷神として、あるいは神棚の一隅に金神が祀られることも少なくなかったとされる[51]」。

金神に対する庶民の不安を、福嶋は次のように説明している。「遊行する金神は、あたかも不可視な世界から日常生活圏へ、不可視の姿のまま浸潤する魔性のようなものとして人々に迫るので、金神の祟りを受けたかどうか、また受けはしないかと、山伏・太夫・方鑑家など祈禱や卜占を職とするものの許に人々は走り、その判定を求めるのを常とした」[52]。山伏や方鑑家も、金光大神にとって馴染みのある人びとであった。当初彼が信じていたのは、庄屋である小野家の方位占いである[53]。その回心も、四国から伝わった石鎚講の修験者の神憑りが契機である。後に金光大神に神意を伝えるようになる弟の繁右衛門もまた金神の信仰者であり、憑依した金神の言葉を伝えるという点では、山伏たちと同じような民俗宗教の実践者であった[54]。

方位をめぐる禁忌が強く、神の祟りに対する恐れが強いというのは、人間は、いつでも何か自分の行動が無意識に禁忌を破りはしないか、不幸が自分を襲いはしないかと、現実世界に対して人々が恐れの感情を抱いていたことを示す。金神が自分の関心事の中心を占めるようになると、その生活は「脱出口のない蟻地獄の様相」[55]を帯びる。金光教学の藤尾節昭は次のように、金神に取り憑かれた人々の不安を記述している。

「金神に祟られている障られているという思いは、日常生活のささいな出来事――日頃は気にもとめていなかったことでさえも――が祟りの一環として意味を持ってくるようにしむけていく。そして、それは一層金神をその人の世界に色濃く刻印させていくことになる。祟られている人の肩に金神があぐらをかき、その人の生活は背負いこんだ金神を中心にして、金神の命じるまゝに廻り始め、日常の些細な出来事も家の没落への一歩一歩として意味を持ってくる」[56]。

人間は自分が育った文化的伝統から完全に自由になることはできない。出来るのは、その伝統によって植えつけられた自分の心的態度や共同体の慣習に対して、それを踏まえつつ異なる対応を作り出していくことである。自分の周囲の世界や人々に対する転移は何もない状態から後になって発生するというよりも、ジャック・ラカンの鏡像段階論が説明するように、きわめて早い段階から、極端に言えば生まれると同時に周囲の中に徐々に深く組み込まれていくものなのだ。そうした無意識に組み込まれた状態から、自分を解き放つところに通俗道徳の説く「心なおし」や宗教的回心の積極的意義がある。

回心とは、宗教心理学者のウィリアム・ジェイムズの定義によれば、「それまでその人間の意識の周辺にあった宗教的観念がいまや中心的な場所を占めるにいたるということ、宗教的な目的がその人間のエネルギーの習慣的な中心をなすにいたるということ」(57)を意味する。ジェイムズは建物のたとえを用いて、回心がもたらす主体再編を次のように描写する。

「心の体系は、ちょうど建物と同じことで、……一時は、惰性によって倒れないように支えられている。ところが、なにか新しい知覚が生ずるとか、なにか急激な感情的な衝撃をうけるとか、あるいは、なにごとか目に見えて体質を変えるようなことが起こるとかすると、その建物全体が倒壊してしまうであろう。すると、重心の中心がもっと安定した位置に移る。なぜなら、この再編成において中心を占める新しい観念がいまやその位置にはめこまれるように思われるからである」(58)。

そこに旧弊的な宗教的主体に対する、各人固有のかたちでの新しい主体再編の画期がある。そして自分の属する文化的伝統の構成材料を使いながら、そこからの一定の自由を確保することのできるような超越論的態度もまた確立することが可能になる。そこでは主体の中心点がより下方に、より外部へと移動していく。回心とは、こうした主体の再編成を、「残余」（アガンベン）としての超越性を取り込むかたちでおこなうものに他ならない。それは世界に対する実存的不安にどのように向き合うかという人間の一つの回答なのだ。民間信仰の金神信仰のもとでは人々は負の転移をおこしたまま、現実世界に埋め込まれていた。金光教の立教はそれに対する人間からの一つの回答であり、謎めいた他者の支配する世界からの目覚めであった。

島薗によれば、こうした教祖を取り巻く宗教的世界は民間信仰と民俗宗教、そして民衆宗教の三層から成っていたと考える。島薗は、「『民間信仰』が小地域内に限定された断片的・習俗的な信仰・儀礼を意味するのに対して、『民俗宗教』は半職業的なシャーマン的呪術的宗教家（山伏・先達・御師など）に指導され、ゆるやかに組織された信仰・儀礼の体系であり、ゆるやかではあるが、小地域という限定をこえた組織を有している」(59)と説明する。

さらに民俗宗教については、救済宗教との関係を念頭において、「独自性自己完結性の弱いもので、一成立宗教と呼ばれるほどの内容を備えるには至っていない」としたうえで、「民間信仰的な基盤を濃厚に保持しながら、救済宗教の持続的な影響によって、救済宗教的な教義・活動・組織のある程度の浸透が見られる信仰体系で、宗教センター――民間宗教家――小地域の同信者集団の三項のゆるやかなつながりからなるもの」と説明を加える(60)。金光教団の早川公明は、近世における大谷村界隈の山伏の活動を次のように説明している。

「教祖の住む大谷周辺はことに修験的な信仰地盤が強く、……その勢力を誇った修験道西国の一拠点児嶋五流の配下の修験者を中心とした大小二十前後の院坊が、大谷近在の松井谷や小坂東に集中して存在していた。
これらの修験者たちは、……入峰修行や、日常の禁忌・精進潔斎等の験力獲得のための身心鍛錬、山中行者堂の祭り（二十三夜祭）・庚申や客人神の祭り・部落荒神祭・護摩供養などの定期的な祈禱祭礼行事を行うと共に、地域住民との間に講組織を設け、……配札活動や正月祈禱・家祈禱を行なった。また、依頼に応じて病魔降伏の祈禱・安産祈禱・伊勢祈禱・金神除けや金神封じ・日柄方位の鑑定等も活発に行なっていた。……その激しい祟りを除けたり封じ込めたりするためには彼らの祈禱を受けねばならないとされた、いわゆる悪神としての金神信仰も、そのようにしてこの備中地方に根づかしめられていた特徴的な信仰習俗であったわけである(61)」。

ここで興味深いのは金神信仰に見られる複層構造である。方位論としての金神信仰は民間信仰の水準に属するものである。しかし、それが山伏などの「シャーマン的呪術的宗教家」を通して、憑依して神意を告げる行為を伴うようになると、同じ金神信仰でもそれは民俗宗教になる。さらに普遍主義的な「救済」が目的に定められるようになると、それは民衆宗教――島薗の言う「新宗教」――へと展開すると島薗は考えている。

島薗の理解は、安丸も「民間信仰と民俗宗教とを区別することにしたい[62]」と、ある程度同意していたように、日本の宗教構造を複層からなる力動性のもとに捉えた点で有意義なものであった。そこでは西洋のキリスト教、特にプロテスタンティズム的な体系性や概念を備えたものが「宗教」と呼ばれ、そこに至らないものが「信仰」と名づけられた。その頂点に「普遍的な救済宗教」としての「成立宗教」――「独自の教義や実践の体系と教団組織を備えた宗教[63]」――が位置する。そして、キリスト教や仏教といった「世界宗教」の列のなかに、民衆宗教が「新たな宗教（new religion）」として加わることになる。それが、宗教学者たちが民衆宗教を「新宗教」と呼ぶ所以なのである[64]。

島薗はこの「宗教」は西洋の一神教だけではなく、一見、「呪術」的な日本の民衆宗教も含まれると理解した。宗教的な真正さは紀元前後に生まれた「世界宗教」だけでなく、日本でいえば幕末以降に新たに生まれた近代的な宗教にも時代的な意義を刻印されて備わっていると考えた。そのようにキリスト教的な西洋中心主義および世界宗教的なエリート中心主義を相対化した点で、島薗の議論は画期的であった。他方、「普遍的な救済宗教」が民間信仰や民俗宗教よりも勝るという視点は、従来のプロテスタンティズム的な「宗教」概念の理解の範疇を出ていないのではないかという疑問も、「宗教」という概念の西洋中心主義的な出自そのものが批判される現在の学問状況からすれば生じよう。

ともあれ、この民衆宗教の次元へと金神信仰を跳躍させたのが、島薗が言うように金光教の教祖、金光大神の回心であった。ここで祟りなす「豹尾神」とは、年ごとに定まった特定の方角を遊行する八柱の金神のうちの一つ、八将金神のことである[65]。金光大神は豊かになった家の経済から普請を行ったのだが、それが豹尾金神の方位に抵触してしまった。すでに述べたように、移動していく金神たちの居所を人間が精確に把握することはきわめて困難なことである。それゆえ金光大神がそうであったように、むしろ不幸が自分や家族に起きてから、無意識のうちに自分が金神の怒りを買うような行いをしてしまったことに気づくことになる。すでに家族や飼い牛を「金神七殺の祟り」によって亡くしていたと考えていた金光大神であるが、今度は自分自身がのどけを患い、声を失う番になったのだ。

この金光大神の回心において、のどけの体験が決定的な役割を果たしたと捉えたのが神道学者の鎌田東二であった。

彼は「のどけという病状の中で言葉を語れないことの持つ意味」に注目し、「のどけになるということと、聴くこと、取り次ぐということとが、直接繋がってくる体験ではないか」と問いを立てた(66)。その結果、「このただ静かにしているという静けさというのが、なにか深く物事を聴く、聴き取る、理解するということに繋がって……そこで、聴くことの深さ、或いは神の意思を窺うことの深さを知り、金光大神は……自身の信仰を大きく進化、発展させることになった(67)」という答えを導き出す。

声を失うことで、通俗道徳的な意味での人格者であり、社会的な成功者であった金光大神はそうした自己の傲慢さと力不足を思い至り、神の声に耳を傾けざるをえなくなった。たしかに発話能力を失い、沈黙を強いられた状況に陥ったなら、自分の意見を言葉に出すことができないのだから、周囲の状況をじっと見つめ、ざわめく声々に耳を傾けるほかに道がない。謙虚になって現実世界に心を開くならば、気がつかなかった景色が目に飛び込み、聞こえなかった声々が耳に入ってくるだろう。こうした主体の再編過程を、鎌田は「神の力を人の世界へ繋いでいく橋の形態としての取次ぎ(68)」として、次のように説明する。

「取次ぎを純粋にするというのは、まさに神の体になり切るしかないからです。自分の耳の半分を神の世界に完全に預ける、つまり、自分の体が神の器官になるのです。そうでなければ取次ぎは出来ない。そして、もう一方は、人間として、人の苦悩、悲しみを人間の器官になり切って聴く。……そして、自分自身の体験の中で起こってきたプロセスを社会化し、社会的な共有財産、共有の行為にしていく。これが救済の業でもあるし、癒しの業でもあるわけです(69)」。

半分が神で半分が人間という形容こそ、生き神という存在のあり方を示唆するもののように思われる。半分が神であるとは人間としての欲を断念した状態を意味する。そして、半分が人間であるとは神としての万能感が去勢された有限な存在という認識に踏みとどまることを意味する。人間として現世に生きつつも、社会的成功などの人間としての欲望を放棄することで、社会を客観的に捉えることが可能となる。

私も生き神と呼ばれるにふさわしい人に何度か出会ったことがある。全身から柔らかなオーラが放射され、近寄る人々の身心の苦しみが癒されていた。しかし、本人は自分が平凡なごく普通の人間だという意識を持っていた。自分が特殊な能力をもつことに酔ってしまう人間は生き神になることはできまい。神として人々の救済にかかわりつつも、一方で自分が人間という有限な存在であることを自覚する。そこに金光教のみならず、民衆宗教の生き神が、近代天皇制の天皇のように神である側面の偉大な力能を褒め称えるのではなく、普通の市井に生きる人間であることを徹底して認識する結果、一般の人々の悩みや弱さも理解できるような神性が現れ出る存在になりえた理由がある。

そして、教祖が「凡夫で相わからず」と自己認識するにいたった理由もここにある。「のどけを含めて金光大神が死をどう覚悟するかということ[70]」といった生命の危機のなかで、自分が無力であることを徹底して思い知らされる。民間信仰としての金神信仰は、いつ自分に金神の祟りが襲ってくるのか分からない不安と表裏一体をなす。どれほど努力しても金神たちの動きが理解できず、神々の怒りを買ってしまう自分は「凡夫」に他ならないという諦念の自覚に行き着く。

「ついにかれが思い知らされたのは、神のはかりごとがいかに人知を超えたものであるか、ということであった。……凡夫とは彼によれば、『神様への御無礼』を知らず、そのゆえに難渋しているもののことであり、『御無礼』とは、自分の都合ばかりを神に押しつける身勝手な生き方のことである[71]」。

思想史家の小沢浩がそのように言うとおりであろう。それが金神の怒りを回避しようとする人間の我執を断念させ、自分を死の危険にさらすことを厭わなくさせたと考えられる。

「前、多郎左衛門屋敷つぶれに相成り。……この家位牌ひきうけ、この屋敷も不繁盛、子孫続かず。二屋敷とも金神ふれ。海々の時、屋敷内四つ足埋もり、無礼になり」[72]。

安政五年一二月、このように金神のお告げを聞いた金光大神は、金神七殺と呼ばれる相続く家族の不幸さらには別の家の不幸までもが、自分が生まれる前に起きた無礼に起因するものだと知らされる。しかも、その無礼とは人間が住み着く前のその土地に動物の死体が埋もれたことに起因するという。自分自身が関与し得ず、知りえない行いもまた神に対する無礼として、自らがその責めを負わなければならないと知るとき、人間の理解がいかに限られたものであり、矮小なものであるのかを金光大神は認識するにいたる。

その心境になって、人間の欲がいったいどのようなものなのか、その醜さも弱さも見えてくる。同時に金神たちが人間にどのような生き方を望んでいるのかも理解できるようになる。それこそ人間の欲を断念しつつも、人間として神の声を人々に取り次ぐ生き神ならではの認識なのだ。自分を捉えていた世界の享楽に消費される状態から身を引き離せたからこそ、神の声が聞こえるようになったのである。

すでに述べたように、金光大神はこのときまでに経済的な成功を収め、傾いた家運を村で有数の豊かな家にまで回復させていた。そこで回心が起こった原因について、教学研究所の竹部所長は次のように述べる。

「金光大神は田地集積の面では成功したが、しかしまた神への無礼がある限り人生上の不幸は避け得ぬことを経験させられていた。更にまた『金神の地所』の理に照らして、日柄方位を見る行為が無礼とされるのみならず、行為以前に我が物と所有視することに無礼の根が広がることを了解させられた金光大神であった。そうした金光大神だからこそ、少しでも多く所有しようとする人間の姿は、振り返れば勤勉・倹約に努めて土地の集積を果たした自身の姿でもあり、……程度の差に解消されず、廻り廻って自身へ返ってくる性格の問題であった」[73]。

資本主義に基づく所有の論理が拡大するところ、それはあらゆるものは「金神の地所」[74]であるという認識と相容れなくなる。この「金神の地所」という教祖の言葉から、その回心の体験で得られた認識を受け止めようとする立場は金光教ではかなり合意の得られた理解のように思われる。福嶋義次も、「世人が忌避してきた擬似実体としての金神は、その実、人間の存在規定を支える神性であり、それ故に『神仏の宮寺社』も含め、人が常住生きる場が『金神の地所』である。そのことへの無知から無礼が由来する」[75]とはっきり言明する。それは瀬戸美喜雄の言うように、人間中心から神中心のまなざしのもとに、有限な存在たる人間としてこの世を生きる覚悟を示しているものなのだ。

「人間が『人間的なものを超え、人間を人間性のなかから奪い去る力』と直面することなしには、自己の存在確認は、きわめて自分勝手なものに終わってしまうだろう。原拠に耐えて立つとき、人間はかろうじて、すべてにわたる人間中心的な判断を中断せしめることができる。人間の原拠に気づくとき、人間は、今まで内に隠れた未知の真実のわれを、自己開発することを得さしめる[76]」。

金光教における回心とは、金神との関係において自己の世界認識を徹底的に改めることであった。一つの宗教から他の宗教へ、あるいは神の存在を認めない無信仰から神の存在に気づく信仰へとして回心という現象を形容するよりも、神の認識の深まり、自己のはからいの放棄として理解すべき出来事なのである。

キリスト教神秘主義の回心の場合には、ジェイムズはその経験が「言い表しようがないということ」とともに、「個人と絶対者の間にある普通の一切の障壁を克服すること」が「幸福の恍惚」の感情を伴って起きると観察している[77]。金光大神の場合にも、教祖が鬼門の神としての金神の存在をこの世界の主宰神へと受け止め直すことで、災いなす神から救済神へと転ずるようになる。

ただし、金光大神の場合にはさらに家族の病死や乳児の早世などが続き、ジェイムズの言うような神との合一による単純なハッピー・エンドでは終わらなかった。回心と共に人生が終焉を迎えるのでないかぎり、神と人間の関係は緊張をはらみながらも、己の中に神性を発見する複雑な主体の再編過程を継続していく。単純な合一であれば、神という名の全体性と溶け合う至福感もあるのかもしれないが、こうした複雑な緊張関係のもとではそうした感情がすべてを覆うことは困難だと思われる。むしろ、小沢浩が楽天的な生命主義観を暗に批判したように、「『罪の子』観を媒介することなしにはその『神の子』観も生じえなかった[78]」と見るべきなのである。

そして、プロテスタンティズムから生まれた資本主義の精神が、プロテスタンティズムから乖離していくのと同様に、通俗道徳の風土から生まれた金光教の教えも、母胎をなす通俗道徳との関係でも緊張を抱えていく。「実意丁寧」の教えも、教祖の回心と前と後では大きく変化していく。なぜならいまや神を信じるとは、「実意丁寧」を単なる「真面目で勤勉であるということ」と捉えるような、「世俗的欲望に支えられた」世間的な価値観とは一線を画したものにならざるを得ないからだ[79]。

島薗は生命主義において「救済と現世利益はまったく矛盾なく統一されており[80]」と指摘したが、そうであるとすれば、救済と現世利益が結びつくときに、あるいは逆に分離していくときに互いにどのような作用がもたらされるのかが問われるべきであろう。同時に救済とは主体にどのような変化をもたらす状態を指すものなのか、そこで現世利益がどのような役割を果たすのかが分析される必要がある。そこに、本稿で問題にする超越性がいかなる形で日本の民衆宗教において可能になったかという問いへの答えも明らかになってこよう。

4　呪術論――金光教と民俗宗教

多くの先学が指摘するように、金光教をはじめとする民衆宗教の生き神信仰は近代天皇制の現人神観と、人間であると同時に神であるという共通点を有する[81]。また、金光大神がかつて「金光大明神」や「金光大権現」と名乗ったことから明らかなように、「大明神」や「大権現」といった霊社号を用いる吉田神道や垂加神道、山王神道のヒトガミ思想ともゆるやかな繋がりを示していた[82]。

こうした類似が広汎に見られる背景には、修験道などの民俗宗教において、神や霊が特定の宗教者に憑依することで人間に語りかける憑霊信仰が存在していたと考えられる(83)。そのなかで金光教をはじめとする民衆宗教の画期性は、その人間が死んだ後に神として祀るのではなく、生きている間に「生き神」として敬うことにあった。金光大神もこうした宗教伝統を背景に神の声を聴く者になったわけである。

その特質について島薗は、「新宗教の発生と展開は、民衆の意識の古い要素を一掃し異なる原理をそれにかえたのではなく、むしろアニミズム的な要素をよびさまし、それを内に包みこむようにして保ちつつ、新たな信仰形態を発展させていったのである。新宗教を、伝統的な世界観の復興をはかる土着主義的・再生主義的宗教運動としても見ることができる(84)」と述べている。プロテスタンティズムについて言われるような、基層信仰から切断されることで普遍主義的な宗教が成り立つとは限らず、むしろそうした土壌との連続性があってこそ成り立つこともあるものなのだ。

そこには西洋プロテスタンティズムと呼ばれる通説的な「宗教」概念――伝統宗教の全否定から生じた個人の内面と神の絆――には解消しきれない、自らの社会伝統との対峙の中から生育った信仰のあり方が窺える。実のところプロテスタンティズムにも、同じような伝統宗教の取り込みという要素が見られる。

たとえば私が訪れたスイスのカルヴァン派教会では、教会の壁や柱に旧約聖書に出てくる民間信仰の神々たちがびっしりと描かれていた。キリスト教の神学体系のうちに取り込まれた彼らの存在は、邪悪な神と化した彼らの零落を示すとともに、そうした民間信仰の伝統との緊張関係の中からキリスト教が生まれてきたことを指し示しているんだと、同行したスイス人の牧師は説明してくれた。同じように、一神教であってもカトリック教では天使や聖人が重視される。そうした存在を退けるプロテスタントでも、自身の信仰の外部に邪教や異端が悪の観念の投影物として措定されてしまう。一神教を唱えながらも、神を単一の存在に押し込めることは決して容易なことではないのだ。

それまで村上重良に代表される金光教論は、「日柄方位などの迷信俗信を否定しようとする脱呪術化・合理化の志向」のもとに、西洋のプロテスタンティズム的な「内面化し合理化した近代的な宗教」を近代日本にも見出そうとする議論であった[85]。それに対して、島薗の議論はウェーバーの提起した「脱呪術化」は従来の宗教伝統からの切断ではなく、「アニミズム的色彩の濃い民衆宗教の世界に次第に心をよせ、その内側から民俗信仰的アニミズムを……克服していく[86]」過程とする点に斬新さがあった。

こうした啓蒙主義と土着主義の対峙は宗教学の分野だけでなく、歴史学の民衆史の分野での色川大吉と安丸良夫の違いとしても当てはまる。世直しと生命主義の評価の違いなど、安丸と島薗は看過できない違いを含みながらも、西洋的な啓蒙主義を批判する点では、同じ土着主義の立場から村上と色川の啓蒙主義に対峙するものであった[87]。ただし、その土着主義をどのような過程を通じて獲得していくことができるのか、そこに超越性がいかなる役割を果たしていると見るかという点で、両者の見解は分かれていく。

島薗は安丸良夫の民衆宗教論に対して、「大衆的倫理革新と呪術的なものがまったく対極にあると考える点で、安丸はウェーバーと立場を等しくしている[88]」と批判する。たしかに安丸は、「天下泰平に到達するための具体的な方策の探求は、こうした呪術によってすっかりふさがれ、変革への情熱とエネルギーは呪術や幻想のなかでいたずらに浪費されてしまう[89]」と、呪術を全体性のヴィジョンを獲得するためにマイナスに作用するものとして扱っている。『プロテスタンティズムの倫理と資本主義の精神』におけるウェーバーの文章は安丸の意図をより明確にするものとなろう。

「教会や聖礼典による救済を完全に廃棄したということ……こそが、カトリシズムと比較して、無条件に異なる決定的な点だ。世界を呪術から解放するという宗教史上のあの偉大な過程、すなわち、古代ユダヤの預言者とともにはじまり、ギリシャの科学的思考と結合しつつ、救いのためのあらゆる呪術的方法を迷信とし邪悪として排斥したあの呪術からの解放の過程は、ここに完結をみたのだった。真のピュウリタンは埋葬にさいしても一切の宗教的儀式を排し、歌も音楽もなしに近親者を葬ったが、これは心にいかなる……『迷信』をも、つまり呪術的聖礼典的なものが何らか救いをもたらしうるというような信頼の心を、生ぜしめないためだった[90]」。

それに対して島薗は、「呪術的儀礼において、人間を生み、守り、いつくしんでいる神の働きが生き生きと感じられ、人々の深い帰依を引き出す」と全体的な調和を推進するものとして、次のような例を挙げている。

「神のおかげに初めて深い感動を受けたのは、重い病の床で、神がかった石鎚講の先達による快癒の約束を聞いた時のことである。この時文治を感動させたことの一つは、神を演じる石鎚講の先達が御幣に大豆と米を付着させ、かゆにして食べるように命じたことである。これは神の力を示す奇跡であるとともに、まめ（壮健）で暮らせるように、という呪術的な意味も含むものである。のちに文治は、『生神金光大神、天地金乃神、一心二願、おかげはわが心にあり、今月今日でたのめい』（天地書附）というような主体的信仰の確立を人々に促すようになるが、その前提には、神のおかげに対するこうした呪術＝宗教的な信仰の強化があったわけである(91)」。

島薗はここで「呪術＝宗教的な信仰」として、呪術と宗教を同じものとして扱っている。「主体的信仰の確立」のためには、呪術的な儀礼が欠かすことが出来ないと認識していたのである。その主体形成の過程を島薗は次のように説明している。

「呪術的なもの情緒的なものの統御克服は確かになされている。しかし、それは呪術的なもの情緒的なものを合理的なものによって排除していくというしかたによってではなく、呪術的なもの情緒的なものをくみあげつつ、それを明確に形象化することによって、すなわち昇華をすることによってなされていると考えるのである。呪術的なもの、情緒的なものは新しい宗教意識の中に形をかえて保存されて（止揚されて）いるのであって、だからこそ新しい宗教意識は人々の非合理な心情になめらかなはけ口を与えることができるのである(92)」。

従来、呪術は自己の欲望の現実貫徹のための誤った技術、あるいはその前提としての現実世界への埋没を意味するものと考えられてきた。安丸をはじめとする多くの研究者もまた、そうした負的側面で呪術を考えてきたために、間違って主体形成を阻害する否定的評価を与えたのだと島薗は批判した。それに対してこうした言語を伴わない行為が、むしろ積極的に主体化過程における情動的基盤を形成すると考えたのである。

情動は人間にとって身体のような土台であり、それを排除してしまえば主体は身体を欠いた思考だけの存在になってしまう。思考だけで人間は自分の主体を支えることはできない。情動的世界を「想像界」と呼び、それと言語をつかさどる「象徴界」との関係を論じたラカンが、ビリーフ中心主義のプロテスタンティズムではなく、身体儀礼を重んじるカトリシズムを評価したのも偶然ではあるまい(93)。こうした宗教儀礼を情動次元からの主体の再編をはかる行為として高く評価するのはラカンだけでなく、分析心理学者のC・G・ユングがいち早く議論を展開したところでもあった(94)。

ただし、それは呪術的な世界観や情動の流れをそのまま肯定することではない。呪術が時に「迷信」と呼び表されるように、現実世界への埋没行為となり、主体の自律性を放棄させることもある。呪術もまた信仰行為である以上、宗教と同様に両義的なものなのだ。その情動をどのように変容させて、主体構成の土台に据えることができるのか、そうした批判的介入のために理性や言語化行為は存在する。島薗は従来の金光教学の立場——「金光教はアニミズム的な信仰を否定し、排除することによって成立したのであり、脱呪術化のあり方において新宗教中の例外的存在である(95)」という理解——を厳しく批判する。「文治の信仰がある時点を境に民俗信仰に背を向け、内面的宗教へと踏み込んだとする点(96)」で、プロテスタンティズム的な回心理解と同様の域を出るものではないと、島薗は批判したのであった。

それに対して島薗は、「アニミズムの克服はアニミズムの蘇生と表裏をなしていた」という考えのもとに、「前半生の教祖は一様にアニミズム的な民俗信仰に身を委ねていたわけではないし、後半生の教祖とのちの教団の双方においてもアニミズム的な要素は濃厚に保たれていた」という理解をとる(97)。それはアニミズムを通して世界との密接なつながりを保持しながらも、同時にそのかかわりの仕方を改変するという点でアニミズムの否定ではなく、その内実の変容を意図するものとなる。

ここで宗教的主体化論の観点から、島薗の言う「アニミズム」の意味をまとめ直しておこう。通説にあるように、アニミズムとは万物がそれぞれ霊魂を有する世界観を指す。そこでは自分が眺める世界もまた、自分と同じように固有の意志を有する多様な複数の主体から構成されていると理解される。他方、「内面化されたプロテスタンティズム的な宗教観」のもとでは、自分が唯一の主体として世界を見下ろすような、現実世界の外部に位置する観察者の立場に宗教的主体は置かれる。そこでは神は自分だけが世界を眺め観察者の立場を正統化する力能として機能するのである。

ここに主体化論的にみた一神教と多神教の違いがある。一神教はこの中心化作用が過剰に働くと、知性をもたない野蛮な存在としてしか他者を認識できない自我インフレーションが引き起こされる。他方、多神教では複数の主体がそれぞれの意志を持って活性化するために、現実世界そのものが分裂して調和を失い、氾濫する情動に巻き込まれて主体は統合失調症に陥る。しかし、東アジア史家のプラセンジット・ドゥアラが注意を促すように、一神教と多神教のどちらが良いのか、悪いのかといった問いの立て方そのものが適切ではない[98]。それぞれがその特質に応じた問題点を抱えており、どのように異なる神観を取り込んで異種混淆的な主体を再構成するかが問題なのだ。むしろ、ドゥアラの表現を借りるならば、世俗権力によって「制度化されてしまった超越性」から、「ラディカルで対話的な超越性」をどのように救い出すかといった視点のほうが重要であろう[99]。

島薗のアニミズム論はプロテスタンティズム中心主義に偏った宗教観を批判することで、自分もまた世界の中に他の主体と等しく包摂されていること。しかも、他の諸主体に圧倒されることなく、その世界を俯瞰しつつも、相互交渉に耐えうるような主体構築のあり方のもとに「宗教」を再構想しようとしたものとして評されるべきものなのだ。

その点で呪術的なものを、幻想を助長するとして退ける安丸もまた、呪術の理解においては肯定的であった面が多々ある。安丸は「病気その他の人生の危機を媒介にして入信してくることは、教祖たちが人々に何かを訴える決定的なきっかけになっていることは明らかであるが、そのときに、病気の問題をその人間の主体的なあり方として考えさせるということが一般的に見られる」として、呪術的に見える行為が主体の再編をしばしば引き起こすことを指摘している。

安丸の呪術批判とは、幻想に耽溺する虚偽意識に染まった状態としての「呪術」を批判しているのであって、アニミズムの説く世界と主体の連続性そのものを否定しているわけではない。戒められるべきはその連続性が世界に対する転移的な感情に主体が呑み込まれる事態に陥ってしまうことであって、世界とのかかわりを通して主体に働きかけること自体は有意義な主体再編として評価されていると見るべきなのだ。日本思想史の桂島宣弘は金光教の信者たちの入信動機として、「参集者達は伝統的信仰の枠内で、『霊験』を伝え聞いた文治以下の『金神』達の祈禱による現世利益の達成を求めていた」(100)として、次のようなデータを紹介している。

「文治の下に集まった初期の信者達は、『一家の無事・息災』を願う者が全体の四五・八％であり、ついで『病気・怪我』からの回復を願う者が全体の二四・九％であった（明治五＝一八七二年一月〜三月）。さらに文治についで『金光大神』の神号を受けた斉藤重右衛門の下に集まってきた者の六五％が『病気の回復・治療』を願う者であり、二二％が『家内安全・商売繁盛』を願う者であった（慶応元＝一八六五年）。また、大阪布教の先駆者白神新一郎（初代）の場合は、やや時代を下がって明治十三年になっても、八月の全体四四一件の内『病気回復』を願う者が三六四件と、実に全体の八三％を占めている」(101)。

たしかに幕末から明治中期にかけて、金光教の信者になったものは病気直しの願いが圧倒的に多かった。しかしそれは迷信行為というよりも、安丸が言うように病気直しを通じて、それまでの自分の生き方や人生観を変える主体再編の試みとも考えられるものなのだ。

世界からの主体の独立ではなく、その関係性をうまく変質させること。島薗あるいは安丸の議論が示すように、こうして世界と主体を結びつける回路を上手く活用できるならば、世界への働きかけを通して、情動的な身体の次元から主体を再編することが可能になることであろう。金光大神の自伝全編が回心の記録であると、かつて島薗進は井上順孝とともに指摘したが、たしかにその回心は一回かぎりのものではなく、何度も起こった出来事を通して教祖の人格のなかへ、意識だけでなく無意識の次元へと、本人も自覚し得ないところで変容を起こしていった(102)。

井上らが言うように、金光大神が三七歳のときに始まり、四六歳までが最も顕在化した回心現象がみられるが、生涯にわたって続く神との対話を通して、神懸かりや金神信仰といった基層的な文化土壌との交渉をその主体形成において金光大神は進めていったのだ。その意味で、意識上の理解というものはつねに身体的な出来事に遅れてやってくるというラカンの観察は至言である。

同じくラカンが言うように、私たちは世界に繋がれており、その世界に埋没してこの世で生を送る。世界に繋がれるとは、他者に承認されるためにその欲望に盲目的に従う状態を指す。では、世界への埋没状態からどのように自立するか。そのためには他者に自己の情動を捉えられた状態から脱する必要がある。そこに精神分析の転移論から得られるヒントがある。ここではその問題を、島薗が分析する金光大神の方位信仰から見てみよう。

金光大神は当初、庄屋である小野家の方位占いに従っていたが、島薗の理解によれば金神信仰のもつ方位信仰と混同されてはならないものである。むしろ金神信仰のようなものを荒唐無稽な呪術として退ける合理的なものであったという。若い頃の金光大神の、方位信仰について島薗は次のような解釈をおこなっている。

「若い文治が、日柄方位の吉凶をめぐって山伏と関わったとか、何らかの呪術的対処法をとったという記録は残されておらず、むしろ文治は、そうしたアニミズム化した日柄方位信仰に批判的だったと思われる、庄屋……小野光右衛門を深く敬慕し、彼の日柄方位指定に従っている[103]」。

さらに、「小野の日柄方位説は民俗信仰的なアニミズムと習合した日柄方位信仰を脱呪術化し、元来の禁忌体系としての性格へひきもどそうとするものだった」として、その日柄方位論を次のように島薗は説明する[104]。

「小野は従来の暦注の禁忌体系が、確固たる知識の裏づけを欠いた慣習的なものになり下がっていると感じ、天文暦数に関する体系的な知識を導入してそれを合理化し、洗練化しようとしたと思われる。そのような合理化・洗練化を遂行すれば、山伏らの呪術的祈禱に依存する必要のないような確実な日柄方位撰定ができるはずであった」[105]。

そこにはその時代における合理性に従い、民間信仰の世界から距離を置いた金光大神の、回心以前の啓蒙主義的な生活態度が見て取れるという。島薗はそれを「〈情報体系化による脱呪術化〉」と呼び、「情報体系化によって不確実で曖昧な要素を排除し、外部への支配力を高めていくことによる脱呪術化である」と形容する[106]。人間の理性は現実世界の不条理な力の影響を遮断し、その外部に立って世界を制御することができるとする啓蒙主義的な信念がそこには存する。

小野家の日柄方位論においては、呪術は不可知な世界に盲従する蒙昧な行為として厳しく退けられてしまう。島薗によれば、金光大神に先立って立教をした実弟の香取繁右衛門の場合には、神憑りの能力は兄よりも長けていたものの、その伝記を読んでみると、こうした脱呪術化の契機には恵まれていなかった[107]。

そんななかで、金光大神が養子に入った川手家の家運は大きく盛り返すものの、母屋の普請を契機として嫡男の病死、二人の子どもの疱瘡、飼い牛の死と、相続く不幸が起ってしまう。小野家の示す日柄方位に従ったにもかかわらず、小野家の指示では制御できない現実の世界の不条理さを思い知らされることで、金光大神は一度は民間信仰を否定したものの、それでも否定しきれない不可知の力の存在を認めざるを得なくなる。その不可知の力とは、現地の宗教伝統からしてとりもなおさず金神と呼ばれる神にほかならなかったのであろう。

島薗はこうした金光教に起こった脱呪術化を「〈危機克服による脱呪術化〉」と名づけ、「不安と疑いという人格の危機に耐え、世界と人間への信頼を保ちうる自我を育てていく」、主体の再構築過程として捉えた[108]。それは「〈情報体系化による脱呪術化〉の限界にぶつかりそれを相対化していくこと」であり、「アニミズム的世界観の復興と表裏をなして進行する内在的な脱呪術化」の過程であると考えられた[109]。

啓蒙主義の限界を認識することで、その主体は呪術的世界に身を浸すことが可能になる。「アニミズム的世界観の……内在的な脱呪術化」という逆説的な島薗の表現は、アニミズムを前提としながら、その意味を読み変えるという意味で、脱構築的な作業といえるだろう。だとすれば次は、この「〈危機克服による脱呪術化〉」作業の結果、アニミズムにどのような新しい意味がもたらされたのかを見定める必要がある。

すでに啓蒙的な知性が確立している主体であるならば、呪術的世界に接触しても、その世界に渦巻く奔放な情動に呑み込まれる危険はきわめて低い。しかし、理性が弱ければ、アニミズム的世界を渦巻く情動に流され、新たな主体の確立は困難となる。呪術的世界に育った人間であれば、むしろ世俗主義的な価値観との接触が良薬になって、混沌とした世界に秩序の光がもたらされることになったのであろう。そうした島薗解釈にそって理解するならば、金光大神もまた小野家の日柄方位によって一度は世俗化を経験したがゆえに、金神信仰をうまく主体の再編へと取り込むことができたのだとも考えられる。

そして、こうした情動的世界への批判的介入は、金光教における自分の無力さの自覚、金光大神の「凡夫で相わからず」という回心と相通じるものとなる。己の我欲を断念し、自分の認識は矮小な世界に限定されたものだという認識こそが情動世界を前提としながらも、それに対して距離を保ち、一方で肥大する合理性をも対象化するものとなる。それこそが、金光教そのものというよりも、島薗の考える新たな宗教的主体の形成過程であった。呪術は脱呪術化されることで、情動を伴う主体の再編技術としての本質がより一層精緻に磨かれるものなのだ。

ただし、島薗の呪術論にも検討されるべき課題はある。島薗は同じ生き神信仰であっても、山伏のようなシャーマンが「多発的反復的な超自然的存在の顕現を前提とする生神信仰」にとどまるのに対して、「神に選ばれた唯一の媒介者」として「教祖一人の事実として一回起的な起源」を有する「生神思想」として教義および組織の体系性を有するとして、その点に金光教をはじめとする「新宗教」、特に生命主義を特徴とする宗教の卓越性があると主張した[110]。そこにおいて注目されるのが、生神信仰は「信仰」から「思想」へと昇華したという見解である。

島薗はそこにおいて超越性――「超自然的存在との直接的交流の信念」と呼ばれる――が失われると考えたが、かわって「生への疑いと絶望に耐えうるような人格の深さ」が人間の側の問題として獲得されるとする[111]。そして、「この人格の深さが救けの信仰の源泉なのである」[112]と考えた。そのとき、自分の心のあり方に焦点を定めた「心なおし」が、「日常生活における倫理実践の徳目」の実践といった、人間の側の主体的営為として、神懸りに代わって信仰行為の中心に据えられる[113]。

少なくともこの時期の島薗は、「超自然的存在に対する信念の弱体化」を「日本社会の世俗化」と結び付けるとともに、「内在的な脱呪術化」の成果として肯定的に捉えていた。しかし、こうした「脱呪術化」が人間による中心化であると同時に、人間をつねに越え出ていく超越的機能の喪失ももたらすものであったのではないかという疑問も抑えがたい。事実、島薗も「脱生神化された人間教祖像」の問題点として、「歴史に潜む〈超越性〉、われわれが受けつぎわれわれが忘れることのできない、過去の人々の恐れと希望がもつ〈超越性〉を蘇生させること」の難しさを懸念している[114]。「心なおし」に代表される人間の主体性が神懸かりに代わって称揚される一方で、超越性の喪失が危惧される。ここに島薗の混乱を見るのは、こちらが混乱しているためなのだろうか。少なくとも、超越性が何を意味するものなのかを島薗は明確に規定しないままできた。その問いに対する答えを島薗に代えて、安丸の民衆宗教論とのかかわりのなかで考えていく必要がある。

さらに島薗の議論においては、誰にでも神憑り[115]が可能であった民俗宗教の状態から、教祖を中心にそれが教義として体系的に収斂することで、自己と世界の意味は安定したかたちで再編成されると考えられる。その理解において、新宗教が救済を目的とする「普遍宗教」であるのに対して、民間信仰や民俗宗教は現世利益的な呪術が根強いとされる。そこでは、宗教的な主体形成における呪術の価値を評価しつつも、普遍的な救済にかかわる「宗教」と、それより劣る現世利益的な「呪術」という価値観が実際には前提とされている。

しかし、金光教徒は実のところ自らの信仰を「宗教」ではなく、近代以前からの「お道」と呼び表してきた。金光教の宗教学者、福嶋信吉が指摘したように、「『近代宗教』が存立しているものとは異なる枠組み[116]」が存在していた。福嶋は「民衆の経験や実践に向けて『信心』を語るとき、身体感覚に根ざした言葉である『道』は、……人々をその実践へと誘うことを企図した言語行為なのである」とした上で、道のもつ超越性を次のように語る[117]。

「『お道』という言葉は、『お』という尊敬の念を示す接頭語を付すことで、そこで指示されている『道』が話者にとって他者性を帯びたものとして存立し、経験されていることを明らかにしている。その他者性とは、まず、『道』がより究極的な他者に基礎付けられているという超越的な意味での他者性であり、次に、それが自分のみならず（あるいは、自分でなく）他者において生きられている実践であるという意味での他者性である[118]」。

道に軸を置いた福嶋の理解に比べると、同じ金光教をめぐる議論であるがゆえに、島薗の宗教論の進化論的性質が目に付く。この段階では島薗もキリスト教的な宗教概念を、金光教の理解にさいして形どおりに当て嵌めているところがあったと言える。島薗は宗教社会学者のロバート・ベラーの宗教進化論を批判するものの、いまだ進化論のもつ「呪術から救済宗教へ」という価値観までは根本的な相対化をおこないえてはいなかった[119]。少なくとも一連の金光教論文が書かれた一九八〇年代初頭においては、島薗の宗教理解は従来の「成立宗教」を普遍的なものとする立場――「独自の教義や実践の体系と教団組織を備えた宗教」――を超え出てはいなかったと見られる。ここにおいてこそ、島薗は教祖の出現の意義を認めたのである。

教祖を唯一の権威とする島薗の立場にたてば、天皇制国家が生神思想を唱える民衆宗教教団を弾圧したのも容易に理解できることになる。近代天皇制は現人神天皇に権威の独占を不可欠の要件とする点で、金光大神ら民衆宗教の教祖と論理を共有する。それゆえ生き神としての権威の独占をめぐって、金光だけでなく、天理教や大本教など、新宗教の教祖たちが天皇制の権威と競合関係に陥り、次々と弾圧を被ってきたことはいまだに忘れがたい歴史である[120]。

島薗が言うように、信仰が体系化されるときに権威の中心化は欠かすことができないものかもしれない。中心化を拒否して、脱中心化するだけでは、秩序のない相対主義の状態が招来されるだけである。民俗宗教の山伏のように、そのつど憑依する神霊が何ものなのか定まらない、あるいは言語化された体系的な教義が定かでないとすれば、神霊と人間の安定した関係、あるいは教祖と信者の関係が恒常化することは困難になろう。宗教人類学者のタラル・アサドはそうした脱中心化を安易に称揚する動きに対する懸念を次のように表明する。

「人間のエージェンシーの場が広がって主体の脱中心化が進むことを大いに喜ばしいとする者たちが真剣に取り上げようとしない ある問題が見えている。可動性の言説の直中より支配権力が姿を表す過程を把握するという問題である。……まさにこの過程を通じて、既存のアイデンティティや動機が余計なものとなり、そこに他のアイデンティティ、動機が打ちたてられるのだ[121]」。

その教祖論で見解が展開されるように、生き神としての教祖は教団として体系化がなされるときに、その神霊を憑依させて社会や自己を俯瞰する超越的な動きが失われることになると、島薗はアサドよりいち早く考えた。しかし、その中心化が独占化や弾圧を意味するものであってはならないことは、戦前の民衆宗教弾圧の過酷な歴史が如実に物語っている[122]。排除のない権威の中心化をどのように構想し、実現するかはこれからの宗教研究、特に公共宗教論における課題と思われる[123]。いうまでもなく、それは各主体が超越性をどのように身につけることができるのかという問題と密接に関係する。個人と個人とを結ぶものは個人では行いえず、それを結び合わせる場を成立させている謎めいた他者のまなざしとの関係づけが必要になるためである。

私の理解からすれば、島薗のアニミズム論が想定する「内在化された脱呪術化」を経験した主体にこそ、安丸の言う全体性のヴィジョンの想起が必要になると思われる。そうすることで、活性化した複数性の世界に埋もれなくなり、そこに属しながらも同時に自らの世界を俯瞰可能とする超越的な主体編成が可能になるのだ。呪術的世界に属する主体にとっては、超越的な認識をもつ全体性のヴィジョンこそが生来欠損するがゆえに求められているのである。

全体性とは分裂しただけでは得られず、中心化作用が相補う働きとして必要とされる。しかし、分裂する動きであるからこそ、分裂した主体は再度統合される必要がある。別の表現をすれば、全体性が想起しえるのは、分裂に伴って主体に穿たれた孔からであり、分裂がなければ主体の矮小化に収まらないような、超越性としての中心化作用は現れ出てようがないのである。その点で、宗教人類学者の関一敏が島薗らとの鼎談で語った、天理教の中心地にみられる甘露台の役割は主体の中心化を考えるうえで示唆に富む。

「建築の場合、芯の柱は確かにあるんです。太い柱、細い柱、きれいな場所の柱、汚い場所の柱とかいろいろあります。こうした役割の違う柱どうしが支えあって初めて世界は成り立つからある親密さを持っているんだけれど、これは差別と紙一重ですね。……にもかかわらず差別にならない装置はどこにあるんだろうか。ひとつは、『ぢば』の建物の真ん中に穴があいていて、そこに『かんろだい』があるでしょう。あれは普通の建築ではないですよね。というのは、完成した建築そのものを越えるような切り口をつけているんだと思うからです。甘露が授かるという、いわば神との通路によって、建築の中で完結してしまわないような関係をもちこんでいる[124]」。

一見すると、異端の発生を信仰本来の動きとする安丸の立場と島薗の中心化の立場は相容れないもののように見える。安丸は宗教というものは再解釈されて分化するところにその生命力の秘密があると考え、島薗は収斂するところに成立する宗教としての体系性が完備されると考えるからである。しかし、安丸もまた、「思想化」という営みを「単なる事実そのものの、体験そのものではなくて、それが価値化されるとか、あるいは、他の人にも普遍的に意味をもちうるものとして把握されるとか、……言葉にして表現してそれを他の人にも伝える[125]」行為と捉えて、教義を形成することの重要性をこう説く。

「教義があまりはっきりしていないと、集まってくる信者も、教義によるあるまとまった信仰をもっているというふうには必ずしもいえないと思われる。……流行神の場合は、〔病気直しなどの〕御利益があるということで急速に広がることもあるけれども、やがてそれは急速にすたれる。そして教義のようなものは残さないということになるわけである。……その中から、教義が定着されることを通して、我々はそこに非常に広範な民衆の思想形成、意識形成というものを読みとることができると思う[126]」。

ただし、安丸の場合は神がかりこそが教義形成をする重要な要件になると考えており、単なる合理的な思弁行為とは理解していない。さらに安丸は、教祖が教祖であるゆえんは大本教においても金光教においても信者もまた生き神として権威を分有していくことであり、教団の分裂や異端の発生も含めて、そこにおいてこそ教団の生命力は保持されると考える。たしかに、こうした多様化の動きをさえぎる道具に教義が使われる時、その教義は現実世界とのつながりを喪失することになる。人々の救済が後回しにされるのだ。

だが、そこに中心化の動きが加わらなければ、宗教の組織は分裂するだけの統合失調症に陥る。分裂した各主体がそれぞれの許に中心化を行う動きが備わるからこそ、各主体がそれぞれの特色のもとに主体を再構築することができる。分裂と統合は同時に起こる相補的な動きであり、その点において島薗と安丸の見解は反対側から同じ現象を捉えたものと捉え直されるべきものなのだ。

一方で近代天皇制については、それが苦悩する人間天皇ではなく、完全無欠な神聖さを強調する点で、他者と共存する複数性の空間において、生身の人間の葛藤や多様性を受け入れるしなやかさを欠いた信仰体系にならざるをえなかった。人間的側面を欠いた宗教はもはや「生神」ではなく、完全な「神」として教祖を祭り上げる。そのとき神の声を聴き取る人間は、シャーマンとしての役割を喪失することになる。完全な神としての「現人神」になったがゆえに、神の声を聴く柔軟性、自己の宗教者として能力を成長させていく可能性を失ってしまうのである。その硬直した生き神思想が「生きた人を祀るという近世期以降の習俗を共通の母体[127]」とすることを認めたうえで、それでも民衆宗教の生き神思想とは異なるものとして歴史に立ち現われたことを小沢浩は次のように強調する。

「近代の天皇＝現人神が、民衆宗教の教祖＝生き神とはきわめて異質な存在であったことはいうまでもない。現人神の浮上とともに、多くの生き神教祖たちが厳しい弾圧を受けなければならなかった、それが一番の理由である」[128]。

神として完全無欠な存在になってしまえば、卑小な人間存在の苦悩は読み取ることができない。近代天皇が神聖さを前面に押し出したがゆえに、国民国家の公共空間が押し開かれたとする素朴な見解が今も根強く見られる。しかし、生身の人間がその身体性を消去し、万世一系の超歴史性の許に自らの存在を溶かし込んでいくとき、消去されたはずの歴史的身体は亡霊のようにその公共空間に回帰し、特定の人間の利益のもとに、特定の人々を隠然と排除する不可視の暴力的空間が出現してしまう。島薗進は生命主義について、「本源的に充実していて生命力に満ちているはずの世界」を本来的性質として措定していることを指摘しているが、そこでは「悪や苦はこの現実世界において本来的なものとはみなされておらず」、結果としてその埒外、すなわち自己と相容れない他者の存在に投影されてしまうことになる[129]。

そうした生命主義の世界理解はオプティミスティクであるがゆえに、公共空間が本質的に排除を伴うことがまったく見落とされていると言えよう。そして、現人神天皇と同一化を欲する国民は、まったき神へと自己が吸い寄せられてしまい、主体の独自性が消滅してしまうのだ。完全なる同一性、完全な転移とは、ラカンが「大文字の他者」と呼んだところの固定化されたシニフィアンへの盲従であり、ユングが陥ってしまったような、「結合」という名の自己の放棄に他ならない[130]。

一方、金光教の信仰の場合には「『お道』による救済の糸口は、たとえ『お道』に敵対するような人々からであっても、奪われてはならないのである」がゆえ、「場としての開放性から、……『信心』が一人ひとりの生活や意識の実態に即して、一人ひとりにとって『いとやすきこと』でなければならない」とされる[131]。福嶋が言うように、「金光大神の自己理解においては、そのような『信心』やその『信心』を可能とする場こそ、『お道』なのだ」[132]。生き神であるとはいえ、お道と人間が完全に同化することはありえない。福島はお道の超越性について次のように説明する。

「『お道』という言葉は、神意を受けた『生神様』『教祖様』によって開示される『道』の、『教え』や『信心』をはじめ、『信心』の実践や継承によって生成する実践コミュニティ、同信者集団や教団組織、伝統などが、その世界を生きようとしている自己や他者たちとの関係において明示される固有名詞的な表象として、人々の間に定着していくのである[133]」。

福島の言葉に従うならば、お道はあらゆる人間——非国民にも非信者にも——に場を開くとともに、いかなる人間にも独占的に権威を簒奪することを許さない超越性を保持した場である。宗教的権威の中心化を重視するという点では同じものの、この点で生き神教祖と現人神天皇はまったく異なる類いの神人だということになる。

【注】

(1) 瀬戸美喜雄「近世後期大谷村の社会・経済状況について——赤沢文治における倫理的実践の背景」『金光教学』一四、一九七四年。
(2) 竹部弘「近世農民の世界観と金光大神の信仰」『金光教学』三八、一九九八年、五二頁。
(3) 同右論文、五五頁。
(4) 竹部教雄「『実意丁寧神信心』考」『金光教学』一五、一九七五年。
(5) 安丸良夫ほか「安丸良夫氏を囲むシンポジウム　『信仰の思想化について』」『金光教報』昭和四九年五月号、七六頁（本書二二八頁）。
(6) 同右、八八頁（本書一七三頁）。
(7) 『金光大神』縮刷、三二一頁。
(8) 岩本徳雄「神名について」『金光教学』二〇、一九八〇年、二二頁。
(9) 「金光大神御覚書」『金光教教典』金光教本部教庁、一九八三年、一一頁。
(10) 松井雄飛太郎「生神の意味——文治大明神について」『金光教学』三、一九六〇年、一二頁。
(11) 安丸ほか「安丸良夫氏を囲むシンポジウム」八八頁（本書一七三頁）。
(12) 安丸良夫『出口なお——女性教祖と救済思想』朝日新聞社、一九七七年（岩波現代文庫、二〇一三年、ⅳ—ⅴ頁）。
(13) 真鍋司郎「民衆救済の論理——金神信仰の系譜とその深化」『金光教学』一三、一九七三年。
(14) 安丸ほか「安丸良夫氏を囲むシンポジウム」九三頁（本書一八三頁）。
(15) 津田左右吉と石母田正の自由と必然をめぐる議論については、磯前順一「暗い時代に——石母田正『中世的世界の形成』と戦後日本の歴史学」磯前／ハリー・D・ハルトゥーニアン編『マルクス主義という経験——1930-40年代日本の歴史学』青木書店、二〇〇八年、三三〇―三三二頁。
(16) 柄谷行人『探究II』一九八九年（講談社学術文庫、一九九四年、二〇四―二〇五頁）。
(17) ジョルジョ・アガンベン『残りの時――パウロ講義』二〇〇〇年（上村忠男訳、岩波書店、二〇〇五年、八六―八七頁）。
(18) ジル・ドゥルーズ／フェリックス・ガタリ『哲学とは何か』一九九一年（財津理訳、河出書房新社、一九九七年、六五―八八頁）。対馬路人・西山茂・島薗進・白水寛子「新宗教における生命主義的救済観」『思想』六六五、一九七九年、九六、一〇二―一〇三頁等。
(19) 酒井直樹『過去の声――一八世紀日本の言説における言語の地位』一九九一年（川田潤・齋藤一・末廣幹ほか訳、以文社、二〇〇二年、五四六頁）。
(20) 安丸、前掲『出口なお』一二九―一三〇頁。
(21) 同右書、一二九頁。
(22) 同右書、一三一頁。
(23) 安丸良夫「例外状況のコスモロジー――国家と宗教」一九九五年（同『一揆・監獄・コスモロジー――周縁性の歴史学』朝日新聞社、一九九九年、二四七頁）。
(24) 島薗進「民衆宗教か、新宗教か――二つの立場の統合に向けて」『江戸の思想』第一号、ぺりかん社、一九九五年、一六七頁。
(25) 対馬ほか、前掲「新宗教における生命主義的救済観」九四頁。
(26) 同右論文、一〇〇頁。
(27) 同右論文、一〇九頁。
(28) 安丸、前掲「例外状況のコスモロジー」二四七頁。
(29) 安丸良夫『日本の近代化と民衆思想』青木書店、一九七四年（平凡社ライブラリー、一九九九年、二一六―二一七頁）。
(30) 同右書、九一頁。
(31) 島薗進「日本新宗教の倫理思想――近代化論から『心なおし』論へ」日本仏教研究会編『日本の仏教4　近世・近代と仏教』法藏館、一九九五年、二六六頁。
(32) 安丸、前掲『日本の近代化と民衆思想』六六―六七頁。
(33) 安丸良夫『文明化の経験――近代転換期の日本』二〇〇七年、岩波書店、九頁。
(34) 安丸、前掲『日本の近代化と民衆思想』六七頁。
(35) アガンベン、前掲『残りの時』九四頁。
(36) ジャック・ラカン『転移』一九六〇―一九六一年（小出浩之・鈴木國文・菅原誠一訳、岩波書店、二〇一五年）。
(37) 竹部、前掲「近世農民の世界観と金光大神の信仰」五七頁。
(38) 同右論文、五七頁。

(39) 安丸、前掲『日本の近代化と民衆思想』一六頁。
(40) 同右書、八〇頁。
(41) 前掲「金光大神御覚書」一〇─一一頁。
(42) 同右書、一一─一二頁。
(43) 磯前順一『閾の思考──他者・外部性・故郷』法政大学出版局、二〇一三年、一八二─二一六頁。
(44) 村上重良「解説」『金光大神覚──民衆宗教の聖典・金光教』東洋文庫、一九七七年、二六五─二六六頁。
(45) 「金光大神御理解集」第Ⅰ類、大喜田喜三郎の伝え11『金光教教典』四五四頁。
(46) 福嶋義次「金神、その神性開示について──金光大神理解研究ノート」『金光教学』一七、一九七七年、三頁。
(47) 前掲「金光大神御覚書」六四頁。
(48) 「金光大神御理解集」第Ⅱ類、藤井きよのの伝え4『金光教教典』六八三頁。
(49) 福嶋、前掲「金神、その神性開示について」三頁。
(50) 川村湊『牛頭天王と蘇民将来伝説──消された異神たち』作品社、二〇〇七年。
(51) 島薗進「宗教の近代化──赤沢文治と日柄方位信仰」五来重ほか編『講座日本の民俗宗教5　民俗宗教と社会』弘文堂、一九八〇年、二二七頁（本書三一七頁）。
(52) 福嶋、前掲「金神、その神性開示について」三─四頁。
(53) 青木茂「小野家の家相方位学説」『金光教学』一、一九五八年。
(54) 金光教による繁右衛門に関する評価については、真鍋、前掲「民衆救済の論理」八九頁。
(55) 藤尾節昭「布教史試論──金神考」『金光教学』一六、一九七六年、一二九頁。
(56) 同右論文、一二九頁。
(57) ウィリアム・ジェイムズ『宗教的経験の諸相』一九〇一─一九〇二年（桝田啓三郎訳、岩波文庫、一九六九年、上・二九七頁）。
(58) 同右書、上・二九九頁。
(59) 対馬ほか、前掲「新宗教における生命主義的救済観」一二二頁。
(60) 島薗進「初期新宗教における普遍主義──習合宗教の流れの中で」南山宗教文化研究所編『神道とキリスト教──宗教における普遍と特殊』春秋社、一九八四年、一八七頁（本書三五四頁）。同「民俗宗教の構造的変動と新宗教──赤沢文治と石鎚講」『筑波大学　哲学・思想学系論集』六、一九八〇年、八五頁（本書三三一頁）。
(61) 早川公明「修験者との折衝過程に関する一考察──尊滝院許状の取得から返却にいたる過程分析」『金光教学』一九、一九七六年、一三八─一三九頁。
(62) 安丸良夫「民衆宗教と『近代』という経験」一九九六年（安丸、前掲『文明化の経験』三四二頁）。

(63) 島薗進『現代救済宗教論』青弓社、一九九二年、三九頁。
(64) 島薗、前掲「民衆宗教か、新宗教か」。
(65) 岡成敏正「金神とその信仰の諸相について――民間陰陽道・金神信仰調査から」『金光教学』二八、一九八八年、一二六―一二七頁。
(66) 鎌田東二「道としての学問から見た、金光大神の宗教体験」『金光教学』四一、二〇〇一年、一三一―一三二頁。
(67) 同右論文、一三二頁。
(68) 同右論文、一三五頁。
(69) 同右論文、一三六頁。
(70) 同右論文、一三三頁。
(71) 小沢浩『生き神の思想史――日本の近代化と民衆宗教』岩波書店、一九八八年、二六九頁。
(72) 前掲「金光大神御覚書」二二頁。
(73) 竹部、前掲「近世農民の世界観と金光大神の信仰」六〇―六一頁。
(74) 前掲「金光大神御覚書」六四頁。
(75) 福嶋、前掲「金神、その神性開示について」一三頁。
(76) 瀬戸美喜雄「神の怒りと負け手――明治六年十月十日の神伝をめぐって」『金光教学』一七、一九七七年、四七頁。
(77) ジェイムズ、前掲『宗教的経験の諸相』（下・一八三・二四四頁、上・三八二頁）。
(78) 小沢、前掲『生き神の思想史』二三二頁。
(79) 竹部、前掲「近世農民の世界観と金光大神の信仰」五三頁。金光大神における実意丁寧の意味変遷については、藤井記念雄「実意丁寧神信心の志向性についての試論」『金光教学』五、一九六二年。
(80) 対馬ほか、前掲「新宗教における生命主義的救済観」一〇九頁。
(81) 島田裕巳『戦後日本の宗教史――天皇制・祖先崇拝・新宗教』筑摩選書、二〇一五年。島薗進「生神思想論――新宗教による民俗〈宗教〉の止揚について」宗教社会学研究会編『現代宗教への視角』雄山閣出版、一九七八年（本書第III部第1章）。小沢、前掲『生き神の思想史』。
(82) 岩本、前掲「神名について」七―八頁。宮田登『生き神信仰――人を神に祀る習俗』塙書房、一九七〇年。佐藤弘夫『ヒトガミ信仰の系譜』岩田書院、二〇一二年。加藤玄智『本邦生祠の研究――生祠の史実と其心理分析』一九三一年（国書刊行会、一九八五年）。
(83) 小松和彦『憑霊信仰論――妖怪研究への試み』一九八四年（講談社学術文庫、一九九四年）。
(84) 島薗、前掲「宗教の近代化」三二三―三二四頁（本書三一三―三一四頁）。
(85) 島薗、前掲「宗教の近代化」三二四頁（本書三一四頁）。
(86) 同右論文、三三五頁（本書三二五頁）。

(87) 安丸の色川評価については、安丸良夫「色川大吉と戦後歴史学——『民衆史』の構想力」『安丸良夫著作集5』岩波書店、二〇一三年。島薗の村上評価については、島薗進「天理教研究史試論——発生過程について」『日本宗教史研究年報』三、佼成出版社、一九八〇年。
(88) 島薗進「日本の近代化過程と宗教」『ジュリスト増刊総合特集』二一、一九八一年、有斐閣、六八頁。
(89) 安丸、前掲『日本の近代化と民衆思想』二一八頁。
(90) マックス・ヴェーバー『プロテスタンティズムの倫理と資本主義の精神』一九〇四—一九〇五年（大塚久雄訳、岩波文庫、一九八九年、一五七頁）。
(91) 島薗、前掲「日本の近代化過程と宗教」六九頁。
(92) 同右論文、七〇頁。
(93) Jacques Lacan, *The Triumph of Religion*, trans. by Bruce Fink, Polity Press, 2015 (originally published in French, 2004).
(94) C・G・ユング『心理学と宗教』一九五二年（村本詔司訳、人文書院、一九八九年）。
(95) 島薗、前掲「宗教の近代化」三二五頁（本書三一五頁）。
(96) 同右論文、三二五頁（本書三一五頁）。
(97) 同右論文、三二五頁（本書三一五頁）。
(98) Prasenjit Duara, *The Crisis of Global Modernity: Asian Traditions and a Sustainable Future*, Cambridge: Cambridge University Press, pp. 8-9.
(99) Ibid., pp. 7-8.
(100) 桂島宣弘「民衆宗教と民俗信仰——明治初年の金光教」同『幕末民衆思想の研究——幕末国学と民衆宗教』文理閣、一九九二年、一七五頁。
(101) 同右論文、一七五頁。
(102) 井上順孝・島薗進「回心論再考」上田閑照・柳川啓一編『宗教学のすすめ』筑摩書房、一九八五年、九六—九七頁。
(103) 島薗、前掲「宗教の近代化」三二八頁（本書三一八頁）。
(104) 同右論文、三三〇—三三一頁（本書三二〇頁）。
(105) 同右論文、三三〇頁（本書三二〇頁）。
(106) 同右論文、三三五頁（本書三二五頁）。
(107) 須田美照「神懸り」『香取金光教由来記』香取金光教教務所、一九五〇年。
(108) 島薗、前掲「宗教の近代化」三三六頁（本書三二五頁）。
(109) 同右論文、三三五—三三六頁（本書三二五頁）。
(110) 島薗、前掲「生神思想論」四五頁（本書二四三頁）。

(111) 同右論文、四九・四六頁（本書二四六・二四三頁）。
(112) 同右論文、四六頁（本書二四三―二四四頁）。
(113) 対馬ほか、前掲「新宗教における生命主義的救済観」一〇〇頁。
(114) 島薗、前掲「生神思想論」四七頁（本書二四五頁）。対馬ほか、前掲「新宗教における生命主義的救済観」一二〇頁。
(115) 大本教の分類によれば、「神がかり」には「帰神」「神懸」「神憑」の三種類あるとされるが、ここでは区別することなく「神憑り」と表記する。早瀬圭一『大本襲撃――出口すみとその時代』毎日新聞社、二〇〇七年、八四頁。
(116) 福嶋信吉「〈お道〉として語られる〈宗教〉世界」島薗進・鶴岡賀雄編『〈宗教〉再考』ぺりかん社、二〇〇四年、二五七頁。
(117) 福嶋、前掲「〈お道〉として語られる〈宗教〉世界」二五八頁。
(118) 同右論文、二七六頁。
(119) 島薗、前掲『現代救済宗教論』一三―一九頁。ベラーの進化論については、ロバート・ベラー「第二章 宗教の進化」「第九章 近代アジアにおける宗教と進歩」同『社会変革と宗教倫理』河合秀和訳、未來社、一九七三年。
(120) 島田、前掲『戦後日本の宗教史』。
(121) タラル・アサド『宗教の系譜――キリスト教とイスラムにおける権力の根拠と訓練』一九九三年（中村圭志訳、岩波書店、二〇〇四年、一二―一三頁）。
(122) 小池健治・西川重則・村上重良編『宗教弾圧を語る』岩波新書、一九七八年。
(123) 筆者の理解する宗教と公共性の関係については、下記の文献を参照のこと。島薗進・磯前順一編『宗教と公共空間――見直される宗教の役割』東京大学出版会、二〇一四年。磯前順一・川村覚文編『他者論的転回――宗教と公共空間』ナカニシヤ出版、二〇一六年。
(124) 池田士郎・島薗進・関一敏「鼎談 中山みきの軌跡」同『中山みき・その生涯と思想――救いと解放の歩み』明石書店、一九九八年、二一四頁。
(125) 安丸ほか「安丸良夫氏を囲むシンポジウム」一〇二頁（本書二〇〇頁）。
(126) 同右論文、八五頁（本書一六七―一六八頁）。
(127) 小沢、前掲『生き神の思想史』一九七頁。
(128) 同右書、一九七頁。
(129) 対馬ほか、前掲「新宗教における生命主義的救済観」九九―一〇三頁。
(130) Jacques Lacan, "Of the Gaze as Objet Petit a," and "The Field of the Other and back to the Transference," in *The Seminar of Jacques Lacan Book XI The Four Fundamental Concepts of Psychoanalysis*, Trans. by Alan Sherdian, New York and London: W. W. Norton & Company, 1981 (originally in French in 1973). C・G・ユング『転移の心理学』一九四五年（林道義・磯上恵子訳、みすず書房、一九九四年）。

(131) 福嶋、前掲「〈お道〉として語られる〈宗教〉世界」二六三―二六四頁。
(132) 同右論文、二七七頁。
(133) 同右論文、二六三―二六四頁。

第2章　謎めいた他者と超越的主体

1　生神論──謎めいた他者の声

本来人間には姿の見えない神々がこの世に姿を現す、あるいはメッセージが与えられることをキリスト教では啓示と呼ぶ。しかしそのためには、人間という媒介者を必要とする。生身の苦悩する人間がいなければ、神々の言葉あるいは存在を、それぞれの葛藤を抱えた人々の生活状況に応じて分節化して伝えていくことはできない。島薗は金光大神の生き神としての信仰の深さを、「恐れの対象と向きあった宗教的孤独の表現」(1)として次のように語る。

「『なぜ、この家が災厄に苦しまねばならないのか』、『なぜ神は私に苦難をもたらすのか』という問いである。……恐れの対象が眼前にとどまり、文治を圧倒し続けた三七歳の時、はじめて問いは執拗で深刻な宗教的問いかけとなったであろう。そのような宗教的問いかけに心を奪われている状態こそ宗教的孤独とよぶべきものである。宗教的孤独が結晶するためには、それが向き合う鮮明な対象が必要だったのであり、この時の厄年と金神がその役割を果たしたといえよう(2)」。

島薗の論理展開を私なりに補うならば、人間としての自分の悩みが周囲には共有できない固有のものであることを自覚したとき、その人間は周囲の世界から分離する。それが孤独である。単なる人間からの孤立であれば、どこかに分ってくれる人間を期待することもできよう。だが、いずれの人間にも相談できない、解決できない葛藤に直面するとき、それは人間の根源的孤独の問題として、まさに金光大神がそうであったように、神に心を向けさせる回心的契機となる。そのとき、この世のどこかには理解してくれる誰かが存在するという、現実世界への転移の感情が解除される。そして、もっぱら神に向かうエネルギーへと転化されるのだ。

この島薗の発言は、一見すると世俗的な主体の確立を称揚しているように見える。しかし、本来、理性の光は神によって人間にもたらされたと考えられていたことを省みるならば、この孤独をめぐる経験も神につながる認識とも考えられる。啓蒙主義的な理解からいえば、神に支えられるからこそ人間の理性もまた十全に伸張しうるものなのだ。そのとき人間の主体は神に向かって開かれ、人間自身が超越的な力にたえず乗り越えられる場に転じていく。

そんなことを考えながら、私は案内された金光教の会堂に到着する。その雰囲気を小沢浩の記述を通して紹介しておこう。

「会堂の正面には……『天地書附』が掲げられている以外、いわゆる神体に相当するものや、それに付随するきらびやかな装飾などはほとんどみられない。この正面に向かって右側前方の小机の前に教主……が座して、終日神前に奉仕している。……まず三々五々に訪れる信者たちが、思い思いの場所で正面に向って静かに黙禱を捧げ、ややあって教主の前に進み出て、自らの悩みや問題を打ち明ける。教主は信者とともに神に祈りを捧げつつ、神が願うところの信者のたすかる道、たちゆく道が何であるかを語り合う。やがて信者はもとの座に帰り、再び黙禱を捧げて、静かに退場していく(3)」。

アメリカ人がその短い建国の歴史ゆえに、記念碑や銅像といった具体的な建造物に固執するように、民衆宗教もまたその短い歴史ゆえに、荘厳な神殿の作りに精力を注ぐのであろうか。そんな思いを胸に、雨降りの平日で参拝者もまばらな建物の中に入って、眼前に映った光景に驚かされる。

巨大な光の柱が天から地へ、そして地から天へと建物を貫いて降り注いでは天に昇っているヴィジョンに襲われたのである。それは柔らかで優しい光の流れだったが、計り知れないほど巨大な光の柱だった。同行した家人には「天地の実り、天になり地になりて互いに相結びて……」という言葉が胸の中にこだましたという。対極図の黒白の勾玉が円盤みたいに時計回りに螺旋を描いて天に昇るヴィジョンが浮かび上がっていったのだともいう。

そこには神と合一した感覚はなく、他者として神が自己の中に侵入してくる違和感と戸惑いが満ち溢れている。といって自分の中に収まる感じでは決してない。自分の目の前を巨大な光の柱が降り注ぐように立っている。それを目にした人間はその荘厳さに圧倒される。あるいは自分の中も通過するものの、それは光が自分の中ではなく、自分がその光の柱の中にある、その極めて小さな一部に過ぎない感覚なのである。それは神学者のルドルフ・オットーが言う聖なるもののヌミノーゼ的な性質、魅了すると同時に圧倒し戦慄させる力なのだ(4)。光の流れがそのまま自分とイコールというのでは、他者なる存在の超越性など感じることなどありえまい。

元来、自分にとってこうした他性を帯びた存在であるから、フロイトは意識にとって理解できない心にある働きを「無意識」と名づけたのである。精神分析によれば無意識には、自分の親や祖父母など、他人の記憶が混じり込んでいるという。自分でなぜそのような情景を夢見たのか分からないようなことがときおりある。それは場合によっては、他人の記憶であったとも言われている。だとすれば、私の心は私のものであって、同時に私のものではないということになろう。

さらにラカンによれば、「私」という主体の感覚は「謎めいた他者」に眼差されることで成り立つものである。謎めいた他者とは自分を見つめる存在であるが、それが誰なのかは定かではない。他者は、私という主体にとっては正体不明の謎めいた存在である。正体不明にもかかわらず、自分を規定する存在。しかも、「私」を魅了して止まない存在。それを古来から人間は「神」と呼び表してきた。

フロイトは無意識をある段階からドイツ語の「エス（es）」、英語で言う「それ（it）」と呼び表したわけだが、それは私という主体——この場合は「意識」を指す——を構築しているものは主体にとっては容易にその正体を特定しがたい、名状しがたいものであるという理由からであった(5)。本稿の議論からすれば、民衆宗教の「神」と「エス」は置換可能なものということになるだろう。安丸が『出口なお』のなかで記述しているように、自分の中に宿った神は容易には正体を表さない。長きにわたる神との交渉を通して、その神が誰なのかを人間は把握するにいたる。

「神がかりは、未知の神がなおのなかに住みつき、なおという肉体を通して自らを示現するという点で、まったくあたらしい経験であった。……なおとなおの腹のなかの活物とは、まったくべつの存在として感覚されている。なおにとって、この活物の実在感はきわめてたしかなものなのだが、それは外からなおのなかへ勝手にはいりこんだものである。だから、神がかりは、なおにとっては、外からの働きかけによってまきこまれた一つの偶発的な事件であり、その活物が偉大な神だと自称したからといって、容易に信ずることはできないのであった(6)」。

それは金光教においても同様のことである。金光大神は、最初は石鎚講の先達である義弟から、ついで弟の繁右衛門から、最後には自分自身を通して神の声を聴く。だが、最初の義弟の口を通して語った神は金神とは特定されず、自分の正体を名乗らない神仏であった。その神が金神への奉仕を説いたのである。その後、次第に金光大神に語りかける神は金神に定まってくる。しかし、金神が単一の神ではなく、複数の神からなることはすでに指摘したとおりである。そして、金神自体も、明治六年に天地金乃神に変わるまでには「み名は決まらず(7)」という時期があったりと、その性質も揺れながら変遷していく(8)。

しかも憑依した神が語るのは、ときとして金神以外の、正体不明の神であったり、日の神であったり、先祖の精霊であったり、祇園社の神であったり、天照大神であったり、様々な神々であった。そこにはかつて村上重良が述べたような「強力な一神教的な最高神による救済の教義(9)」といった理解とは異なる、多様な神々を祀る多神教的な世界観がみられる(10)。それについて金光教の松岡道雄は次のように説明している。

「〔金光大神が〕四十二才に出て来る具体的な神は、『神々・石鎚神』、『豹尾・金神』、『金神』、『氏神はじめ神々』、『金神・神々』、『日天子』、『総氏神』、『神仏』、『神』と、当時の庶民信仰の内容となっていた神々が、主体的な願いの内容によって現われて来、且つこれまでもいろいろの神仏が教祖の信仰対象になって来ている。このような点からみて、現実の事柄、願いに生きることに重きが置かれ、主体的な願いに中心が置かれるところから必然的に願いに基づいて、具体的な信仰対象が決定されてきている[(11)]」。

ただし、それは無秩序に神々が立ち現れるのではなく、さまざまな神々が金神を中心に構造化されていく、世界が秩序化されていく過程でもあった。いうまでもなくその根底には、アニミズム的世界の内在的脱呪術化、すなわち「凡夫で相わからず」という自覚が横たわっており、その上で汎神論的な世界の位置づけ直しがおこなわれたと考えるべきであろう。

たしかに金光大神が語るように、命を奪う代わりに病に軽減するといった金神の配慮は凡夫に過ぎない人間には探り当てることはできない。ひたすら「凡夫に過ぎない」という自覚を持って、謙虚に生きるほかにないのだ。ここに、金光大神の信仰が当時の流行神[(12)]とは異なり、倫理的認識に達しえた理由がある。流行神は自分の願う成果を得るための手順を行なうことが信心になる。だが金光大神の信仰はそれを突き抜けて、自分の生きる姿勢、神や世界との関係を反省的に認識するためのものとなった。結果ではなく、生きる姿勢が目的になるところに金光教の、救済宗教としての信仰の深まりがあったといえる。

記紀の世界において天照大神がそうであったように、ひとつの秩序があってこそ、多神教の神々は新しい意味を与えられていく。それに伴って金光大神の名前も、文治大明神、金子大明神、金光大明神、金光大権現、そして金光大神へと順次変わっていく。それは私という、神性を帯びた主体もまた、世界との関係に応じて変遷していくことを物語っている。桂島宣弘はその点について、こう述べる。

「『存在としての神』という観点に文治が立っていなかった以上、さまざまに『存在』する『神』が『統合』されていったのではなく、まさに『神の働き』が『働き』、その『働き』が多様に展開されるのに応じて、その『働き』に名づけられたものが文治の神名なのであり、それはむしろ自在に変容して当然なのだ[13]」。

こうした実体ではなく、働きとしての神に人間を超越する力を見、その超越する力に謎めいた他者のまなざしによって私という主体が作られる過程を見いだすことになる。

かつてポスト構造主義の哲学者ジル・ドゥルーズは超越的なものを批判して「内在的なもの（immanent）」を肯定した。ただし、ドゥルーズが言う超越的なものとは、現実の状況とは無関係に自分の優越性や認識の客観性を説く性質をさす。従来の神学的理解のもとでは、そうした超越的なものに対立するものとして、非超越的な近さの意味で内在的なものが想定されてきた[14]。しかし、超越性は安丸が考えていたように、あくまで現実の日常世界や個人の内面との関係でしか想起されえないものであろう。その点について、安丸は自分の立場を「認識論的保守主義[15]」と称して、こう述べている。

> 「歴史研究は、存在している構造によりそいながら分析を進めていくという意味で、認識論的には状況的ないし保守的な学問なのだと、私は思う。……なんらかの構造を措定しなければ私たちは分析対象そのものを失うこととなり、歴史研究は存立の足場を失うことになるとも思う。そして、近代世界が国民国家を構造の単位として存在しているとすれば、国民国家をひとまず前提として、それに『存在拘束』されながら、そうした自己の認識論的なありようを自覚化してゆくほかないと考えるところに、私たちの立場性があるのではなかろうか[16]」。

それゆえに現実の世界を前提として、それを超え出ていく働きであるならば、内在的なもののもとでこそ超越性は存在しえるということになる。一神教もまた遍く広がる内在的なものなのだ。他方、多神教の多様な神々でもそれぞれが局所的に散在するに留まるなら、この世界に遍く存在するものとなるとは限らない。唯一神は全知全能な存在ゆえに、あらゆる細部にわたって浸透することもできる。それがまさしくドゥルーズが独善的な「超越的」あり方と区別して、「超越論的」と呼んだところのものである。

「ひとつの超越論的場とはなにか。ひとつの客体に向かうことも、ひとつの主体に属することもないことから（経験的表象）、超越論的場は経験とは区別される。こうして超越論的場は、非主体的意識の流れ、非人称の前省察的意識、わたしを持たない意識の質的持続として提示される。……超越的なもの（the transcendent）は、超越論的なもの（the transcendental）ではない。主体の超越とも客体の超越とも無縁である以上、超越論的場は、意識ではなく、一つの純粋な内在性（immanence）によって定義されるだろう。絶対的内在はそれじたいにおいてある。なにかの中や、なにかに属してあるのではないし、客体に依存することも主体に帰属することもない(17)」。

もし内在的なものが超越性を持たないのならば、それは単一平面を動く、統合失調症的な動きにとどまることだろう。そのとき、それを対象化する全体性のヴィジョンは見失われる。超越性と内在性は相互関連するときに機能するものであり、一方に偏ったときにマイナスに作用する。それは、桂島が「働きとしての神」から「存在としての神」への変換」として、「『働きとしての神』の風化」と危惧したところのものと重なり合うことになる(18)。

桂島の批判する「存在としての神」とは転移論的な視点から見れば、心的なエネルギーが対象に固着した状態をさす。対象に吸い込まれたエネルギーは、その主体を対象に貼り付け、対象の一部に同化させてしまう。そのとき、一神教にしろ多神教にしろ、それぞれのカテゴリーは実体化され、境界線が絶対的なものとして内部を同質化する。それと同時に、その外部を異質なものとして排除することになってしまうのである。しかし、問題は一方的に対象に流れ出したエネルギーを主体のもとに取り戻し、対象と主体の間を往還する交換可能なエネルギーの働きとして再活性化させることなのだ。この働きとしての力こそが、私が金光教団の本殿で目の当たりにした、光の柱としての天地金乃神なのである。

あの時、その本殿には私たち訪問者のほかは、神の声を取り次ぐ人間と、それを補助するもう一人の人間しかいなかった。しかし、彼らは自分たち以外に誰もいなくても、その心身の姿勢を緩ませることはないだろう。なぜならば、私が感じたように、そこには神が常在しており、人間二人だけがいたわけではなかったからだ。そこで私が感じた神は人格神という姿をとる神ではなかった。それは流れる光の柱であり、オーラであり力であった。

このような働きとしての神の理解は、記紀神話にも見られる。国常立命や天御中主命といった、イザナギ・イザナミ以前の神々は人間のような意味での人格を持たない。それゆえに性別もなく、活動もなく、記紀には名前だけが載せられている。近代において大本教の出口王仁三郎や全神教趣大日本世界教の川面凡児が天御中主命を宇宙の主宰神――川面は「人生宇宙の根本大本体(19)」と表現する――として注目したのもそれが理由であった。この主宰神は汲めども汲み尽くせぬエネルギーの起源であり、意味の根源である。それゆえに、ここで想定される起源は同質化された単一の源ではなく、絶え間なく多重化する異種混淆的な場とされるのだ。

この起源としての場について思考を続ける互盛央は、言語起源論を例に「『創世記』第一一章冒頭の『神』の言葉は、他の言語と並列されることも比較されることもありえない『起源の言語』のありようを示すもの(20)」として、次のように説明する。

「『すべての言語』が『起源』にもつ『聖なる言語』とは、音や刻み目などの物質として現われることの決してない『母』なる言語である。それは音や刻み目が言語として現われるようにさせているもの、つまり言語が言語でありうるようにさせているものにほかならない(21)」。

デリダの「コーラ」という起源の場を思わせるこの記述は、「異種混淆性（hybridity）」というものが複数の個体の存在が前提となって、それが交じり合ったものではなく、そうした個体を成り立たせる、個体成立以前の場として理解されるべきことを的確に説明している。神仏習合の「習合」という言葉もそうなのだが、従来は純粋な個体がまず存在していて、それが交じり合って習合したものが発生したと理解されてきた。しかし、こうした純粋な単体という概念自体が、近代プロテスタンティズム的な「宗教」概念の投影でしかあるまい。

川面らがともに神道を民族宗教ではなく、民族の枠を超えた世界宗教と捉えたのも、こうした神観念の異種混淆性ゆえに、いかなる歴史的土壌とも接合可能なものと捉えたためでもあろう[22]。ただし、他方で民族を超えて広がる神観念が実体化されたとき、支配民族のイデオロギーを一方的に押し付ける帝国主義のイデオロギーに堕落することも歴史的事実として明らかである。

事実、『風土記』や『延喜式』に載せられた神社の名前に、人格神を祭神にするとは考えられないような名前がある。そこでも一神教的な人格神とは異なる神観念の広汎な存在が想定される。イザナギ・イザナミ命以降の神にしても、天照大神や月読命など、明確な人格神であったのか、太陽や月といった自然の力を象徴化した呼び名にすぎないのかは定かではない。いずれにせよ、こうした力の働きとしての神は江戸時代の国学者、本居宣長の説明によく尽くされている。

「『凡て迦微《カミ》とは、古御典等《イニシヘノフミドモ》に見えたる天地の諸《モロモロ》の神たちを始めて、其《ソ》を祀《マツ》れる社に坐御霊《スミタマ》をも申し、又人はさらにも云はず、鳥獣《トリケモノ》木草のたぐひ海山など、』其余何《ソノホカナニ》にまれ、尋常《ヨノツネ》ならずすぐれたる徳《コト》のありて、可畏《カシコ》き物を迦微《カミ》とは云ふなり、【**すぐれたるとは、尊《タフト》きこと善《ヨ》きこと、功《イサヲ》しきことなどの、優《スグ》れたるのみを云に非ず、悪《アシ》きもの奇《アヤ》しきものなども、よにすぐれて可畏《カシコ》きをば、神と云なり、**――人ならぬ物には、雷は常にも鳴る神神鳴りなど云へば、さらにもいはず、龍樹靈《タツコタマ》狐などのたぐひも、すぐれてあやしき物にて、可畏《カシコ》ければ神なり、――又磐根木株艸葉《イハネコノタチカヤノカキバ》のよく言語《モノイヒ》したぐひなども、皆神なり――】[23]」。

そもそも人格神というのがキリスト教的な神観念と切り離せないものである以上、「宗教」という概念の下で思考してきた近代日本の知識人には見えにくくなっている。しかし、いかなる偶像化すなわち表象化を拒むイスラム教と同様に、キリスト教でも、神が人間へと受肉化したキリストを除けば、ヤーヴェそのものはやはりほとんど表象されることはない。その意味では、人格神の形を取らない神もまた少なくない。その点では聖霊もしかりである。キリスト教では、こうした実体を持たない父なる神と聖霊とともに、具体的な形をとる神人イエスが三位一体を形成するなかで初めて完全なる存在をなすと考えられている。

他方、日本の仏教においては「秘仏」という習慣があるが、それは人間の認識を超える、彼方の存在として仏を無定型なものとして想像するための手法である(24)。その姿が啓示のごとく姿を現すのなら、あまりにも強い光を前に人間の目は焼き尽くされてしまうとも言われる。人間が固定的に思い描くことを禁止したその手法は、つねに想像力を超えたものとして神の存在を思い知らせることになる。偶像を作らない神道も同様であり、神道の伝統を踏まえる金光教もまた同様の理由から金神の神像を作ることはしてこなかった。

注目されるべきは、そうした力の働きとしての神はキリスト教でいえば神人であるイエス、日本の新宗教でいえば生き神である教祖を介して、人間へとその言葉が伝えられるということである。先にも触れたように、有限な現世を越え出てやまない神は人との対話を通してしか姿を現わさないものだからである。そうした神と人間の関係を示す言葉が、金光教の伝承にも残されている。

「金の神様が、『口を貸して呉れ。』と金光様に頼まれました。『神より直ぐ人には教えてやれぬから、口を貸して呉れ。』との仰せでありまして、……安政六年の未の年の時に、此事を金の神様から金光様に御頼みになりました(25)」。

こうした神と人間の関係を、福嶋義次は「理解のことばの基底は神にあること、そしてその神には口がなく、したがってことばを発しないこと、それゆえ人、ここでは金光大神の口を借りて神の世界が言葉として表出されるとき理解として結実する可能性を持つ(26)」とまとめている。あるいは「氏子あっての神、神あっての氏子、上下立つようにいたし候[27]」という金光大神の言葉を引いて、岩本徳雄は「神と人との生命的な関係を示そうとした表現であり、……氏子の信心があってこそ、おかげと助かりが可能となるという面と、逆に、元来、天地の間に遍満しているおかげがあってこその氏子（人間）という面の、両面があることを示そうとしたもの[28]」と解釈している。

このように同じ金光教学者でも解釈に違いはあるが、少なくとも人間を媒介としなければ神の言葉は可視化されないという点でその理解は共通している。この神と人間の対話という形式が日本の宗教伝統の基層をなすことは、天理教や大本教などの民衆宗教だけでなく、山伏などの行者やイタコなど、民間信仰や民俗宗教にも「憑霊信仰」や「生神信仰」といったかたちで広汎に見られることから確認される。死者の存在が、それを祀る生者がいなければ成り立たないように、生者もまた死者のまなざしに支えられる。そうした相互関係は人間が神を祀るという行為においても同様に当てはまるものなのである。

金光教においても大本教においても、今日の東北地方のイタコやカミサマの場合と同様に、当初神は人間にとってその正体がわからない。そのため問答は人間の側による神の正体探しというかたちで進められる。その顕著な例が、安丸の紹介した出口なおであった。安丸はその対話の様子を次のように紹介している。

「活物『わしは艮之金神であるぞよ』
なお『そんな事言ふて、アンタは妾を瞞しなはるのやおまへんかい？』
活物『わしは神ぢゃから嘘は吐かぬワイ。わしの言ふこと、毛筋の幅の半分でも間違ふたら神は此世に居らんのぢゃぞよ』
なお『そんな偉い神様どすかい。狐や狸が瞞してなはるねん御座へんかい』
活物『狐や狸では御座らぬぞ。この神は三千世界を建替建直しする神ぢゃぞ。……天理、金光、黒住、妙霊先走り、艮に艮之金神が現れて三千世界の大洗濯を致すのぢゃ。……』
なお『そんな事言ふて本真どすかい？』
活物『嘘の事なら、神はこんな苦労はせぬぞ[29]』」

神自身が、己が何者なのかが分からない状態から人間との対話が始まることもある。その答えが人間側の意識化の行為に求められているのだと考えたのが、分析心理学者のC・G・ユングであった。ユングは『旧約聖書』の「ヨブ記」解釈で述べたように、神は力であり、人間のような意識を持たないがゆえに、自己認識を欠いた無意識のような存在にとどまると捉えた。だからこそ、その無意識の力が人間の社会に接合されるためには、人間の意識によって適切に認識されて方向づけられる必要があると説いたのだ。ユングにとっては、「ヨブ記」は自らの力を制御できない情動的な神に対して、それを統御しようとする人間の、未完の物語なのである。神の本質を看破する次のユングの発言は実に大胆不敵である。

「なぜなら神の意識が明らかに無反省的であるということが、彼の不可解な行動を十分に説明してくれるからである。それゆえ神への恐怖がすべての知恵の始まりであると考えるのは正しいのである。他方でわれわれは称賛される神の慈悲・愛・正義を単なる宥めと理解してはならず、それらを正真正銘の経験として認めなければならない。なぜなら神は《対立物の結合》だからである。神への恐怖と愛とは、どちらも正当である(30)」。

こうした神の、善と悪が未分化な両義的性格は、金神を理解するうえでも大いに示唆されるところである。行ない正しき義人ヨブが、家族や財産を次々に失うといういわれなき不幸を被ったように、金光大神も、金神七殺と呼ばれる不幸を被り、回心後もまた家族の命が危険にさらされるなど、大変な思いを嘗めてきた。ユングの解釈によれば、ヨブは神が公正でないことを気づいたために、口に手を当てて、真実の言葉を発することを差し控えたとされる。それに対して、金光大神は「凡夫で相わからず」と、自らの至らなさを反省する。

教祖の意識からすれば、神の性格が直ったのではなく、神を認識する人間が神の本質に気づいたことになる。その点ではユングではなく、ドゥルーズ流のマルクス主義者アントニオ・ネグリの「ヨブ記」解釈はよりいっそう金光大神の事例に近いものとなろう。翻訳者の仲正昌樹は、ネグリの思想を解説して次のように述べる。

「『私の身体』が外界からの作用を受ける『苦しみ』に対して、合理的な思考の『主体』である〝私〟は『意味＝方向性』を与えることはできない。『受苦』することを通して、〝私〟という存在自体が偶然の産物であり、『私』の存在自体に絶対的な『意味』がないという事態、つまり『カオス』に直面する。本当の〝意味〟での『カオス＝無意味性』と遭遇した時、〝私〟を縛っていた『理性』という『尺度』は砕け散り、〝私〟は自らの〝存在〟が偶然の産物であることに気が付く。……それこそが、ネグリが『神を見た＝ヴィジョン』と呼んでいる事態である。無論、その場合の『神』というのも、絶対的に『存在』する『神』ではなく、『私』自身と共に『生成』しつつある、カオスの中で見えてくる〝何か〟である(31)」。

「私を縛っている『尺度』も、絶対的に『存在』するものではなく、『生成』の途上にあることが見えてくる」、仲正がそう述べる状態こそ、桂島が言う「存在としての神」から「働きとしての神」への目覚めに相当する過程である。世界の不条理さに触れるということは、世界の底に身が堕ちるような不幸を体験することである。それは金神七殺を体験した金光大神にせよ、家庭の没落を体験した大本教のなおや天理教の中山みきにしろ、同じであった。安丸はなおの過酷な経験について次のように記述している。

「なおは、みずから『世界に外の無い苦労』をしたとのべたが、しかしそれでも、なおの神学によれば『此世の苦労が一番軽い』のであった。なおは、特別の使命をひそかに背おったものとして、『糞粕に劣り居りて下され』と神から命ぜられていたのであり、『乞食の所まで落ちて来んと』、その使命をはたすことができない『因縁』をもっているのであった(32)」。

だとすれば、人間が神の存在を意識化するというのは、人間が神に対して優越した存在だということを認識するといった生易しい事態ではない。宗教の教えからすれば、人間はあくまで神という存在がなければ存在し得ないものである。

しかし人間は神の一部でしかないものの、人間が自らと異なる存在であるがゆえに神を求めるように、神もまた同じ理由で自らに欠けたものとして人間を必要とするのだ。そこから世界に対する、あるいは人間に対する透徹した全体性のヴィジョンも神と人間の協働作業の結果として生じてくる。

ただし、キリスト教では「ヨブ記」を論じたユングのように、神と人間が決裂したり対立する側面を強調する解釈も存在する。一方、日本の民衆宗教では緊張をはらみながらも、両者の関係は概して人間側の謙譲の態度によって決定的な対立は回避されることが多い。ユング派の分析家、河合隼雄は、それは主体化過程において意識に力点を置くキリスト教と、無意識に重心を置く日本の文化の違いだと捉えたが[33]、それはプロテスタント的な思考と、東西を問わず、民衆宗教的な世界観、特に全体的な調和を重んじる生命主義との違いとも考えられるのではないかとも思われる。

超越性といっても、プラセンジット・ドゥアラが指摘するように様々な形が存在する[34]。言うまでもなく、それはユダヤ・キリスト教の独占物ではないのだ。勿論、そうした民衆宗教的な主体形成は、すでに宗教学者の荒木美智雄が指摘するように、キリスト教の文化圏である西洋においても、カトリックさらには民衆宗教との習合過程のなかで充分見出すことはできるものなのだ[35]。

意識に力点を置けば、先鋭化した意識は無意識との緊張関係を作り出さざるを得なくなる。一方、無意識の中に潜行していく場合には、意識と無意識の距離は近くなるだろう。河合やユングが注目したのは、無意識に力点の置かれた後者の場合である。そこでユングは無意識に呑まれることなく、意識が肥大化しない主体構成のあり方に注目したが、河合は結局自我の弱さから意識化が十分に行なわれないため、意識と無意識がすれ違ってしまい、両者の対話は一時的なものに終わることが多いと危惧したのである。

こうした容易ではない神と人間の対話のなかでも、祟りなす神が福をもたらす神に転じる金光教は他に類例のないものであった。災い転じて福となすこの信仰にしばらく前から私も関心を持ってきた。災いをなす存在を自ら作り出し、それを差別するのが人間の歴史のつねだとするならば、それをプラスの力に転換する装置もまた人間には欠かせない知恵であったのだろう。

共同体から追放された存在は祟り神となって、自分を排除した共同体に祟る。そうして祟る神の例は、日本宗教史では枚挙にいとまない。それゆえに北野天神や靖国神社のように、不遇な死を遂げた者を生者が祀ることで、その恨みを鎮め、自分たちに幸いをもたらす守護神へと転生させようとしてきた。近世の穢多・非人あるいは中世の非人と呼ばれた人々もまた、共同体の穢れを自らの身に背負わされて、不本意ながらも共同体から取り除く清めの役割を果たしてきた。彼らもまた共同体の公共空間から排除された存在であり、共同体の成員からは忌み嫌われる存在であった。神道でいうところの「正直」や「清浄」といった性質が保たれるためには、そうした穢れを背負わされた存在が不可欠であったのだ(36)。

共同体の成員は、こうして排除された者たちが自分たちに恨みを抱く祟りなす存在になることも無意識裡に察知していた。近代においては、そうした差別の現実が存在することに言及すること自体が、差別的な態度であるとされて抑圧されてきた。差別の否認というかたちで、排除の現実はより入り組んだ現状を呈することになった。金光教の信仰が画期的であった点は、まさにこの差別の現実に取り組み、忌み嫌われた神々を人間の主宰神として、共同体に幸いをもたらす存在に転じさせたことにあったと言えよう。

金光教の理解からすれば、祟る力が強ければ強いほど福をもたらす力も強くなる。教祖の弟、香取繁右衛門がそうであったように、それが流行神としての金神の祈禱者たちが活躍したゆえんであろう。金光教もまたそうした土壌を共有するものの、金光大神の回心時に見られるように、無意識に犯した自分の罪を悔いるような謙虚な姿勢がさらに求められることになる。我々はそれを宗教の倫理化と呼ぶことができるだろう。負の刻印を押された存在がそのまま闇に追放されることなく、負ゆえに正に転ずることも人間の姿勢如何によっては可能になる。だとするならば、それは公共性の議論など、他者と共存を模索する思考に大いに益するものとなるだろう。「人間は皆神の氏子」という金光大神の言葉も、そこで立ち現れてくるのだ。

こうした福神化の過程に触れるなかで村上重良は、「金神は……、随順するものに幸福と救いを与える愛の神である」[37]と述べる。しかし、金光大神の自伝を丹念に読むならば、「愛の神」という言葉で簡単に片付けられるほど金光教の世界観は単純なものではない。祟り神や疫神への恐れが極端に強かった岡山地方の宗教的伝統のなか、祟られる不安をどのように解消していくのか、そのためのぎりぎりの交渉が神と人間とのあいだで交わされていったと見るべきである。次の例は、安政六年に子供たちが疱瘡にかかることを金神が金光大神に告げたものである。

「当年、せがれ巳年十五歳に相成り候。其方はせがれに世（世帯）を渡し、病気申し、お上村役場へ隠居願い申し。……春中には、子供三人にほうそうさするぞ……注連おろし。門注連まで其方はてご（手伝い）してやり、子供にさせ、祇園宮疫守り広前まで。其方、祇園宮へ向くことならん、此方の広前させねばならんから。〔祇園宮の広前へは〕日々ご膳、香、花、朝晩、祓、心経ごちそうあげさせ[38]」。

ここでは疫神である祇園社への祭祀のあり方が示され、その規範に従うことで疱瘡が完治することになる。もう一例は文久三年二月のものである。

「こんどの子は育てな。育たぬぞ。産声だけ。……子は七夜までうちに置き、七夜たら、川へ流し。産人卯の年、夜が明けた。起きて門の戸あけ。水神社広前許してやる。水を汲み、ご膳を炊き、土公神と此方へ供えあげ[39]」。

ここでは生まれた子供が育たないこと、その子の遺体を川に流すことが命ぜられる。昭和のある時期までは間引きの風習も珍しいことではなかったと思われる。しかし、そのような命令も含めて、「愛の神」として金神を呼ぶのには、いささか私は抵抗を感じる。勿論、個人の命を重んじるのが建前になっている今日の経済的に豊かで個人主義的な社会と、かつてのような個人の命は家の論理の前には軽く扱われざるを得なかった社会との時代的な相違もあるだろう。

むしろ、「このうえ神の言うとおりせねば、病気、病難、はやり病気までもあるぞ[40]」という言葉に見られるような、人間の行動を厳しく縛り付けるような、神の威圧的なまなざしを感じる。そこでは人間の自由な意志の存在する余地はかなり狭い。自伝をめくると、その他にも人間の傲慢さを戒める一方で、その問答の具体的内容は個人の具体的な日常生活に関するものも多い。


「一つ、〔金光大神の一家は〕始終仕合せ。何事も世話苦にすな。実意にいたし。きょうとい（恐ろしい）ことも、こわいこともなし。どのようなことありても逃げな。逃げることなし。何事も人を頼むと言うな。

一つ、娘縁談こと、たとえ三十になりても、いかず後家と言われても、苦しゅうなし。人の言うこと苦世話にすな。……神は先を楽します。寿命長久末繁盛願い[41]」。


そこには、「天下太平諸国成就総氏子身上安全」を誓った金光大神が、実際に行ったのは、「取次」という具体的な日常の二者関係であったことと密接に関係する。近代プロテスタンティズムの流入以前には、私的領域と公的領域の線引きは曖昧であり、私的領域の実践を通してこそ世界へのコミットメントが行われたと見るべきなのだろう。

ところが近代になってプロテスタンティズム的な宗教概念が日本社会に移入されると、公私の二分法に収まらない近世的な「お道」が近代的な「宗教」概念に重ね合わせられるようになる。その結果、公共領域へのかかわりを欠如した私的領域に限定された近代的な宗教概念のイメージで、一方ではそこに収まらない身体実践を伴いつつも、捉えられるようになったのではないだろうか。そうしたまなざしは、信者よりは近代的宗教概念になじみの深い宗教学者や歴史学者、同じ信者でもそうした西洋近代的な知への造詣の深い教学研究者に強く見られる傾向となる。

ただし、金光教のみならず、生命主義的な民衆宗教では、救済の主眼はその相談者に絞られ、我欲への耽溺が強く戒められるものの、自分が他人に害なす暴力的存在であるという危惧はさほど強くはないようにみえる。元来、生命主義は島薗が指摘するように、全体の調和を強調する世界観のため、他者が自己の延長上に捉えられ、自己にとって理解できない存在、自己と異なる存在としての他者への意識が芽生えにくかったことも否定できないのではないか。同様に、人間に悪が潜むという認識も弱いことが指摘されている。それを島薗は次のように述べている。「そこでは悪や苦はこの現実世界において本来的なものとはみなされておらず、しかも、それを実現する主体である人間の方は根源的生命を分与された力強い存在であると考えられているからである(42)」。

全体の一部であることの至福さを強調する生命主義は、変容や分裂を拒む呪術的世界観とも密接な関係を有していたと思われる。そこでは連続性が強調されるあまり、主体や世界に亀裂や余白が代補される働きが見落とされがちであった。通俗道徳的な意識は自己の生き方に反省的なあまりに、意識が自己の外部に向かず、社会の矛盾や人間の本質といった全体性をめぐる思考にたどり着くことが困難になる。ましてや神の本質を批判的に俯瞰する行為は容易ではなかった。では、そこではどのようなかたちで超越性をめぐる認識を人間が獲得することが望ましいのであろうか。

金光大神の回心後、金神の祟り神的な性質が消えてなくなったわけではなく、むしろその性質を受け止める人間の側の認識が変わったのだ。祟り神の存在の否定ではなく、その捉え方の変化。それがまさに島薗の言う「内在的な脱呪術化」なのである。神もまたそうした変化をもたらす動きを人間の意識に求めているのではないだろうか。そこに、「きれいずくのない神」としても立ち現れる「金神」に対する人間の振る舞い方が問われることになる。そのなかで、「此金神を皆のものが恐れるが、恐れる神じゃない。此度は神が負け手を出して、此家の亭主〔金光大神〕を持って世の人を救うてやるのじゃ(43)」という慈愛に満ちた金神観も次第に前面に押し出されていったのではなかろうか。

あの日、大雨の降りしきるなか金光教団の主要施設を案内してもらった私は、京都の自宅に帰宅したのち、家人とともに気管支炎をこじらせて一カ月のあいだ寝こむことになる。金光大神がのどけを患ったように、声を出すのが容易でなくなり、普通に日常会話ができるようになるまでに数カ月を要するという有様であった。「私が金乃神様のお言葉を最後までしっかりと聞き取れなかったからなのかな」。家人がぽつっと言葉を漏らした。だとするならば、どのようにその続きの声を聴き取るべきであったのか。いまだその問いには答えられていないことになる。そろそろ舞台を金光教から大本教に移しながら、未完の答えの続きを探してみることにしよう。そこでは同じ金神と呼ばれる存在はどのように受け止められていたのであろうか。超越的存在にもいろいろな現われがあるはずである。

2　世直し論――全体性と無限

金光大神の回心を書き綴った自伝は、島薗と井上順孝が言うように、「内省型の回心物語は、語り手が孤独な内省のなかで自らの過去をふり返って形成し、……自己の信仰確認のために書きつづったものである[44]」と考えられる。こうした自分の内面に限定されたかたちで起こる回心は、ウィリアム・ジェイムズが記述したプロテスタンティズムの例と共通するものであり、社会とのつながりよりも、個人の内面を重んじる生命主義型の民衆宗教に顕著に見られるものである。他方、他者とのかかわりを志向する回心は、社会変革を目指す世直し型の民衆宗教に強く見られるものである。世直しとは、現実社会のあり方に異議申し立てをする行為でもあり、個人よりも他者との関係を重視する[45]。

「なおが必死にかさねてきた全人間的な努力が、事実のうえでは、既成の秩序や価値から無意味で無価値なものとして遺棄されてしまったのだから、こんどはなおが、自分の苦難にみちた努力には本当はふかい意味があるのではないか、無意味で無価値なのは既成の秩序や価値の方ではないのか、とむきなおって問いかえすことになる。なおの生活は、民衆宗教の教祖たちのなかでもとびぬけて苦難にみちたものであり、社会体制による有効な包摂からほぼ完全に疎外されたものだったから、この問いかえしは、近代化してゆく日本社会とのほぼ全面的な対決となったのである[46]」。

大本教は「弥勒の世」を描くことで、現実の社会に対する「異議申し立て（dissent）」（ゴウリ・ヴィシュワナータン）をおこなったといえる。出口なおの「お筆先」は「弥勒の世」の到来を次のように伝える。

「龍門の宝を艮の金神が御預り申すぞよ。世の立替済みて立直しの段になりたら、間に合う宝であるぞよ。昔から此乱れた世が来るから、隠して有りたのじゃぞよ。神代が近よりたから、無限の金を掘り出して、世界を助けるぞよ。御安心なされ、艮の金神、大国常立尊が、神宮皇后殿と出て参る時節が近よりたぞ。此事が天晴れ表に現れると、世界一度に動くぞよ。モウ水も漏らさぬ経綸が致して有るぞよ。開いた口が塞がらぬ、牛糞が天下を取るぞよ。珍しい事が出来るぞよ」(47)。

出口王仁三郎の手が加わったためであろうか、記紀神話に由来する神名などが時折混じり、文章にも流麗なレトリックが見られる。しかし、その実、来るべき弥勒の世がどのようなものであるのかについては、その内容は具体性にかなり欠ける。天地の理に基づいて社会秩序が転覆し、「上下に復るぞよ」(48)と、公平な世の中が来るという主張が繰り返される。それは、今こそ不平等な世の中が終わるという憤怒に満ちた現実批判なのだ。ちなみに、安丸は民衆宗教におけるミロク観念の顕現を次のように意味づけている。

「ミロクの世観念が、……通俗道徳という主体的契機と結びつけられたことは、重要な意味をもっていた。なぜなら、この場合によって、ミロクの世観念はこれまでの莫然とした解放の幻想から、通俗道徳の真摯な実践を基準として人々の生活を批判する論理に転化するからである」(49)。

代替ユートピアの世を具体的に想像することは厳しい。むしろ、現実の世を「獣の世」「闇雲の世」などの表現を通して、現在の苦しみは自分の努力不足なのではなく、現実社会の方が間違っているという徹底的な現世批判が行なわれる点を安丸は評価した。

一方、金光教の神はあくまで人間の側に、無意識にはらまれる人間自身の傲慢さを自覚するように求めた。現実社会の内部での思考を前提とする金光教にとって、既存社会の外部に代替ユートピアを想起することは、良し悪しは別にして馴染みのある発想ではなかった。金光教においては、民衆の日常生活を通して自己を変革するところから、社会の変革はゆっくりした動きとして待ち望まれるものである。それに比して大本教の神は、同じ金神でも傲慢さに対する自覚を個人にではなく、社会に対して求める。反省を求める主体の構成単位が異なるのだ。

C・G・ユングの用語法にならうならば、金光教の金神は「内向」的な方向に働き、大本教の金神は「外向」的な方向に働いたといえるだろう。外向の対象を社会として、内向の対象を内面として理解すれば、情動を含む心的エネルギーの向かう具体的方向の違いが納得されるだろう。安丸は、その向かうベクトルが状況次第で一八〇度転回する（convert）と考えていたわけである。

> 「歴史の状況があまり変わらなければ、支配体制に謙虚に服従をしているような人間でも、心の中では批判の可能性をもっており、そういう批判の可能性をもっている者が宗教的結社などを作って集まってくるということが支配階級のものらに非常に大きな不安を引き起こすわけである[50]」。

こうした社会批判と生命主義はどんな違いをその信条を抱く者にもたらすのであろうか。「金光教の神が、この世界のなりたちや仕組のおおよそをひとまず承認し、そのなかでの……生き方を求めて、そうした信仰的な生き方をする人間に『おかげ』をあたえるのにたいし、なおの神は、この世界の全体性をほとんど絶対的な悪として措定し、終末観的な立替えを告知する点で、大きな相違があった[51]」。これが安丸の出した答えであった。

さらに安丸は、「金光教が、病気なおしなどの『おかげ』に宗教活動の中心をおいたのにたいし、なおの神は、病気なおしの神ではないとくりかえして強調されているのも、このちがいによるものである[52]」と述べる。ここで言いたいのは、病気直しが個人の主体の回復であり、世直しが社会的主体の是正であるとすれば、どちらも主体のあり方を直す、その中心点を下方に移動するという点で共通していることである。問題は内向と外向のどちらが正しいかではなく、そのとき旧来の主体のあり方を根本的に批判した末に抜本的転換（conversion）がもたらされるのか、旧来の主体保持のために部分的改良がもたらされるかなのである。

その点で、安丸は病気直しが個人の欲望の盲従に繋がりかねないとしたわけだが、金光大神のように「凡夫にて相分からず」という自己否定を伴うならば、それは主体論的転回としては世直しと近いものになる。一方、世直しも旧弊の体制の部分的是正であるなら、それは「世直し」や「革命」ではなく「改革」にとどまる。その質的変換を遂げるために、民衆思想の欠点を知るがゆえに安丸は、「忍従、謙譲、権威主義などをその本質的構成要素としている民衆思想の立場から社会全体をトータルに批判できるためには、きわめて大きな飛躍が必要である」[53]と考えたのである。

一方、島薗は「宗教的普遍主義」の根幹をなす「救済宗教」の特徴を、「人間の苦難、難儀に思いをこらす思想」としたうえで、「人間の思考という家に、がっしりとした土台や支柱を与える。人間の限界とそれを超える何者かの対照、苦難と希望の対照という機軸から、さまざまな状況のもとでぐらつかない思考の原点が与えられていく」体系的な教説と実践と規定する[54]。そして、「平等性」と「全体性」の二点をその具体的な特徴として挙げた。

ここでいう平等性とは、「全人類が平等に救われるべき存在であり、したがって一つの真理に平等に参与しうる」[55]ことである。それは島薗によれば、「それぞれ別々の日常の秩序によって相隔てられた他人同士としてではなく、同じ苦難を背負う存在、古い自己の殻から開かれることによって喜びを分かち合う可能性のある存在として他者に向き合おうとする」[56]態度に支えられてのものだという。そこにおいて、もっぱら自分に流れ込んでいたナルシシスティックなエネルギーが克服されて、他者に向かって流れ出す状態への転回（conversion）が起こるとされるのだ。

島薗は、こうした他者に対する開かれた状態が、まさに生命主義に強く見られる「平等性」の特徴をなすと考えた。しかし、島薗が捉えた生命主義では基本的には神と自己との関係に関心が注がれており、他者は理解不能な他者ではなく、自分の存在が切れ目なく拡大されていき、自己の世界に包摂される存在に過ぎない。そこで想定される主体は、必然的な均質化された実体ということになる。そうなってしまえば、ポストコロニアル批評の英文学者、ヴィシュワナータンが言うように、その転回は「自己確認の行為であり、また、宗教的目的論にしたがってすでに潜在的に存在しているとされるものを発見する行為でしかなくなっている」[57]。

たしかに、島薗の言うように「人間の限界や悲劇性に対する深い反省」[58]は、金光大神が「凡夫で相わからず」と自覚するに至ったように、自己反省としては民衆宗教の基本認識をなすといえるだろう。神の力や意図は、人間の認識では及びがたいものである。しかし、そこに自己と他者の切断が存在しないとき、いまだ世界は自分を包んだままの生得的な認識にとどまる。そんな連続性の世界を、近代的な分立した個我の世界を生きる知的エリートは孤独を癒す福音として受け取ることができるが、もとより連続性によって個我の分立を阻まれてきた民衆世界の住人にとっては、こうした連続性ゆえの「平等性」は救いにはならない。

救いを、「人格神や教祖への信仰は個々人の自律性の放棄、自己以外の何者かへの依存ないし責任の移譲」と島薗は理解する一方で、「孤独と不安と倦怠感にさいなまされがち」な状態から脱して、「深い安心感や充実感を伴う（何がしか抑圧的ではあるにしても）親密な人間関係の存続」に繋がると捉える[59]。しかし、救済とは人間とのあいだではなく、神とのあいだに感じるがゆえに、他者とも共有可能になるものなのではないか。それが逆転して人間が優先されるときに、宗教のもつ超越性が失われてしまう。次のレヴィナスの言葉を思い起こしておこう。

「無限とは超越的であるかぎりでの超越的な存在に固有なものであり、無限なものは絶対的に他なるものである。超越的なものは、観念だけが私たちのうちにあり、しかもそれ自体は観念から無限に遠ざかるような、ただひとつの観念されたものである。言い換えると、このことが、超越的なものが無限であるがゆえに外部的に存在する、ということなのである[60]」。

ここに自己同一化が不能な、超越していく動きの核心がある。ユダヤ・キリスト教であっても、日本の民衆宗教でも、こうした同じ超越性の動きが存在すると私は考える。こうしてレヴィナスが「無限（infinity）」と名づけた超越性の働きこそが、安丸が「全体性」と呼んだところのものであり、無限に自己を越え出ていく動きなのではないか。レヴィナスが「全体性（totality）」と呼んだものはその超出する動きを封鎖して、内容を固定化してしまうがゆえに、同じ名前を取るものの、安丸の言う「全体性」が零落した状態を指すようにも思われる。

　そして安丸は、宗教とて現実社会に対して、「可能性としての批判の原理をずっと持ち続けるかどうか」が問題だとする。そして、社会の現状をどのように超出していくかという観点から、日露戦争後、非戦論から信仰内面の問題に転じた内村鑑三に対して厳しい評価を下す(61)。

「現在の政治体制を受け入れようと少しもかまわないわけだが、しかし、それは無条件に受け入れるのではなくて、それがまちがったものになれば批判していけるという原理性みたいなものをもつかどうかということは、重要なことではないかと思う(62)」。

　安丸の言葉に重ねるかのように、ひろたまさきは「この世のあらゆる価値を超越する神の存在を認めているということがありながら、国家の方が上になるというのは、それ自体矛盾である(63)」と、私的領域の回心が、国家権力をも批判できる力を有していなければいけないと説く。ここでは個人の信心の問題が、社会領域に接触することの不可避性、すなわち政教分離がそれほど現実社会で綺麗には分離し得ないことが問いただされている。そのとき安丸は、私的領域に引きこもる生命主義的な宗教のあり方を批判するのだ。

「人間の心というものが究極的なものだということを呼びかけて、人間の自覚と自立を呼びかけるというような民衆の自覚のあり方は、例えば、ヨーロッパのような絶対神、超越神の伝統のない日本では、一般的にみられたことであるように思う(64)」。

　安丸は、この心直しを「心というものの究極性を主張するという形で、人々の自立を求める、人間としての自覚を求めるという考え方」[65]と明確に定義する。現実世界に依存しない個我を中心とした主体の確立。だが、内面に自閉した唯心主義でもある。それが生命主義に対する安丸の両義的な評価であろう。

しかし、神の超越に対する信憑性が見られないからといって、個人の心に主体の中心が移ると安丸が考えたとするならば、いささか世俗主義的な理解がすぎるだろう。個人の内面においても、社会を含む外部においても超越性は存在するはずである。他者への転移から目覚め、他者のまなざしから解放されることが近代的な個我の確立として、人間の目指すべきところなのであろうか。そもそも他者のまなざしなしで主体を支えることは可能なことなのであろうか。

むしろ問われるべきことは、こうした謎めいた他者との関係性であり、切断ではなく、どのようにしてそのまなざしを主体的に内在化していくことであるように思われる。謎めいた他者のまなざしは主体の存立を可能にする前提であり、それは天皇のまなざしとしても想定しうるし、金神としても、修験の行者たちが奉じる不動明王としても想定しうる。どういった他者とどのような関係を取り結ぶか。切断ではなく、そのつながりのあり方が問われているのだ。

安丸は心直しの主体を人間の個性が確立した近代的自我と理解するようだが、自分の主体が自分にとって他者であり、内在する神によって超越される関係として成り立つことも十分考えられる。ただし、超越的存在と自己の関係を内在的な次元に限定するならば、他者の存在は救済の教説からは取りこぼされてしまう。それに対し、一揆や世直し思想が唱えられる時には、必然的に他者と行動を共にするため、他者との関係は外在化されたかたちで意識に上らざるを得なくなる。他者を自己と同一な存在に溶け込ませることの危険性をレヴィナスはナチズムに見てとる。

「人間性とは他人への愛であり、隣人に対する責任であり、場合によっては『他人のために、他人の代わりに死ぬこと』であり、犠牲である。しかもこの犠牲は、他人の死が私自身の死に先だって、私自身の死以上に私を思い悩ませることもありうるという、常軌を逸した考えにまで導くものなのです。……ハイデガーは、それが誰であれ他人との関係を、死ぬことにおいて完全に解消してしまったのです」[66]。

それは日本社会においては天皇制国家が果たしてきた役割といえる。それは超越性をめぐる神々の争いと、超越性そのものが行き着いたひとつの帰結を日本の近代宗教史が提供する興味深い「症候（sinthome）」（ラカン）でもある。少なくとも、ここでは他者の意識というものをレヴィナスが指摘していることを確認しておこう。その他者とは、個人であることももちろんだが、神という他者——自分と同一化し得ない他性（alterity）を持った存在として——でもあるのだ。それはいずれも意味の汲みつくすことのできない、たえず乗り越えられていく謎めいた存在なのである。

だとするならば、一揆や世直しにおいて共に行動する他者は自己の延長であり、他性をもった存在とは認識されなかった可能性が強いのではないか。この社会では同質性（homogeneity）を旗頭にしなければ、集団というものは構築できない。宗教教団においても政治的闘争においても、天皇制をはじめとする社会抗争を生き抜くことは出来ないであろう。だが、そうした同質性というものは一時的な幻想に過ぎず、それを絆として集団を結成する以上、じきに顕在化してくる差異化の動きによって瓦解していくことなる。その問題はすでに安丸が独自の観点から考えをめぐらせていたことでもあった。

「日本近代社会成立期においては、既成の世界宗教たる仏教も、黒住教、金光教、天理教などの新宗教も、民衆闘争のための世界観とはならなかった。……既成の秩序がはげしく打破されたばあいにも、民衆的な独自の秩序の構想はほとんど発展せず、民衆の思想形成の伝統として定着しなかった。どうしてこのようなことになったのであろうか。この問題は、日本の民衆の思想形成＝主体形成にふかくかかわっていると思われる」[67]（傍点は筆者）。

そこに島薗が「普遍的な救済宗教」として「独自の教義や実践の体系と教団組織を備えた宗教」を特徴として挙げた理由もある。安丸も同様に教義の必要性を説くが、神がかりや病気直しなどの身体的行為の「内面化」がその思想化過程に重要な役割を果たすと考える点で独自の視点がある。「手を当てることを説明する際には、やはり心の中への働きかけをするわけで、そういう思想化の要素も働いている」[68]と述べるように、安丸は内面化による意味咀嚼を行なうことで、身体実践を意識のもとにつなぎとめることが重要であると捉えた。

その結果、近代において神がかりや病気直しは西洋医学や宗教学のまなざしのもとに、近代的な「宗教」概念に合致しない「迷信」として退けられることになる。「天理教、金光教会淫祠邪教の属、……これを禁絶すべし[69]」という自由民権運動の指導者、中江兆民の言葉はこうした啓蒙主義的姿勢の典型である。そのなかで、民衆宗教もまたみずから進んで西洋的な「宗教」の装いをまとうようになる[70]。

「〔民俗信仰の抑圧〕過程を全体としてみれば、民衆の生活と意識の内部に国家がふかくたちいって、近代日本の国家的課題にあわせて、有用で価値的なものと無用・有害で無価値なものとのあいだに、ふかい分割線をひくことであった、といえよう。分割線の向こう側にあるのは、旧慣・陋習・迷信・愚昧などであり、それらの全体が否定性をおびさせられていた[71]」と安丸は述べている。「妖教邪道ニ惑溺セラレス、盛衰栄枯吾神明ニ信頼シ[72]」といった金光教信者の発言も、こうした差別的な合理性の傾向を明示している。桂島宣弘によれば、それは「『淫祀邪教』という攻撃のなかで、金光教は自らを『文明開化』の側に位置づけ、かくて念願の別派独立を達成した[73]」という、近代の国家権力へのすりよりと解されるものであった。

ミシェル・フーコーが言うように、それは合理性による非合理性の過剰な抑圧にもなるが、適切に行なえば身体実践を意味づけ直す試みにもなりうる。その点から見れば村上重良が、民衆宗教のなかでも金光教を「生活を暗くおし包む俗信にたいするはげしい怒り[74]」をもって、「極端に呪術的な治病を排撃した」点で、「近代的な合理主義思想」に達していたと評価するのも一理ある。先に島薗が指摘した小野家の日柄方位説への接近もまた、こうした金光教のもつ合理的なものへの親和性をはぐくむものであった。しかし、身体実践を教説による意味化から解放すれば、それで済むというほどに、近代化という現象は単純ではなかった。それは病気直しという呪術的に見える行為を、主体形成において有益な意味化行為として捉えなおす回路を開くものでもあった。

この点に注目したのが島薗進である。島薗は「新宗教の宗教的目的は現世利益であり、それは救済とは縁がないものであるという観念」が誤りであり、次のような前提に対して「キリスト教や他の歴史宗教の影響下にある近代文化の根強い偏見」であるといった根本的な異議を呈する(75)。

「救済が内面的・超越的・普遍主義的・究極的・現世否定的であり、全人格的コミットメントを要求するのに対して、現世利益は物質的・人間中心的・個別主義的・道具的・現世肯定的であり、断片的・一時的コミットメントを要求するにすぎないといった両極化がしばしばなされる(76)」。

現世利益を蒙昧な呪術と考えるのではなく、「至福」を「現在この世の中に、あるいは現在のこの世と連続したどこかに求める」あり方として、「現世の出来事に深く関わり、現世の生の変革を真剣に求めていく」生き方と島薗は捉えた(77)。救済宗教が「人間の苦難、難儀に思いをこらす思想(78)」だとするならば、その達成が現世の中でなされるべきと考えるのが島薗のいう現世利益的な救済宗教となるだろう。生命主義においては個人の私的領域において、世直し宗教においては社会という公共領域において、その救済がそれぞれ具体的な形で成し遂げられることが目論まれているのだ。ただし、申し添えるならば、ここで言う「私的領域」とはアレントの言う公的権利を欠いた闇の領域ではなく、公に開かれている領域である。彼女の用語法に即するならば、近代に浮上してきた「親密圏（intimate sphere）」として理解されるべきものである。

現世利益は主体と客体が、神と現実が溶け合い、まさしく「神は細部に宿る」世界観の体現となる。一般に現世利益は主体がおのれの欲望の肯定をひたすら願う呪術的行為と考えられているが、それは表裏一体のコインの一面にとどまるものであり、主体の変革を推し進める契機として現実での実践行為が行なわれる場合も存在する。だとすれば、宗教的な超越性は彼岸の神だけでなく、此岸の小さな神々にも、あるいは眼前の人間のなかにも「小文字の対象ａ」として、現実に回収しきれない余白として存在するものである(79)。

そうした宗教的な超越性こそが回心をとげた者を、たとえ現世利益的な宗教の信奉者にせよ、周囲の現実世界から分離させ、深い孤独のなかで神との対話に入らせる。こうした神とのつながりが、他人に安直な自己理解を求めない、互いの愚かさを許し合うような、周囲とのつながりの再構築を可能にさせるのだ。

かつて精神分析家から、自立したコミュニケーションとはどのようなものかということを聞いたことがある。他人に教説を強制することなく、彼らが自ら率先して成長していくような状況を整えること。そのためには人間は自らの欲求を強制して、他人に押し付けることのないように配慮すること。世界に対して歪んだ転移がないように、人間にも負の転移が起きないように、人間は誰しも世界に強く繋がれた存在であることを自覚すること。自分に他人が見えない光景が見えることもありえること。自分よりも背の高い大人がもはや生きていない時が必ず来ること。そうした状態は他人よりも自分が世界に対して醒めているがゆえの孤独を引き受けることから生じること。そうしたときに、世界に埋もれていたままでは見えない青空という余白が己れの頭上に現われるのだ。

人間世界のなかに埋没しない余白が神との関係で生まれるからこそ、人間世界を対象化できる全体性のヴィジョンも獲得することが可能になる。島薗が言うように生命主義において「全体性」が弱いとすれば、それは超越的な存在との関係が十分に確立していないためである。だとすれば、「天が下の者は皆天地の神様の氏子ぢゃろうが[80]」という発想も、場合によっては自分の仲間に対する肯定だけで終わる危険性もはらむ。「氏子」が自分と同質な存在であるかぎり、そこに余白や異質性が入り込む余地はない。他方、全体性も一つの指標と掲げる点では、島薗の普遍主義的な宗教理解は安丸に近いところもある。金光教など生命主義を軸とする宗教の問題点を、島薗は次のように指摘する。

「そこでは明らかに普遍主義的救済神の観念が成立していた。ただし、その普遍主義は平等性の主張をうち立てたというに止まっている。全体性の主張という点から見ると、初期新宗教の普遍主義はそれほど鮮明ではないのである[81]」。

神との関係においても、神と自己が同一化してしまえば、オウム真理教の信徒のように自分の行動は、殺人までもが真理の実践として肯定されてしまう。その点で、作家の村上春樹のオウム真理教論は、こうした回心の論理を的確に摑んだものになっている。

「オウム真理教に帰依した人々の多くは、……進んで自由を捨て、財産を捨て、家族を捨て、世俗的価値判断基準（常識）を捨てる。……それは彼らにとってある意味ではきわめて心地の良いことなのだ。何故なら一度誰かに預けてさえしまえば、そのあとは自分でいちいち苦労して考えて、自我をコントロールする必要がないからだ。……信者たちは一方的に麻原にマインド・コントロールされていたわけではない。……彼ら自身、積極的に麻原にコントロールされることを求めていたのだ[82]」。

他方、金光大神のように、神に対する恐れの感情がつねに存在する関係においては、自己はつねに神によって乗り越えられ、超越される存在にとどまる。その超越される過程において、人間を支える余白が生じるのである。レヴィナスが指摘するように、主体の全体は閉じることなく、つねに無限の超越運動に開かれることになる。ただし、島薗による全体性の理解は「唯一の源泉にもとづく唯一の真理の体系があらゆる事がらを説明しつくしうる[83]」と述べるように、閉じた全体性にとどまるものであり、均質な同質性を説く点で安丸の理解とはかなり異なるものとなる。

しかも安丸によれば、全体性を得るためにはもうひとつの条件がある。現世の否定である。異端であることだ。社会の主流や支配的言説とずれること、それは個としての異種混淆的な主体の確立を意味する。そうした個であってこそ、自分の属する環境の全体性のヴィジョンを見ることができる。そうした全体性を超越論的視点といってもよいだろう。安丸は全体性としてのコスモロジーの獲得が主体にもたらす困難さを次のように述べる。

「コスモロジカルな問いは、この世界全体についてのトータルな問いのことですから、さまざまな問題がそのなかで位置づけられ意味づけられて、現実に対抗するコスモロジーを描く、世界像を組み立てるということになります。だがそうなってくると、私たちを取り囲む具体的な問題や状況は、その社会的現実的なコンテクストを離れてコスモロジーの側から特殊な意味を与えられることになり、そこにさまざまな問題が生まれてきます。……その教団の世界像と一般社会の通念との隔離が大きくなると、その架橋の仕方にはさまざまの困難が生まれ葛藤が増大します(84)」。

周囲が気づかない悪を否定するとき、かつて世直しを唱えた出口なおや中山みき、あるいは悔い改めを説いたイエス・キリストのように、その人間は周囲には見えないヴィジョンに包まれるがゆえに孤立を強いられるだろう。日常において人々が求めているのは、口当たりの良い自己肯定の言葉であるからである。

金光の場合は社会体制の批判ではなく、主体による世界の意味づけなおしである。しかし、世界と神が分離しているために、単なる世界への服従ではなく、神という媒介を通して世界を独自の視点から意味づけなおす。全体性ではなく、ローカルな生のなかで神に対して慎みをもって生きる。しかし、それは戦時中の金光教が天皇制と密接な関係を有したように、ときに植民地の人々や天皇制を支持しない人たち、「非国民」に対する排斥的態度を伴う部分があったことも否めない。戦前の天皇制国家との関係については、小沢浩が「国家本位の立場を建前とし、自己本位の立場を本音とする精神の二重構造(85)」という興味深い分析をおこなっている。明治期に国家神道体制が整っていくと、他の教団と同様に金光教も天皇制国家の言説への追従を余儀なくされる。そこにおいて小沢は、金光教は二重構造をとることで「天皇本位・国家本位の教義から、ある程度隔離されることになった」のだが、それでも「自己本位の立場が客観的には国民の人民支配を補完するものとして機能させられてきた」と、国家体制の影響がその内部まで及んだことを指摘している(86)。さらに小沢の発言に耳を傾けてみよう。

「このような〔二重〕構造は、ファシズムを積極的に推進する『戦士』たちを生み出さないかわりに、国家や社会に対してはなすすべを知らない、無数の分断された『個』の群れを生みだす。実はそのような仕方で、教団は国家と個人の関係を媒介し、そのような仕方でまさに体制を補完していたのである」[87]。

そこに「大本教……などの異端的民衆宗教の場合とは異なった、教派神道に内在する問題の核心がある」[88]と小沢は看破する。すなわち、世直し型のように現実社会を批判して、その代替ヴィジョンを提示しない場合、その社会の枠組みに抵触しない範囲で、「国家本位の建て前は、……自己本位を覆い隠す防壁として機能し、同時にそれは、金光教の信仰を世俗的なご利益信仰のレベルに押しとどめておく重石の機能を果たす」[89]ことになる。

ここでいう現世利益とは、島薗がいう「救済と現世利益はまったく矛盾なく統一されて〔いる〕」という状態と重なるものである。島薗の言う救済は、意識上は「ともに苦難に立ち向かう仲間、救いの喜びをともにすべき存在、すなわち同胞」[90]に開かれた態度の修得を目指す。こうした他者意識の目覚めによって、自己の苦痛に耽溺した状態からの解放がもたらされることもある。一方で場合によっては、他者意識の欠落による自己の欲望の肯定という帰結に陥ることもある両義的なものでもある。

主体とは個人を単位として成り立つこともあれば、教団や民族といった集団を単位として成り立つこともある。問題はその主体が、自分たちの外部にある異なる主体と認識されたものに対して、どのような態度をとるかなのだ。同じ主体の内部であれば、違う人間に対してもそれを「同胞」と認めることは困難ではない。「同胞」と認められないときに、自分の属する主体とは異なる他者としての主体が現われる。問われるべきはそうした非同胞に対する態度なのである。

かつて人類学者のJ・G・フレイザーが「共感呪術」として「呪術師はただ一つの事象を模倣するだけで、自分の欲するどんな結果でも得ることができると考える」[91]と述べたが、世界との連続性の信念のもと、自己の欲望を世界において実現しようとする態度はいつでも宗教の言説の中に頭をもたげてくるのだ。ただし、フレイザーの理解と我々が異なるのは、こうした自己肯定の信念を「宗教」の正反対のものとして「呪術」の本質と理解する立場をとらないことである[92]。

「呪術」のカテゴリーのなかに、こうした自己肯定から、「凡夫で相わからず」という自己否定の行為までがその両極に含まれると考えられるのだ。近代的な「宗教」概念に包括される信仰現象もまたその両極が含まれるのであり、すでに人類学者のメアリ・ダグラスも指摘するように、「宗教」か「呪術」かといった、近代プロテスタンティズム的な区別は宗教的主体論にとっては決定的な指標とはならない[93]。

その信心が自己の欲望を否定するものであったにせよ、結局は既存の国家神道体制に抵触しない範囲で行なわれざるをえない。そのために、自己否定が社会の現状否定へと発展することは困難となり、自己を否定することで問題が自己の責任に転嫁され、社会構造そのものがはらむ矛盾はすべて不問に付される認識に陥ってしまう。そこに安丸が言う「極度に唯心論的[94]」な通俗道徳的な思考の抱える欠点がある。その論理について安丸は次のように分析している。

> 「自然や社会は、敬虔の念をもってそのまま受容される……かぎりない精神変革によって現実はかえってそのまま忍従され受容されることになりやすいものであった。……『万事』が人間のそとによそよそしく存在する客観的存在であることを認め、その客観的世界を変革して人間の支配下においてゆく具体的方法に媒介されることによってはじめて、人間の無限性が実際にあきらかになってゆくのである。だが、『心』の哲学においては、自己と万物が無媒介に融合してしまい、客観的世界を具体的に一歩一歩征服してゆくことができない[95]」。

ポスト植民地主義の文学者ヴィシュワナータンは、回心が私的領域における内面への変化だけでなく、社会的領域における政治的な異議申し立て行為にもなることを植民地期インドの例から示した。私的領域としての回心の典型的な例はアメリカの心理学者ウィリアム・ジェイムズが述べたとおりだが、心理学という学的言説が人間の内的領域を特出させることで成立したものである以上、内的領域への自己確定は当然のことといえる。他方、アサドやヴィシュワナータンの研究に明らかなように、プロテスタンティズムの伝統を離れたとき、同じキリスト教のカトリシズムにおいてでさえ、こうした私的領域に限定される宗教行為は一般的ではなくなる。

近代的宗教概念から解き放たれとき、宗教的な行為は社会的なものとなる。逆に、近代的な宗教概念の定着した社会においては、宗教的行為はあくまで私的なものにとどめられるのも当然の帰結となる。金光教の場合は、お道という固有の信仰形態をその底に秘めてはいるものの、こうした近代西洋的な宗教概念と親和性を持つものでもあった。たしかに国家権力が私的領域に侵出していない場合にはそうした内面化の傾向で問題はないが、それが私的領域を圧迫するほど拡大するとき、小沢が看取したように、国家権力に対する批判の拠点を持ちえなくなってしまう。安丸もまた国家神道体制下の、金光教をはじめとする諸宗教のあり方を、「重要なことは、孝行なら孝行はどういう原理に支えられて成立するのかということなのであり、その原理を国家のほうに譲り渡すことは、宗教としては宗教の立場を放棄することになるのだ(96)」と厳しく批判している。

さらに安丸は教団が自ら進んで国家権力に追従する過程を、「日本型政教分離」と呼び、「人々がこうした立場からの暴力的再編成を拒もうとするとき、そこに提示された国家的課題は、より内面化されて主体的に担われるほかなかった(97)」と説明している。そこに近代日本における、おそらくは近代国家一般における自由の難しさがあるように思われる。

しかし、主体（subject）が「従属する（be subject to）」という意味を持つように、人間は特定の環境や集団に従わなければ主体を構築することはできない。石母田正のいう唯物論的な意味での、主体を拘束する法則性もその一種と解せないこともないだろう。自由であるためには、すすんで何かに追従する必要がある。あるいは、他者を排除することで公共空間が成立することも認めないわけにはいかない。従うことで主体が主語となり、個人となることが成立するのだ。

その意味で、「国家は、各宗派の上に超然とたち、共通に仕えなければならない至高の原理と存在だけを指示し、それに仕える上でいかに有効・有益かは、各宗派の自由競争に任された(98)」と述べる安丸の発言は、何者にも束縛されない自由への強い希求を表すと同時に、そうした自由が何者かに服従することで手に入れられるものにほかならないことも、それが安丸の意図に反するものであれ、指し示しているように思われる。自由と主体については、天皇のまなざしをめぐって酒井直樹が重要な発言をしている。

「『一視同仁』とは、全体を体現する一者である天皇のまなざしの下では、すべての国民（＝天皇の赤子）は同じ『仁』（慈しみ）を受けることになる、というもともとはキリスト教宣教の決まり文句を盗用したものである。……すなわち、天皇のまなざしの下で人が個人化する、他者には見えないこの内面において天皇の慈しみを個人として受容している（個人化）ことが、他の国民の成員と『同じ』慈しみを受ける（全体化）ための十分条件となっているのである。天皇が個人に対する一対一の関係性（個人化の帰結）をもつことが、同時に、天皇は全体の象徴であるから、個人が無媒介に全体の一部であることの保証（全体化）として機能するのである(99)」。

近代日本の国民的主体の確立過程が、他者のまなざしに従うことで遂行されてきたことを酒井は天皇制を例に見事に説明している。主体というものはまなざしなしには形成不能なものであるが、「共感によって結びつけられた『我々』以外の他者のまなざしを無視するとき、人は、じつは他者からの呼びかけの潜在性も黙殺しているのだ(100)」と酒井が懸念するように、自己を規定する特定のまなざしが、それ以外の他者の声に耳を傾けることを困難とし、自分の主体形成の潜在的可能性も極端に狭めることにもなる。そこから酒井にはジャック・ラカンに倣って、「大文字の他者」と「小文字の他者」という二種の他者のまなざしの概念を導入する。

「私は他者を、いわば大文字のそれと小文字のそれに区別すべきであると考えている。（小文字の）他者が思考において実定化され言説において措定される異なる者であるとするならば、（大文字の）他者とは、思考における実定化をまぬがれるような異なる者である。換言すれば、（大文字の）他者は、新しく異なった実践系との結びつきを要求し、それゆえに、常に抑圧されてきた『抗争』を明るみに出すのに対し、（小文字の）他者は、すでに配分され、定置され、同一制度の内部にそれ自身自明なものとして現存する。……私は……、そのような統一体に存在論的根拠を与えることを拒絶し、言説空間の想像された閉鎖性には終始批判を加えてもいる(101)」。

二種類の他者の理解がラカンの定義とは入れ替わったかたちでの発言となっているが、より重要なことはここで他者が主体を規定するまなざしから、主体にまなざされる客体に転じていることである。そのまなざしは主体を本源的に成り立たせている不可欠な存在理由とはならなくなり、むしろ主体の方が決定権をもってどのようなかたちで出会うかを決定する、従属ではなく能動的な「主体」の立場に就くことになる。そこから酒井の議論は、他者のまなざしから自由になることが啓蒙的な主体の成立として望ましいものであるという方向へと展開していく。

しかし、他者に転移した感情からの解放もまた、何かに支えられてこそ主体が遂行しうるものだとしたらどうであろうか。主体は他者のまなざしの規定性からまったき独立を得て主体になるのではなく、他者のまなざしを自分なりのやり方で咀嚼するなかで主体を確立するのではないだろうか。まさしく信仰とは、プロテスタント的な意味での「宗教」概念であるか否かにかかわりなく、こうした謎めいた他者のまなざしとのふれあいのなかで主体を確立する行為である。問題は、どのようにその謎めいた他者のまなざしを意味化するか、その手腕にかかっている。感情の転移の一切を排除することではなく、転移の質的な変換が求められているのだ。

その点で、酒井の発言、「感傷的というのは、個人の主体的な在り方や、社会編成との関係を変えずに、集団的に共有されたと想像された情緒つまり共感においてのみ、問題を解決してしまうからである。つまり社会関係を変えずに情緒において解決するとき、その情緒は『情』ではなく『感傷』となると、とりあえず規定しておく[102]」は、酒井の他者論を肯定的な転移論に再びつなげるものとなる。

酒井の言う「情緒」としての転移は、ラカンの言う鏡像段階の転移であり、他者との親和的な同一化を通して主体を構築する。幼児期にはそれ以外の確立方法を主体は知らない。しかし、そうした情緒的な転移を通して、いずれ主体は他者との関係を変化させていく。そこに謎めいた他者への盲従ではなく、そのまなざしを能動的に捉え返し、単一に均質化されない異質性に満ちた声が聞き取れる可能性が開かれる。そうした他者の声あるいはまなざしとのやりとりが主体のあり方を変容させていくとき、「情緒」的な転移は「情」としての転移へと、デリダの表現を借りるならば神との

「信頼の賭け」(103)へと踏み込む。その点で、次の酒井の言葉は注目に値する。

「私自身について言えば、私は歴史に対して外部的ではないけれども、私は絶対的他者のなかに歴史に関して絶対的であるポイントを見出す――絶対的他者との合体によってではなく、彼と語ることのなかで私は他者と出会うのである。……歴史的絶対者に近づく時、人は歴史から抜け出してしまうのだ(104)」。

酒井が懸念していたのは、転移による主体形成がかならず排除を伴うのではないかということであった。たしかに非国民、マイノリティ、障害者、部落民、女性、移民、排除される人々は必ず存在してきた。しかも排除される人々もまたその内部において、さらなる被差別民を作り出す。そこには、「自分たちではない彼ら」として被差別民を見出さなければ、「自分たち」という主体が形成できないという不安が潜んでいる。だが、まったき自由を夢見る者こそが、無自覚な抑圧をおこなっていることをすでに我々は知っている。

無責任な放逸さがしばしば自由と誤解されてきたところに、近代日本社会における主体形成の根本的な陥穽がある。だからこそ、そうした放逸さを回避しようとする者には、天皇制や既存の教団など、制度化された権威に全面的に同化する以外に道がないように映じたのである。本稿で論じてきたのは、そうした二者択一的な主体形成の状況そのものであった。

自らの空虚さに不安を感じる人間は、どのような権威でもところかまわず同一化する。そうすることで、自己の主体を充塡して安定を得ようとする。そこから、政治哲学者のハンナ・アレントが「凡庸な悪」と呼ぶ無自覚な暴力が生じてくる。その一方で、俗流の「悪人正機」理解を掲げて、自分は悪人なのだから何をやってもいい、他人を傷つけても、ルールを破っても責任をとらなくてもよいといった声も出てくる。

本来、親鸞の悪人正機説は、人間や動物の殺生を生業とするなど、悪とみなされる行為を避けえない生活をやむをえず送っているからこそ、それを自覚したところに救済があると説いたものである。それが、ここでは結果と原因が逆転して、何をやっても許される無責任な主体が「自由」として語られることになる。もはやそこでは、知識人の言葉は、声を失った人々の気持ちを代弁する公共性をもたないどころか、彼らの生活を踏みにじるものに転じていく。

3　異端論——凡庸な悪

宗教学者の中沢新一は、歴史学者の網野善彦の自由論——「無縁」と呼ばれる——に仮託して、「根源的な自由を求めるトランスデンタルな欲望」[105]を手放しで肯定する。

「宗教的なものに人間が直面する瞬間には、そこに突然、この人間の世界よりも大きな次元を持ったもの、巨大なポテンシャル（潜在性）を持ったものが、横切っていくのを体験します。それを見たり体験しちゃった人間は、自分たちが生きている世界よりも次元の高い世界が存在し、それに包まれるようにして、自分たちの日常の世界があるということを理解するようになります。そして、その世界をもとにして、この世界と、そこに生きることの意味を考え始める——それが『宗教』の最初にある体験だろうと思うのです」[106]。

こうした宗教的なものへの憧憬が、のちにオウム真理教との関係を取りざたされる中沢によって語られたことは、現実から乖離した無責任な超越性願望がいかに悲惨な結末をもたらすかを物語っている。一方で、島薗進はオウム事件を、「現世離脱的超越性も無惨に頽落した形でのみ存在しえたのであった」として、「静かな内省の空間と見えたものは、徹底した情報操作により他者を拒否し、『尊師』への疑いを吹き払うことに『解脱』を見いだす閉ざされた空間でしかなかった」と批判的に総括している[107]。

学生時代にほぼ同じ時期に東京大学宗教学研究室に在籍した二人が、指し示した超越性の姿は対照的なものであった。

はたして、何者にも拘束されない超越性など存在可能なものであろうか。ありうるとすれば、それはどのような場においてなのだろうか。少なくとも独りよがりな自由は、他人を犠牲にする形でしか自分の自由を獲得することが出来ない。少なくとも、オウム真理教の末路はそう物語っている。

こうした視点からすれば、「根源的な自由」とは現実を完全に超出するのではない。排除を必要悪とする現実のなかで、「完全な」自由ではなく、「いかに」自由になるかが問題なのだ。その点で、謎めいた他者——精神分析では「エス」と呼ばれる——と主体の関係をめぐる互盛央の指摘は、興味深いものがある。

互は、「人間はエスに『生きられている』。それと同じように、人間はエスに考えられている、と言えるだろう[108]」と、エスの性質を規定したうえで、次のように語る。「『エス』は、いかなる語の代わりでもなく、決して言葉として発されてはならない『語ならぬ語』である。だが、それでもエスが語る沈黙の言葉を語らなければならないのは、『絶対的に近代的』であるためなのだ[109]」。そこで、どのように沈黙の言葉に耳を傾けるか、主体の側の姿勢が問われるのである。

他方で、「『私』ではなく、……『それ（エス）』が考え出す。むろん、ひとたび変化が起これば、それについて語る者はエスを別のものに置き換えるだろう。例えば、『私たち』という人称代名詞に。『市民』という一般名詞に。あるいは『ナポレオン』という固有名詞に。そうして、いつのまにか、それが置き換えであることが忘却され、すり替えられた主語がそのまま大事件の主体にされる[110]」。そうした事態が起きるとき、他者のまなざしが実体化されてしまう。

こうして国民国家や宗教教団といった、固定化したシニフィアンである「大文字の他者」へと従属する主体と、意味の固定化しない「小文字の他者」によって流動化する主体への二つの道が分岐として現われる。生命主義的な民衆宗教が固定化した権威を批判できないかぎり、それは大文字の他者に盲従する均質化された主体でしかない。民俗学者の宮田登は、「ミロクの世」を唱える日本の民衆宗教には社会批判的な姿勢が極めて弱いことを次のように指摘している。

「日本の場合、ミロクの世が豊年の世と飢饉の世の対立概念から成り、共時性をもって認識されているところから、ミロクの世そのものと対決する世界がとりわけ存在せず、そのため終末観の意識も生じていないことを指摘し、そうした構造をもつのが日本型の『ミロクの世』に想定されるのではないかと考えた[111]」。

安丸は、それを「幕藩体制によって宗教的な異端が徹底的に弾圧される、ということを境い目として、宗教の政治に対する従属性というのは非常に強くなった[112]」として、織田信長の石山本願寺の一向一揆弾圧や比叡山延暦寺の焼き討ち、豊臣秀吉による伴天連追放や徳川家光による島原の乱鎮圧といった宗教の弾圧事件に画期を求めている。

しかしそれだけでなく、「ミロクの世」の弱点は、金光教における天照大神の位置づけとも関係するような根深い問題でもあった。「天照皇大神様、戌の年氏子〔金光大神〕、私にくだされ候〈この私は金乃神様のこと〉[113]」に始まる記述で、金光大神をめぐる金乃神と天照大神との問答が安政五年のこととして記録されている。天照大神は幕末には「天照皇大神」と呼ばれ、民間信仰的な「共同体を有機的なものとして結ぶ力の、拡がりをもった、普遍的象徴[114]」として理解されていた。この共同体が近代になると天皇制国家へと吸い上げられていったことは言うまでもない。その意味では、金光大神をめぐる両神のこの対話は、「金神が教祖を共同体の一員としての立場から自らの許へと連れ出すことを示唆し、他方ではそれに天照皇大神が反駁し、村人の立場へ教祖をとどめようとする[115]」立場との葛藤を示すものと捉えられる。

明治期以降の政治状況に即していえば、この両神の葛藤が国家共同体側に回収されるのか、それを打ち破る普遍性に開かれた側に転じるのかは、状況次第の微妙な問題であった。事実、その後の金光教の歴史については小沢浩が、「この神観念のうちに広がる豊かな人類愛の思想、世界同胞主義と、社会の現実に規定された排外的民族主義の不幸な結合は、ついに止揚されることなく、教祖自身の死によってその可能性を閉ざされてしまうこととなったのである[116]」と、その不本意な展開を総括している。

先に触れたように、小沢は国家神道体制下の金光教の二重構造を指摘し、私的領域に信仰活動を限定する金光教もまた、天皇制国家の黒い影からは自由ではなかったと述べている。公共領域の活動を放棄せざるをえなかった状況が、すでに宗教の活動を不自然なものに矮小化させ、私的領域の活動自体にも歪みをもたらしていたのである。そして、こうした通俗型の民衆宗教がその限界に直面したときに、民衆宗教の中から世直し運動が、国家権力を厳しく批判する公共領域の政治的活動として前面に立ち現れてくる。

安丸が研究した出口なおや小沢浩の論じた中山みきが、まさしくそうした例である。小沢は、通俗道徳的な金光教と世直し的な大本教の共通性を、「本来強力な祟り神とされる金神を、この世の根本的な救済神として捉えかえしている点」、すなわち「かかる民間信仰の神を内面化するプロセスそのもの」に求めた(117)。そのうえで、「祟り神的な性格をいく分強く残している点に、なおの神の個性があり、『この世界の全体性をほとんど絶対的な悪として措定し、終末観的な立替えを告知する』点で、金光大神の神とは大きな隔たりもあった(118)」とする。没落する家族の主婦なおと、上昇する中流農家の家父長金光大神の違いとして、その徹底した現世批判を祟り神の観念の強さと結び付けて解釈したのだ。

しかし、この世直し的な民衆宗教もまた天皇制の前に敗北を余儀なくされる。警察や軍隊などの物理的な暴力による敗北でもあるが、同時に精神的な次元での敗北でもあったと安丸や小沢は考える。事実、民俗学者の宮田登と安丸の異端をめぐる論争のなかでは、世直しの論理が天皇制へのメシア期待と重なり合うという現象が問題にされた。安丸は近代日本の異端をH異端とO異端に分けたうえで、世直し型民衆宗教の動きを次のように分析する。

> 「近代日本社会のなかで生まれたさまざまの反対派的言説は、天皇の権威や国体論を前提とし、またしばしばそれを権威のよりどころとして、そうした正統説のなかに生まれた異端説として展開されるというのが一般的だった。こうした立場を正統のなかに生まれた異端という意味でO異端と呼ぶとすれば、……民衆宗教は、もともと天皇制的正統説とはまったく異質な思想史的系譜にたつものだという意味で、H異端と呼ぶことができる。しかし、H異端として出発した思想や運動も、やがて近代日本の現実と触れあってO異端となったり、正統説と見分けのつかないものになったりする(119)」。

それは丸山眞男による垂加神道をめぐる正統論、O正統とL正統という二つの正統が絡み合う議論を意識したうえで、

O異端とH異端という二種の異端論の絡み合いとして民衆宗教に潜む正統意識を探ろうとしたものである。丸山が正統論を通して、「『一つの真理』をめぐるコミットメントをめぐって無限に進行する排他性の基底にある動力[120]」を探ろうとしたのに対して、安丸はむしろ異端として成立したものが、丸山の表現を借りるならば「『一つの真理』をめぐるコミットメント」へと回収されていくさまを分析した。そうした安丸の議論の背景には、次のような宮田による安丸民衆思想史への批判があった。

「一方で世直し観念を生み出しながら、他方で天皇制イデオロギーの温床となり易い、そういう相反する性向をもった民俗信仰が、民衆思想の形成に大きな役割をもつとするならば、はなはだあいまいに概括されている天皇制イデオロギーの質は、当然分析の対象としておく必要があるだろう。世直し観念をマイナス面でとらえると、天皇制イデーが表にあらわれてくる。こうした両面の相互関連をもっと明確にしておくことが、大きな課題であろう。著者〔安丸〕がいう民俗信仰的神道説は、すでに内在的に天皇信仰というイデオロギーを保持しているのであり、外在的にそれを癒着するものではない[121]」。

この批判に応答するなかで、昭和天皇重篤中の日本社会の異様な様子を目の当たりにしたこともあって、安丸は名著『近代天皇像の形成』（一九九二年刊）を著すことで、近代天皇制の権威の秘密を分析することになる。ただし、宮田の批判があった後も安丸は、「国民国家としての統合がまだいちじるしく不充分な明治十年ごろまでの時期には、国体論とは異質の民衆的世界像がまだきわめてゆたかに存在していた[122]」という立場を一貫して保持していた。それは、安丸も他の研究者と同様に、出口なおと王仁三郎の違いに求めるものであった。他方、小沢浩はヒトガミ思想のもつ両義性の観点から見れば、既成の正統思想に引き寄せられる理由は当初から存在していたと考えた。

「こうした『人間＝神の子』観は、……人間の罪の自覚なしには成立しえないものであったといえよう。……それは凡夫観、罪業観によってひとたび否定された自己の、信心による再生の可能性を示唆する唯一の福音だったのである。……この両義的な人間観が、ひとたび否定の契機を失い、神の子観の方にのみ片寄せされていくと、再びヒトガミの伝統における神性と人性の互換性がよびさまされ、天皇を親神とする家族国家観や、神ながらの選民思想、軍神・英霊の靖国信仰などに包摂される可能性を宿していたことも、見逃してはならない[123]」。

そこでは、どの言説が正しいかではなく、それぞれの言説が主体を構築する空間において、その主体が自分を規定する支配的言説に対してどのような距離を保つことができるのかが問われることになる。丸山は二種の正統的言説の絡み合いの議論を通して、「天道や天命は、堯舜をふくむいかなる具体的君主からも超越した理念であり、現実の君主や王朝がそれによって価値を裁かれる規準である[124]」と、儒教的な天命論の超越論的な普遍性を見てとる。一方で、天皇制的な言説の限界を、超越論的な機能を喪失した内閉的なものとして次のように批判する。

「天つ神が国生みの神へ、『国』生みの神が『統治者』としての皇室の祖神へ、と系譜的に連っている日本神話に依拠するあらゆる日本主義は、皇祖神をそのまま世界神にまで普遍化して、日本を『万国の親国』とするか、それとも、世界から断絶し、普遍―特殊の論理とは無縁な閉鎖的な独自性にたてこもるか、いずれかの方途を辿るほかないし、現に辿って来た[125]」。

ここには記紀神話の神々へと繋がる民衆宗教の傾向が、普遍性を失った日本ナショナリズムにいかに回収されていったのかという、戦前の日本帝国が辿った軌跡への危惧が見られる。さらに丸山は、異端と正統の関係性について、「なぜ正統的思考パターンにおいて、『一致』や『合一』が必須になるかといえば、いうまでもなく秩序の一元性と、……『一つの真理』の要請とが対応しているからである[126]」として、次のように語る。

「もし単一の真理が崩壊するならば、それは正統思考にとっては宇宙と世界のおそるべき混沌への解体を意味する。一方では、泥沼のような無秩序へ通じる真理の多様化にいかに歯止めをかけるか、他方でしかし、『一つの真理』への固執によって、世界の豊饒性を枯渇させ世界解釈の全体性を喪失する危険にどう対処するか——それ自体がまた矛盾の統一の問題に立ち帰ることになる[127]」。

この丸山の発言は、島薗が述べる民衆宗教における教祖の役割と重なり合うところが少なくない。つまり、教祖の登場によって中心化作用が生じ、簇生する神がかりに秩序が与えられる。そうすることで、語る者と聴く者という神との人間の関係にも安定がもたらされる。それがなければ人間は増殖する断片的な意味の海の中に溺れ、自己の主体のイニシアティヴを喪失する。問題は正統と異端が共存するバランスであり、そのうえで正統が自ら最終回答になることなく、絶えず何者かによって批判され、乗り越えられていくシステムに身を置いているか否かなのだ。それが左にレヴィナスが言うような、異なる他者としての主体に関わる超越性なのだ。

「意識とは異なる〈他なる思考〉のもとに、何を求めることが出来るのでしょうか。究極的には、〈他なるもの〉を〈同なるもの〉に同化することなく、〈他なるもの〉を〈同なるもの〉に統合することのない思考が求められているのですが、これはどのような思考なのでしょうか。これは、すべての超越者を内在に還元せず、理解することによって超越を損ねることのない思考なのです。求められているのは、思惟されたものの支配の中で、もはや思惟者から思惟への〈関係〉として構築されない思考です[128]」。

それに反して、あらかじめ決まった答えを前提として議論を展開するとき、それは予定調和にすぎないというそしりは免れられない。だからこそ、そこに近代天皇制の天皇と民衆宗教の教祖との違いがあると、その境界線が不明瞭なものであることを認めつつも、安丸や小沢は考えたのである。

ただし、安丸が問題にしたのは、丸山のように正統の側から見た異端の問題ではなく、異端の側から見た正統の問題であった。なぜならば、彼らの論ずる世直し型民衆宗教は下からの異議を唱える動きである以上、異端にしかなりえないからである。なぜ日本には異端による現世批判が貫徹しにくいのか。なにゆえ異端はいつしか正統の論理の模倣になってしまうか。安丸とひろたまさきは民衆の側の事情を、丸山教を例に次のように説く。

「大衆的次元では、……こうした自己規律を具体的に納得させる機会がとぼしくなり、呪術的能力者としての六郎兵衛への崇拝が強まる。そこでは、丸山教は禁欲的自己規律をもとめる思想ではなくなり、反対に、広汎な人々の抑圧されているさまざまの欲求に呪術的な解決をあたえるものとなってしまう。こうした生き神信仰のもとでは、世直し観念の思想的発展は困難である(129)」。

ここでいう呪術とは自己の情動への没入に伴う全体性のヴィジョンを喪失した状態を指す。こうした情動値を帯びた対象への心的エネルギーの投影を通して主体は自己や世界との交渉を可能にするが、そのエネルギーが対象に固着してしまうときには現実の正確な認識を阻害するものに転落してしまう。その点において、「呪術性や幻想性は、民衆が社会体制全体を構想するさいに不可欠なものではあったが、民衆の思想形成＝主体形成の発展にともなってすこしずつ克服してゆかねばならぬものだった(130)」という安丸とひろたの指摘は正鵠を射るものであった。そして安丸の言うように、こうした民衆の解放願望のエネルギーを吸い上げていったのが近代天皇制であった。

ここに現人神天皇と生き神教祖との接点があることは言うまでもない。しかし、天皇に託した人々の解放願望は決して完遂されることはない。つねに欠如あるいは過剰なままに人々の心を捉えては、彼らの期待を裏切っていく。事実、国家制度が整っていくなかで、明治期には天皇制は「憎むべき文明開化の権化(131)」として、抑圧的な国家権力の象徴へとその性格を変えていく。一方で、「民衆宗教における世直しの主張が、いずれも『近代化』に反対する復古主義的『反文明開化』の立場からなされる(132)」ようになる。そして、一九三〇年代に入るとメシアニズムが両者の接点として大きく浮上する。民衆は天皇制をメシアニズムのなかで捉えるようになる一方で、民衆宗教の教祖のなかにも出口王仁三郎のようにメシア化していく例が現れるようになるのだ。その点について、安丸は次のように述べる。

「おそらく、メシアニズムは、一九一〇年代―三〇年代の大本教や一九三〇年代前後の超国家主義の核心にある意識であり、これらの運動のなかに、私たちは、近代国家の統合原理と触れあうことで活気づけられ組織づけられることのできた、きわめて大きな深層的救済願望を読みとることができよう[133]」。

民衆の解放欲求を天皇制が吸い上げていく様は、二・二六事件や五・一五事件など、民衆を救済する天皇というイメージが、為政者たちの意図に反して、社会のなかから湧き上がっていく出来事からも見てとれる。島薗は、一九一七年に発表された王仁三郎筆の宣言書「大正維新に就て」を、「あたかも天皇こそが世界統一をなしとげる救世主であると見なされているかに読める[134]」として、当時の文章をこう紹介している。

「皇道大本の目的は、世界大家族制度の実施実行である。畏くも天下統治の天職を惟神に具有し給う、天津日嗣天皇の御稜威に依り奉るのである。先ず我が国に其国家家族制度を実施し、以て其好成績を世界万国に示して其範を垂れ、治国安民の経綸を普及して地球を統一し、万世一系の国体の精華と皇基を発揚し、世界各国咸其徳を一にするのが皇道大本の根本目的であって、大正維新・神政復古の方針である[135]」。

さらに島薗によれば、一九一八年改定の「皇道大本信条」では、「天照皇大神を『至尊至貴の大神』とし、『皇上陛下』を『至尊至貴の大君』とする文言がすぐに登場してくる[136]」という。一九一八年はなおの没年でもあり、しかも大本教に対する当局の監視の目が厳しくなった時期にあたる。天皇制との関係を深めるかたちでしか自らのメシアニズム思想を語ることは許されなかったと見るべきであろう。

一方、一九二八年に開かれたみろく大祭では、「みろく如来が聖師〔王仁三郎〕に応現し、聖師はここに『みろく菩薩』として下生し、いよいよみろく神業のため現界的活動をする[137]」ことが示される。王仁三郎やその信者にとっては、島薗や安丸が指摘するように、「救世主という観点から述べると、自らが素戔嗚尊の霊を体現し、人々の罪を背負って救済するのだという思想と、天皇に導かれた日本こそが世界を救済するのだという思想が一致しうると信じられていた」[138]のである。さらに島薗は興味深い洞察を披見する。

「そもそも緊迫する国家社会と国際的な闘争世界の救済という観念に宗教運動が強い関心を示すようになったのは、国家神道が理想的帝王や聖なる国家的歴史（皇国史）の観念を育ててきたからであった。国家神道が救済宗教運動の歴史化・国家化を促し、そのようにして千年王国化（終末預言化）しメシアニズム化（救世主観念の結晶）した宗教運動が、国家神道に欠落している救済論を提供する」[139]。

国家の権威を否定するものとして始まった世直し型民衆宗教が、むしろ国家権力を補完する役割を率先して果たしてしまうという現象がここには見られる。もともと王仁三郎は記紀神学的な傾向を強く持ち、天皇制国家と対立してきたなおの世界観との強い緊張関係を抱えていた。そのなかで審神者的な役割を果たしてきた王仁三郎は、神がかったなおの語った世界に対して、「国家主義的神道説の立場から民俗宗教的な神々の世界に介入してそれを編成替えする」[140]役割を果たしてきたと安丸は説明している。この王仁三郎の解釈行為が、ナオが説く世界観に社会的承認を与えるために大きな功績をあげたともいえるが、同時に天皇制的な国家秩序に取り込まれるのを積極的に推進したことも否めない。

こうして異端の側から正統への模倣が始まり、正統の側もそのエネルギーを吸引することで異端としての容貌を濃厚に帯びてくる。なおや金光大神の活躍した幕末から明治初期とは異なり、社会秩序が再建されてしまった天皇制国家のなかでは、もはや異端が異端として正統の価値規範から全く独立に存在することが困難な息苦しい状況がそこにはあった[141]。しかし、そこにはナショナリズムに閉塞した状況があるだけではなく、「日本主義や神道思想の絶対優位を説くこと」で「日本主義や神道こそじつはもっとも普遍的な価値なのだと主張する」回路も開かれていたと安丸は見る[142]。

たしかに王仁三郎に完全に実権が移ったときに発表された「大正維新に就て」では、「世界大家族制度の実現・天産物自給による経済生活の『根本革正』・租税制度の廃止・私有財産の奉還など」、なおのお筆先では「みろくの世・松の世・水晶の世など」と表現されるにとどまるイメージが社会経済的な具体的内容へと分節化されるようになった[143]。そこにはポストコロニアル批評の英文学者、ガヤトリ・スピヴァクが「批判的地域主義（critical regionalism）」と名づけた、偏狭なナショナリズムに陥ることなく、民衆の日常生活から紡ぎだした思想を普遍化する萌芽が確かに看取される[144]。ただし、その一方で安丸は、その思想がやはり天皇制に回収されていく側面も見逃さなかった。

「日本主義・神道主義は、現実社会の生存競争や階級抑圧に対置された批判原理であり、民衆の人間らしい生き方を求める観念形態であったがゆえに、人間の解放を求めて展開された人類史上の普遍的諸観念（デモクラシー・平和主義・社会主義など）と結びつきえたのだ。両者は、抽象してみれば、同じものでありうるのだ。王仁三郎の思想にもし錯誤があったとすれば、それは西欧近代の育てた普遍的諸観念をもっと全面的に受容しなかったことや、日本主義・神道主義の偏狭性をすてきれなかったことにあるのではない。それは、日本主義・神道主義が記紀神話＝天皇制神話へと総括されすぎ、そのためにラディカルであろうとすればするほど、天皇制国家の国家意思を先取りし、そのお先棒をかつぐ結果になりやすかったことにあった[145]」。

事実、王仁三郎は北東アジアに進出するようになり、日本主義と帝国の普遍主義に言説がさらに複雑に絡み合っていく[146]。他方、制度化されて硬直した天皇制もまた新たな民衆のメシアニズム幻想を、帝国主義的な国民国家を維持するために必要としていた。まして時局が悪化して戦時体制に移行するほどに、国民を総力戦に動員し、兵士を国家のための死に赴かせるために、天皇制はナショナルな象徴として民衆を魅了する必要があった。国家の側からの必要性と、民衆の側からの要望。両者が重なり合ったところに、安丸の言う「呪術性や幻想性」が国民を呑み込んでしまう社会状況が生じていたのである。そして、安丸はこうした社会が紡ぎだす幻想の投影体としての天皇制のイデオロギー的性質を次のように説明する。

「近代天皇制の歴史においては、天皇個人の意思や能力と、天皇が体現するとされる権威的なものとのあいだに大きな懸隔があり、……こうした懸隔が生じたのは、広汎な人びとが天皇の権威を介してみずからの願望や欲求に普遍的な意味を与え、みずからのなかからその可能性と活力とをくみだそうとして、権威ある中心を求めたからである。したがって、権威としての天皇は、究極のところでは、人びとが望んだからこそ作りだされたものなのだが、しかしそのことは人びとの自意識からは隠蔽されて、天皇はひたすらに超越性と絶対性へと奉られた」(147)。

正統が異端をも兼ねてしまう状況が起きるとき、正統を批判する異端は公共的な社会空間の中には存在しにくくなる。もしありえるとすれば、既存の正統の論理ではいまだ十分ではないがゆえに、その完成を異端である自分の方が先取りしているのだという、異端が正統化する動きにならざるを得ない。そうした自意識が人々を捉えたとき、王仁三郎や皇道主義の青年将校たちのように、彼らの天皇制への期待は現実の政治制度としての天皇制を追い越していく。

安丸が指摘するように、「社会批判を国体論や天皇中心主義にむすびつけてゆくというのは、近代日本ではそんなに珍しい思想ではない(148)」のだ。それは天皇制を民衆に魅力あるものとして維持するためには大事な要因である。だが、同時にもし天皇制の論理を用いて天皇制国家を批判するならば、社会からは過激な異端思想として排撃されるという運命を免れることはできない。現実の正統性を極限まで推し進めていったときに、その思想はその純粋性ゆえに異端に転じざるを得ないのだ。

他方、小沢浩が言うように、こうした世直し型ではない金光教もまた、社会のこうした状況とは無縁ではいられない。社会秩序に対して批判的でないだけに、無意識のうちに正統イデオロギーの中へと広く包摂されていく。天皇制は公共的な秩序形成に関わるものだが、公共空間が絶えず排除を行なうことで自分の空間を形成することを見逃してはならない。公共空間においてすべての人々が自由で対等であったためしはない。それは、ハンナ・アレントがギリシアのポリスが奴隷制と表裏一体をなすことを明らかにしている通りである(149)。

「どれほどポリスの生活に反対していようとも、ギリシアの哲学者ならだれでも、自由はもっぱら政治的領域に位置し、必然はなによりもまず前政治的現象であって、私的な家族組織に特徴的なものだと考えていた。そして力と暴力がこの領域で正当化されるのは、それらが——たとえば奴隷を支配することによって——必然を克服し、自由となるための唯一の手段であるからだということを当然なことと見ていた。すべての人間は必然に従属にしているからこそ、他者にたいして暴力をふるう資格をもつ。つまり、暴力は、世界の自由のために、生命の必然から自分自身を解放する前政治的な行為である」[150]。

同じ視点からみれば、安丸が述べたように、「現代天皇制は、選別＝差別によって秩序を確保しつづけようとする社会の側が求めたものだからこそ、存在している」というのも至極当然のことといえよう[151]。再度確認するならば、その背景には戦時体制へとひたすら傾斜していく当時の日本社会の悪化する状況があった。安丸良夫は戦争末期の一九四四年に執筆された歴史学の名著、石母田正『中世的世界の形成』を次のように評している。

「本書の論旨からすれば、こうした武士団が地域に支配秩序を構築し、東大寺の支配を打破することが歴史の進歩である。ところが、黒田庄においては、こうした武士団は悪党としてあらわれ……たが、しかしまた彼らは常に庄民から遊離する側面があり、悪党が庄民全体を組織して寺家に対抗することはなかった。悪党には、無頼の徒・浮浪人の要素があり、倫理的な頽廃と庄民からの孤立性という特徴があった」[152]。

石母田は検閲体制の圧力からすでに沈黙を余儀なくされており、全体主義が被い尽くした戦時体制のなかで人民の抵抗もままならず、知識人も孤立を余儀なくされていた。そのなかで、彼は東大寺の荘園が支配する伊賀国黒田庄の歴史を通して、暗黒の中世が明けることのない「頽廃」した世界を自らの住む現代社会のカリカチュアとして描き出したのである。

そこには社会的条件が十分ではないにせよ、変革の決定的行動がとれない在地側の人間へのもどかしさがみられる。

「東大寺」による古代的支配はアジア・太平洋戦争期における天皇制支配の換喩である。再度いうならば、石母田は自分たちを覆う世界そのものの頽廃に注目し、そこでは支配者だけでなく支配される人間も頽廃に包まれることを描き出した。変革につらなる偶然を生かせない人間の意志の弱さ、国家的権威を否定できない人間の意識の狭さを批判したのである。勿論、「庄民」とは戦時中の日本の民衆のことを指す。だが、それ以上に厳しい批判を浴びせたのが、自分たち知識人に重ね合わせ、社会変革の前衛になるべき存在と思い定めた「悪党」の存在である。悪党の頽廃については、先に挙げた安丸の言葉以上に的確な要約はなく、さらに繰り返すには及ばないだろう。

結局、石母田の言いたいことは、「一人の人間が頽廃する現象はその人間が結ばれている世界の頽廃の表現である[153]」ということであった。そこからは、「東大寺の政治によって、外部の封建勢力と遮断されていた」とき、「悪党はそれ自体としては無秩序のなかから何物も学ぶことも成長することも出来ず、庄民のために歴史的なものは何も遺すことは出来なかったのである」という結論が導き出された[154]。それは、戦時体制のさなかに書かれた『中世的世界の形成』が、その題名に反して、古代的な「寺奴の論理」が支配する敗北の書でもあったことを如実に物語っている。この公共領域が腐敗した社会状況を、同時期のナチス・ドイツを体験したユダヤ人政治学者であるアレントが「暗い時代」と呼んだことは、つとに有名である。

> 「公的領域の機能とは、自分が何者であり、何をなしうるのかを、良かれ悪しかれ、行為と言葉によって示すことができる場を設定することで人間的事象に光を投げかけることであるとするなら、その光が『信頼の喪失』や『見えない政府』によって……消されるとき、暗闇は招来される。……それは公的に認められているすべての人々が野卑な人々の間にまじり、すべての事物が不透明なもののなかに存在し、無意味にただそこにあることが当惑をまき散らし、嘔吐感をもよおさせるような世界である。……暗い時代は新しいものでないばかりか、歴史上まれなことでもない[155]」。

公共的空間が著しく収縮していくとき、人々は内面に引きこもる。しかし、石母田が黒田庄について、小沢が金光教について見てとったように、その内面世界はもはや純粋なものではありえなかった。自分を取り巻く社会が頽廃している以上、その内面もまた腐食する。言葉は公共性を失い、自分の内面に膨らむ幻想に耽溺するようになる。公共的な言葉とは、自分とは面識のない他者に向けて言葉を発する意志に支えられた時に生じる。自分の仲間の利益を優先することなく、まだ見ぬ他者に対して開かれた言葉を発し行動をする領域、それが公共空間なのである。

そうした他者に開かれた意識が消失し、自分と同じ利益で動く仲間のみに独語的な言葉を発する人々が巷に溢れかえる。人間は自分の主体が空虚であるとき、その空虚さを受け入れてもらうことが主関心事となる。そこでは、どのような内容を受け入れるべきかを問うことは稀になる。その内容をいかに主体に取り込むか、その方法を問うことはさらに容易ではないことになる。「草の根のファシズム」（吉見義明）と呼ばれるような、複数性を失って均質化された言葉が社会を覆い尽くすのだ。

彼らもまた「悪」を、「敵」を批判することだろう。しかし、そこに彼らが語る「敵」とは、自分たちの利益を損なうものでしかない。思考停止状態を選ぶからこそ、誰かの一部となって安楽に生きることもできる。そこには「大文字の他者」の享楽に捕らえられ、固定化した全体の一部に化した人間の姿がある。人間の心が恐ろしいのは、「暗い時代」において人間がその状況を屈辱だと自覚しながら自らの倫理を裏切る行為をするからではなく、そうした状況に置かれた自分の状態を恥だと思わなくなってしまうところにある。酒井直樹は、そうした心の状態を「恥知らず」として、次のように定義した。

「共感によって結びつけられた『我々』以外の他者のまなざしを無視するとき、人は、じつは他者からの呼びかけの潜在性も黙殺しているのだ。他者の呼びかけを黙殺することは、そのような呼びかけに応える義務から自らを免除することになるだろう。分離のあるところでは、呼びかけに応える必要がないから、応答の義務の意味での責任からも免除される。……分離は恥知らずの言説装置であるだけでなく、無責任であるための必要条件なのだ」[156]。

そこでは異なる考えの者との対話の意志が生じることはない。言葉は複数性を失い、暴力と化する。学問も宗教も支配的な社会集団に個人を同化させる道具へと堕落していく。人々は口々に、「それが社会の決まりだから」と語り、同調しない者たちを締め出す。

たとえば、ナショナリズム批判が制度化されたとき、ナショナリズム批判を批判することが許されないという皮肉な状況が出てくる。ナショナリズム批判をする陣営が、異なる見解を保持することを許さないナショナリスティックな態度を増長させるのだ。個人が個人の顔を持つことが許されず、ナショナリズム批判という思考停止に呑みこまれることが強要される。それはナショナリズム批判という自由の御旗のもとに、他者を取り締まる暴力である。

思想がそれに関わる人間の制御下におかれず、人間を呑みこんでいく全体として機能してしまうこと。そうした全体に呑み込まれることを欲する人間の空虚さを、アレントは「凡庸な悪」と呼んだ。自分がユダヤ人の殺害を承認する役割を日々務めていたにもかかわらず、単に職務に忠実に服していただけだと答えるアイヒマンのような人間たち。こうした凡庸な悪が主体を空洞化していくときに、「暗い時代」が訪れる。もはやアレントが複数性の空間と呼んだ、他者との異なりを前提とする討議的な公共空間はそこには存在しない。この凡庸な悪を安丸は、丸山眞男が日本の戦時体制の分析で抽出した「無責任の体系」[157]の概念を用いて、「どこが責任主体か、判断の主体がいつも分からない」ことがその特質だとして次のように説明した。

「システムが大きくなると、自分の責任の範囲をできるだけ限定して、そこから外れそうな問題は排除したり抑圧する。……そういう無責任性にみんな流れたら、無責任のシステムになっていくわけです。そういったことがどんどん積み重なっていくと、どこかで破綻するのは必然的です」[158]。

「原発の問題」や「公的債務の累積」などがその典型であるとして、「権力の側の人に責任があるのはもとよりとして、僕たちにも責任があるわけですね。つまり僕たちもそういう無責任なシステムの中の一部を構成している」と、自己批判をしている[159]。そうした無責任性を克服できないのならば、再び人々は天皇制に飲み込まれていくと安丸は懸念する。天皇夫妻を「二人とも穏やかな性格で、……自己規律の行き届いた人柄のようですね[160]」と認めたうえで、天皇と天皇制を区別して、いつでも全体主義に転化しかねない天皇制の潜在的な危険性を指摘している。

「それでも剝き出しの民族主義と排外主義の風潮が強まれば、天皇制はたぶん中核的シンボルへと呼び込まれますね。そして現代日本には、社会全体の閉塞感を背景にして、領土問題、歴史認識問題、従軍慰安婦問題、外国人労働者の問題など、露骨な排外主義や国権主義のきっかけとなりそうな問題が山積みしていますね[161]」。

しかし、そこで批判的に物事を考えることの難しさが立ちはだかる。「批判的（critical）」態度とは全面的に何かを否定することではない。それは他者と自分の違いを認めたうえで、互いを柔軟に変容させながら、その接点を探ることである。逆の言い方をすれば、他者に自分を開放するからこそ、自分と他者の違いが顕わになる受容のあり方が可能になるのである。エドワード・サイードは「批評」を「あらゆる形態の暴虐、支配、虐待に本質的に対立するもの」であり、「批評が社会的に到達すべき最終目標は、人間の自由のために生み出される非強制的な知識なのである」と述べている[162]。そうした意味での批判的であることがいかに困難であることであろうか。

そんなことを考えながら、私は大本教の綾部の地を関係者の案内を得て歩いた。かつて官憲の手によって破壊されたなおと娘すみ、そして娘婿の王仁三郎の墓所に立つ。そこには誰もいない。静寂が辺りを包んでいた。周囲には彼らに従った信者たちの墓がある。古い墓は「直子〔『なお』のこと〕」「宣伝使」の文字が弾圧で削り取られたままだった。王仁三郎が弾圧の痕跡はそのままにして置くことを言い残したのだ。現在は立ち入りを禁止された聖地本宮山の山中には、昭和一〇年の弾圧事件で破壊された建造物や彫刻の残骸があちこちに転がっているという。

当時の大本教をはじめとする、民衆宗教の人々が体験した国家権力の過酷な暴力は一時的なものなどではないだろう。だから、王仁三郎は弾圧の痕跡をそのまま後世に残したのである。では、信者の被った暴力の傷は癒されたのであろうか。大本教団のなかには、こうした弾圧の過去を忘却したい人々もいるし、凝視し続けなければならないと考える人たちもいる。天皇制メシアニズムに接近した王仁三郎が何を考えていたのか、その真実を解明したいと思う人々もいれば、彼を一方的に美化したい人々もいる。

何をもって私たちは自分が自由な思考を保持していると見なすことができるのであろうか。権力に取り囲まれて主体を構築する状況のなかで、自由の空間をどのように確保することができるのだろう。酒井直樹の言葉、「『国民』の成立は、……『国体の情』によって結びつけられた国民共同体においてのみ、人々の平等は実践的な原理として受け容れられるようになる、と考えられてきたのです[163]」が思い出される。

ここで酒井は、自分を束縛する空間さえをも自由と思いなす心の習慣の根強さを指摘しているわけだが、さらにそこから「国体という社会的想像体を裏切る形で、平等という概念を肯定し推進することができないだろうか[164]」という問いを提起する。しかし、そもそも私たちは自由を欲しているのだろうか。自由が主体に責任を課するものであるならば、人間はどのようにして自分を支えるのであろうか、と。それがないかぎり、たとえ自由が与えられたとしても、人間は自ら自由を放棄して、何者かの一部に同化しようとするのではないのだろうか。救済とは何か、人が救われるとは一体どういうことなのかということを、自問せざるを得なかった。ここで超越性の問題が再び立ち現われてくる。

4　救済論――ミロクの世

「救済」、人が救われるとはどのような状態を指すのだろうか。キリスト教神学の本では、救済を「解放」、解き放たれることと書いてある。仏教でも「衆生は悟らずして長夜の苦を受ける」（弘法大師）と説かれる。解き放たれるとしたら、自分の苦しみからなのだろうか。島薗進は彼の語る「救済宗教」の「救済」という言葉の意味について、次のように説明している。

「苦難の自覚と救済の可能性によって殻を破られた人間は、他者に対してこれまでとは異なる眼差しを注ぐ。それぞれ別々の日常の秩序によって相隔てられた他人同士としてではなく、同じ苦難を背負う存在、古い自己の殻から開かれることによって喜びを分かち合う可能性ある存在として他者に向き合おうとする。他者とは、ともに苦難に立ち向かう仲間、救いの喜びをともにすべき存在、すなわち同胞である」(165)。

この島薗の言葉は、現実の人間がわかりあえず、ときに醜く争いあう修羅を生きる存在だからこそ、闇を照らす光のような理念として掲げたものと理解されるべきであろう。しかし、そこには神や超越的存在の必要性が語られていない。あくまで人間同士の関係のなかで、他者の痛みに対する共感能力の可能性が語られるにとどまる。それは、これまで見てきたように、超越性とは一体何なのか、人間の世界にそれを超越する存在がどのよう関わっているのかが島薗の議論では明らかにされていないことと符合する。

一方の安丸も「なおの苦難は、救済のための贖いという意味をになっており、人々の改心が遅れれば、苦難はいっそうふかまるのであった(166)」として、島薗と同様に「苦難」を媒介として次のように語る。

「なおは、みずから『世界に外の無い苦労』をしたとのべたが、しかしそれでも、なおの神学によれば『此世の苦労が一番軽い』のであった。なおは、特別の使命をひそかに背おったものとして、『糞粕に劣り居りて下され』と神から命ぜられていたのであり、『乞食の所まで落ちて来んと』、その使命をはたすことができない『因縁』をもっているのであった(167)」。

ここでは教祖たるなおがイエス・キリストのような受難者となって、あるいは仏教でいう菩薩となって、人々を救おうとする決意が見られる。キリストは言うまでもなく、他者のために自分の命を捧げた受難者である。そして菩薩はすべての人類の救済が終わるまでは、自身は悟りが得られるものであるにもかかわらず、最後までこの修羅の世界に残ることを決意した存在である。いずれも、他人のために自己を犠牲にする存在である点は共通する。

他方、島薗の語る救いの世界は生命主義に基づくためであろうか、そこには互いが配慮しあう相互的な関係は見られるものの、特定の個人が他者のために責め苦を負うといった不均等な構造は見受けられない。もちろん、自ら他者のために命を捧げる「供犠（sacrifice）」[168]と、当人の意志に反して犠牲を強要する「犠牲（victim）」では、共同体や社会に及ぼす意味は正反対なものとなる。そして同じ供犠される者でも、キリストは自身が罪なく、無垢のままに真理の立場にたつがゆえに屠られた者とされるが、なおの苦しみは小沢が言うように自身が「罪の子」であるという人間としての自覚を伴う。

そうした罪の子ゆえに社会の底辺にあえぐからこそ、同じ罪の子としての人間の苦しみが分かる。そこにはしばしば宗教が陥る神に救済されるがゆえの自己中心的な肯定感はなく、むしろ罪を背負う存在であるという自己否定を通して他者への愛が語られるようになる。

「艮の金神が三千年のあいだすざまじい苦難をかさね、なおという『世界に外の無い苦労』をした人間に憑依したのは、こうした苦難を媒介として、単純な絶対的な正しさの神から、きびしいが愛にみちた救済神に生まれかわるためである。こうした転生が、原罪性ともいうべき罪のおもさと結びつけられているのは興味あるところで、……罪のおもさは、罪のおもさ→比類ない苦難→救済神としての資格という筋道で、艮の金神が単純な絶対的正しさの神から、人々に改心を求める救済神に生まれかわるための不可欠の媒介だ、とされるのである」[169]。

こうした罪の子の自覚は自己を無垢化しないがゆえに、ナルシシスティックな選民意識――自分たちの同胞だけが神に救済される存在である――に陥ることを防止する。そうした謝った選民意識から自己肯定的な信仰の姿勢が生まれ、自らを文明、他者を野蛮として腑分けして、文明による野蛮の支配を救済や近代化の名のもとに推し進めてきたのが近代西洋のキリスト教的な帝国主義であった。酒井はそれを「宣教師的立場」のナルシシズムと名づけ、真理をもつ者ともたない者の非対照的な関係を見出す。

こうした救済されるべき罪深い存在に、自分に対して転移を起こさせることで、初めて自分の信じる教説の真理が確保される。そうした構造を必要とするものは、宣教師だけでなく、自分も救われたいと願う被植民地民の問題でもある。酒井はそれを次のように見てとる。

「帝国主義や植民地主義を、植民地主義者や宗主国による植民地の住民への一方的な弾圧とだけ見てはならない。帝国主義や植民地主義が維持されているということは、そうして下位に置かれ差別された植民地の人々が、それにもかかわらず、宗主国民のようになりたい、宗主国民に入れてもらいたいという欲望を持ち続けるような機制が機能し続けることだからである[170]」。

そこには真理をめぐる説教する側と、説教をされる側の依存的な負の転移関係が見てとれる。この問題は島薗も、「『宗教的同胞的倫理』には、微妙な逆説が伴う」として、「救いに目覚めた者と、異教徒・非信者との差別・敵対の可能性である[171]」と指摘している。だからこそ、金光大神が自分は「凡夫で相わからず」と述べたような、我欲の否定が重要になる。自分が真理に目覚めたものであるという自惚れを克服しておかなければ、回心の結果が自己の欲望の素朴な肯定に終わってしまうこともままある。それどころか、神がその我欲を祝福していると思い込んでしまうことにもなりかねない。

私は大本教の信者から聞いた話を思い出した。「メシアニズムって、自分たちだけが救われることだって誤解する信者も少なくなかったんですよ」。しかし、彼の話によればなおや王仁三郎が説いた救済とは、すべての人類、そしてあらゆる生き物が救われることである。自分だけが救われることとはまったく違うのだという。事実、なおは「こんどは天地をかえして、……天下太平に世をおさめて、世界の神、ぶつじ、人民、畜類、鳥類、餓鬼から、虫けらまで喜ばす仕組である」(172)と述べている。ここにも島薗の懸念する「真理に目覚めた者」という言説のもたらす誤りがある。

　真理に目覚めたことを意識することが傲慢だとか、すべて誤りだとか、通俗的なポストモダニストのように私は言いたいのではない。一時期、宗教学では真理欲求を持つこと自体が誤りだと斥けられる傾向にあった。しかし結局のところ、それは信仰の世界に対する世俗主義の優越性を誇示する試みにすぎなかった。問われるべきことは、どのようなかたちで真理に関わるかであり、それが自己の我欲を否定するものなのか、あるいは肯定するものなのかということであったのだ。真理に目覚めたという意識があっという間に自分だけが救われるという我欲にすりかえられる魔境に気をつけなければならない。

　ポストコロニアル批評家のホミ・バーバは、マイノリティはマジョリティになりたいという欲望にとりつかれる傾向が強いことを指摘している(173)。しかし、自分がマジョリティになるときには、新たなマイノリティが代わりにつくられる。バーバのテクストの狙いは、マジョリティになろうと欲しないマイノリティの主体を作り出すことにある。勿論、マジョリティになろうとしないマジョリティも増えていかなければ不公平は無くならないだろう。そうでないかぎり、支配・被支配関係はいつまでも反復されていく。同様に、自己肯定の感情がすべて我欲の肯定と全く同じものと混同されてしまうとき、それは自己中心的な主体とそこから排除される劣位の主体という非対称的な二項対立の構造――なおのいう「獣類の世」――へと流し込まれてしまうのだ。

　そうした自己中心的なナルシシズムに、自己肯定の感情が転化しないための秘訣を、安丸はなおの生き方に見いだす。「なおのすべてに『控へめ』な生き方は、じつははげしい『我を折』ったところになりたっている屈折した生き方のことである」(174)として、さらに次のように述べる。

「なおは、本当はきわめてつよい『我』をもっているのだが、『我』をだしすぎた艮の金神の罪を贖うものとして、『我』を折り、

『我』を心の内奥へ鎮めて、あらゆる苦難に耐えなければならない[175]」。

安丸の言葉を借りて言うならば、我の強さが我を折ることを可能にしたのである。安丸はそうした「きたえぬかれた人間に特有の不思議な人間的魅力にみちた人たちであり、かぎりないほどのきびしさとやさしさをかねそなえた人たち[176]」の典型的な例として、なおとともに木喰上人のパーソナリティを挙げている。苦難の経験は自己の我欲の否定ではあっても、自分の存在そのものの否定であってはならない。それは自分の存在だけでなく、生きている人間を等しく肯定する力強い思想である。そうした思考の転回（conversion）を可能にした理由を、安丸は次のように考える。もう一度その言葉を引用しておこう。

「なおが必死にかさねてきた全人間的な努力が、事実のうえでは、既成の秩序や価値から無意味で無価値なものとして遺棄されてしまったのだから、こんどはなおが、自分の苦難にみちた努力には本当はふかい意味があるのではないか、無意味で無価値なのは既成の秩序や価値の方ではないのか、とむきなおって問いかえすことになる」。

ここに、安丸が世直し型の民衆宗教を高く評価する理由が存在する。現実社会の根本的な否定である。民衆の苦しみに意味を与え、彼らの存在が否定されるべきものではなく、むしろ彼らを苦しめる世の中の方が間違っていると、世直しの論理へとその認識が跳躍することになる。それは、我欲とは別なところで自分の方が意味があり、世の中が間違っているという自覚である。そこにはどんな人間でも生きてよいという肯定がある。現実世界への負の転移症状が取れて、その世界の理不尽さに気づくようになる。自分が受けている苦しみを苦しむこと自体が間違いだと認識し、「奴隷根性」（魯迅）から解放されるのだ。

ただし、それは我欲としての自己を否定したうえにしか成り立たないものである。我欲を否定できないとき、民衆は我執にとらわれたままになる。そうした民衆の姿を仏教では、「悪行の衆生」あるいは「常に苦を受けるの衆生」と描写している[177]。そうした状態を抜け出て、個人の我欲と同じように社会自体の抱える我欲を批判する行為へと転じるとき、その解放願望は社会的正義という倫理となる。その点で、酒井直樹の考える人文学の動機は興味深い。

「ハリー・ハルトゥーニアンは、……テツオ・ナジタと同じように、彼もまた自ら模範を示すことで、社会的不正義に対する批判的な感性をもたないとき、知識人の生活に対する自己耽溺以外のなにものでもない、と教えてくれたのである。マサオ・ミヨシ……が知的信条と政治的信条の力動的な綜合を身を以って示すことで、学問的事項をいかにして不正義のなかで苦しんでいる人びととの問題に結びつけるべきかを提示してくれたのである[178]」。

苦しんでいる他者への共感は、社会に対する関心が前提とならなければ成立しない。なぜなら、「社会」とは多様な他者の集まる「複数性（plurality）」の世界の謂い名だからである。そこから小沢浩は次のような結論を導き出す。

「教祖らにおける神の子観は、……かれらの背負ってきた苦難の同時代的普遍性において、そのまなざしが同じ境涯に身を置く多くの『たにそこ』の人間（中山みき）、『難儀な氏子』（金光大神）、『世界の苦しむ人民』（出口なお）たちのうえに注がれ、自らが神の意を体する民衆の救済者として立ったとき、その神の子観もまた、おのずから民衆自身の救済＝解放の原理として普遍化されていった……。神の子観がそのように民衆全体の、ひいては人類全体の救済原理として普遍化されたとき、初めてそれは『思想』の名に値するものとなる[179]」。

「罪の子」という意識があるがゆえに「神の子」となる。両者は決して相反するものではない。ただし、それは各民衆宗教の一致点というよりも、その歴史や特質の違いを乗り越えて思想史学者である小沢が見出した、民衆宗教の担うべき新たな現代的意義とでもいうべきものであろう。私は小沢を批判しているのではない。私自身も含め学問的教説もまた、信仰の理解を後代の社会的文脈のなかでさらに深めていくために重要な役割を果たしていくものなのだ。ただ、安丸はここで立ち止まる。そこで金光教の金神と大本教の金神の違いを見出し、信仰が躓く契機を注意深く抉り出す。

「絶対的な正しさが、そうした正しさでありえぬ他の多くの神々や人間にも一方的で性急に要求されるとき、それは非情な無理難題に転化してしまうだろう。絶対的な正しさを絶対的な正しさのゆえに一方的に要求する神は、正義について思いあがっている神であって愛の神ではない、ともいえようか。他の神や人間に改心を求め善悪を判断する立場のものは、改心や罰によって苦しむものよりもいっそう大きな苦しみをあらかじめ味わうことで、自分の正しさの償いをしなければならない(180)」。

金光教の神は人間に「凡夫である」と反省させると同時に、絶対的な正しさの許に人間を恐れかしこまらせる。金光大神の自伝を読むかぎり、人間はつねに神の怒りにおびえ続けなければならない存在として描かれているように私には思われる。金光大神の回心後もこの金神の祟る性格は基本的には変わらない。神の怒りに対する人間の側の態度が変わったと見るべきであろう。もはや方位除けなどの俗信に走ることなく、自分自身の心のあり方を「凡夫にて相分からず」というように謙虚に戒めるようになったのである。他方、大本教の場合には、金神は社会を批判する力として祟りなす神の性質を引き継ぐが、その怒りが個人に向けられることはない。そこに安丸が「愛の神」と呼ぶ性格があるだろう。

神の祟る力は社会に向けられないときには、否応なしに個人に向けられるとすれば、島薗の言うような生命主義的な、世直しに力を向けない神が、民衆に優しい神だとは限らないのであろう。通俗道徳的な心性は民衆に自省する力をもたらしたが、安丸が言うようにすべての災いを社会構造のせいではなく、すべてを過剰に自分の責任とするマゾヒズム的心性をもたらしたのであると思われる。

万人が各人の力で互いにやさしくできればそれに越したことはない。しかし、社会はあくまで不公平で不均質である。誰かが人々の怒りを贖い、癒さなければ社会は平穏にはならないのではないだろうか。過去の歴史を振り返っても、社会から差別やマイノリティの存在がなくなった例はない。それを夢見ることはできても、現実にその状態を実現することは不可能である。現実を批判するために理想を思い描くのか、現実から目を背けるために理想を現実と混同するのか。同じ理想を語るにしても、その結果には決定的な違いがある。

島薗は「救済史」について、「超越者と人間の関わりの時間的展開を述べることによって、人間が救済される根拠を説明しようとする物語である」[181]と捉える。なかでも千年王国思想を「切迫した（進行中の）人類（部族・民族・国家）の大転換（破局）による人々の救済（破滅）を説く思想」として、「その集団が代表する善への志向と、それ以外の人々、とくに現代の宗教的政治的指導者支配者（層）の悪への志向の対決の兆候がことごとくに求められる」と理解する。[182]それを踏まえて、近代日本における救済史神話の不在について次のような見解を述べている。

「新宗教の担い手となった幕末期以降の民衆は、明確な救済史神話のイメージや千年王国主義的な考え方になじんでいなかった。……しかも、近代においては世俗的歴史観が広まるとともに、天皇制神話への抵触が忌まれたから、それだけ脱救済史神話（脱救済史）の傾向が強まったといえよう[183]」。

そこから島薗は天理教のような世直し型の民衆宗教でも、「救済史神話の中で神と人間との緊張関係の問題（悪の問題といいかえることもできよう）がほとんど形をなしていない[184]」という特質を抽出する。たしかに一時期の大本教や丸山教など数少ない例を除けば、その通りであろう。「超越者が世界に内在する生命力の象徴でもあると考えるような生命主義の宗教意識（救済観[185]）」が、近代日本では支配的であったためとみる見解もまたおよそ妥当であろう。

島薗の懸念する終末論の危うさは、現代においてオウム真理教事件として最悪の形で顕在化した。それは自らを純粋な真理として、仮想敵を完全な悪とする思想であり、自分のうちにはいかなる悪も見出すことのできない未成熟なものであった。分析心理学者の河合隼雄も、オウム真理教における悪の問題を次のように述べている。

「あれだけ純粋な、極端なかたちをとって集団になりますと、問題は必ず起きてきます。あれだけ純粋なものが内側にしっかり集まっていると、外側に殺してもいいようなものすごい悪い奴がいないと、うまくバランスが取れません。そうなると、外に打って出ないことには、中でものすごい喧嘩が起こって、内側から組織が崩壊するかもしれません。……どうしても外を攻撃することになってしまいます。……それはつねに外側に悪を置いておかないと、もたないからです。……だからね、本物の組織というのは、悪を自分の中に抱えていないと駄目なんです、組織内に。これは家庭でもそうですよ。……そうしないと組織安泰のために、外に大きな悪を作るようになってしまいますからね」(186)。

だからこそ、安丸は「絶対的な正義」という自意識の盲点を危惧し、「愛の神」というものの必要性をなおの信仰のなかに見出したのである。それは超越性をどのように措定するか、悪をどのように見出すかという試みともいえるだろう。

ここで、石母田の『中世的世界の形成』を評した安丸の言葉に戻ろう。安丸はこの石母田の描いた世界に対して、「『頽廃』は本書のキーワードで、歴史を別の可能性においても捉える言葉だが、言葉への負荷が重すぎて、その時代の石母田さんにしか使えない、特殊な用語法であったのではないだろうか」(187)と述べている。ここに紹介した随筆のなかでは婉曲的な表現をしているが、実のところ、この頽廃論を評価した私の石母田論を読んだとき、安丸は「頽廃という言葉は歴史家なら使わないと思うよ」と私に語っている。それゆえ安丸は随筆の中で「戦後日本の歴史研究者たちは、こうした用語を避けて、歴史に別のリアリティを求めざるをえなかったのだ」と述べる(188)。

私の理解するところでは、頽廃といった便利な言葉一つではたして複雑な現実を読み取ることができるのかという「実証主義」という「認識論的保守主義」からの根源的な問いであったように思われる。

「教団外の人間では、僕は今でもお筆先をもっとも熱心に読んだ一人だと思っています。教団には僕より丁寧に読んだ人もいるでしょうが、彼らには神様の言葉です。僕は、なおの苦労の多い人生を参照系に大本独自の宗教思想・社会思想の展開として読んだし、それでとてもよくわかりました。……神がかりや百姓一揆の運動や意識のような、それまでの歴史学の枠組みでうまく取り扱ってこなかった領域では、……資料に内在してできるだけ的確に書くという非常に単純な立場で、ある程度は自分なりの表現に到達しうるのではないかと考えています[189]」。

しかし、さらに言えば石母田の朋友、藤間生大は石母田のこの作品に対して、再び「暗い時代」が訪れた今だからこそ、「終末論に潜在する希望」への配慮に欠けることを懸念する。藤間は閉塞的な終末観とは一つの時代の終わりを告げるものであり、それゆえに主体がその時代の波を理解するならば、新しい時代への希望も灯されることになると考えていたのだ。

藤間は、「神の計画による終末と救いの並存するキリスト教と同じ終末観が、東アジアに存在していることを、この際重ねて指摘しておきたい。中国社会は四世紀半ば頃から、終末状況の後にも救いの出現が期待できるとする意識と思想が生まれたのである[190]」と述べる。この「一抹の明るさが出現してきた[191]」という、絶望的な状況下における希望が、藤間の捜し求めるものなのである。藤間はそれを、「絶望は自己批判と結合すると、方向の発見と活力出現の可能性が生ずる[192]」と説明する。

同様に、安丸もまた安易な概念に頼ることで現実に潜む希望を見逃してはならないと考えていたように思われるのだ。だとすれば、暗い時代にどのようにして希望が到来するのかという問いに答えておかなければならないだろう。その点についての手掛かりを安丸は、私とハリー・ハルトゥーニアンの編著『マルクス主義という経験』（二〇〇八年）に対する論評で、従来の実証主義的な歴史学の枠に収まらない「歴史研究者の今日を浮き彫りにしてみせる強烈なメッセージ」として、その中核にあるアイデアを次のように見てとった。

「ルカーチ、ベンヤミンを中心とする西欧マルクス主義だが、とりわけベンヤミンの黙示録的歴史哲学を参照系とすれば、私たち今日の歴史研究者の営みは実証主義と保守主義に蹐蹐したものということになるだろう」[193]。

ここで安丸が言及するベンヤミンとは、救済が暗い時代にどのように到来するかを、ユダヤ教的な伝統のもとにマルクス主義的な革命思想に見出そうとした思想家であり、ナチス・ドイツという「暗い時代」に追い詰められて自死を遂げた人物でもある。彼に言及したのは、救済史を歴史研究のなかにどのように取り込むかという課題の提示でもあったからである。ベンヤミンは「歴史の連続を打ち砕いてこじあけようとする意識」に着目する[194]。ベンヤミンにとって時間とは完全に「均質で空虚な時間」になってしまうことはなく、「未来のどの瞬間にも、メシアがそれを潜り抜けてやってくる可能性のある、小さな門」であった。そこに彼はメシア的時間としての革命的思考の到来を捉える[195]。

「思考するということには、さまざまな思考の運動のみならず、同じようにその停止も含まれる。思考がもろもろの緊張に飽和した状況布置において突然停止すると、そのとき、停止した思考がこの状況にひとつのショックを与え、そのショックによって思考はモナドとして結晶化する。……この構造のなかに彼は出来事のメシア的停止のしるしを、言いかえれば、抑圧された過去を解放しようとする戦いにおける革命的なチャンスのしるしを認識するのだ。彼はこのチャンスを認めるや、歴史の均質な経過を打ち砕いて、そのなかからひとつの特定の時代を取り出す」[196]。

過去そのものが現前するのではない。表現者の作品や宗教者の活動を通して、「この全仕事（全作品）のなかにその時代が、その時代のなかに歴史経過の全体が、保存されており、かつ止揚されている」[197]とベンヤミンは考える。石母田正であれば親鸞や『平家物語』の出現した古代から中世への移行期が、安丸良夫であれば出口なおの登場した幕末から明治初年がそれに当たるのであろう。

かれらはその時期に書かれたテクストに、自分たちの解放の時をそれぞれのかたちで見出そうとしたのである。より正確な表現をとるならば、その解放の時が顕現しようとしていたのかを見ようとしたのである。それはあくまでテクストを通して出てくるものである。なおのテクストを通して、さらにそれをテクスト化する安丸のテクストを通して、解放の時間を現在のなかに引き込んでくる。ベンヤミンが「危機の瞬間において歴史的主体に思いがけず立ち現れてくる、そのような過去のイメージを確保することこそが重要なのだ[198]」と語るように、そのときに主体が新たなかたちで生起する。それは日常態の民衆や知識人が、そこから超越性へと跳躍する瞬間なのだ。

石母田が見出した「英雄時代」とは、こうした主体の生起した状態を示した理念型であった。続けて石母田は言う。「英雄は自己の属する社会集団を全体的に代表し、その集団の情熱と倫理と欠点さえもの体現者でなければならないが、かかる英雄はその集団自体が客観的に見て前進的な歴史的使命の荷担者として古い構造に対立している段階、したがってまた内部的対立がまだ全体を頽廃せしめることのない歴史的に若い集団においてのみ発生する[199]」。こうした移行期の社会に置かれた個人は、生き延びるために恒常的に自分の意志と判断に責任が問われる状態に置かれているために、能動的な主体が生起する契機を得ることとなる。勿論、そこには死がつねに裏腹にある。

しかし、こうした終末論的な主体論は、「認識論的保守主義」としての実証主義と相容れないものでは決してない。文献解読には必ず行間が存在する。その隙間から、何ものかがやってくる。逆に言えば、そうした到来の条件を整えるために文献学は可能なかぎり精緻でなければならないのだ。そうした観点から再考するならば、「自由」もまた無制約な放縦ではないことになるだろう。限られた条件の中で、その隙間を押し広げて潜在的な可能性を見出していくことである。可視化されて現われているものだけが主体の条件ではなく、目に見えない潜勢力を想起できることもまた主体が自由であることの条件なのだ。

たしかに島薗が可能性を見出そうとする生命主義もまた、小沢が指摘するように、社会批判を回避しても、内的世界もまた世界の一部であるがゆえに、腐食した世界から逃れ出ることはできない。しかし、そうした腐食した世界のなかにも余白を見出しうる可能性もまた残されていることになるのだ。ただし、現実といかに根本的に対峙するか、いかにささやかな日常の場面においてであっても、その点は避けられない分岐点となるだろう。「暗い時代」は、そうした時間の隙間さえ押し潰してしまうものなのだ。

メシア的時間はアガンベンが言うように「到来しつつある（coming）」[200] がゆえに、いまだ到着しない、永遠に遅れるものがその時間の外部に残り続ける。「メシア的なものは……時間と時間との分割そのものを分割し、それらのあいだに、残りのもの、過去が現在へと移し換えられ、現在が過去へと伸び広がっていく、割り当て不能の無関心地帯を導き入れる切断なのである[201]」。それが自我に回収されない自己を成り立たせる他者のまなざしの「起源」である。むろん、その正体は決して意味の汲みつくすことのできない、「私」を成り立たせてくれている「謎めいた他者」であり続けるものなのだ。

「残りの者は全体の部分にたいする過剰であると同時に、部分の全体にたいする過剰でもあるのであって、格別の救済論的装置として働くのである。このようなものとして、それはメシア的な時間にのみかかわっており、メシア的な時間のなかにおいてのみ存在する。……唯一の現実的な時間である今の時には、残りの者しか存在しない。それは廃墟の終末論に属するものでも、救済の終末論に属するものでもなく、むしろベンヤミンの言葉を借りるならば、それを知覚することにおいてのみ救済が達成されるところの救済しえないものである。……メシア的な残りの者は、終末論的な全体を取り返しがたく乗り越えてしまっている。それは、救済を可能にする、救済しえないものなのである[202]」。

到来しつつあるがゆえ、現在とは一致し得ない逸脱する時間。それゆえ人間は神の絶対的な正義の領域を完全に体現することはできない。そのなかで希望が芽生えることが可能になる。希望とは絶望のなかでしか姿を現わしえない可能性なのかもしれない。人間という存在はその有限性ゆえに互いに理解し尽くしえない存在だということを悟ったとき、孤独が避けられえないものであることが理解可能になる。そのときにこそ、神というメタファーが想起されることになる。自分が凡夫であることを認識するからこそ、救済の手もまた差し伸べられるのだ。

では、その救済の時が生起することによって，何が主体にもたらされるのであろうか。我欲を否定したうえで残る、「私」には回収しきれない自己の肯定。謎めいた他者に触れることで起こる中心の移動。そこには現実世界へ、あるいは天皇制といった大文字の他者に縛り付けられた依存的な転移からの解放。時間の隙間から吹いてくる自分を取り巻く環境、さらには自分自身の超越への誘い。大文字の他者に捕らえられて消費される苦痛に満ちた快楽――ラカンは「享楽（jouissance）」と呼んだ――という症状が消えたとき、凡夫である自分の無力さもまた受け入れられるようになる。他者の苦しみに対しても自分が無力であることを自覚しえたとき、負の転移症状は解消し、他者の苦痛への想像力もまた作動し始めるようになるのだ。そこには自分、他人、そして世界に対する過剰な期待も卑下も存在しないからである。だからこそ、謎めいた他者の声もまた聞こえてくるようになる。こうして主体は大文字化されない小文字の神との関係において再編成されていく。

おそらく、そのとき自分が救われるのか否かという関心は副次的なものになるのだろう。他者の苦しみに対する共感が自分への関心に先立つとき、まさに人は「菩薩」になる。小説家の芥川龍之介は短編「杜子春」（一九二〇年刊）のなかで、落ちぶれた青年、杜子春がどのような光景を見せられても声を上げなければ、自分も仙人になって大金持ちになれるという約束を仙人とする。どのような拷問にも彼は耐えるのだが、地獄で罰を受けている親の苦しみを目の当たりにして、その誓いを破って「お母さん」という一声をあげてしまう。すべてを失った青年は、仙人とこのような会話をする。

「なれません、なれませんが、しかし私はなれなかつたことも、反つて嬉しい気がするのです。……いくら仙人になれた所が、私はあの地獄の森羅殿の前に、鞭を受けてゐる父母を見ては、黙つてゐる訳には行きません」(203)。

そして、結局、「何になっても、人間らしい、正直な暮らしをするつもりです」と、普通の人間にとどまることの大切さを悟る。そこでは他人の苦痛を共感することで、かえって何ものかになりたいという欲望が克服されるのだ。九・一一テロをテレビで目にした安丸は、次のような光景が心を横切ったという。

> 「私は自分だけの妄想として、ビンラディンが自分の個人的な判断で短い声明を残してニューヨークかワシントンに向けて、自分一人で出国するのがよいと思った。そうすればビンラディンは軍事裁判にかけて処刑されるかもしれず、口封じのために暗殺されるかもしれない。……みずからの生命を西側社会に『犠牲』として提供すれば、彼は自分の死とその理念の普遍的側面を『象徴交換』したことになるはずであり、彼がみずから選んだ死の意味について考えていくことは、西側世界を含めて世界全体の課題となり道義となるはずである。……それに、もの悲しそうに低い声で語ったテレビのビンラディンは、ゴルゴタの丘にみずからを磔にするための十字架を背負って登った人に、その風貌が似ていなくもなかった……。これが九・一一事件以後しばらくのあいだ、私がとりつかれてしまった妄想だった(204)」。

そこには宮本新が言うような「自己犠牲」、仏教で言うところの「捨身行」の思いがある。他者の苦しみに対するビンラディンの感受性に対して、安丸は一定の評価をしている。タラル・アサドの言うように、その行為を「テロ」と名づけるのは、西洋人の傲慢さにほかならない。それは、追い詰められていった人々の現在の状況を作り出したのが自分たちであるという認識の欠落を如実に示すものなのだ。

こうした他者に対する共感に満ちた態度には、安丸の戦後日本社会に対する態度へと展開していく。「現代日本は、おそらく世界的に見てももっとも宗教色の薄い平和な世俗社会であり、凶悪犯罪は少なく、六〇年間、みずからの手による戦争をしていない。しかしそのような社会にも、宗教と暴力、とりわけこの二つの結びつきの可能性が影のように付き纏っていて、私たちはそのことに脅かされているのだと思われる(205)」として、日本社会につきまとう「不安」を次のように分析する。

「私たちは、戦後日本社会の世俗的な幸福追求の自明性のなかで、こうした問題群をみずからの社会意識の外部に追い払って、自足的な『平和領域』をつくりだしてきたと思われる。……そして私たちは、理解できない非合理的なものを、私たちの外部へ排除し抑圧する。こうした状況全体への反省的な考察なしには、私たちの生きる社会の構造的な特徴について深く考えることはできない」[206]。

他人の犠牲の上に自分の幸せが成り立っていることを知ったとき、人間はどのように振舞うのだろうか。勝ち残った者たちの当然の権利だと思うのだろうか。それとも、どうやったら暴力の連鎖をせき止めることができるのかを考えようとするのだろうか。ここにおいて社会から排除された神々や人々の積年の恨みも、祟る力から展開していく可能性を得るのではないか。神にしても、誰しも自分だけで変われるわけではない。神にすれば自分を祀る人間が必要であり、人間にすれば自分を理解しようとしてくれる存在は必要である。しかしそれが、彼らのことを安易にわかるというような、感傷的な同情では意味はない。

「ナショナリズム批判」のもとに、立場を異にする人たちを排斥し、自分たちの日常のネイションを立ち上げる人たち。特定の人物を自分たちの教祖のように崇めると同時に、誰かを敵に祭り上げて内部の結束を固める学者たち。安丸はそこからはるか遠いところに、「市井の隠者」として自分の身を置く。だから、安丸はビンラディンの立場を最終的には支持することはしないだろう。それは、彼自身が罪を贖うという行為なしに、正義の立場に身を置く点では、西洋文明の立場から彼らを裁く人々と変わらないからである。

知識人なんて今は存在しない。誰もがみんな平等だと笑顔で語る年下の研究者に対して、いささか暗い表情で安丸が答えたことが今も記憶に残る。当時はオウム真理教事件が起きており、今はオウム真理教団についてはメディアでは語らない方がよいですよと語るある宗教学者に対して、安丸は次のように答えた。

「自分のとなりにオウム信者や教団支部が引っ越してきたときに、それも基本的人権だといって引き受けられるかどうかだよね。もちろん、僕だって本音では嫌だよ。仲良くしたいとも思わない。でも民主主義的社会を実践していくということは、そうした日々の行いにおいて問われることなんじゃないのかな」。

村上春樹はカルト宗教を取り扱った小説『1Q84』において、教祖に次のような発言をさせている。

「この世には絶対的な善もなければ、絶対的な悪もない。……善悪とは静止し固定されたものではなく、常に場所や立場を入れ替え続けるものだ。……重要なのは、動きまわる善と悪のバランスを維持しておくことだ。どちらかに傾き過ぎると、現実のモラルを維持することがむずかしくなる」(207)。

原初において人間の行為に善悪の区別は存在しない。共同生活を営むなかで、秩序を保つために善と悪を区別する倫理が打ち立てられる。善を示すためには悪が必要とされ、悪を取り締まるためには善が想起される。その過程のなかで、人はいつしか自分が悪と善の双方を刻印された存在であることを忘却したくなり、誰かの存在に一身に悪を刻印する。藤間生大は中世末の倭寇の例を挙げ、自分たちが罪を犯していたことを自覚するときに信仰に目覚める瞬間がやってきたと説く。自分が善良だと思っているときには、終末の時間の訪れもないが、自らの悪を引き受けたうえでの救済もやってこない。だからこそ、自分が救済をえるために、誰かに悪の化身を象徴させる必要が出てくる(208)。

古しえの共同体が清浄な公共空間を保持するために、犠牲者を屠る供犠を必要としたように、そこでは何者かが全身悪の存在に仕立て上げられる。しかし、自分が善だと思った人間は真理の名のもとに容易に他人に暴力を加える。善と悪は切っても切れない存在であり、正しさを僭称すればするほど、悪は存在を蝕むことになる。だからこそ、金光大神のように「凡夫にて相分かりません」、あるいはなおのように「正しさという我を折ること」が、そうした悪循環から解脱するための手立てとなるのである。

【注】

(1) 島薗進「金神・厄年・精霊——赤沢文治の宗教的孤独の生成」『筑波大学哲学・思想学系論集』五、一九七九年、一八九頁（本書三〇七頁）。

(2) 同右論文、一八九頁（本書三〇六—三〇七頁）。

(3) 小沢浩『生き神の思想史——日本の近代化と民衆宗教』岩波書店、一九八八年、七五頁。

(4) ルドルフ・オットー『聖なるもの』一九一七／一九三六年、第一—九章（久松英二訳、岩波文庫、二〇一〇年）。

(5) 互盛央『エスの系譜——沈黙の西洋思想史』二〇一〇年（講談社学術文庫、二〇一六年、三七—三九頁）。

(6) 安丸良夫『出口なお——女性教祖と救済思想』朝日新聞社、一九七七年（岩波現代文庫、二〇一三年、七八—八〇頁）。

(7) 「金光大神御理解集」第Ⅰ類、鳩谷古市の伝え二—二『金光教教典』三五七頁。

(8) 竹部弘「『覚書』における金光大神前半生と天地金乃神」『金光教学』三四、一九九四年、六頁。

(9) 村上重良「幕末維新期の民衆宗教について」『日本思想大系　民衆宗教の思想』岩波書店、一九七一年、五六八頁。

(10) 桂島宣弘「金光教の神観念とその変容」同『思想史の十九世紀——「他者」としての徳川日本』ぺりかん社、一九九九年、五一頁。

(11) 松岡道雄「教祖における人間形成について——四十二歳までを中心として」『金光教学』三、一九六〇年、三四頁。

(12) 宮田登『江戸のはやり神』ちくま学芸文庫、一九九三年。

(13) 桂島、前掲「金光教の神観念とその変容」五二頁。

(14) John J. Thatamanil. *The Immanent Divine: God, Creation, and the Human Predicament*, Minneapolis: Fortress Press, 2006, pp. 26-27, 204-207.

(15) 安丸良夫「丸山思想史学と思惟様式論」二〇〇二年（同『現代日本思想論——歴史意識とイデオロギー』岩波書店、二〇〇四年、一九四頁）。

(16) 安丸、前掲「丸山思想史学と思惟様式論」一九三—一九四頁。

(17) ジル・ドゥルーズ「内在-ひとつの生……」一九九五年（同『狂人の二つの体制 1983-1995』二〇〇三年、小沢秋広訳、河出書房新社、二〇〇四年、一部磯前改訳、二九五—二九六頁）。

(18) 桂島、前掲「金光教の神観念とその変容」五八—五九頁。

(19) 川面凡児「社団法人稜威会宣言」一九〇六年（『川面凡児全集』第5巻、一九四〇年、川面凡児先生十周年記念会、七頁）。

(20) 互盛央『言語起源論の系譜』講談社、二〇一四年、四九頁。

(21) 同右書、四九頁。

(22) 磯前順一「天に仰ぎ地に平伏して生きる――愛知県神道伏見稲荷東洋大教会の歴史」『朱』五八、二〇一五年三月、五二―五五頁。
(23) 本居宣長『古事記伝　三之巻』一七九〇年（『本居宣長全集9』筑摩書房、一九六八年、一二五頁）。
(24) 毎日新聞社編『秘仏』毎日新聞社、一九九一年。
(25)「藤井きよの伝」『言行録』五巻、二六四八頁。
(26) 福嶋義次「『理解』のことばについて――金光大神理解研究ノート」『金光教学』一六、一九七六年、七〇頁。
(27)「お知らせ事覚帳」一七『金光教教典』一〇七頁。
(28) 岩本徳雄「生神金光大神と天地金乃神」『江戸の思想』第一号、ぺりかん社、一九九五年、一五〇頁。
(29) 安丸、前掲『出口なお』七九―八〇頁。
(30) C・G・ユング『ヨブへの答え』一九五二年（林道義訳、みすず書房、一九八八年、八八―八九頁）。
(31) 仲正昌樹「訳者解説」アントニオ・ネグリ『ヨブ　奴隷の力』仲正昌樹訳、世界書院　二〇〇四年、二二七―二二八頁。
(32) 安丸、前掲『出口なお』iv頁。
(33) 河合隼雄『昔話と日本人の心』岩波書店、一九八二年。
(34) Prasenjit Duara, *The Crisis of Global Modernity: Asian Traditions and a Sustainable Future*, Cambridge: Cambridge University Press, pp. 2-6.
(35) 荒木美智雄編『世界の民衆宗教』ミネルヴァ書房、二〇〇四年。
(36) 網野善彦『中世の非人と遊女』明石書店、一九九四年（講談社学術文庫、二〇〇五年）。片岡耕平「神国と排除――日本中世から考える」磯前順一・川村覚文編『他者論的転回――宗教と公共空間』ナカニシヤ出版、二〇一六年。
(37) 村上重良『近代民衆宗教史の研究』法藏館、一九六三年、一七七頁。
(38) 前掲「金光大神御覚書」二三―二七頁。
(39) 同右書、四〇頁。
(40) 同右書、五八頁。
(41) 同右書、五五頁。
(42) 対馬路人・西山茂・島薗進・白水寛子「新宗教における生命主義的救済観」『思想』六六五、一九七九年、一〇三頁。
(43)「塩田茂八所伝」『言行録』二巻、一一五六頁。
(44) 井上順孝・島薗進「回心論再考」上田閑照・柳川啓一編『宗教学のすすめ』筑摩書房、一九八五年、一〇五頁。
(45) Gauri Viswanathan, *Outside the Fold: Conversion, Modernity, and Belief*, 1998（ゴウリ・ヴィシュワナータン「否認の原理（上）」三原芳秋訳『みすず』二〇〇九年一〇月号、一二―一四頁）。
(46) 安丸、前掲『出口なお』x頁。

(47) 出口ナオ『大本神諭　天の巻』平凡社、一九七九年、二〇―二一頁。
(48) 同右書、二一頁。
(49) 安丸良夫・ひろたまさき「『世直し』の論理の系譜――丸山教を中心に」安丸良夫『日本の近代化と民衆思想』青木書店、一九七四年（平凡社ライブラリー、一九九九年、一六七頁）。
(50) 安丸良夫ほか「安丸良夫氏を囲むシンポジウム　『信仰の思想化について』」『金光教報』昭和四九年五月号、九〇頁（本書一七六―一七七頁）。
(51) 安丸、前掲『出口なお』一三〇頁。
(52) 同右書、一三〇頁。
(53) 安丸・ひろた、前掲「『世直し』の論理の系譜」一四六頁。
(54) 島薗進『現代救済宗教論』青弓社、一九九二年、八―九頁。
(55) 島薗進「初期新宗教における普遍主義――習合宗教の流れの中で」南山宗教文化研究所編『神道とキリスト教――宗教における普遍と特殊』春秋社、一九八四年、一八四頁（本書三五一頁）。
(56) 島薗、前掲『現代救済宗教論』一〇頁。
(57) ヴィシュワナータン、前掲「否認の原理（下）」四三頁。
(58) 島薗、前掲『現代救済宗教論』一二頁。
(59) 同右書、二一―二五頁。
(60) エマニュエル・レヴィナス『全体性と無限』一九六一年（熊野純彦訳、岩波文庫、二〇〇五年、上七六頁）。
(61) 安丸ほか「安丸良夫氏を囲むシンポジウム」一〇〇頁（本書一九七頁）。
(62) 同右論文、一〇〇頁（本書一九八頁）。
(63) 同右論文、一〇〇頁（本書一九八頁）。
(64) 同右論文、八七頁（本書一七一頁）。
(65) 同右論文、八七頁（本書一七二頁）。
(66) エマニュエル・レヴィナス「他者、ユートピア、正義」同『われわれのあいだで――〈他者に向けて思考すること〉をめぐる試論』一九九一年（合田正人・谷口博史訳、法政大学出版局、一九九三年、三二四―三二五頁）。
(67) 安丸・ひろた、前掲「『世直し』の論理の系譜」一四七頁。
(68) 安丸ほか「安丸良夫氏を囲むシンポジウム」一〇三頁（本書二〇二頁）。
(69) 中江兆民『一年有半』一九〇一年（岩波文庫、一九九五年、四八頁）。
(70) 桂島、前掲「金光教の神観念とその変容」。兵頭晶子『精神病の日本近代――憑く心身から病む心身へ』青弓社、二〇〇八年。川村邦光編『憑依の近代とポリティクス』青弓社、二〇〇七年。
(71)　安丸良夫『神々の明治維新——神仏分離と廃仏毀釈』岩波新書、一九七九年、八—九頁。
(72)　佐藤範雄『信仰回顧六十五年』(上)同刊行会、一九七〇年、一一四頁。
(73)　桂島宣弘「民衆宗教と民俗信仰——明治初年の金光教」同『幕末民衆思想の研究——幕末国学と民衆宗教』文理閣、一九八五年、一九〇頁。
(74)　村上、前掲『近代民衆宗教史の研究』一八〇頁。
(75)　対馬ほか、前掲「新宗教における生命主義的救済観」九二—九三頁。
(76)　同右論文、九三頁。
(77)　島薗、前掲『現代救済宗教論』一六—一七頁。
(78)　同右書、八頁。
(79)　余白については、磯前順一「天皇制国家と余白——『国家と宗教』を論じるために」『宗教研究』八九—二、二〇一五年。
(80)　「佐藤光治郎所伝」『言行録』二巻、一一〇五頁。
(81)　島薗、前掲「初期新宗教における普遍主義」一九八頁(本書三六二頁)。
(82)　村上春樹「目じるしのない悪夢」同『アンダーグラウンド』講談社、一九九七年(講談社文庫、一九九九年、七四八—七四九頁)。
(83)　島薗、前掲「初期新宗教における普遍主義」一八五頁(本書三五二頁)。
(84)　安丸良夫「例外状況のコスモロジー——国家と宗教」一九九五年(同『一揆・監獄・コスモロジー——周縁性の歴史学』朝日新聞社、一九九九年、二一六頁)。
(85)　小沢浩『民衆宗教と国家神道』山川出版社、二〇〇四年、七九頁。
(86)　同右書、七八—七九頁。
(87)　小沢、前掲『生き神の思想史』一〇七頁。
(88)　同右書、一〇七頁。
(89)　小沢、前掲『民衆宗教と国家神道』七九頁。
(90)　島薗、前掲『現代救済宗教論』一〇頁。
(91)　J・G・フレイザー『金枝篇』一八九〇/一九二二年(永橋卓介訳、岩波文庫、一九五一/一九六六年、第一巻五七頁)。
(92)　近年の呪術理解については、江川純一・久保田浩「『呪術』概念再考に向けて——文化史・宗教史叙述のための一試論」江川・久保田編『「呪術」の呪縛』(上)リトン、二〇一五年。
(93)　メアリ・ダグラス『汚穢と禁忌』一九六六/二〇〇二年(塚本利明訳、ちくま学芸文庫、二〇〇九年、八五—八六頁)。
(94)　安丸、前掲『日本の近代化と民衆思想』五四頁。

(95) 同右書、七七頁。
(96) 安丸ほか「安丸良夫氏を囲むシンポジウム」九二頁（本書一八一頁）。
(97) 安丸、前掲『神々の明治維新』二一〇―二一一頁。
(98) 同右書、二〇九頁。
(99) 酒井直樹「レイシズム・スタディーズへの視座」鵜飼哲・酒井直樹ほか『レイシズム・スタディーズ序説』以文社、二〇一二年、三一―三二頁。
(100) 酒井直樹『日本／映像／米国――共感の共同体と帝国的国民主義』青土社、二〇〇七年、二四〇頁。
(101) 酒井直樹『過去の声――一八世紀日本の言説における言語の地位』一九九一年（川田潤・齋藤一・末廣幹ほか訳、以文社、二〇〇二年、二一頁）。
(102) 酒井、前掲『日本／映像／米国』一〇六―一〇七頁。
(103) ジャック・デリダ『信と知――たんなる理性の限界における「宗教」の二源泉』二〇〇一年（湯浅博雄・大西雅一郎訳、未來社、二〇一六年）。
(104) 酒井直樹『日本思想という問題――翻訳と主体』岩波書店、一九九八年（岩波人文書セレクション、二〇一二年、三二四―三二五頁）。
(105) 中沢新一『僕の叔父さん 網野善彦』集英社新書、二〇〇四年、九五頁。
(106) 中沢新一『夜中の学校 宗教入門』マドラ出版、一九九三年、八三―八四頁。
(107) 島薗進『現代宗教の可能性―オウム真理教と暴力』岩波書店、一九九七年、一八五頁。
(108) 互、前掲『エスの系譜』六五頁。
(109) 同右書、六〇頁。
(110) 同右書、八二―八三頁。
(111) 宮田登『ミロク信仰の研究』〔新訂版〕未來社、一九七〇／一九七五年、三二三頁。
(112) 安丸ほか「安丸良夫氏を囲むシンポジウム」九三頁（本書一八四頁）。
(113) 前掲「金光大神御覚書」一九頁。
(114) 福島義次「一乃弟子もらいうけをめぐる金神と天照皇大神との問答――伝承の世界と信仰の世界」『金光教学』一〇、一九七九年、三九頁。
(115) 同右論文、三九頁。
(116) 小沢、前掲『生き神の思想史』二五一頁。
(117) 同右書、二八一頁。
(118) 同右書、二八一頁。

(119) 安丸良夫『近代天皇像の形成』岩波書店、一九九二年（岩波現代文庫、二〇〇七年、二三四―二三五頁）。
(120) 丸山真男「闇斎学と闇斎学派」一九八〇年（『丸山眞男集』第一一巻、一九九六年、岩波書店、二四八頁）。
(121) 宮田登「安丸良夫著『日本の近代化と民衆思想』」『史林』五八―三、一九七五年、一二九―一三〇頁。
(122) 安丸、前掲『近代天皇像の形成』二二二頁。
(123) 小沢、前掲『生き神の思想史』二八〇頁。
(124) 丸山、前掲「闇斎学と闇斎学派」二七一頁。
(125) 同右論文、二七一頁。
(126) 同右論文、二七七頁。
(127) 同右論文、二七七頁。
(128) エマニュエル・レヴィナス『超越と知解可能性――哲学と宗教の対話』一九八四年（中山元訳、彩流社、一九九六年、二六頁）。
(129) 安丸・ひろた、前掲「『世直し』の論理の系譜」二一九頁。
(130) 同右論文、二二〇頁。
(131) 安丸・ひろた、前掲「『世直し』の論理の系譜」一九九頁。
(132) 小沢、前掲『生き神の思想史』六五頁。
(133) 安丸、前掲『近代天皇像の形成』二三六頁。
(134) 島薗進「国家神道とメシアニズム――『天皇の神格化』からみた大本教」網野善彦ほか編『岩波講座天皇と王権を考える4』岩波書店、二〇〇二年、二五四頁。
(135) 出口王仁三郎「大正維新に就いて」一九一七年（『出口王仁三郎著作集2』読売新聞社、一九七〇年、一五五頁）。
(136) 島薗、前掲「国家神道とメシアニズム」二五五頁。
(137) 大本七十年史編纂会『大本七十年史』（下）宗教法人大本、一九六七年、五―六頁。
(138) 島薗、前掲「国家神道とメシアニズム」二六〇頁。
(139) 同右論文、二六四―二六五頁。
(140) 安丸良夫「大本教の千年王国主義的救済思想」一九九三年（安丸、前掲『一揆・監獄・コスモロジー』二〇一頁）。
(141) Sheldon Garon, "Defining Orthodoxy and Heterodoxy," in *Molding Japanese Minds: The State in Everyday Life*, Princeton University Press, 1997, pp. 85-86.
(142) 安丸良夫「出口王仁三郎の思想」一九七三年（『安丸良夫集3』岩波書店、二〇一三年、一八五頁）。
(143) 同右論文、一九九頁。
(144) 磯前順一「故郷への帰還――ガヤトリ・チャクラヴォルティ・スピヴァクから山尾三省、そしてジョルジョ・アガンベンへ」『閾の思考――他者・外部性・故郷』法政大学出版局、五〇二―五〇三頁。スピヴァク自身による説明としては、Gayatri Chakravorty Spivak, *Nationalism and the Imagination*, 2010, p. 31. ガヤトリ・チャクラヴォルティ・スピヴァク『スピヴァク　みずからを語る――家・サバルタン・知識人』二〇〇六年（大池真知子訳、岩波書店、二〇〇八年、八三頁）。
(145) 安丸、前掲「出口王仁三郎の思想」二〇五頁。
(146) 日本主義と普遍主義の関係については、磯前順一「植民地朝鮮における宗教概念をめぐる言説編成――国家神道と固有信仰のあいだ」磯前・尹海東編『植民地朝鮮と宗教――帝国史・国家神道・固有信仰』三元社、二〇一三年。
(147) 安丸、前掲『近代天皇像の形成』二九八―二九九頁。
(148) 安丸良夫・菅孝行『近代日本の国家権力と天皇制』御茶の水書房、二〇一四年、二九頁。
(149) ハンナ・アレント『人間の条件』一九五八年（志水速雄訳、ちくま学芸文庫、一九九四年）。
(150) 同右書、五二頁。
(151) 安丸、前掲『近代天皇像の形成』三〇九頁。
(152) 安丸良夫「石母田正と歴史学的想像力」（同『戦後歴史学という経験』岩波書店、二〇一六年、一〇頁）。
(153) 石母田正『中世的世界の形成』一九四六／一九五七年（岩波文庫、一九八五年、三八六頁）。
(154) 同右書、三八六・三九八頁。
(155) ハンナ・アレント『暗い時代の人々』一九六八年（阿部齋訳、ちくま学芸文庫、二〇〇五年、八―一一頁）。
(156) 酒井、前掲『日本／映像／米国』二四〇―二四一頁。
(157) 安丸・菅、前掲『近代日本の国家権力と天皇制』四一頁。
(158) 同右書、四二頁。
(159) 同右書、四二・四六頁。
(160) 同右書、三九頁。
(161) 同右書、七四頁。
(162) エドワード・サイード『世界・テキスト・批評家』一九八三年（山形和美訳、法政大学出版局、一九九五年、四七頁、磯前一部改訳）。
(163) 酒井直樹「関係的同一性から種的同一性へ――平等と国体（ナショナリティ）について」ピーター・ノスコほか『江戸のなかの日本、日本のなかの江戸』柏書房、二〇一六年、三五九頁。
(164) 同右論文、三三四頁。
(165) 島薗、前掲『現代救済宗教論』一〇頁。
(166) 安丸、前掲『出口なお』二二八頁。
(167) 同右書、四頁。

(168) 宮本新「公共性と犠牲――十字架の神学を手掛かりに」磯前・川村、前掲『他者論的転回』二三三―二三五頁。
(169) 安丸、前掲『出口なお』一三四―一三五頁。
(170) 酒井直樹「『日本人であること』――多民族国家における国民的主体の構築の問題と田辺元の『種の論理』」『思想』八八二、一九九七年、三九―四〇頁。
(171) 島薗、前掲『現代救済宗教論』一〇頁。
(172) 大本祭教院編『大本神諭　第2集』大本教典刊行会、一九六九年、二二七頁。
(173) ホミ・バーバ「冗談はさておいて――自己批判的な共同体の理念について」一九九八年（同『ナラティヴの権利』磯前順一／ダニエル・ガリモア訳、みすず書房、二〇〇九年、三七―四九頁）。
(174) 安丸、前掲『出口なお』一三三頁。
(175) 同右書、一三三頁。
(176) 安丸、前掲『日本の近代化と民衆思想』四五八―四五九頁。
(177) 「仏語（尼乾子経の一節）」『常州水戸桂岸寺由緒並祈願文』一八八〇年。
(178) 酒井、前掲『過去の声』まえがき、一七頁。
(179) 小沢、前掲『生き神の思想史』二〇三―二〇四頁。
(180) 安丸、前掲『出口なお』一三四頁。
(181) 島薗進「天理教における救済史神話――新宗教の歴史意識・序説」筑波大学哲学思想学会『哲学・思想論集』一、一九八二年、一七頁。
(182) 同右論文、一八頁。
(183) 同右論文、二一頁。
(184) 同右論文、二六頁。
(185) 同右論文、二八頁。
(186) 村上春樹・河合隼雄「『アンダーグラウンド』をめぐって」村上『約束された場所で』文藝春秋、一九九八年（文春文庫、二〇〇一年、三〇七頁）。
(187) 安丸良夫「石母田正と歴史学的想像力」二〇一四年（安丸、前掲『戦後歴史学という経験』一〇頁）。
(188) 同右書、一〇頁。
(189) 安丸良夫「時の回廊　安丸良夫『出口なお』」『朝日新聞』夕刊、二〇一二年二月一五日。
(190) 藤間生大「古代末期における終末観克服の歴史的意義――中国における生産力特に手工業の発展に関連して」奥崎祐司ほか編『東アジア世界史探求』汲古書院、一九八六年、一四九頁。

(191) 同右論文、一四九頁。
(192) 藤間生大「東欧革命と天安門事件に直面して――国家論への関連として」熊本近代史研究会編『近代における熊本・日本・アジア』熊本近代史研究会、一九九一年、四一一頁。
(193) 安丸良夫「磯前順一／ハリー・ハルトゥーニアン『マルクス主義という経験』」『週刊読書人』二〇〇八年六月二七日。
(194) ヴァルター・ベンヤミン「歴史の概念について」一九四〇年（『ベンヤミン・コレクション1』浅井健二郎編訳、ちくま学芸文庫、一九九五年、六六〇頁）。
(195) 同右論文、六六五頁。
(196) 同右論文、六六二頁。
(197) 同右論文、六六二頁。
(198) 同右論文、六四九頁。
(199) 石母田正「『宇津保物語』についての覚書――貴族社会の叙事詩としての」一九四三年（『石母田正著作集11』岩波書店、一九九〇年、三四―三五頁）。
(200) ジョルジョ・アガンベン『到来する共同体』二〇〇〇年（上村忠男訳、月曜社、二〇一二年）。
(201) ジョルジョ・アガンベン『残りの時――パウロ講義』二〇〇〇年（上村忠男訳、岩波書店、二〇〇五年、一二〇―一二一頁）。
(202) 同右書、九三―九四頁。
(203) 芥川龍之介「杜子春」一九二〇年（『芥川龍之介全集』第六巻、岩波書店、一九九六年、二七〇頁）。
(204) 安丸、前掲『現代日本思想論』二四四―二四五頁。
(205) 安丸良夫「現代日本における『宗教』と『暴力』」二〇〇六年（同『文明化の経験――近代転換期の日本』二〇〇七年、岩波書店、三八四頁）。
(206) 同右書、三六六頁。
(207) 村上春樹『1Q84　BOOK2』二〇〇九年（新潮文庫、二〇一二年、後編三一二―三一三頁）。
(208) 藤間生大『東アジア世界の形成』春秋社、一九六六年、三三〇頁。

おわりに――国立の書斎にて

金光教団訪問から数カ月後、私は家人とともに亀岡の大本教本部、天恩郷にいた。みろく会館の受付で許可を得て邸内を散策した。ふと道に迷い出たのが小さな祠であった。小さいながら清浄な祠であった。家人はそこで再び金乃大神の声を耳にする。

「……乾坤互いに相結びて、高き美空に相昇りて、黄金の果実となりて、遍く世に広まるなり」。

それは雨の金光教団訪問の折に、途切れた神の声の続きであった。乾坤という言葉を聞いて、「艮の金神＝厳の御霊＝変性男子＝なおと、坤の金神＝瑞の御霊＝変性女子＝王仁三郎が協力して、『経緯の仕組』をする」(1)という大本教の金神理解を思い出していた。金神が複数の神からなるように、大本教も複数の宗教的権威が相補い合って天地の運行をつかさどっていると考えたのである。

後に調べると、訪れた大本教団の祠の場所は「宣霊社」。なおの魂と共に、その教えを教え広める宣伝使とよばれる布教者たちを祀る場である。では誰の思いを伝えるのであろうか。どこからか、「待っているよ」という声が聞こえたような気がした。安丸良夫の声であろうか、出口なおあるいは王仁三郎の声であろうか。それとも金光大神の声であろうか。

安丸も島薗進も、そして私も大本教の信者でもなければ、金光教の信者でもない。しかし、そこから多くのことを学び、自分の生き方を変えていった。そうである以上、やはり彼らの教え子であり、彼らの信じる神々の信者でもあるのだ。そうした偉大なる先人の教えを受け継いだ結果、安丸のたどり着いた理解は次のようなものであった。処女作『日本の近代化と民衆思想』（一九七四年）の結語で彼はこう述べている。

「本書は、歴史をおしすすめる根源的な活動力は民衆自身だという理解にたつ。しかし、民衆はそのようなものであるからこそ、民衆は歴史をおしすすめることによって自分の内部にかえってあらたな問題をかかえこむのである。……歴史における民衆の問題は、単純に意気軒昂としたものであることができず。困難と苦渋とにみちたものであるほかない。そうした困難と苦渋を生き、しかも根源的には不思議な明るさを失わない民衆の生き方・意識の仕方を通して、歴史のより根源的な真実に迫りたいというのが、本書の著者としての私の立場である(2)」。

他者の「困難と苦渋」から眼を背け、仲間内の居心地の良さを求めることほど、安丸の学問に相応しくないものはない。その葬儀の時の自分の違和感が一体何に由来するものであったのかが、ようやく理解できた気がした。超越性を失ったとき、人間は主体性を失い、誰かの一部に同化されてしまう。もはや謎めいた他者の声は聞こえなくなり、国民や教団あるいは学会の一部に呑み込まれてしまうのだ。

安丸が超越性の探求を通して模索していたのは、既存の主体に呑み込まれた状態から分離して、自分固有の形で主体化をはかる契機であった。それは自分たちが内閉的で同質な主体を立ち上げる試みではなく、古来より神と呼ばれてきた謎めいた他者に自分を解き放ちつつも、そこから何かを汲み上げる異種混淆的な行為であったはずである。この主体化過程に伴う「困難と苦渋」を、石母田の英雄時代論と同様に、安丸は民衆史を通して凝視し続けてきたのであろう。それは安丸を顕彰することで、自分もその権威の一部として肯定する行為とはおおよそ異なるものであろう。

民衆とて、「思想化」する行為には飛躍が必要だと安丸は説いた。だとすれば、自らの表現行為を弱者としての民衆の側にあると素朴に肯定するのは、表現者としては、それが知識人であれ宗教家であれ、表現者の担うべき公共性――眼前にいない第三者としての他者に向けた普遍的行為――を放棄する営みであろう。

知識人が民衆の側にいるという言葉が正当性を帯びるのは、自分の思想化という営みが、知識人の抽象化行為と緊張をはらむ生活世界に下降していく冒険が試みられるかぎりにおいてである。しかも、それが表現行為である以上は、そこで出会った謎めいた他者の言葉をもとに、再び抽象化に上昇する義務がある。その上昇運動を放棄し、生活の中に埋没するとき、もはや表現行為は特殊を普遍に繋げる回路を見失う。民衆であること、そして民衆との出会いはかくまでに「困難と苦渋」を伴うことを、安丸の学問が描いた軌跡は私たちに教えてくれている。

いまも安丸良夫の書斎の壁には一枚の写真がかかっている。それは出口王仁三郎ではない。金光大神でもなかった。晩年の出口なおの姿であった。「本に使われているものを担当編集者にもらいました。僕の気持ちに一番近い人だから(3)」。安丸は以前インタビューでそう答えている。そして、その写真について安丸はこう描写している。

「質素だがきちんとした身だしなみで、正面むきにうつされている。すこし頬骨が出て、口許もあごも意志の強さをあらわすようによく発達し、背筋は八十歳ごろのものでもまっすぐにのばされている。ゆたかな白髪は、かんたんにうしろでまとめられているらしく、額はひろく、聡明そうに見える。……もっとも印象的なのは、つきさすような鋭さをひめたおだやかな眼で、それは『七人の女の眼』をしているとされるものだった。それは、なにものをも射ぬくはげしさを根底にひそめながら、慈雨のようにやさしくそそがれている(4)」。

正面を向いたなおの写真は書棚の上から、主人のいなくなった椅子をいまもじっと見つめている。「何かを断念することなしには、何者かになることは出来ないんだよ」と諭してくれた安丸の言葉が脳裏をよぎる。何かを捨てるとは、とりもなおさず自分ならではの歴史を、その症状を引き受けて欠落を抱えた主体を再編することなのだ。そうした主体形成のために表現という行為をとらざるをえなかった者たちこそが、死した後に学者と呼ばれることになる人間なのだろう。あの日から、私もまた誰かの暖かくかつ厳しいまなざしを確かに背後に感じている。

【注】

（1）安丸良夫『出口なお―女性教祖と救済思想』朝日新聞社、一九七七年（岩波現代文庫、二〇一三年、二四五頁）。
（2）安丸良夫『日本の近代化と民衆思想』青木書店、一九七四年（平凡社ライブラリー、一九九九年、四五八頁）。
（3）安丸良夫「時の回廊　安丸良夫『出口なお』」『朝日新聞』夕刊、二〇一二年二月一五日。
（4）安丸、前掲『出口なお』二六二―二六三頁。

【追記】　本稿（第Ⅰ部）は、Kyoto Consortium for Japanese Studies での授業 "Reflective Introduction for History of Japanese Religion" での討論をもとに執筆された。受講者の、Ana Borja, Jamie Craven, Sinai Cruz, Mayra Monreal, 丹野智代、完山聖奈の諸君。金光教の大林浩治、河井信吉、岩崎繁之、岩崎道興、高橋昌之、竹部弘、土居浩、宮本要太郎、渡辺順一の諸氏。大本教信徒連合会の竹之内信一、伊藤善久、北村和憲、そして出口直子、出口孝樹の諸氏。上村静氏と小田龍哉氏をはじめとする国際日本文化研究センターの差別と宗教研究会の面々。そして安丸弥生、ひろたまさき、原秀三郎、立木康介の各氏に感謝の意を表したい。

第II部　異端と全体性

安丸良夫

第1章　講演　日本思想史における宗教史研究の意義

はじめに

私がこの研究所に来て、何かお話をするようにとのご招待をうけた時に、内心ではかなり躊躇するものがあったわけである。というのは、私自身は金光教のことを特に勉強したわけではないので、特別、そのことについて話すことはないわけだし、また、いわゆる民衆宗教というか、近世の末期から明治にかけての宗教問題については関心はもっていても、そのことについて一般化してお話しすれば、粗雑な話になってしまうので、そういう点でも、どういうことをお話ししたらよいかと、非常に戸惑うものがあった。

しかし、他方では、この研究所で行われている研究が高いレベルの緻密なものであり、そういう面で日ごろから啓発されていたので、そういう方々に一度お目にかかって話をうかがってみたいという気持ちがあってお伺いしたわけである。みなさんのお考えになっている問題意識にぴったりする話をうまくすることはできないと思うが、私の立場から幾つかの問題を出して、何か共通する問題意識や、問題点を見付け出す努力をしてみたいと思う。

1　民衆宗教への関心

(1)　教祖たちの人格

はじめに金光教に限らず、江戸時代の末ごろから生まれてくる民衆的な宗教運動について、どういう点が我々の立場から、より普遍的な関心を引くのかということを、二、三の観点から話してみたいと思う。必ずしも厳密に論理的にというわけではなくて、気のついたところを話してみたい。

まず、それらの宗教運動を始めた人たち、つまり教祖の人間性というか、人柄の問題があるように思う。これらの宗教運動を調べていくと、その教祖たちには、かなり共通した色々の特質が見受けられる。例えば、ごく表面的なことからいうと、養子や入婿になられた人が多いとか、女性では、お嫁さんの立場など、家の制約を受けやすい人が多いとか、幼少時には比較的病弱であったとか、そうした点を直ちに発見することができる。それからまた、表面は非常に穏やかだけれども、内心は非常に強いものがあり、農民なら農民としてよく働くし、信心深い人であったとか、というようなことも、多くの教祖伝に共通して見られることである。

しかし、より重要なことは、そういうような性格上の特質というものが、何十年かの生活の中での異常な苦難、あるいは人生の危機といってもいいと思うが、そういう苦難や危機をくぐり抜け、訓練、鍛錬をつんで得られたわけで、そうして鍛え抜かれた人間になっていったということである。そういうことは多くの場合、江戸時代の末ごろの農民の生活から生まれてきたものであるが、それは庶民の生活の中での見事に鍛えられた人間というものを表現しているように思う。

例えば、皆さんのご苦労によって作られた『金光大神』という書物を拝見すると、その中に、金光教の教祖のことが「眉ながく、肉つきよく、つやよく、温情あふるる方であったが、眼つきに、すこぶる、するどい感じをうけた。人間として、こういう方が、おられるか、とおもうた」（縮刷版、二九七頁）とか、また、「きついような、やさしいような方でありました」（縮刷版、二九七頁）などと記述されている。この「きついようなやさしいような方」という言い方は、言いえて妙というか、これらの教祖たちに共通してみられる特質をうまく表現していると思う。顔付きや人に接する態度などは、非常に穏やかでやさしいものがある。しかし、眼つきなどは、よく見ると鋭いものを内に秘めた穏やかさ、やさしさというようなものがみられるのである。

そのような人柄は性格的なものもあろうが、他方、人生の苦難のなかで鍛え抜かれてできたものでもある。そういう人間によってつくりあげられてきた人々の生き方がそれぞれの宗教運動のなかに表現されているように思う。私たちの立場からは、この庶民的な生活者ではあるが、しかし、そのなかでの非常に鍛えられた人間という特質は、かなり時間的、空間的にも普遍化して考えることができるように思う。

例えば、現在の沖縄で非常に大きな影響力をもっているユタというかなり呪術的な宗教者がある。これについては桜井徳太郎氏などが、色々な最近の非常にすぐれた研究のなかで記述されているが、このユタというようなものを見ても、いま言ったようなことがかなりはっきりと言えるように思う。ユタというのは必ず女性であるらしいが、干支だとか、日柄とか、方角とかいうような、ある意味では非常に呪術的なことをもとにして、沖縄の民衆の色々な生活上の問題にこたえる人である。

彼女たちは生活の苦労を経てきた人だが、それだけではなくて、その苦労のなかを非常に激しい性格で生き抜いてきた人であるということが言われている。彼女たちは我執が強く、堂々として、勝気な人で、そういうような人間として人生の苦難を経てきた人が庶民の悩み事の相談相手になる。もちろん神がかりという契機があるわけだが、人間としてみればそういう人物であるといえる。

また最近は色々な機会に紹介され非常に著名なものになったが、江戸時代に木喰という流浪する聖人がいた。その木喰は木像・仏像を作っていたが、その仏像は、晩年の作になればなるほど、非常に穏やかな微笑を浮べたいわゆる木喰の微笑仏といわれているものになる。この微笑仏には、もちろん観音だとか地蔵だとかというものもあるが、阿修羅の相をした仁王様のようなものまで、晩年のものはすべて、非常に不思議なほどのやさしさを込めたほほえみを浮かべているようになっている。そして、その顔付きは年老いた農民のほほえみを浮かべた顔になっている。

表面から見ると、笑顔を浮かべた非常にやさしい仏像であり、仁王様までそうであるのだけれども、実はそれを作っている木喰という放浪の僧侶に注目してみれば、彼は九〇歳を過ぎても、日本全国をほとんど無一文で流浪して歩く人間であり、しかも仏像を作る時には、夜を徹して情熱的に作るという人間である。つまりそこにも非常に激しい情熱的な強いものと、それからそういうものに支えられたやさしい思いやりのあるものとが結びついているわけである。そのような意味で、庶民ではあるけれども、その穏やかさ、やさしさというものを、鍛え抜かれた人間としての力で支えてきた人、そういう人が宗教運動の教祖になっていくように思う。

笠岡金光大神(1)の伝記を拝見していると、そのなかに比較的若いころのことだと思うが、「わしが朝起きて向うの山を睨んでやると山がじりじり後ずさりをするがや……」という、ちょっと愉快な逸話が書いてある。こうした非常にきつい性格というものは、それだけですぐ宗教運動を興す宗教者の素質になると簡単には言えないわけであるが、それは宗教者になるということと無縁なものではなくて、そういうものがある仕方で鍛え抜かれていくというところに、独特の宗教者が成立してくるのだというふうに思われる。

(2)　時代の問題とその解き方

ところで、いま述べたような生活者として鍛えられた人間である教祖がどのように時代の問題に立ち向かったのかという方面から少し考えてみたい。いうまでもなく、これらの宗教への入信者たちは直接のきっかけとしては、病気治しが非常に多い。

その点は、金光教の場合にももちろん見うけられるが、天理教その他の場合にもそういう性格が強く見うけられる。

それだけではなくて、天理教の場合は、病気の人――病気だけでなくて、家庭が不和であるとかということでもいいわけだが――特に病気の人を探し出して布教するというような形で、布教が進められる場合が多い。明治期に天理教は非常に発展するが、その場合の布教の仕方として、天理教の基盤が全然ないところへ、天理教の教師が出かけて行き、病人のある家を探し、その家へ押しかけていって、天理教の教えを説くというようなことさえも行われていた。そうした場合には明らかに病気というものが、入信のほとんど決定的といっていいぐらいの大きな契機になっているわけである。

このように病気その他の人生の危機を媒介にして入信してくることは、教祖たちが人々に何かを訴える決定的なきっかけになっていることは明らかであるが、そのときに、病気の問題をその人間の主体的な在り方として考えさせるということが一般的にみられることだと思う。

だから、それらの宗教運動では呪術的な信仰を否定し、あるいはそれを超え、むしろ、まじめに家業にいそしむとか、日常道徳を実践するとか、そして人間としての生き方について、非常な情熱をもって語り合うとかということが広くみられたことであると思う。例えば、信仰について徹夜で語り合うとか涙をながして語り合うとかいうようなことが、広くみられたと色々な書物に記載されてある。

また、世直し的な性格をもった宗教運動の場合は、例えば、丸山教や大本教等はそうであるし、天理教にもそういう性格が少しあるが、そういう場合には、家業や日常生活を放棄して、そういう運動に熱狂的に従事することがある。例えば、明治一〇年代の末ごろの丸山教などでは、家業を放棄して、ほとんど狂気のように布教に従事するということにもあった(2)。

金光教の場合には、そういう点では非常に平明な日常道徳を説くわけだが、しかし、それでも病気でおかげを頂けないのは、信心が足りないからだというように激しく人々に人間としての在り方、信仰心の在り方を問い求めていくという性格があると思う。ある場合には、病人に対しては過酷すぎるのではないかと思うような、つまり病気で困っているものに、お前の病気が治らないのは信仰心が足りないからだというふうに、激しく心の在り方について、問い求めていくというようなところがある。そういう意味では金光教も非常に激しい信仰であったように思う。
そして、このことは民衆宗教だけではなくて、石田梅岩の石門心学とか、報徳社運動とか、大原幽学とか、そういうようなものも含めて、非常に大衆的な規模で、人々の生き方、人間としての在り方というものについての変革を求める広い動きがあった。(3)そうしたことはおそらく江戸時代の中ごろから明治維新を経過して、ある時期までの間、日本の民衆の中に、人間としての生き方を改めなければ、その時代を生き抜くことができないという気持ちがあり、そして、そういうことを訴える人の言葉が人々の心に強い衝撃を与えるという事態があったというように思うわけである。そういう意味で、それらの宗教運動を通して、我々は非常に広く民衆の生き方というものを問題にできるように思う。

(3)　民衆の言語としての教義の展開

次に、民衆宗教が提起する一つの問題として、宗教を通して民衆のものの考え方が、ともかくも言語に表現されたということ、具体的には教義が成立したということがあげられる。民衆といっても、それは非常に多様なものまでも含むわけであるが、少なくとも豪農クラスのものを除くと、生活の体験から、何か思想的な表現がなされるということは、非常に新しい時代を別とすれば、ほとんどなかったわけである。

例えば、百姓一揆の資料などには、非常に膨大なものがあるわけだが、それらの資料は、すべて外から観察した人たちが記したものであるといっていいわけである。一揆集団のほうに残されている資料がある場合もあるが、それはだいたい、領主側と交渉したときの願い状だとか、要求に対する認可状だとか、という類のものであって、百姓一揆に民衆がどういう気持ちで参加したとか、そのときにどういう喜びや恐怖をもったとか、というふうなことを具体的に記述したものは、全くないといっていい。

また、比較的上層の農民には、日記のようなものがある場合もあるが、それらはかなり無味乾燥なものであって、全く事実の記載だけで、そこから農民の意識をうかがうなどということは非常にむつかしいのである。豪農クラスのものについては、まだ書いたものがあるが、一般の民衆では、彼らの意識をうかがうということは非常に困難である。ところが、民衆宗教の教祖たちは、神の声を聞くということを通じて、民衆の世界での表現をする専門家になっていく。そして民衆のいわば新しい自己意識について的確な表現を与えているように思う。思っていることを表現することは簡単なことだと思うかもしれないが、実はそうではなく、それが表現に達する、それが自信をもって表現されるということは、非常に大きなことであると思う。

例えば、金光教の教祖が実意丁寧ということをいう場合に、実意丁寧は、ある意味では、近世末期の民衆の一般的な生活態度の一つといえるのであるが、それが、実意丁寧神信心というふうに定式化されて生活の原理になる。一貫した生活態度として主張されるということは、非常に大きな飛躍であると思う。そのような飛躍が行われたときに、はじめてそれは言葉として定着されるのであり、そういうものを我々は宗教運動の教義のなかから読みとることができる。

そのように教義として定着されるということが、非常に困難を伴うことであったということは、これらの教義が成立するのは宗教が成立してからかなりの日時を経てからのことである、ということのなかにも示されているように思う。民衆的な宗教運動の場合も、あるまとまった文章に表現されるようなものが書かれ、教義が成立するのは、かなり後のことであるということは、一般的にみられることである。

例えば、天理教の場合は、開教は一応天保九年とされているが、教義が展開するのは、慶応二年の「みかぐら歌」(4)から後であり、むしろ明治に入ってからである。それから、丸山教も成立するのは明治のごく初めであるが、明治二〇年ごろになって、教義的なものが生まれてくる。ただ、大本教の場合は、天理教などの先例に学んだので、比較的早く『おふでさき』(5)といわれる教義書が成立するのだが、それでもおそらく、開教ということになっている明治二五年から数年たってはじめて、そういうことが具体化してくるのではないかと、私は思う。

教義があまりはっきりしていないと、集まってくる信者も、教義によるあるまとまった信仰をもっているというふうには必ずしもいえないと思われる。例えば、慶応二、三年ごろになると、天理教ではかなり沢山の参詣者があるのだが、二回以上参詣するものは非常に少なかったといわれている。それはなぜかというと、天理教は、病気治しの神様として尊敬されていたのであった、病気が治るともう来なくなるからである。

そうだとすると、それは近世のいわゆる流行神というものにかなり近いものになる。流行神の場合は、御利益があるということで急速に広がることもあるけれども、やがてそれは急速にすたれる。そして教義のようなものは残さないということになるわけである。そのようなことからもわかるように、教義というものが定着していくためには、宗教の内部において非常な困難があった。その中から、教義が定着されることを通して、我々はそこに非常に広範な民衆の思想形成、意識形成というものを読みとることができると思う。

(4)　宗教史よりみた日本社会の特質

次に、宗教史研究よりみた日本社会の特質について少し述べることにする。私は日本の社会と宗教史の関係というものは、世界史的にみても、かなり特殊な結びつきをもっているように思う。

いま問題にしている近代社会の成立期において考えてみても、例えば、激烈な宗教闘争が行われて、一つの都市や、かなり広い地域が特定の宗教教派によって支配され、それに反対するものは移民などになっていなくなり、そうしたことを経て、宗教における信仰の自由・結社の自由というものが成立するようなヨーロッパの社会がある。あるいは、大規模な農民闘争が宗教と結びついて展開し、その運動が、二〇世紀になっても受け継がれるような、中国などの社会であるとか、それからまた、国王が同時に宗教的な権威であるツァーリズムの帝政ロシアやそれと似た性格の強いイスラム圏などの社会、したがってそこでは、農民運動も、例えば、にせツァーという形をとって生まれてくるような社会であるとかが、あるわけである。

そういうような社会と比較してみると、日本の近代社会の成立期の場合には、かなり重要な特徴があるように思われる。例えば、既成宗教すなわち、仏教や神道からは有力な宗教運動が生まれず、むしろ、民間信仰の中から、その革新によって新しい宗教運動が生まれてくるとか、あるいは、特定の教義をもたない神社氏神信仰のようなものが、やがて天皇制と結びついていき、そこに宗教でない宗教としての国家神道が形成されるとか、それから、よくいわれるように、独特のシンクレティズム（諸宗混淆）があって、一方には神棚があり、他方には仏壇があるという、そういう特殊な神仏混淆だとか、また江戸時代から明治にかけての民衆の色々な運動は宗教と結びつくことがほとんどないとか、その他いくつかあげることができるが、そういう特徴をもっているわけである。

これらの特徴の意味をどんどん考えていくことは、日本の社会がどういう特質をもっている社会なのかということを考えるうえに、非常に有効性をもっているように私たちは思う。その点については後で少し考えてみたいと思う。とにかく、そこで民衆宗教のことを考えていくことは、日本の社会の特質を考えていくうえに大きな手掛りになるように思われる。そのような意味において、神の観念の特徴、民間信仰的なものとより普遍的な宗教との関係、国家権力と宗教の関係、農民闘争と宗教の関係、宗教と自由都市的なものとの関係の有無などを考えていくことによって、それぞれの社会の特徴をみていくことができるような気がするわけである。

以上、民衆的な宗教運動について考えることが、なにか、より普遍的な問題に通ずるのではないかという意味で、我々が、それらの宗教について関心をもついくつかの根拠といったようなものを指摘してみたわけである。

2　民衆の自立とイデオロギー編成

(1)「心」の究極性と自立

ところで、以上に申したようなことは、結局、日本の近代社会成立過程において、民衆が封建的な社会のなかから自立しはじめてくるその具体的な在り方が、その宗教のなかに示されているのではないかということを物語っているように思われる。少なくとも歴史学の立場からはそういうふうに考えられるように思われる。

そこで、そういう立場から、これらの宗教運動、さらにそれとやや違うが、やはり民衆のなかで大きな力をもった民衆的な諸思想運動に注目してみると、そこに幾つかの共通する特質があるように思われる。それは色々な観点から論ずることができるけれども、ここでは、小生産者たちの自立という観点からお話ししてみたいと思う。小生産者というのは、必ずしも小さいという意味ではなく、ここでは多少は人を雇ったりしている場合も含めて、とにかく自分の家族を中心として、自分のもっている生産手段で働いているというほどの意味で使っておきたいと思う。つまり典型的には農民のことを指している。

さて、封建社会の動揺に伴って、ほぼ元禄か、享保のころから、民衆的な思想運動がおこるわけであるが、それらの思想運動のなかでは、呪術的なもの、迷信的なもの、あるいは封建社会における自分たちの苦しい運命を諦める、そういう一種の諦念、諦観、そういうものを克服して、民衆の内面から自発性をひき出そうという方向が広く生まれてくる。そのことを私の言葉でいえば、民衆の、あるいは人間といってもいいと思うが、人間の心というものが究極的な力をもつものだというふうに言い替えてみることもできるわけである。つまり、日柄や方位だとか、あるいは、様々な呪術的な神々だとかが人間の運命を左右するのではなくて、人間の心というものこそ重要なのであるという考え方が、民衆的な思想運動のなかで広く生じてくるわけである。

そのことはもちろん金光教などにおいても非常にはっきりと現われているが、単に金光教だけのことではなく、例えば、そういう運動の比較的先駆的なものとして、富士講(6)があげられる。富士講は江戸時代の初めごろには、修験系統の非常に呪術的な教えであったわけで、例えば「御風先侎《おふせぎ》」という呪文を書いたお札があって、それを病気の人などが飲む、あるいは患部にはりつけるというようなことを中心とした信仰であった。

ところが、享保期になって、食行身禄という人物が現われ、彼によって宗教の革新が行われることになる。富士講というから、それは富士山の信仰なのであるが、その際富士山、すなわち、仙元大菩薩は、実は人間の心のことだ、心のあり方の問題だというふうに彼は教える。そして、仙元大菩薩と個々の人間との間の中間物つまり、それは「御風先侏」その他の呪術的なものだとか、あるいは御風先をあげることだとか、それから、それを仲介する御師たちの活動だとか、そういうことを指すのだが、そういうものを排除して、仙元大菩薩と人体は一仏一体だ、「神に躰なし、我が心を以て躰と言う」というような言葉や、「ふじの山のぼりてみればなにもなし、よきもあしきもわが心なり」という歌に示されるような主張をするようになるわけである。

また、興味深いことに、仙元大菩薩はこの場合農業神でもあるので、作物、特に米、それはある意味で仙元大菩薩によって作られるものであり、ある意味で人間の労働によって作られるものであるわけであるが、それを食べることによって、人間がまたその仙元大菩薩の化身としての米になるとされる。そして、米は、すなわち身祿、この場合神といってもいいと思うが、神であるというわけで、その米を食べる人間は、すなわち、身祿である、神であるというような観念が形成されるわけである。つまり、米の生産ということを媒介にして、それを食べる人間が仙元大菩薩と一体となるというふうにいわれる。このように仙元大菩薩と人体と一仏一体ということの非常に具体的な意味は、そういう米というものが中間に入っている。米のことを菩薩とも呼ぶことは、民間信仰の世界でかなり広く見られることで、そういう観念が、ここではかなり唯心論的な形で表現されているわけである。

このように人間の心というものが究極的なものだということを呼びかけて、人間の自覚と自立を呼びかけるというような民衆の自覚のあり方は、例えば、ヨーロッパのような絶対神、超越神の伝統のない日本では、一般的にみられたことであるように思う。つまり、富士講のような宗教運動がそういう一種の唯心論化を行なうだけではなくて、たとえば石田梅岩の心学でも、万事は皆心より為す、などというわけで、やはり心というものの究極性に注目している。

また、さきほどちょっと例をあげた木喰聖人の場合でも、晩年の微笑仏が農民の顔つきをしているというのは、実は、仏がすなわち、そういう年老いた農民であるわけで、そこには神と人との一体性という観念が強くみられるわけである。食行身祿も自分の顔を彫った仏像を作っているが、それは、やはり自分もそういう修行を通じて、仏になるというわけである。そこで、「皆人は神と仏のすがたなり、なぜにその身を信ぜざるなり」、「一心を尽し切ってのあとをみよ、衆生と仏わからざるなり」という歌が示すように。衆生と仏には区別はないというわけである。ところで、このように、心というものの究極性を主張するという形で、人々の自立を求める、人間としての自覚を求めるという考え方は、宗教の方向へも発展するし、さらにもっと宗教と無関係な方向へ発展する場合もある。

少し余分なことかもしれないが、宗教と全く別な方向へいったものとして、例えば、年輩の方はご存じと思うが、天保ごろにはじまる淘宮術《とうきゅう》というものがある。「宮《きゅう》」というのは心のことで、心を鍛える術ということである。これは人間の心、つまり人間の性格を干支などによって分類して、こういう性格の人はこういう精神鍛練をしたらいいというようなことを教えるわけであって、そういう意味で、非常に経験的に心というものを分類して、それに応じた心の鍛え方を具体的に教える方法を示している。もちろんそういうことは宗教運動のなかでも、経験的・直感的には行われたことだと思うが、それが心の分類をするなどという方向に具体的に発展していくわけである。そして、関東を中心としたかなり広い地域の、比較的豪農とか地主とかいう身分の人々に、心の安定を得るための方法として受け入れられていく。

それから、のちに禊教になるのであるが、「吐菩加美講《とほかみ》」(7)というものがある。これも成立するのは天保ごろであるが、この吐菩加美講は、心の鍛錬を、とくに腹式の呼吸法として発展させていく。そうしたのも含めて考えれば、心の鍛錬によって近世の後期から明治にかけての時代の転換に耐えぬいていこうという努力が、非常に広い基盤で行われたと思う。

少し横道に入るが、今日話をするために二、三の書物を読んでおると、あるかなり有名な方が、金光教について、次のように書いている。

〝文治の信者たちは信仰を高めると、次々に神への取次を行うことを許される。そして、神号を許された。つまり、第二、第三の取次者が生まれ、そういうことからして、いつでも第二、第三の教祖が生まれる可能性をもっている。そして、それは金光教の一つの特質である〟ということを書いている。ここまでのことはたぶんそうといえると思うのだが、そのことを昭和の内紛事件に結びつけて、〝内紛の原因はそうした金光教の教義にあるのだ〟というような説明をしている方がある。私は、そういう考え方は、非常に奇妙な考え方だと思う。

確かに心というものは、究極的なものであり、心と神との間には、絶対的な仲介者はないわけである。「信心して神になれ」「生神になるのだ」というわけだから、そういう意味では、だれもが取次者になれるし、それゆえにだれでもがある意味で教祖になれるともいえる。この呪術的な技術や仲介をする教師が、絶対的な権威をもつのではない。というのは、金光教の非常に偉大な教えであると私は思う。そのことは抽象的に考えれば、確かに第二、第三の教祖が生まれ得ることを意味していなくはないと思うのだが、しかし、そのことは、実は地上の権威は何もないのだから、信仰というものは無限に内面化されていかねばならないということを意味しているのであって、そのことは、内紛が起こるといったこととは全く無関係なことだと思う。

そういう意味で、信仰というものが内面化されるということと、そういう内面化された信仰というものが教団の中で正しく表現されていくということが、宗教運動のなかでは、非常に重要な意味をもっているというふうに思う。信仰心の内面化ということは、非常に抽象的なレベルでいえば、確かに、異端とか異安心の問題をひき起こす。

例えば、浄土真宗の場合でいえば、我々から見れば、もっともオーソドックスな仏教学者に思える金子大栄[8]という方でも、大正の末期ごろには東本願寺から、ほとんど破門状態になった。その理由は、金子大栄氏が仏教学の研究を進めて、浄土の観念を、いわば、観念的、精神的な側面からとらえたからである。本願寺の教えからいえば、浄土は西方十万億土に実在しなければならないわけで、そういう浄土の即物的な実在感というものを否定する金子大栄氏の見解というのは、異端であり、異安心であるということで、彼は本願寺から、具体的には大谷大学から追われた。むしろ、金子大栄氏の教説は、現在からいえば本願寺のオーソドックスな教説だと思うが、しかし、そうした内面化を引き起こせば、そのことは具体的なレベルでは、たえず批判性というものを伴う。そういう批判性というものが正しく、現代風にいえば、民主的に処理されるということが、教団にとっては非常に重要な意味をもっていると私は思う。

(2) 生活労働体験の思想化と自立

ところで、次に小生産の自立という問題を少し側面を変えて考えてみたいと思う。民衆の心というものの究極性に訴える考え方は、より広い歴史的な視点から見ると、主として農民(農民以外も含んでいるが)の自立を表現していると思う。

歴史的にみれば、江戸時代初期から中期ごろまでは、かなり急速な農業生産力の発展があるけれども、それ以後幕末まで、停滞的な状況になる。これには、色々な説があるが、全体として見れば、農業の生産力も停滞的であり、したがって、人口も三〇〇〇万人台前後が持続する。ところが、幕末から明治の末年まで、かなり急速な農業の生産力の発展が見られる。

このような農業の生産力の発展のきざしが各地で見られるのは、およそ一八世紀の末か、一九世紀の初頭ぐらいであり、そうした動向が基礎になって、日本の近代社会が形成されていくというふうに私は考える。そして、そのように発展した農業が頭打ちになるということが、日本の近代社会の新しい危機、具体的には、米騒動などとして起こってくるが、新しい危機を呼び起こしていくのだと思う。以上は、非常に大雑把な話であるが、そうした農業生産力の上昇の過程を支えるものとして、民衆の自立の問題は考えることができる。

例えば、『金光教学』に載っている三矢田氏の論文(9)を拝見すると、金光教の教祖は、一町歩ほどの自小作農になっていくという主旨のことが書いてある。そして、年貢は実質的には二〇パーセント程度であったであろうと書いてある。この論文は、普通の歴史家でも、簡単に真似のできないほど綿密な仕方で論証されている。年貢が実質二〇パーセント位あるいは一〇パーセント台位というような所は、大阪の周辺ではかなり広くあるが、そういう地帯での農業生産力の上昇を支えるものは、小生産者の自立ということであったと思う。

そういうことからして金光教祖の場合にも、一町ほどの自小作農へ上昇していく農民としての生活や労働の体験が思想化されているという側面が非常に強く見られると思う。そのために、民衆的な思想運動の中では、従来は民衆の生活や労働の事実であったものが、実はそれが価値があることだ、というふうに価値化されていくという動向が強く見られるわけである。

金光教などの、例えば、おかげというようなことも、ある意味では非常に現世利益的な性格ともいえるが、同時にそのことは、従来は庶民生活の中の事実としてあったものを、価値あるものであるというふうに、価値化していく性格をもっているように思う。そういう意味で、「身代と人間と無病ということが大事なのだ」とか、「おかげというのは長命と出世だ」とかというような金光教の言葉も読み取っていくことができると思う。

まじめに働いた労働の成果として長生きするとか、あるいは、つつましい農民生活の範囲内のことではあるが、豊かな生活をするとか、そして、そういう生活を楽しむとかというような観念は、多くの民衆の思想のなかに共通して見られることである。ここではあまり多くのことは述べないが、現世の人間の幸せ、あるいは現世の人間の労働、生活というものが価値的なものであって、それ以外のものは無価値であるというような観念が形成されてきたということは、農民の生活のいわば価値的な、換言すれば、人格的な「自立」として注目されると思う。

有名な安藤昌益(10)の思想も、本質的には、民衆宗教の運動とそんなに違っているわけではない。昌益の場合には、生産力の発展ということについての具体的な考え方はないが、自分で耕し、自分で織る。そして、その成果を受け取って幸せに暮らすということが、昌益の宗教的な価値観である。逆にいえば、そういう農民の生活を乱すもの、あるいはそれを奪うものが悪なのだという考え方である。

そのような農民的な生活をある意味では宗教に類比してとらえているようなところもある。例えば、「成仏」というのは「直耕米穀の名である」というのがあるが、おそらくその意味は、農耕して、まじめに働いて、そして米の収穫があって、その成果を受け取るというようなことであろう。そういうことから、「誰にても直耕の衆人は皆見性成仏である」とか、「直耕安食する物は唯心の弥陀、己身の浄土である」というような観念が形成される。このようなことは、富士講や、それを受け継いだ丸山教などにも、非常に強く見られる。

(3)　民衆思想とイデオロギー編成

次に、このように非常に広くて長い民衆の思想形成、人間形成の過程と、近代日本社会のイデオロギー編成並びに支配の理論とが、どういう関係になるのかということについて述べてみたい。

民衆の思想は、自分及び自分が直接に人間的に接触している家族員、あるいは、家族の周辺の小共同体的な範囲内での人間といったものの変革というやり方で時代の問題を解決しようとしている。そして、このようなやり方は、生産の様式が家族を中心とした小生産であるということと、支配者の収奪が相対的に低下しているということなどを条件とすれば、たしかに前途有望なことであったと思われる。そのようなやり方は、うまくいけばいくほど、大状況というか、社会の大きな枠組みが、幕藩体制であろうと、近代の日本の国家であろうと受け入れて、その社会に対しては謙虚な服従をする。そのなかで自分と自分の家族員などの人間変革を通して、その社会の内部で安定した生活を送ろうという方向へ進むといえる。

しかし、他方では、内面的なものが究極的な権威であるから、そして、その内面的なものは、宗教の場合には、神の至高の権威に支えられているのだから、世俗の権威というものは、原理的には相対化されるはずである。

以上のような意味からして、現実における支配体系の受容と、すべての地上の世俗的権威に対する批判の可能性とが内包される。百姓一揆の指導者のことを調べてみても、はじめから幕藩体制に反対する思想をもっていたという事例を見つけることは全くといってよいほどできない。むしろ、これまで述べてきたような民衆の思想形成の伝統に立って、あまりに過酷な収奪をしている領主なり、あるいは役人なりに対して一揆を起こすというような形で、運動が起こっている。そのために民衆の思想運動として、ある意味で典型的なものである不二道だとか石門心学の人物が一揆の指導者になるという事例さえある。

そうしたことを支配階級の立場から考えると、歴史の状況があまり変わらなければ、支配体制に謙虚に服従をしているような人間でも、心の中では批判の可能性をもっており、そういう批判の可能性をもっている者が宗教的結社などを作って集まってくるということが支配階級のものらに非常に大きな不安を引き起こすわけである。そういう意味で、直接に江戸時代の封建制を批判するところの「封建制はだからだめだ」というような思想を恐れたというよりも、封建制を批判してくる可能性のある思想を恐れるという性格を強くもっていたと思う。

そのような立場を表現するものとして、水戸学や、平田篤胤の国学を挙げることができる[11]。水戸学や平田篤胤の国学は、詳しくいえばいろいろ違うところもあるが、本質的には非常によく似たもので、明治初年の神道国教化政策や、さらに教育勅語などを経て人間的な系譜からいっても思想の内容からいっても、いわゆる近代の天皇制イデオロギーの中心的な担い手になったものといえる。

そして、これらの思想は、一言でいえば、民衆の心の能動性がようやく顕著になってきた時代に、そういう能動性を支配体制の側から、再掌握した思想であったと思う。ヨーロッパ列強の圧力が非常に顕著になっている状況のもとで、支配体制に無条件に従順であるような封建的な農民では、そういう状況には適しない。そのような意味では、民衆が能動的な活動をする、いわば近代の国民国家の構成員であるということが望ましい。しかし、そのような能動性が支配体制に対する批判に転化するようなものであっては困る。そこで、これら二つの条件を同時に満たすような思想を構成しようとしたと思う。

例えば、水戸学の場合、人は天地の心であって、その心を壮《さか》んにすることが重要なのだ。「億兆の心」を「壮《さかん》」にし、それを、ヨーロッパ列強が押し寄せてくるという状況のもとで、日本を支える力にしなければならない。しかし、その力をそのままもってくるのではなく、「典礼教化」を通じて、支配体制のもとに再掌握する。氏神その他の神々は、造化三神から現人神天皇に至る神々の秩序のどこかに位置づけられるわけだから、そういう神々の秩序を通して、人々の壮んになった心を支配体制の側に掌握するということをめざした。

幕藩体制のもとでは、幕藩体制というものに従いさえすれば、民衆がどの仏教を信じようと勝手であり、そういう意味では、来世観の内容については、幕藩体制の支配者は口を出さないという原則であったわけであるが、水戸学や篤胤学は、民衆の来世の観念までも問題として、そういう世界も支配体制の側にとらえ込もうとした。

水戸学が実際に恐れていたのは、例えば、会沢正志斎の『新論』の言葉でいえば、「利」ということと、「鬼」ということである。「利」というのは利益の利であり、「鬼」というのは宗教のことを一般的にいっているのだろうと思う。つまり、ヨーロッパ人がやってきて、貿易の「利益」で誘い、そして、キリスト教などの「鬼」で誘うと、壮んになっている民衆の心が容易に外国人に傾く。あるいは、幕藩体制の支配者から、よそへ移るから、それが一番困る。現にそういうことは沢山ある。例えば、江戸時代のはじめのキリシタンや不受不施派、それから関東の方にある日蓮宗の異端である蓮華往生の連中もそうだった[12]。最近はそういうものとして富士講がある。そのようなことが『新論』の中に書かれている。経済的な利益とともに、そういう宗教的な異端が生まれてくることが、非常な恐怖の根源である。

このような恐怖の対象が、心に究極的な価値をおく物の考え方にあったということを表わす事例を一つ挙げてみたいと思う。それは平田篤胤が言っているのだが、篤胤は、江戸の三十間堀というところで、道学を説く本郷式部の話をたまたまきくことがあった。その本郷式部の話の内容は「心性を悟る」ということで、彼は「人のはじめは、虫の生まれたように生まれたものゆえ、天子様じゃ貴人じゃとても何も民百姓に異なったことも有難いこともない。ただ冠・装束をきれいに着飾ったばかりのことで同じ人間じゃ。ただ悟った者が尊いのじゃ。神も仏もないもので皆我が一心だ」というふうに言った。

篤胤は、「このような考えこそ、世の人に上をないがしろにすることを勧めるもので、はなはだ人気を悪くする。気違いなら入牢だ、本気なら縛り首にすべきだ」というふうに言うわけである。この本郷式部という人は、どういう人か分からないが、彼は何も幕藩体制に対立しろということを教えたわけでは決してないと思う。しかし、人間の心というものが究極的だということ、そのこと自身のなかに、具体的な道徳としては幕藩体制への服従を説いていても、可能的には批判の論理を内包しているわけで、そういうことをとらえて、篤胤は批判したのだと思う。

そして、明治初年の神道国教化政策などは、一見ばかげた運動のようではあるが、実は民衆の心を上から掌握しようという非常に壮大な試みであったわけで、それは若干の修正を経つつ、修身教育や青年団運動や在郷軍人会などの動きを通じて実現されていく。そうしたものが近代日本の支配の論理であったというふうに思う。

このような意味で明治初年の神道国教化政策、排仏毀釈、三条の教則など[13]は、そういうことを主張した平田派の国学者などの立場からいえば、神武創業のはじめに基づくものだというふうに主張されたのだが、実は全く新しく民衆の心を上から掌握するためにつくり出された教説であったと思う。

そのためにそういう教説を説く役割を与えられた神官たちも、非常に未熟な仕方でしかそれを説くことができなかった。資料によれば、きいている人たちが皆退屈をしたとか、それらの教えを説く神官の話が非常にへたで、下書きをたどたどしく読むだけだったとか、というようなことが書かれてある場合も多い。そういうふうに、新しくつくられた教説を、なんとかして教えこもうという努力としての奇妙な運動でもあったと思う。そのように、これらの教えは建前が神武創業であるにもかかわらず、実質は非常に新しいものであったから、明治初年の民衆は、非常に見慣れない教えを上からむりやりに押しつけられるのだというふうに受け取ったわけである。

そして、そのあげく、これらの運動に反対する一揆なども起こる。それらの一揆などでは、これらの運動がいずれも、耶蘇教の教えだとか、キリシタンのやり方だというふうにいわれている。これは非常に変なことだが、例えば、神道国教化政策のなかにある朝日を拝むとか、氏神の前で祝詞を読むとか、それから寺院の廃合をするとか、というようなことは、これはキリシタンのやり方だ、また、有名な三条の教則でさえも耶蘇教の教えだ、そういうものを上から無理やりに推進する太政官の役人は耶蘇教だとか、異人だとか、というふうにいうわけである。

もちろんそれはぜんぜん見当はずれの荒唐無稽もはなはだしいことではあるが、そのような言い方が行われるということは、それらの教えが民衆にとって全く異質なもの、見慣れないものであったからである。例えば、仏教を廃して神葬祭にするということを行って、伝壇を廃止し、お盆の行事などをやめるというふうなことも沢山行われた。

ところが、このようなことを実行する本人は、神道の古式に復するのだというふうに思っていたかもしれないが、実はそれは復古ではなく新しい改革であって、柳田国男によると、まだ研究の余地あるものであったわけである。柳田国男はなぜそういうふうにいうかというと、例えば、お盆のお祭りは、表面から見れば仏教のような形をとっているけれども、実際はそうではなくて、古い日本人の信仰が仏教と若干入りまじったものにすぎず、そこに日本人の信仰心本来の在り方というものが表現されていると考えるからである。いかにも仏教式のものだということで否定するのは、昔に戻ることではなく、かえって新しい何かを上から強制することによって、日本人の本来の信仰心というものを破壊するものだ、というふうに柳田は受けとったからである。だから、それは復古と称したものの、実は復古ではなく、伝統の破壊であったということになる。

そして、しかも、そうでないものは異端であるとか、淫祠邪教であるとして、徹底的に弾圧されるという方向をたどった。このような状況のなかで、天理教、金光教などの民衆的な宗教運動は新しい発展期を迎えるが、そこには非常に困難な問題があった。そのために、民衆的な宗教運動、例えば、扶桑教、大成教、神習教など、そういう東海から関東にかけての民衆的な宗教運動は、国学者や神道家が組織したような形のものになるか、あるいはそうでない場合にも国学者などを招いて記紀神話や、国家神道説によって自分たちの神についての神格を定めたり、あるいは教義をそれらの教えと結びつけたりというようなことを行わなければならなかったわけである。

それは金光教であれ、天理教であれ、多かれ少なかれまぬがれえないことであった。その場合、教祖たちは、例えば、金光教の教祖の場合は、公認教への努力に対して「この方の神様は違う」というふうな言い方で拒否する場合があるし、天理教の場合も、教祖の中山みきは「そういうことをすれば、おや神が途中で退《の》く」というふうに言って反対する。しかし、結局長い目で見れば、国学者などの協力を得て、天理教の場合は、日清戦争や日露戦争への非常に大きな協力を行って、公認化の方向へ進む。そして、その過程で、本来の教義は、活動の表面から消えていく。例えば、天理教の「おふでさき」は教団活動の表舞台から下ろされて明治教典が作られる。そしてそこでは、例えば、神格一つをとってみても、国常立尊以下記紀神話の中にある十柱の神々の名前が挙げられて、これを総称して天理王尊というのだ、というふうな奇妙な説明を行なうことになる。

このように、国家神道説と一体化すること、あるいは、それとつじつまを合わせるということは、民衆宗教もしなければならなかったし、また、キリスト教などの場合もそれをある方向で進めざるをえなかった。例えば、キリスト教の場合には、海老名弾正(14)のように天御中主神は旧約のエホバであるとか、キリスト教の聖霊は藤田東湖のいう「正気」と同じであり、キリスト教は日本魂の深化したものだと説く日本的キリスト教も生まれた。しかし、それはかなり奇妙な牽強附会である。そうでなくても、実は教育勅語に説かれてあるようなことは、キリスト教も説いているし、むしろキリスト教の方がそういうことをよく説いているのだということで、天皇制的な支配体制とキリスト教の妥協が図られていくわけである。

そのような過程について、私はよく知っているわけではないし、ここではお話する時間もないので、これぐらいにしておくが、ただ、ここで注目すべきことはこういうことだと思う。民衆宗教の場合も、キリスト教などの場合も、個々の徳目とか実践目標をかかげてみると、それは天皇制イデオロギーが主張した徳目、例えば、教育勅語の中に書いてある徳目と、そんなに違っていないという場合が非常に多いと思う。重要なことは、それらの個々の徳目を基礎づける原理が、国家の方からくるのか、宗教の内部にあるのかということだと思う。

例えば、孝行ということは幕藩体制の権力者も説いたし、明治の国家も説いたし、また仏教や民衆宗教も説いたし、キリスト教も忠孝ということを説いた。孝行は、それだけとりあげれば、これはおそらくいつの時代でもいいことであると思う。しかし、重要なことは、孝行なら孝行はどういう原理に支えられて成立するのかということなのであり、その原理を国家の方に譲り渡すことは、宗教としては宗教の立場を放棄することになるのだというふうに思う。

例えば、金光教の場合には、日柄、方位の迷信を否定するという一種の開明的な要素があり、それが明治政府の文明開化的なものと一致する。だから、教育勅語などとも矛盾しないのだということはできるわけだし、そういう主張も行われたと思う。

しかし、そうしたことは、あえて両者が立っている原理を混同して、明治の社会体制のなかで金光教が一定の社会的な公認を勝ち取ろうという努力であったと思う。国家や現実社会の次元と、宗教の次元を区別して、具体的に一致するところは一致するとして、それは承認していく。そういう問題が日本の宗教の場合には、非常に大きな問題としてずっと後の時代に問題を残したのではないかと私は思う。

そして、そのような原理の相違が、つまり国家と宗教は別の原理に立っているのだと、個々の点では一致しても別の原理に立っているのだということがはっきりさせられるということが、宗教の自由、信教の自由ということなのであって、明治憲法二八条がいうような、安寧秩序を妨げないかぎりで、臣民たるの義務に背かざるかぎりで自由だ、というような自由のあり方というのは、そういう原理の相違というものの厳しい葛藤をとらえていない考え方だと思う。

3　日本社会の非宗教性

(1)　歴史と宗教

このようなことを、なぜこういう所へ来て一生懸命言ってみたいのかという自分の気持ちを少しお話ししてみると、それは結局、宗教というものが果たす歴史における役割というようなことに関しているわけである。

日本の社会は非宗教的な社会だという考え方は、色々な人が述べている。特に幕藩体制の成立を境にして、日本の社会は非常に非宗教的になったのだということを主張する考え方は、かなり根強くあるが、私は、そのような考え方は、たとえ現象的には正しくても、例えば、現在の多くの日本人は、宗教と無関係に暮らしているということは事実だとしても、歴史の問題のとらえ方としては不十分であるように思う。というのは、宗教は人間の内面に訴えて思想的精神的な価値が現世の秩序とは別な原理をもっているのだということを主張するものだと思うからである。

そういう意味では、言葉は熟さないけれども、宗教は人間的な価値の自立の本源的な形態であり、そして、それは人間的な価値というものが世俗の権威から自立した別の原理をもつということを表現してきたのだ、というふうに思う。そのような原理は、日本の場合は鎌倉時代における仏教の新しい運動として、宗教の自立の方向が見られたが、それが幕藩体制の成立する時期に、例えば、一向宗やキリシタンや不受不施派が、徹底的に弾圧されることによって、政治権力に従属化した宗教という形になる。

そして、そういうものが、ヨーロッパ列強の圧力という近代社会成立期の非常に困難な状況のなかで、明治の近代国家にも受け継がれる。そういう意味で、日本の社会は、宗教の自由が本来的には欠如したような性格があるのではないか。そして、そのような宗教の自由の欠如は、単に個々の宗教活動が自由に行われないというだけではなくて、日本人の精神というものの自立、我々の本当の自由というものに非常に大きな意味をもち、そういう自由が本格的に成立することをはばんでいるということの非常に大きな歴史的な表現であるのではないか、というふうに思う。

(2)　宗教的異端の排除

ところで、日本の社会の非常に大きな特質は、宗教的異端があまりうまく成立しないところにあるように思う。その条件は、歴史的にみると色々ある。例えば、簡単には宗教的異端者が国境を越えて外国へ逃げていく、つまり、亡命することができないということが非常に具体的にある。また、ヨーロッパと比較した場合には、ヨーロッパの都市は自由都市、自治都市(15)であるから、そこへは国王でもそう簡単にははいれない。そこで特定の都市をある宗教の教派の自治的な支配が行われるような事例、あるいは少なくとも異端者をかくまうということができる場合が非常に多い。

それから中国の場合は、また事情が違って、都市は日本と同じように政治権力に非常に強く支配されているが、土地が非常に広いというせいもあって、省の境などの山岳地帯のあたりには、各地から流れてきた流れ者の非常に大きな何十万人、何百万人という社会ができる。そして、そういうところは、国家権力の支配を嫌った連中が逃げ込むところでもあるから、宗教的異端者などがそこへ逃げ込んで、そこに生活している。そして、そこを基点にして政治権力が弱化すると、農民一揆などと結びついて、平野部へおりていくというようなことができるわけである。

ところが、日本には、いま言ったような条件はいずれもないわけで、幕藩体制によって宗教的な異端が徹底的に弾圧される、ということを境い目として、宗教の政治に対する従属性というのは非常に強くなったと思う。たしかに幕藩体制の下でも、異端はあるといえばある。隠れキリシタン、不受不施派、隠れ念仏とかがある。しかし、これらの異端は、その後になって、例えば、幕藩体制が崩壊する時に、何か大きな政治的な役割を果たしたかといえば何も果たさない。むしろ隠れキリシタンは、隠しキリシタンになり、隠れ念仏は隠し念仏になる。つまり、むしろ村落共同体と結びついて、外部に対して非常に閉鎖的な、自分の信仰を秘して語らないという形で、その後の社会にずっと引継がれている。

だから、例えば、隠れキリシタンの信仰についていえば、昭和三〇年代になって、新しく発見され、そこから、江戸時代から伝えられた教義の書物が発見されて、なるほど隠れキリシタンとはこういうものだったかということがあらためて研究されたりする。それはつまり、異端は非常な弾圧の下ではじめは権力から隠れたのであろうが、そういう弾圧のなかで長く生きてくる過程で、「隠れ」から「隠し」になり、外部の人に対して非常に閉鎖的な狭い共同体の内部でだけ信仰を維持するというようなことが行われたからである。そういうことが起こるのは、日本の社会が異端の存続を許さないような性質をもっていたからであるというふうに思う。

4　現代宗教の新たな条件

このような日本における社会と宗教のかかわりは、現代では確かに条件は違ってきていると思う。たとえば、民衆宗教の教祖たちの時代の教典というものについて、自由な読み方をすることができるようになったということは、たしかに現代の非常に大きな特徴である。それらの教典類は、日本が戦争に敗れるまでは、その多くの部分は隠されたままになっていたわけで、戦後における思想や信仰の自由という社会的な条件のなかで、はじめて自由なとらわれない態度で読み取ることができるようになった。

例えば、如来教[16]のような教団――如来教は民衆宗教で一番初期のものであるが――そういうような教団では、かなり膨大な教典があるのだが、今でも教典を社会に出さない。それは江戸時代の弾圧の体験をふまえて、社会に出さないというような態度をとっている。そういう事例もあるけれども、たしかに、現代のいわゆる戦後民主主義といわれているような条件のなかで、それらの教典は自由に読み直されることができるようになった。それは現代の日本の社会がもっている新しい条件の一つだと思う。

また他方で、現代の社会は、特に若い人たちにとっては、生きがいを見つけにくい、むなしい社会である。わたしどもが日ごろ接触している学生諸君も、既成の思想体系への関心を失って、そういう民衆的な宗教運動などに関心をもつ。それは入信するというのとはだいぶ違うようであるが、なるほどなかなか面白いわい、というふうに読み取る人が出てくるというような条件がある。現在の日本の社会のなかには、人間の心と心との触れ合いが求めにくいわけであるから、そういうものについての伝統を考え直すという立場から、宗教への新しい関心も生まれている。そういうふうなことは、これらの宗教の意義を現代において考え直す新しい条件になっているのではないかと思う。

ただ、その場合注意すべきことは、近代社会成立期における民衆の心の自立の問題と現代における民衆の心の自立の問題とは、社会的条件において非常に違うということである。その違いは、詳しくいえば色々あるが、簡略に言えば、幕末から明治にかけて、そして非常に長い日本の近代社会を通して、大部分の民衆は小生産者であった。つまり、農民であろうと、あるいは商人や職人であろうと、自分と自分の家族員、そうではなくても、自分の気持ちが通じ合うごく少数の人々の社会のなかで生きていたわけである。そこで一生懸命働けば、その成果は、必ず自分のところに戻ってくる。

ところが、現代の日本の社会では、人間の大部分は、大きな組織のなかでサラリーマンとして働いているから、自分が努力した成果は必ず自分に戻ってくるとは限らない。

だから、小生産者の社会では、「実意丁寧」であるということの価値は、非常にはっきりしているわけであるが、現代のそういう大きな組織のなかで、「実意丁寧」であるということが、どういう価値をもっているかということは、非常に難しい側面をもっているのではないかと思う。

また、こういうこともあるのではないかと思う。小生産者は米とか、げただとかを作っている。そして、そういうものが作られているということの意義を否定することはできない。米が作られて、一升なら一升増えれば、それは確実に人間にとって意味があることであるが、現代では働いているということの意味はかなり疑わしい、一生懸命働けば働くほど、石油会社にボロもうけさせることになる。そうすると、まじめに働くことはばかげたことではないかというふうに考えられる点がある。

そういうわけで、大部分の民衆が小生産者であった時代と、現代とでは、人間がどういうふうに生きたらいいかという問題の、社会的な仕組みが非常に違ってきていると思う。この問題は非常に重要ではあるが、むつかしい問題であって、その問題を真剣に考えていくということがなければ、我々は新しい思想的な可能性というものを作っていくことができないだろうというふうに思う。具体的な条件は色々あるから、それは非常に複雑な問題になるが、小生産者の支配的な時代と現代のような組織化された社会とで、人間の生き方は、もちろんつながってはいるけれども、簡単に一致するともいえない。そこに、我々がこれから苦しまなければならない問題があるのではないかと、私は考えるわけである。そういう問題を提起することで、私の話を終わりたいと思う。

質疑応答・懇談

○　講演の内容理解についての質疑応答や方法論などに関しての懇談を進めてまいりたい。幸いこの場に、講師と学問上の知人である岡山大学助教授広田昌希氏(17)も同席されているので、懇談に加わって頂きたい。

○　江戸末期の民衆がとらえ表現していった心の世界や、教祖が特に強調してきた心の特質と、それから他の文化圏、例えばヨーロッパの哲学で取り上げられて、それから主体の問題だとか、今日のデモクラシーだとか、共産主義だとかというものを生んでいった、心の特質との違いについておきかせ願いたい。

安丸　それは大変むつかしい問題で、ヨーロッパのことを専門にやっていないから的確なことは言えないが、かなり異なると思う。また、中国などとも異なると思う。自分なりにわかることを言うと、日本の方がある意味で唯心論的というか、心というものが大切なのであって、神はその心に還元されやすいような性質を強くもっている。ヨーロッパの場合は、どうしても心を上から見下し、支配している超越的な絶対的な神という性格が強くある。日本の場合はそれが、自分の内面にとりこまれていく、そういう意味で神の性質が、やさしい神というか、人間と和解するような性質が強いのではないかと思う。

そのような性格を規定するものとして、農耕社会という規定がある。農耕民の社会では自然、あるいは世界といってもよいが、そういうものと人間との関係は対立的というより、むしろ和解的、一致的という性格が強い。そういうことが、いちばん究極のところにあって、それがやさしく和解的な神、そして、結局は人間の心の持ち方によって、人間の運命がきり拓かれていくというような考え方になるのではないか。そこのところが、ヨーロッパの場合はもっと厳しくて、人間が努力しても必ずしもそういうふうになるとは限らなくて、もっと別に厳しい運命があるというような側面が相当強いのではないかと思う。

○　それに関連して、現代社会の社会構造のあり方は、どちらかというと、ヨーロッパからもたらされた社会構造、生産構造になっている。そういうなかで、今言われたような意味での心の世界が、働きをする可能性についておききしたい。

安丸　現在、近代の資本主義的な形をとった文明が、色々な形で行き詰まりを示していることから、人間と人間の新しい結びつきの仕方を求めるということがあって、東洋や日本のなかにある伝統などが新しく注目されている。ただし、その場合、東洋の伝統というと、禅宗や、古いインドの仏教などが考えられている。私などの考え方からいえば、江戸時代のなかごろから成立してきた民衆の、もっとわかりやすい、人々の現実の生き方を励ますに足るもののほうが、はるかに重要であり、注目されねばならぬのに、そうではなくて、もっと他のものが考えられているのは、非常に残念なことのように思う。

○　心の究極性が問題になっている地域として挙げられたのが、関東とか大阪など太平洋岸の方だけであったが、日本海側の方はどうなっているのか。

安丸　地域的には、もっと厳密に研究してみなければならない面があると思う。そういう適当な運動などを見つけ出すというようなことは難しい面がある。しかし、家訓が残っている例などはかなりある。大地主の家の場合でないと残らないともいえるが、その事例からすると、日本海側にもかなりあると思う。この問題は、大げさにいえば、学説のわかれるところである。心が究極的だとか、心の哲学が妥当するところは、日本中でなく、それはだいたい関東などに妥当するので、例えば、大阪の周囲には妥当しないという意見もある。あらゆる地域のことを調べることはできないから、具体的にその意見に反論することはできないが、一部にしか妥当しないという考えはおそらく正しくない。時期の早い遅いや、宗教運動との結びつきの有無というふうな違いはあるけれども、日本全体について一応いえると私は考えているし、そういう方向で考えていきたいと思う。

○　心の哲学が、神創造の契機としての重要な要素を占めるという点がたしかにあると思うが、逆に心の絶対視ということが、ある時期から神否定という要素に変わっていく事例があるか、そういった矛盾要素についておききしたい。

安丸　時代の問題もあるけれども、階層の問題もかなりあると思う。石門心学で心ということが主張されているが、しかし、そういうことは、例えば、中世末期の伊勢信仰、伊勢神道だとか、近世の初頭の林羅山だとか、その他の朱子学者だとか、そんな人たちがある意味では言っていることだともいえる。その場合には、神道と結びつく場合もあるが、より儒学的な言葉でいわれた場合は、非常に無神論的であるというふうなケースも多いと思う。石門心学の場合も比較的上層の町人であるから、この場合も一応無神論的な形ででてきていると思う。

ただ、庶民のレベルでいうと、社会のずっと階層の下の方の人間が、いっきょに自分の心が究極的だという場合には、やはり何か大きな権威を媒介にしなければ、そういうことはなかなか言えないわけであって、そこで神を通じていうことになったりする。だから、心の究極性ということと、神の発見というものが対応し合っているのが、一般的な形ではないかと考えている。

それから、庶民の場合には、石門心学の場合などのように、直接には神ということとは関係なくても、精神的な態度としては、非常に宗教的とでもいえるような態度である。例えば、宇宙の生命やこの世界の本質に対して非常に敬虔な態度をとっている。それは天地金乃神というような特定の神は信ずることはできないけれども、何かある本質的なものに対して敬虔な態度をとる、というような意味での宗教性というものは、ずっとあるのではないかと思う。近代のインテリなどの事例でも、そういうふうな意味での宗教性みたいなものはずっとあると思う。

○　勤労倫理による自己規制が支配体制に利用されていくという筋合いは、よくわからせて頂いたが、民衆が自立、あるいは主体的に自己形成していく時に、勤労とかの通俗倫理によらないで、自立化・主体化するという可能性が今日あるのか。あるいはやはりそういうものによらざるを得ず、そういうところで自立した上で、体制の問題を問題にしていくべきなのか。自分が自力で働いて浮上するしかない庶民のところで、自己形成が従来の倫理によらないでなされる可能性をどういうふうにお考えになるか。

安丸　それは非常に難問で、これから考えねばならないことである。今日いわれている一つの考え方として、日本人は非常にまじめに働くが、働くことは会社のために貢献することで、そのことのもっている裏側の意味を見抜けないようなことでは困る。むしろ怠ける方がいいのだから、怠ける道徳を作らなければならないのだという考え方がある。学生などにもそういう考え方がある。その自分の生き方を考えてみると、特定の企業に就職すること自体はどうも避けられない。しかし、その企業にベッタリになることは、自分としてどうにもがまんができないから、それを表現する仕方として、つかず、離れずというか、なるべくさぼって楽しくやる。会社に入ったらスポーツのクラブへでも入って……という。

現代の社会の仕組みからいうと、そういう考え方が出てくる必然的な筋みたいなものがあると思うから、理解できないわけではないが、やはり新しい世の中を作るということは、新しい倫理を作るということだと考えている。その倫理というのは、自分が働くということに意味をみつけられるような倫理でなければ、まずいのではないかという考え方である。

現在では農民たちが、働く気がしなくなったという仕組みになっているが、そういうふうなことは日本の社会にとっては非常に危機的なことである。まじめに働くことが幸せに通じているし、また、それは自分の幸せだけでなく、世の中全体の幸せにも通じているというような生き方が見つけ出されなければいけないのではないか。それがどういうふうに具体化されていくかは、よくわからないけれども。

○　教祖たちの人格が鍛えぬかれた人格であることが、普遍的にいえるといわれたが、自己を鍛えぬくことについて、おそらくその契機になったものがあるかと思う。それについて、例えば、家の制約といわれたが、何か宗教的なものとかかわって倫理的なものを志向するのではないか。そういう点で、色々な民衆宗教の教祖たちが、何を契機にして倫理的に自己を鍛えるという向きへ入っていったか。それから倫理的に鍛えぬいていった場合、いつまでも倫理実践ということではなく、どこかから宗教的なものに転換していくのではないかと思うが、それがどういう形で起きているのか。

安丸　まず、道徳的な自己規律が成立する契機には、非常に多様な面がある。例えば、性格による面もあるし、家庭の環境もある。それから比較的多いのは、非常に単純なものだが、寺小屋で習うそぼくな道徳とか教えがある。また、信仰心の強い人が多いという点はかなりいえると思う。だから、そういう諸関係のなかで、どういう要素がどれ位の重みをもつかということについては、あまり一般化して言うような内容を、今のところはもっていない。

それから後の方の問題であるが、教祖になるということは、ある意味で、生活者から離れるという性質をもっているから、その意味の徹底性をどこかで確立して、自分自身は、生産生活とか、日常生活を捨てて、教義を述べ、教えを述べるという、いわば専門人になる。生活は、俗にいえば信者からの寄進によって立てるという形が成立し、そういう意味で、生活的にも信仰的にも純粋化されるということが起こるのではないかと思う。ただ、それが何を契機にしてどうなるのかということは、もっと考えてみたいと思う。

○　生活労働体験を思想化、価値化していく場合、そのバックに既成の思想的な素地みたいなものがあると思うが、そういう先行の思想基盤についておききしたい。

安丸　具体的なことを明らかにすることは、実証的にはむつかしいと思うが、例えば、先程少し言ったように、米とか稲とかを尊重するという考え方が非常に古くからある。作物は、農耕神のおかげで稔るという観念も長い伝統がある。そういう観念の伝統を踏まえなければ、生活労働体験の思想化は、生まれないものだというふうにはいえると思う。日本の場合は、やはり農耕社会であるから、農耕に結びついた信仰の伝統が非常に長くあるということが、一般論としていえると思う。ただし、それを純化して、いわば原理にまで高めて主張するために、何が必要であったかといえば、先に述べたような問題があると思う。

○　労働体験を思想化する場合、生産者農民の生活の内実が、そのまま価値化されるのか、それともその間に距離があるのか。

安丸　農民の労働や生活の内実が、単に労働や生活の事実というのでなくて、価値的に眺められる伝統というのは、日本の社会では、農耕神を媒介にして一般的にあった。ただ、それは一般的な背景であって、労働と生活とかが、もっとも重要な価値だと主張されるためには、一般的な背景にプラスされる何かがなければならない。それがつまり民衆的な思想運動をした人たちの生活の規律、実践というものであって、それが間に入って、他に色々なことが加わる。例えば、おまじないというものがある。

しかし、一番重要なことは、農民なら農民が実践することであって、そのことによって、生産や生活を価値的なものだと見る伝統が原理化される。つまり、それこそが究極的なものであって、他のことがあるとしてもそれは補足的なことであるとされる。だから、生産者農民の生活の内実が「そのまま価値化される」という言い方をしたのでは、やや不十分な言い方になる。その間に、自己鍛錬や生活の規律の実践がいると思う。

○　民衆宗教を日本の思想史の上に位置づけていくことが、世界や東洋の思想史上にどのような課題を提起し、いかなる役割を果たすのかについておきかせ願いたい。

安丸　労働者や生産者としての民衆の生活内容が、価値的に考えられてくるような思想の系譜は他にはそんなに考えられないから、そういう生産主体としての民衆の立場からの思想化、論理化という問題をそこから考えることができる。そういうものは、日本の思想の伝統のなかでは、有力な流れとしてはないわけであるから、民衆的な思想運動の立場からその問題を考えていくことで、生産者の立場の意味を考えることもできると思う。それから、宗教がもっている人間のしあわせの問題のとりあげ方は、かなり独自のものであるわけだから、そういうことのもっている意味について考えていくことで、日本人の生活思想を発展させていく可能性もあると思う。

それから、もっと大きな社会的仕組みとの関連でいえば、宗教が社会なり政治権力なりに対してどのような自主性をもち得るかという問題もあると思う。もちろん宗教と政治ということについては、民衆宗教ということからだけ考えられるわけではなく、色々考える手掛りはあると思う。例えば、日本に仏壇と神棚と両方存在することを通して日本の社会を考えていくということもあり得ると思うし、日本の政治を考える有力な手掛りは、明治維新をはさむ宗教運動の性格とか、あるいは、明治政府の宗教政策との関係とかを考えていくことにあるのではないかと見当をつけている。

ただ、歴史家としては、そういうふうにいえるけれども、それを現代の思想状況や社会状況においてこの面は相対的な意味しかない、この面は絶対的であるとかいうふうに定義的にいうことはむつかしい。あまり軽率には言えないことであるが、歴史をやっている者としていえるのは、例えばこういうことだというふうな言い方をするまでで、問題を受けとめるのはそれぞれの立場で受けとめたらいいという気持ちでやっている。

○　民衆思想なり民衆宗教の研究をするについて、はじめは福沢諭吉や安藤昌益などの思想家の研究から出発して、それからだんだん民衆の方へおりていくという経過をたどる方が多いようだが、先生の場合はどうか。

安丸　そういう民衆への問題関心がどこから成立してくるかについては、色々な要因があるが、そのうちどれが一番重要かということは、反省してみてもあまりはっきりしないように思う。そこで、例示的にしかいえないが、今かかえている問題の研究を大学のころや大学院のころはやっていたわけではなく、大学院を出た位の時期から始めた。ただ、問題意識の片鱗のようなものがなかったわけでなく、学生のころから多少関心はあった。研究のレベルでは民衆思想のことを調べることが大事だという考え方は色々あって、例えば「思想の科学」の運動などはその一つの考え方で、そういうことに関心はもっていた。

しかし、そういう分野に自分のテーマを選ぶことになった大きなきっかけは、日本だけでなく、もっと世界史的に問題にされた近代化をめぐる論争であった。その場合、福沢諭吉であれ、明治期の指導者であれ、その評価に重心をおいて、近代化を問題にする考え方があったり、あるいは技術的な面で江戸時代の末ごろには西洋の近代の科学を受け入れるどれ位の条件があったとか、なかったとか、というふうな論じ方もある。また、歴史学の方では階級闘争というふうな論じ方もあるわけであるが、私にはどの論じ方もしっくりとは受けとれなかった。

ところで、江戸時代の後半は、地域によって違いはあっても、農村は比較的停滞期だと思う。江戸時代の末ごろには、荒廃した農村も出現してくる。農村というものがともかくも、日本の近代化を支える農村になる条件がどのように形成されたか、それが近代化の問題の非常に大きなかなめになるのであって、そこのことを考えていくことを基軸にして、近代化を考えるべきだ、という問題意識があった。

さらに、敷延していうと、世界のどの地域でも、農村の内部で新しい生産力が成立し、それに対応したものとしての新しい人間像ができる、ということが非常に重要な意味をもっている。例えば、後進国へ機械のプラントを輸出したら、そこで後進国が近代化するということは、ありえないことだというような考え方、どんな地域でも、新しい生産方の発展があり、新しい人間の形成があるはずで、そういう問題を基軸にして歴史をとらえるべきであるという考え方、これは重要な指摘である。

それから、少し別のことになるが大本教のことなどを研究してみて、後々の人はともかく、教祖といわれる人は、どの宗教の教祖も好きだった。教祖といわれる人の顔をみるだけでも、非常に立派な顔をしている。庶民の中から出てくる顔では一番立派な顔であると思う。

○　民衆は歴史の担い手、歴史の形成力だという民衆への期待と、民衆はいつも積極的に社会をリードしていくという形では歴史に関与しておらず、いつも後ろからついていって、ある意味では愚昧な目さきのことしか考えていないのが民衆であるという、民衆への失望とがある。その点民衆というものをどう考えられるか。

安丸　その問題は、私も自問自答しているけれども、確固とした答が出てきそうもない。私の考えの出発点に、今指摘されたような両面性への関心というのが非常に強かった。民衆の動きをほとんど無視して理論を立てるような仕方でも、あるいは逆に民衆を過大評価する民衆信仰みたいな仕方でもないような仕方で、民衆を考える考え方はないものかという問題意識は、ずっとあって、自分でもそれを考えてきたつもりではいる。ただ、民衆はそういう歴史の主体でありながら、実は道具にさせられているという関係を、全体としてとらえるのはかなり困難である。民衆は自分の生活のことについては、非常に合理的に筋道立てて考えるが、大きな仕組みについては考えにくいということがあるので、そこを社会科学的な眼で考えていきたいと思っている。

だから、金光教の教祖にしろ、安藤昌益などにしろ、小生産者の立場として考えてしまうのは、教祖に対して、あるいは安藤昌益に対して、やや失礼な大雑把なわり切り方ではあるが、そうすることによって、はっきりさせられる問題もあるのではないかということで、こういう問題を出しているわけである。小生産者などというと、一般の方には、やや見なれない概念の立て方であるが、社会科学的に発展させて色々な問題との関連を明らかにしていくには、そういうふうに考えてみることで、はっきりさせられていくような問題もあるのではないかと考えている。

〇　今までの歴史の指導者たちを中心に構成された政治史だとか、経済史上の歴史概念と、それから民衆が担い手となるというときの歴史概念と、二つの違った歴史概念というものがあるのか。それとも一つの歴史概念があって、歴史概念の構成要素として今までは指導者層や上層部を基準にして歴史というものを描いてきたけれども、今度は民衆の方へおりてみて、歴史概念というものを、もう一度吟味してみようということになるのか。

安丸　歴史意識というのは歴史の全体性(18)をとらえようということから生まれてきているのではないかと思う。あるいは歴史のなかで究極性をもっているものをとらえようとするのではないだろうか。とらえ方の内容が一番古い時代だったら、歴史を教訓としてみるということから始まると思うが、その他いくつかとらえる原理のようなものがある。そういうとらえる原理の歴史、むつかしくいえば歴史哲学の歴史ということなのであろうが、そういうもののなかで民衆がもっている両面性に注目しながらそれを事実としてとらえる考え方も一定の位置づけが与えられると思う。

〇　例えば、民衆が歴史というものはどうでもよいものだ、いくら学者が発展だとか、進展だとかいってもそんなことはどうでもいいではないかという、そういう見方のなかに一つの民衆の歴史概念というものがあるとみるのか。それとも、その人たちのなかには歴史概念や歴史についての考え方はなく、常に歴史のことを考えている私たちだけが歴史を担っているのだということになるのかどうか。

安丸　それは私は、歴史学をやっているから、歴史的にみればというふうな言い方になるが、言い替えれば歴史といっても人間の生き方とかというようなことだと思う。人間の生き方というものは、みなあるわけで、民衆は民衆なりに生き方があった。その生き方についての自覚ということのかなり重要な面を、私の場合には、歴史というような言葉で表現している。民衆の場合には、別に歴史というような言葉で表現していないことでも、彼らがどういうふうに生きていったらいいかというふうには考えている。だから、皆に歴史家になれ、というようなことをおしつけるつもりはないが、人間らしく生きていこうという一番根源的な願望がもっている意識を考えていくと、私のような筋道からも考えられるということを提起しているつもりである。

○　個々の実践徳目を基礎づける原理が国家からくるのか、それとも信仰内部から呼び起こされてきたのかという点に関して、その原理を国家に譲り渡すことは、宗教という立場の放棄であるということについて、もう少し説明して頂きたい。

安丸　この問題は色々な形で歴史的に存在したと思う。一番典型的で有名なものとしては、内村鑑三[19]をめぐる色々な事件がある。教育と宗教の衝突である。これは、ここにおられる広田氏の専門で、私はあまりよく知らないけれども、この事例で言うと、井上哲次郎[20]という人物がキリスト教を攻撃した。その論理はキリスト教にはキリスト教の神があって、それが超越的な一番偉い神様だから、国家、天皇をその下におくことになる。それで国家というものを相対化し、絶対的なものを他においていると言った。

それに対して、キリスト教の方からの主要な反論は、たしかに絶対神をもっている点で、国家の定義しているものと違うといえば違う面があるが、そういう神の信仰に基づかなければ、本当の日本の国民にふさわしい実践論理は形成されないのだという論理の立て方だったと思う。内村鑑三はそういう立場から井上哲次郎に対して、かなり手厳しい批判をするわけだが、その批判の内容をこういうふうに言っている。「これは教育勅語との関係を念頭において、足下の職を奉じている帝国大学においても、あるいは、井上哲次郎が賞讃している仏教の各派においても、現在の実情をみてみると、自分は二、三日かかってもあなたが読み切れない位の、非国家的、反勅語的な醜聞怪説を、あなたの前に示すことができる。それだけでなく、もし多少とも復讐の念をもって、井上哲次郎、あなたの行状について、新聞や雑誌に書いてあることを拾い出せば、井上哲次郎自身が、勅語の精神とまったく違った偽善的な人間であることが暴露できるはずだ」というような反論の仕方をした。

つまり、勅語に反論したのではなくて、勅語の精神を守っているなど言っている奴は、本当は守ってなくて、あなたの攻撃しているキリスト教の方こそ、そういう道徳を守っているのだという立場で反論した。そして、実際キリスト教は、新しい人間の内面から湧き出てくるような道徳を人々に説得するという性質を、少なくとも明治の一〇年二〇年代にはもっていたと思う。

だから、そういう意味で、現象的にみれば、たしかに内村鑑三やその他の人が言ったように、教育勅語と、キリスト教の道徳は一致するともいえるが、しかし、内村の例で示したように、そういう道徳を一生懸命実践していた立場からは、井上であろうが、文部省であろうが、仏教であろうが、批判することができることにもなる。そのときに、政府の偉い人だからとか、極端にいえば天皇だからとか、という理由で批判をしなければ、それは原理を譲ったことになると思う。宗教の立場に立っているのだから、その実践道徳についての批判はどこまでも及ぶはずで、そういう意味では容易に不敬になり得る。明治の体制のなかでは、宗教は国家に関係したものが非常に大きな比重を占めていたが、まちがったものや、偽善的なものを目の前にすれば、必ず批判し得る可能性を自分の方に確保していたかどうか、その可能性を守り抜くかどうかという点では、内村鑑三はかなり守り抜いたと思う。

しかし、明治期はそうであったが、日露戦争後、非戦論の問題が終わってからは、内村は信仰の内部の方に向かい、社会的な問題についてあまり発言をしなくなる。その意味では、ちょっと遠慮した立場になって、社会とつじつまを合わせたともいえる。そのように可能性としての批判者の原理をずっともち続けるかどうかを、私としては問題にしているわけである。

政治運動だから、いま政権をとっている立場に対して、いつも批判していく、たいして批判できないことでも批判していかなければならない、そうでなければ自分の立場は勢力拡大できないとか、そういう問題があると思うけれど、宗教には決してそうした義理合いはないと思う。現在の政治体制を受け入れようと少しもかまわないわけだが、しかし、それは無条件に受け入れるのではなくて、それがまちがったものになれば批判していけるという原理性みたいなものをもつかどうかということは、重要なことではないかと思う。

広田　この世のあらゆる価値を超越する神の存在を認めているということがありながら、国家の方が上になるというのは、それ自体矛盾である。そういう意味では、国家の掲げるものと一致したらいいけれど、一致しないときに、国家につくときには、宗教を失うことになるのではないかと思う。

○　歴史的にみた場合、宗教の自立の可能性はどのような形であり、また、それがどうして挫折したのか。そして日本社会の「非宗教性」はどうして形成されたのか。

安丸　日本の社会をずっとみわたした場合、日本はわりと非宗教的社会だと、一般的に言われているのは、そうたいしたまちがいではないと思う。ただ、そういうふうにみえるのは、宗教が自分の活動範囲をせばめた結果そうなったと思う。例えば、幕藩体制ができるころのキリシタン、一向宗、不受不施派などのことを考えてみる。幕藩体制がそういう宗教を非常に弾圧した結果、日本の社会のなかで仏教は葬式関係ということにだけ退いた。

もしそういう宗教弾圧が行われなくて、宗教がどんどん発展していれば、宗教はもっと社会生活の倫理領域にも大きな影響力をもっただろうし、それから政治思想としても大きな意義をもちえたかもしれないし、その他いろいろな意義をもちえたと思う。事実、宗教を通じて、社会とはどういうものでなければいけないとか、人間の生き方というのはこういうものでなければいけないとかという問題について根源的に筋道ができかけていたのに、宗教弾圧で葬式仏教というかたちに押し込めてしまったから、日本の社会は、一見すれば非宗教的なのであり、また現世的なのである。

鎌倉時代の仏教[21]が出てくることを通じて、政治権力から自立してくる可能性が生まれていたにもかかわらず、幕藩体制が成立することによって、宗教的な自立の道が失われたということを言っているつもりである。

○　橋川文三氏[22]によると、明治の国家権力が成立してくると、そこにでてくる民衆は、前々の民衆と違って、権力との関係によってたちが悪くなるというか、自分の魂まで売りわたしてしまうようになる。江戸の民衆はもっとしっかりしたものをもっていた、そういう評価をしている。自立ということに関していうと、鎌倉時代以降だんだん民衆がばかになっているのかどうか、そういう民衆観ということについてどういうふうに考えられているか。

安丸　橋川氏がとらえている民衆というのは、昭和初期の民衆のイメージが中心になっているのではないかと思う。橋川氏は、だいたい丸山眞男氏の系統の方であるわけだが、丸山氏の系統の学者には、昭和期それも太平洋戦争の時期の民衆と権力との関係からとらえられた民衆のイメージが比較的強くあると思う。そのことと関係して、彼らのグループの学問は、むしろ太平洋戦争中における日本の社会に対する批判の学問として、戦争直後の一〇年あまりの間につくられた。

しかし、私たちからすれば、そういうふうな学問は、非常に高度な学問であり、その意義は認めなければいけないが、幕末から明治の一〇年から二〇年ぐらいまでの社会的な変革期の基礎には、やはり民衆の自立の問題があったのであって、歴史的にとらえれば簡単に、橋川氏のようにばかりはいえないのではないか。歴史学をやっている人たちは、どちらかというと、もちろん民衆というものの中身は違うが、民衆の歴史の上に果たす役割について、江戸時代のなかごろからの民衆の大きな動きというものをプラスの面で高く評価する。丸山氏などのグループより高く評価するとらえ方になっている。

歴史には停滞した時代と変革の時代というものがあって、たしかに、ある時期ある意味で民衆が非常に従順になり、むしろ支配体制をすすんで受ける場合もあるし、他方で変革期の場合には新しい思想が形成されるということもある。だからといって、そのことによって民衆の在り方に優劣をつけるのは単純化のしすぎであって、その問題は社会的な状況との関係で考えるべきだと私は思う。

室町時代の末ごろと江戸時代から明治の初年と昭和のはじめごろと現代と、どの時期が民衆の自主が強かったかというようなことは、簡単には単純化できない。例えば、武力を使って権力者に対して闘争することができたかという基準を使うと、考え方にもよるが、一向一揆などは完全に武力を使って、武力集団として闘争していたわけである。それから、江戸時代の百姓一揆は、暴力的といえば暴力的だが、武器というものは使わない。家はめちゃくちゃに壊す、そのための色々な棒だとかは使うけれど、人を殺す道具は使わない。それから自由民権運動時代のころは、一応言論を武器にする。

そういうふうに考えれば、権力者に対する闘争の仕方はだんだん低下してきたといえなくはない。しかし、それはそういうふうにだけ考えるから、話が単純化されるのであって、現代では、個人でも裁判所に対して訴えて、最終的には国家と争う権利みたいなものをもっているわけだから、そういう意味では、自立の可能性が増大してきている面もあるわけである。そのように、民衆の自己主張の形が歴史的に色々変遷してくるわけだから、そういう変遷のことを考えないで、あまり単純化すると見当はずれの議論に終わるのではないかと思う。

○「民衆が生活・体験を思想化するチャンスは少ない」という時の思想化という概念についてであるが、思想化することの条件に何があるか、思想化してどういう意義があるのかなどについておききしたい。金光教でも金光教祖の教えを一つの思想としてとらえるというような考え方は、実は岩波書店の『民衆宗教の思想[23]』という本に収録されてみて、はじめてそういう面から見直すという必要性を感じさせられているという実情である。

安丸　私は、少なくともここでは、思想化ということを、あることを主張することが価値があると思って、例えば、文章にするというようなことをかなり重視して考えている。だから単なる事実そのもの、体験そのものではなくて、それが価値化されるとか、あるいは、他の人にも普遍的に意味をもちうるものとして把握されるとか、というような一番初歩的、原初的レベルで考えているわけである。言葉に表現してそれを他の人にも伝えるべきだというふうに民衆が考えたとすれば、それはそれで、庶民の生活者としての立場から見たら、大きな飛躍だと思う。

民衆は色々な権威、例えば、政治的権力者なり、あるいは呪術的な山伏なり、そういうものから教えられるものであって、自分が教えるものであるとは思っていないから、民衆が自分の言っていることが、他の人にも通用するはずだ、そういう意味で言葉として定着させ、他の人にも伝えねばならないと思ったら、それはやはり思想化だと思う。そういう初歩的なレベルでここではいっている。そういう思想化は、かなり特殊な条件がなければできなかったのではないか、という気がする。神がかりすることなどは、そのための非常に大きな条件になる。

それから『三浦命助獄中記』(24)などというのは、彼がとらえられて家の生活が心配で心配でしょうがない、自分がいないのに、なんとかして、家族の生活をさせるためにはどうすればよいかを実際の行動ではなくて、言葉として一生懸命考えなければならないという立場に追い込まれたことから思想化したものである。

○　思想化する場合、歴史事実があったかどうかというよりは、思想としてとらえうるかどうかということになるのではないかと思うが、思想としてとらえるというのと、歴史事実としてとらえていくこと、あるいは、思想史研究と歴史研究とは、やはり違うのかどうか。

安丸　それは方法論のレベルでは、抽象レベルのむつかしい問題だと思うが、思想史研究と歴史研究とは、かなりダブっているが、少しずれていると考えている。ずれているというのは、非常に価値みたいなものがはいってくるから、歴史的には影響は少なくても、価値的には意味があるという理由で取り出して研究することになる場合も十分あり得る。歴史の大きな仕組みそのものの研究のなかにおける思想の機能の研究という領域も含まれるが、それだけではないと思う。

○　民衆といっても、一方では思想化でき得ない大多数の民衆がいて、呪術的な世界で生活しているし、また一方、一部の人々は内面性をとぎすましていき、教義を誕生さしていく。その場合、後者の思想化しうる民衆のところでは、呪術性というのは、一体どうなっているのか。また思想化しえない大多数の民衆もそういう思想化しえた人々へかかわっていくわけだが、そのかかわりのなかで呪術性はどうなっていくのか。つまり、思想化という場合の呪術性と内面性の関係についてお尋ねしたい。また、教団という一つの組織になったとき、その関係はどうなるのか。

安丸　まず、思想化しうる人間の方から考えてみると、金光教の場合などは非呪術的といえると思うが、民間で行われている宗教運動の場合は、それに比べてはるかに呪術的なものが残っている例が多い。ただその場合、古い呪術がそのまま残れば、それは宗教とはいえない。宗教となる場合に何が起きるかというと、呪術が単純化され、あるいは多くのなかから一つ、二つの少数に限定されて、そのかわりその点は非常に強調されてくるということが起こる。

例えば、ある所の土は万病に効くとか、教祖が手を当てればすぐ治るとかという具合いにである。そして手を当てるということは、思想的にはこういうふうな意味があるのだというような説明が行われていく。そういう呪術の単純化、簡素化が行われないで、古い呪術がそのまま維持された場合は、それは思想化とはいえないのではないかと思う。

それから、一般の信者との関係になると、問題はもっと複雑になってくる。教義を作った人の立場からいえば、全く非呪術的なことであっても、例えば、手を当てるということは形式的なことなのであって、本当は心の方が大事なのだと教えても、受け止める側は、手を当てるという動作で受け止めるから呪術的な受け止め方をされていって、教祖がしたほど、内面化されないで一般的には受け止められていく。そういうことは非常に多く起きていると思う。しかし、それでも全然内面化がなされないかというと、手を当てることを説明する際には、やはり心の中への働きかけをするわけで、そういう思想化の要素も働いている。

そういう問題は、金光教の場合は、あまりシリアス（重大）な形では生じないのではないかと思うが、とくに世直し運動型の宗教には非常にシリアスなかたちで問題になっている。例えば丸山教なんかは、ある意味では唯心論的だともいえるが、実際には信者の受け止め方は、強い危機意識と結びついているから、非常に奇妙な話と危機意識がくっつくような形になっていて、呪術的なものの占める割合は、非常に大きい。

○『三浦命助獄中記』が思想的にできあがっていく中身についてきかせてほしい。

安丸　三浦命助は、喜永六年に岩手県南部藩の一揆を指導した人である。南部藩は非常に激しい収奪をする藩で百姓一揆が江戸時代一番沢山起こった藩である。この一揆も非常に大きな一揆であり、一揆そのものは勝利を占めた。そして、幕府も農民の側が正しいと認めたものであるから、藩は一揆を起こした農民を処罰することができなかった。しかし、三浦命助には非常にうらみがあるから、三浦命助だけ口実をもうけて、ともかく捕えて裁判みたいなこともせずに、牢へずっと入れておいた。そのために普通の人はみな、一応助かって、生活はかなり楽になったわけであるが、命助の家だけは、中心的な働き手がなくなったものだから、非常に困難な生活条件になった。

そこで、彼は家族の生活の仕方をこうしろとか、ああしろとか、帳面に書いて、それをひそかに家族に送ったわけである。これが『獄中記』と呼ばれるものである。『獄中記』というのは、あとで名付けられたものであって、そう呼ぶのが正確かどうかわからないが……。このように非常に追い詰められた立場で書いたものであるから、江戸時代の農民の意識としては、かなりつきつめられたものが表現されているのではないかと考えられるわけである。

例えば、彼は農民であるのに、田畑などは売ってもいいと書いている。田畑を売るよりも、まじめに働くということが大事なのだ、働くことができれば、きちんと生活ができる。ただ働く場合には、色々頭を働かさなければいけない。有利な作物を作らねばいけない、あるいは技術を身につけるようにしなければいけないというふうなことが書いてある。それから、一家の主人を失って、非常に苦しんでいる家のことを思いおこしながら、そういうふうにしてよく働き、技術を身につけて、その成果の上に立ってお金を十分に使え、そして健康な幸せな生活をしろ、健康な生活、幸せな生活こそが、人間にとって尊いものだというようなことを書いている。

あるいはまた、講演で申した「心」ということに関係していうと、毎日神様を拝め、しかし、どこかに神様があるのではなくて、自分の魂を拝め、自分の魂を拝むことを通して、それがおそらく労働などの支えになるというふうなことを書いている。だから拝むというのは、自分の魂を拝むということである。休日なども自分の魂を拝むための休みだから、自分の魂のことを考えながら休め、早く寝てゆっくり休めというようなことをこまごまと書いている。論理化されてはいないが、そこには封建社会の建前とは違った民衆のものの考え方というものがある。これは獄中に入らなければならないという条件がなければ、おそらく残らなかったと思われるが、そういう非常に追いつめられた条件のなかで、家族に対する教えを書いたものとして評価しているわけである。

○　『金光大神覚』について、その執筆の動機は何かということがずっと問題になっているが、一般的にいって何が動機になっているのか。

広田　『獄中記』にしても、いわゆる今までの学者の言っていることではだめだ、というところがあり、そういう意味では、自分の獲得したものとは違うのだという自己の峻別というものが一つの衝動となってはいる。だから、今までの学者はみなうそばかり言っているという批判が、まさに自分の思想化できているというところから出てくる。しかし、その思想化というものは、今までの学者がいっている沢山の複雑な仕組みを全部自分が乗り越え、消化して言っているわけではないから、どこかでジャンプしないとだめなわけである。したがって、ジャンプの中身には、呪術的なものなども色々入ってくるわけである。『金光大神覚』でも、やはりそうだろうと思う。

鶴田《たず た》騒動で活躍した本多応之助は、『阿呆陀羅経』をまさに騒動のさなかで書いたが、(25)『阿呆陀羅経』という形態は、いわゆる民衆の表現形態として、お経の文句を借りて述べる伝道的な様式である。そこに表現されていることの中核となっているものは、やはり道徳心である。「獄中記」でも、それから『金光大神覚』でも、生活の具体的な処理の仕方というのは、非常に合理的に述べられており、『阿陀呆羅経』でも、きわめて合理的な思考がある。

○　合理的思考は幕末のある時期から、顕著な傾向として民衆のあいだに出てくるのか。

広田　いわゆる生活のまわりについては、ずいぶん合理的ではなかったかと思う。ただそれが複雑な社会の仕組みの問題になると、解決しにくいから、呪術的なものかなにかでジャンプしようとしたのではないか。

○　自分のつかんだ世界観というか、思想的なものと、情念とか怨念とかの世界が、教祖の場合はどのような関係にあったか。例えば、『ヤマザキ天皇を撃て』(26)という本がある。あのなかで、著者の奥崎氏が天皇制に問題をみた。これもやはり世界観なり、思想なりだと思うが、そこには天皇制に対する怨念みたいなものが基盤にあると思う。そういう怨念的なものと思想的につかんだなにかとがあって、それが書かせたのではないか。情念的なものは、表面には見えないし、つかみにくいけれども、やはり民衆が筆を執るという、一つの飛躍が起こるについては、不可欠なものだと思う。

安丸　その問題はたしかに大きな問題だと思う。日本の民衆の場合、わりあい平明な道徳として表現されるから、その平明な形のなかには、そういう情念だとかはあまりなまの形では出てこない。むしろ、それを押さえるタイプの道徳があってそれがどういう複雑な構造をもっているかということがなかなかわからない。しかし、情念がバネにならなければ、思想的エネルギーは出てこないわけだから、そこのところをどう考えるかというと、むつかしい。

○　情念的なものが、おそらく思想的につかんだものと表裏をなしていると思う。金光教の場合、それは人間の神への無礼というようなものではなかったかと予想される。教祖のところでは、その点が明治六年ごろからはっきりしてきている。

○　今の問題にかかわって、民衆というものの、その時代の神に対する意識や在り方について尋ねたい。教祖が『覚』を書いた一つのきっかけには、一カ月間布教を差し止められたということがある。その差し止められたということを、どのようなことととして通ったかということはわかりかねるのだが、それから三年ほどのちに、息子に対して、「懲役場におると思うて、手習い」せえと言っている。そこから考えてみると、一生懸命布教してきたことが、差し止められるということは、ある意味からいったら、世の中のためにしたこと、お上に対していいことをしたことが、逆に悪いことをしたことになっており、そのことに対して、教祖は何か生活意識のつらさみたいなものを感じている。その点、三浦命助のような仕置きにあった場合、民衆の意識レベルの受け止め方はどうなのか。

安丸　多くの事例は知らないが、大本教などでも、おそらく警察の留置場に入れられて、そこでくぎかなにかで書きはじめたのが教義的なものの最初らしい。大木教は最初からあやしい宗教だとみなされていたから、弾圧もはじめから厳しかった。もし、神がかりした神の言葉が順調に伝えられて病気が次々に治っていけば、それはそれとして発展していくわけであるけれども、やはり、そこに色々な形で外部からの干渉が行われ、挫折の契機がはいるということが、教義的、原理的なものにしてあとに書き残したいというような姿になってくるのではないかと思われる。

○　本教（＝金光教、以下同）における教祖の生き方を見ていると、信心生活そのもののなかに一つの論理性がある。

だからそれは普通の思索のなかから出てくるものではなくて、ある意味において思慮や判断を越えて人間が生きぬくところから出てくるものである。しかも、そこに持続があり、関連があり、その関連や持続を追っていくときには普通にいう思想とは違うものであって、ある論理性をもったもの、そういったものがあるような気がする。

教祖の「この方がおかげを受けたことを話しにしてきかす」ということは、実際自分の生活のなかで信仰体験として得られたものを語るということであるから、論理というよりも、むしろ生活内容といえるもので、しかもそれは、その時その場の無軌道なものではない。教祖ほどに、自らの生活において、（ここで自らといっても自分だけでなくて自分のなかへ入り込んでくるもの、自分から出ていくものも含めて）人間が生きるというところをずっと細大もらさず求め続けるという姿になってくるとき、そこには生きた脈絡がある。その体験を常に話すのだというようなことになってくる。

したがって、きわめて合理的だということはあるけれども、しかし、合理性のゆえに教祖の信心が成り立つのではない。もう一つそこには実際に自分自身が生きている。そしていろいろな苦難を受けている。けれども苦難の受け方もだんだん変わってくる。それは生き方との関連というものを、追い求めていったところに出てきているのであって、そういうところに、単なる知能だけではいけない、知恵、力だけではいけない、というような否定面が出てきている。

そうかといって、それなら理屈に合わないこと、きわめて神秘的なことだけ言っているのか、呪術的なものなのかといえば、むしろそうでなくて非常に合理的である。合理的なということは、そういう生活内容を通して出てくる生きたつながり、いわば生活論理というようなものがそうだといえばいえるのではないかという気がする。だから、思想化ということが、どういう形になればいいのか、合理性だけをとらえてみて、そして教義化すると、非常に浅薄な金光教になるという気がする。むしろ生活内容を通してとらえられる内部関連、その生きた脈絡、それを追求せずにいたのでは、思想化といえないのではないかと思う。そうしたものとしてとらえないと、金光教の信心の生きた姿がなくなるのではないか。単なる思想としてとらえるというのではいけないのではないかという気がする。

安丸　おっしゃる通りだと思うが、私の言い方でいえば、金光教の場合でも他の場合でも、教祖の生活のなかから作られた人柄みたいなもの、自然な説得力みたいなものが非常に強い影響をもっていたと思う。会って話していると、自然に自分の心がやすらぐというか、あるいは自分がしゃべらなくてもなにか伝わってくるというような、そういう人柄だったろうと思う。それは教団の創始者たちや、あるいはそうでなくても、生活のなかで錬られてきた不思議な人間の力みたいなものをもっている人は、非常に沢山いたのではないかと私は思う。金光教の場合もそういう説得力がおそらく基礎になっているのではないかと思う。

私たちはなんといっても普通の庶民の生活から離れて、学内で暮しているから、そういう人柄のもつ説得力については、非常に鈍感になっているけれども、宗教運動の場合には、おそらく、そういうものが基礎にあるのではないかというふうに思っている。

ただしかし、それが言葉にならない場合には、その人と直接接した人々で終わってしまう可能性が強い。もちろん次の人から次の人へというように伝えられていくということもあるけれども、それではやはり範囲が限定されやすい。そういう意味で言葉にするということは、より普遍的なものにするということであるが、とはいえ非常に無理なところもある。つまり人格的なものを、言葉にするわけであるから、そこには飛躍があって、やはり断絶があるわけである。しかし、そういうような飛躍をすることでしか伝えられないという局面もあるという。そういうことを言っているつもりである。

○　教祖の場合は、教祖自身、そのことのよってくるところを、また、それがどう動いていくのかをずっとみつめつつ生き、生きながらそれを見ているという気がする。それがずっと関連をもってなされている。はじめのうちは「凡夫相わからず」ということで何もわからないのだが、それからいろいろな体験を経てくるうちに、何か底にあるといったようなものがだんだん浮かび上がってくる。それをずっと自身で追求していっている。だから、人に対して話すときにも、今言えないといえば言えないはずのところが言えている。言えているのは、自身が事実をいつもみつめながら動き、動きながらみつめているという面があるからである。

こういうことは『金光大神覚』が出てから、私にはっきりわかるようになった。それまでは教祖の言葉を伝えた人ばかりの話であったから、わからんところばかり出てくる。『覚』が出て、教祖が生まれてから、六十数年という間のことを、ずっと書かれているのを読むと、なるほど「凡夫相わからず」という何も知らないというところから、色々なことがずっと出てきておるのは、単なる頭からではなくて、生活実践的に追求し顕現していき、実現するというようなことを通してであることがわかる。それをまた、他人のところに取次ぐというようなことになっていくのだという気がする。

だから、教祖のところではそれまで追求ができていたものが、他のところでは、厳密な追求はできないが、それをしなければ続かない、途中でやめたら、それで止まってしまう。しかし、教祖に続く人だけで、やはりあとを続けている。そういうことが皆にできるわけではないが、それが主流として今日までずっと生きているような気がする。そういうものをどのように考えたらいいのか。

だから、本教における教義化というものが、私は問題だと思う。教義化する場合、科学的、一般的に言われているものの抜きではできない。しかし、抜きではないが、本教の中身はそれだけではないものがあるという気がする。教学といっても、本教の教学は一般的なものでないものを抜きにしたら、単なる他の科学をもって説明しただけだということで終わる。そういう教学ではいけないという感じがする。

○　その点、思想ということの概念規定にもよると思うが、信仰内容の思想化や教義化、宗教の合理性という問題について何か……。

広田　私が、さっき合理的といったのは、合理的だからよくて、合理的でないから悪い、ということではない。全体的には、しいて宗教も思想といえるというぐらいの感じでいる。いわゆる世界全体をどう見、どう生きていくかという、そういう問題だろうと思う。そのなかで、すべてが百パーセント合理的になるかというと、これはなかなかむつかしい問題があって、一概には片づけられないと思うのでその意味で合理的なものであれば、すべていいというふうに考えているのではなく、むしろ非合理的なものが、非常に大きなジャンプ台になっている場合が多いと考えている。

しかし、そういう非合理的なものを、現代において、言葉を媒介にして伝達することは、非常にむずかしくなっている。しかも、教義として教義化すればするほど、なにか世界全体の中の一部の要素しか、すいあげられないということがある。

○　政治と宗教について、内村鑑三のことを例に話されたなかで、彼が日露戦争の非戦論あたりから、対社会発言が後退したというようにきいたのであるが、それまでの教育勅語の問題だとか、足尾鉱毒事件での動きだとか、あるいは、日清・日露戦争での動きだとかをずっとみていくと、非常にジャーナルな問題に、なまの政治の次元で内村自身がかかわっていった顕著な傾向が見られる。それがあれからあとそういうジャーナルな世界から身を退いていき、そして聖書の研究というものに没頭していく、そのことをさして後退といわれたのか、またそれを後退とみるとすれば、どういう理由からなのか、その点をおききしたい。

安丸　私自身そのことを詳しく勉強したわけではないから、結論は保留しておきたいと思う。社会的な問題についての発言があまり顕著でなくなったということがたしかにあると思うのだが、ただそれだからといって、単純に後退というふうにいったのでは、けりがつかない問題は、当然あると思う。そこのところは将来機会があれば検討してみたい問題である。

○　民衆の思想が支配体制のイデオロギーへ組み込まれていきやすいところがあるわけだが、その点、教祖の場合、四二歳のところで、実意丁寧という倫理的な実践からの飛躍があって、以後、後年になるほどだんだん社会への批判的な眼が強くでてくる。ところが今日我々のところでは、やはり倫理的な実意丁寧という次元に留まって、倫理実践を越えた領域へ入りかねており、体制への批判的な眼を生む信仰的根拠が十分でないのではないかと思う。

安丸　私がいってみたかったことは、実意丁寧神信心というのは偉大な教えであると思うが、実意丁寧ということは、ある意味で日本人は皆そうだと思っていたことである。だから。そういう意味でいえば、別に金光教だけに特有だということではないが、それをいわば原理化したところに非常に重要なところがある。

それから、もう一つは、実意丁寧といわれても、それが悪いことだとはだれも言わないであろうが、そのことだけから、今日のような色々な仕組みを考えていくことは非常に困難になっており、普通の人に実意丁寧といっても、そんなことといわれたって、というふうに言われてしまうような性格を、現代社会のなかではもたざるをえないということがあるのではないかと思う。

それは別に実意丁寧だけではなく、親孝行でもいいし、親切にしようということでもいいわけだが、そういう日本人が長い間守ってきた社会的道徳規範のようなものが、風化するというような状況が非常に強くある。そうすると倫理規範の原理化のようなものから進められてきた宗教、民衆宗教はある意味でみな特にそうだと思うが、そういうものはやはり新しい問題をかかえこまざるをえなくなってくるのではないか。

それはやはり日本の社会が当面している大きな問題であって、一つの宗教だけがスパッとした答えを出すというのは非常にむつかしいことだと思うし、別にそれは宗教だけの問題ではなくて、私なら私の問題でもある。我々がこれまで普通に、常識的に考えてきた生き方のなかから、単純に未来の生き方を見いだすことはできないのではないか。しかし、そこに基礎は多分あるだろうけれど……。そういう困難な状態のなかで、私らはものを考えているのではないだろうかというあたりまでで発言を留めたい。

【注】

(1)　斎藤重右衛門（一八二三―一八九五年）。最初期の金光教信者。笠岡（現在の岡山県笠岡市に相当）で熱心な布教活動（取次）をおこなった。教祖ひとりのみならず、斎藤のような篤信者たちにも、生き神としての「金光大神」の神号が与えられたことも、金光教の特色のひとつである。

(2)　「世直し」とは、貧困や圧制からの解放をねがう民衆の社会変革思想のこと。日本では江戸中期から明治期にかけて、「世直し」を謳った農民一揆や打ちこわしが頻繁に発生した。しばしば、終末論的な色彩を帯びた宗教的形態をとる。安丸良夫とひろたまさきは、伝統的なミロク信仰から近世の富士講をへて天理教、丸山教、大本教といった民衆宗教の成立へとつらなる「世直し」の系譜を見出している。安丸良夫・ひろたまさき「『世直し』の論理の系譜――丸山教を中心に」安丸良夫『日本の近代化と民衆思想』青木書店、一九七四年（平凡社ライブラリー版、一九九九年）を参照せよ。

（3）石田梅岩（一六八五―一七四四年）は、江戸中期の京都にあっておもに比較的裕福な町人階級に向けて実践的な道徳を説いた。これを「石門心学」と呼ぶ。「報徳社運動」とは、二宮尊徳（一七八七―一八五六年）が説いた報徳思想の実現を謳った結社運動である。幕末から明治にかけて静岡県を中心に広範に展開した。二宮と同様、江戸期の農民指導者であった大原幽学（一七九七―一八五八年）は「性学」という禁欲的な道徳を説き、農業協同組合の先駆とされる「先祖株組合」を結成したことで知られる。

（4）天理教の祭儀「つとめ」をおこなう際の地歌となるもの。教祖・中山みき（一七九八―一八八七年）によって書かれた。

（5）大本教の開祖・出口なお（一八三七―一九一八年）が神憑りの状態となり自動書記した、同教の教議書。文盲であったというなおの筆先は平仮名と漢数字のみで記されていたが、出口王仁三郎（一八七一―一九四八年）がそれを漢字仮名交じり文に改め、『大本神諭』としてまとめた（現在教団の教典となっているものは、大本祭教院編『大本神諭』全五集〔大本教典刊行会、一九六八―一九七一年〕）。王仁三郎の口述筆記『霊界物語』とともに、大本教の二大教典とされる。

（6）江戸期に関東を中心に流行した、富士山を聖地と仰ぐ民間信仰。食行身禄（一六七一―一七三三年）は、富士講中興の祖とみなされる行者である。食行は従来の富士講信仰のありかたから呪術的要素を取り除き、仙元大菩薩と個人との一体や実践的な道徳を説いたとされる。食行の入定後も、富士講はその弟子たちによってさかんに広められ、「江戸八百八講」と呼ばれるほどの流行をみせた。明治期に入ると、富士講各派は実行教、丸山教といった教派神道としてみずからを再編していくこととなる。

（7）武州足立郡（現在の東京都足立区）の神職・井上正鐵（一七九〇―一八四九年）が創唱した、禊祓の行法を重視する神道。一八七二年「吐菩加美講」として明治政府に布教を公認され、のち一八九四年に教派神道一三派のひとつ「禊教」として独立した。

（8）金子大栄（一八八一―一九七六年）。真宗大谷派僧侶・仏教学者。清沢満之（一八六三―一九〇三年）の影響を受け、清沢の主宰する雑誌『精神界』の主筆を務めた。著書『浄土の観念』（一九二五年）が教団に「異安心」だと問題視され、当時教授職を務めていた大谷大学から追放された。

（9）三矢田守秋「教祖一家の農業経済についての一考察――近世大谷村農地の実情」（『金光教学』七、一九六四年）。

（10）安藤昌益（一七〇三―一七六二年）。江戸中期の医師・思想家。八戸藩で町医者を開業し、のち故郷の秋田藩に戻る。封建社会を批判し、農業を基本とする万民平等の理想社会を説いた。著書に『自然真営道』（一七五三年）などがある。

（11）「水戸学」とは、二代水戸藩主・徳川光圀（一六二八―一七〇一年）による『大日本史』編纂に端を発する、江戸期の政治思想。とくに同書編纂事業を中心とした学問状況のひろがりを指して「前期水戸学」、九代藩主・徳川斉昭（一八〇〇―一八六〇年）が登用した藤田幽谷（一七七四―一八二六年）、会沢正志斎（一七八二―一八六三年）、藤田東湖（一八〇六―一八五五年）らの学風を指して「後期水戸学」と呼び分けることがある。「平田国学」は、平田篤胤（一七七六―一八四三年）が唱えた独自の神秘主義的国学思想。後期水戸学、平田国学のいずれも排外的・復古主義的な思想を強く主張するもので、幕末の尊皇攘夷運動や近代天皇制下の国民教化政策に大きな影響を及ぼした。

(12)「不受不施派」とは日蓮宗の一派で、「法華経」信者でない者からは布施を受けず、また供養もしないとする。江戸期にはキリスト教とともに弾圧の対象となった。「蓮華往生」とは、仕掛けのある蓮華の台座に信者を乗せ、周囲を取り巻いてさかんに読経しながら台座の蓮華をすぼませて信者を包みこみ、槍で刺し殺して往生させるというもの。寛政のころ、上総国で日蓮宗の異端僧らによっておこなわれたといわれている。

(13) 一八七〇年に宣布された「大教宣布の詔」では、天皇に神格が与えられ、神道を国教として定めるという「祭政一致」の方針が打ち出された。朝廷儀礼から仏教色が一掃されるなど、神仏分離・排仏毀釈の諸政策が実施されることとなった。一八七二年には、「敬神愛国ノ旨ヲ体スヘキ事」「天理人道ヲ明ニスヘキ事」「皇上ヲ奉戴シ朝旨ヲ遵守セシムヘキ事」の三条からなる、いわゆる「三条の教則」が出される。天皇制イデオロギーにもとづく国民教化の方針を端的に示すものであった。

(14) 海老名弾正（一八五六―一九三七年）。宗教家・教育家。第八代同志社総長（一九二〇―一九二八年）。日本の「敬神思想」がキリスト教の信仰と合致する普遍的なものであると主張し、日露戦争を賛美するなど国粋主義的なキリスト教を説いた。

(15) たとえば、ギリシア、ローマにはじまりルネサンス期の自治都市、大学、パリ・コミューンといった西洋における都市・共同体の成立に、権力からの自由を体現した「都市自治体」成立の契機を見てとった羽仁五郎（一九〇一―一九八三年）の『都市の論理――歴史的条件―現代の闘争』（勁草書房）がベストセラーになったのが、一九六八年だった（他に、羽仁『都市』（岩波新書、一九四九年）、同『ミケルアンヂェロ』（岩波新書、一九六九年）なども参照せよ）。これに対して、戦後京都歴史学を牽引した林屋辰三郎（一九一四―一九九八年）は、中世の京都で自治的な組織を持った裕福な商工業者層「町衆」に注目し、平安期の「京戸」から「京童」、そして江戸期の「町人」をへて来たるべき「市民」へといたる系譜のなかにそれを位置づけている（『町衆――京都における「市民」形成史』中公新書、一九六四年）。

(16) 尾張国熱田（現在の愛知県名古屋市）の農婦・一尊如来きの（一七五六―一八〇二年）を教祖と仰ぐ民衆宗教。熱田地方でさかんな金比羅信仰や仏教諸宗の教えを背景に、独自の原罪説・救済思想を説いたが、幕末期に尾張藩より布教差し止めを命じられる。明治になると曹洞宗に属し、戦後になって独立した。きのの説教を記録した『お経様』は長く教団内でも秘匿されてきたが、如来教より分派した一尊教団によって一九七一年に公開された。『お経様』を含む如来教、一尊教団関連史料は、神田秀雄・浅野美和子編『如来教・一尊教団関係史料集成』全四巻（清文堂出版、二〇〇三―二〇〇九年）としてまとめられ、刊行されている。浅野や神田による如来教研究については、本書終章の島薗論文（三七七頁）を参照せよ。

(17) ひろたまさき（一九三四―）。日本の歴史家（思想史・近現代日本史）。大阪大学名誉教授。安丸は京都大学文学部史学科の一学年上の先輩にあたる。本章注（2）も参照せよ。著書に『福沢諭吉』（朝日新聞社、一九七六年〔岩波現代文庫版、二〇一五年〕）、『差別の視線――近代日本の意識構造』（吉川弘文館、一九九八年）など。

(18)　安丸は「全体性」の概念に強いこだわりをみせた歴史家であった。本書所収の磯前論文「謎めいた他者と宗教的主体化」の議論を参照せよ。

(19)　内村鑑三（一八六一―一九三〇年）。明治から昭和期にかけてのキリスト者。教育勅語に記された天皇の署名への拝礼を拒否したことで糾弾され、第一高等学校教員の職を追われた「内村鑑三不敬事件」（一八九一年）は有名。『萬朝報』記者時代などに足尾銅山鉱毒問題に取り組んだことでも知られる。また、日露戦争開戦前夜には非戦論を唱えたが、一方でキリスト教の犠牲観を引き合いに弟子たちの兵役拒否を諫めるなど、実際の戦争状態に対して有効な抵抗の論理を打ち出すことはなかった。

(20)　井上哲次郎（一八五六―一九四四年）。哲学者、帝国大学教授。日本最初の哲学事典『哲学字彙』（一八八一年）を編纂。ドイツ観念論と日本思想との融合をもくろみ、見たままの世界と真理とが相即するという「現象即実在論」を展開した。内村鑑三の「不敬事件」（本章前注（19）参照）にあたっては激しく内村やキリスト教を攻撃するなど、近代日本の代表的な保守論客のひとりであった。『勅語衍義』（一八九一年）、『日本陽明学派之哲学』（一九〇〇年）など多くの著作を残した。

(21)　ここで安丸が言及している「鎌倉時代の仏教」とは、浄土宗（法然）・浄土真宗（親鸞）・時宗（一遍）・臨済宗（栄西）・曹洞宗（道元）・日蓮宗（日蓮）といった、いわゆる「鎌倉新仏教」の六宗を指している。いずれも、旧仏教の堕落や社会不安・自然災害を背景とした末法思想のなかから生まれ、受容されたもので、思想的根底には天台本覚思想の矛盾との格闘が指摘できる。護国仏教としての側面や儀礼的な要素の強かった旧仏教と比して、念仏・坐禅・題目といったより個人的な信心・修行を重視する点、庶民や武士階級に受容された点などが歴史学者たちに評価され、思想史の画期として位置づけられてきた。本講演がおこなわれた一九七四年当時も、こうした仏教史観が大勢を占めていた。これに対して黒田俊雄（一九二六―一九九三年）は、南都六宗や真言・天台といった旧仏教の諸宗は、鎌倉期を迎えて密教的に統合され正統としていっそう興隆したことを指摘。旧仏教／新仏教といった括りではなく、正統／異端という観点から中世仏教をとらえなおすべきだという「顕密体制論」を展開した。顕密体制論については、黒田『日本中世の国家と宗教』（岩波書店、一九七五年）を参照せよ。

(22)　橋川文三（一九二二―一九八三年）。戦後の思想史家・評論家。明治大学教授。丸山眞男（一九一四―一九九六年）に師事した。著書に『日本浪曼派批判序説』（未來社、一九六〇年〔講談社文芸文庫版、一九九八年〕）、『ナショナリズム――その神話と論理』（紀伊國屋書店、一九六八年〔ちくま学芸文庫版、二〇一五年〕）など。

(23)　村上重良・安丸校注『民衆宗教の思想』（日本思想大系67、岩波書店、一九七一年）。

(24)　幕末期の南部藩で起きた百姓一揆「三閉伊一揆」の指導者だった三浦命助（一八二〇―一八六四年）が、獄中から家族に宛てた書付。一八五三年の三閉伊一揆で三浦らは隣藩の仙台藩に越訴するという戦略をとり、ほとんどの要求を通して成功させた。『獄中記』は、三浦が捕らえられた一八五七年から牢死までの七年間にわたって書き綴られた。なかでも「人間と田畑をくらぶれば、人間は三千年に一度さくうどん花なり」という一節は有名。庄司吉之助・林基・安丸校注『民衆運動の思想』（日本思想大系58、岩波書店、一九七〇年、一五―八六頁）に所収。

（25）　鶴田騒動とは、一八六八年から翌六九年にかけて鶴田藩（現在の岡山県津山市）で起きた大規模な百姓一揆。「阿呆陀羅経」とは、乞食の宗教者が社会風刺などを俗謡にして謡い歩いた芸能である。ここで安丸が触れているのは、鶴田騒動の指導者で黒住教教師であった本多応之助（一八二五―一八七一年）が作ったとされるもので、内容には騒動の経過や庄屋層への批判が盛り込まれている。安丸・深谷克己編『民衆運動』（日本近代思想大系21、岩波書店、一九八九年、七〇―七八頁）に所収。

（26）　奥崎謙三『ヤマザキ、天皇を撃て！――〝皇居パチンコ事件〟陳述書』（三一書房、一九七二年〔新泉社、一九八七年〕）。

（注作成・小田龍哉）

第2章　安丸良夫との対話　教学の「思想化」について

金光教東京出張所
安丸　良夫

討議1　個的信仰と普遍的信仰

昨年、全国各地で開催された公開の金光教講演会でも、「金光教の信心とは何か」という形で、金光教としての普遍的信仰が求められた。なぜそうしたものが求められるのか、またそれを求め得たとして、従来の個的信仰とはどうかかわるのか、そこでの問題性は何か、などの諸課題を明らかにすべく、個的信仰と普遍的信仰について、討議がなされた。まず、個的信仰について考える。

信仰とは、本来個的なものである。特に、民衆宗教の一つと言われる金光大神の信仰は、江戸時代に見られる既存の共同体的・モラル的信仰に対して、個人に即した助かり、どこまでも個的なものに徹しており、取次の場において、一対一のあくまでも個的なかかわりにおいて、信仰は成立している。その意味で、個的信仰を捨象して、普遍的信仰へ向かったとしても何の意味ももたない。

そうでありながら、個的信仰という言い方によって、信仰の個別性のみを強調した場合、おのずとそのなかに存在する信仰の思想性、つまり、金光大神の信心に内在する信仰的な論理性、思想性、普遍性というべきものが把握されずに終わるのではないかという恐れもあるわけで、個別性を強調することによって、今日の人間の全般的な難儀性に立ち向かうべき信仰者としての責任を回避するという結果にもなり、信仰的怠惰ともいうべきものに陥る危険がある。

普遍的信仰について考慮するということは、前述のごとく、「金光教の信仰とは何か」という一般的な問い、特に、不特定多数の未信奉者によって発せられるこの種の問いを受けて、もろもろの価値に対して、「金光教として」という独自の価値を打ち出す必要からのことである。このことは、一つには、社会集団としての本教（=金光教、以下同）が、社会的広がりをもつ諸問題に対していかなる見解をもつのか、という形でその信仰を問われてきているし、いま一つには、本教として、道を伝えていこうとする場合に、今日における妥当な信仰ということで、おのずと求められているのである。

ところで、普遍的信仰というものをだれにも妥当する共通の信仰と解するならば、昨今の個々の信仰の脆弱化をいわゆる普遍的信仰によって埋めるところとなって、結果的には自己の信仰責任を回避しようとする態度につながる危険性があるとされ、また、そういう信仰はおそらく教政によって生み出される一枚岩的信仰であり、場合によっては個的信仰をつぶしてしまうことになりかねない。また、共通の信仰は、本来血が通うことによって成り立つという信仰の重要なる部分を捨象し、信仰そのものの稀薄化を招くのではないかという危惧をもたざるを得ない。

これに対して、思想的に表現された信仰というものは、単なる個別的信仰でもなく、共通的な信仰でもない。思想化された信仰は、ただ単に、普遍的信仰を求めるためのものではなく、歴史の中で本教の信仰がいかなる役割を担うのか、つまり、今日における難儀の総体に対して本教の信仰実践はどう可能かという観点から求められているものである。そして、その思想的信仰は、ストレートに教政によって作り出されるものではなく、個的信仰の深化、追究のなかで生まれ出てくるものであろう。

また、個的信仰と、思想化された信仰とは、二者択一的というよりも現実には相互補完的なものである。さきの普遍的信仰も、思想化された信仰に基づいて形成されたとみるべきで、個的信仰にとって代わるものではなく、個的信仰を支え、補完していくものと考えられるべきであろう。

このように、今日、信仰というものも、個から普遍へとその態様を変えてきている。いずれか一方がよいというのではなくして、時と場合、必要に応じて両者が求められるというのが現実であろう。教団にあっても教務教政が前面に出てこなければならないように、信仰においても、個的信仰を尊重しながらも、普遍化が追究されねばならない。その両者のかかわり方というものをはっきりさせておくことが、これからの教団の仕事というものになるだろう。現代社会に生まれた現代宗教というものは、この関係が逆になっている。まず、普遍的信仰というものが形成されて、このことは、今日の社会の在り方から決められてくるのであるが、その中で個別化が銘々によって意図されるという関係であるらしい。個別といい、普遍といい、それらは、難しい問題だが、個別のないところ普遍は成り立たないし、普遍のないところ個別は意味を失う。この両者は永遠の問題を提供している。

安丸氏コメント（1）

私は現在の金光教の実態を知らないので、それをおさえずに論ずるという点で空論になるのではないかという懸念をもつ。自分が多少とも知っているのは、教祖の時代のことで、これは結局、金光教学の研究が進展した範囲内で知っているというふうな性格が強くて、そういう意味では、まさに普遍化された段階でのみ知るということになってしまう。

そういう前提に立ってお話しするわけだが、信仰の思想化ということが、信仰というものを何らかの普遍的な言葉で表現するということであれば、それは必然的にどうしてもそうせざるを得ない性質のものだと思う。とりわけ金光教をはじめとして、幕末から明治にかけて成立した宗教教団の第一の世代の方は現在生きていらっしゃるということはほとんどないわけで、そういう意味で言えば、普遍的な言葉で表現しなければ、信仰というものを維持していく上で非常に困難な点があるということは、恐らく必然的だと思う。

私は多くの教団のことは知らないが、自分が知っている限りでは、大体戦争を境にして、それか良いかどうかは別にして、何らかの意味で、普遍的言葉で自分の信仰を述べざるを得ないということに直面しているということは事実ではないかと思う。

ところが、そういうものが、実際の信者の信仰とどういう関係があるかということがとても難しいところであった、恐らく信者の方が教会へ来られるということの意味をよほどよく考えないと、非常に空疎な議論をする可能性が強いのではないか。

私自身は思想的なレベルで受け取っている。これは、金光教教学研究所の研究を通じてだが、『覚』を読み、『金光大神』という書物を読むと(1)、それは、改めて思想化すると言わなくても、自分では思想的なものとして受け取っているわけであるから、そういう意味では、普遍的なレベル問題として自分なりに意味を理解していく。しかし、一般の信者の方の信仰は、その辺が少し違って、恐らく教会へ来られて、身の上話や色々な愚痴話も含んだ形で実際の信仰というものが成り立っていると思われるし、また、もともと金光教の信仰というものは、いわゆる当時の思想というものが、むしろうまく取り上げることのできなかったような領域の問題を取り上げたわけだと思う。だから、恐らく、教祖の信仰というものも、現在書き残されているのは、むしろ事実に即して書かれていて、抽象的概念的な表現を取っているものは非常に少ないと思う。そうすると、いわゆる思想といわれるものでは取り上げられないような問題を取り上げるという課題を省いて思想化してしまうと、ほとんど意味がないことになるはずである。実際に問題になっている信仰はどういうものであるかということをよほど注目して考えていかないと、非常に奇妙なことになってしまうのではないか。したがって、信仰の中身のことなどをお聞きした上で、意見を伺ってみたいというのが現在の段階での気持ちである。

討議2　思想化と教義化

従来、信仰が体系的論理的に表現されたものを教義と呼びならわしてきた。その信仰の思想化という、新しい概念をもって表明しようとするのがここでの討議の論点である。一応、思想化と教義化との概念規定をめぐっての追求のような形をとりながら、現在、本教にとっての取り組むべき課題が提示された。

一般的に言って、教義と思想とは次のようなものであろう。教義とは公に、共通的に了解された信仰の論理であり、信心の仕方と救われ方を体系化したものである。集団的に確立されるものであるところから、非人格的であり、教政との深い関連をもつ。したがって教団の統一と団結とを目的としており、非個性的である。

本来の思想とは、個人において確立するものであるところから個性的・人格的である。ヒューマンなものが思想の根幹となる。ゆえにそこでは社会的・歴史的な意味をもつ。そして、常に独善的教義を批判していくものである。教義化と思想化にかかわって示された考え方を、以下、討議の発言の中から拾ってみる。

○信仰の思想化という場合、いつも外向きであり、不特定多数の人々、さらには、社会が意識される。政治的イデオロギーなどの外の諸価値と競合しながら、本教を表現していく場合に必要となる。その場合、外向きと言っても、教団外部へ向くというよりも、人間に向くということである。

○信仰の思想化は、歴史性を持つというが、そこには第一に、信仰が形成された時代、社会とのかかわりという問題、第二に、時代社会における諸思想との関連という問題、第三に、意味の把握という三つの問題をもつ。それに反して、教義化された信仰は、意味の把握にとどまり、あくまで超歴史的であり、独自性が主張される。ところが思想化された信仰は独善的なものに対しては批判的な性格をもつ。

○教祖自身は、常に、外とのかかわりにおいて信仰を形成していかれた。したがってその表現されたものは論理化された言葉ではなくとも、思想であるといえる。ところが、その論理的表現としての教義化を意図するとき、抜き難い教団の歴史の重さ、その他の要素が混入されてくる。そこに、教義化の難しさがある。

○戦前においては、教義的表現として教典があらわされ、教団統一と信仰の一般的表現に機能した。当時、教団外の価値観は国家にあり、一枚岩的であるとともに下降的なものであった。それが教典の根底に、ある影響を与えた。ところが、戦後、社会的価値観は国家神道的体制が崩れて多様化するなかで、本教として、社会に打ち出す価値観を打ち立てるいとまもなく今日に至っている。

○戦前、大本が弾圧されるような情況のなかで、本教は淫祀邪教ではないことを立証するために前記のごとき教義化を志した。現在は、内を明らかにするというよりも、外の者に対してどう開示するかということで第二の教義化が考えられている。

○「これが金光教の信心だ」という形では、教義はまだ確立されていない。ある地域とか、手続きとかの狭い範囲で語られるだけにとどまっている。

○しかし、現実には、公の立場や、教報などを見ていると暗黙のうちに教義らしきもの、あるいは教団的信仰というものが存在しており、それからはみ出ようとするものがあるときには何らかの問題が生まれるということがあるのではないか。

○このことは、悪しき教義化というか、むしろ教条主義とみられる。本教における教義は他宗教のものとは違って、「信心の仕方と救われ方」を状況の中で個的に対応しながら表わそうとするとき、教義ということができるのではないか。そして、そうした雑多なものを含むのが本教の信仰だという立場もあり得る。

○個的に表わされたものは教義とはいえない。やはり、教義というのは、教団的に、複数の承認によって成り立つものだ。ところが、思想の方は、その当初においては、個においてしか成り立たないものだと思う。これまでは、教義というものができたところで、それを思想化していくと考えられてきたが、むしろ逆に、教義化できないのは、個人の信仰が思想的に表わされるということがなかったからではないか。個的に成立した思想が集約化されて、初めて教義が確立されるのではないか。思想的な信仰は、教団が教政によって作るものではなく、信仰者個人が生むものであり、それを許し、あるいは促していくものが教政だろうと思う。これまでは、そういう教政がなかった。

○今日までの信仰運動や教義に限界が生まれてきているという観点から、思想化という動きに託して、それを突き破ろうとする願いを表わしているわけで、教義というと、過去の信仰を集約化したにすぎないという感をもつ。そういうことになると、教団統一や教団内部の要求のみにこたえることになりかねない。そうした意図的なものも混入する恐れがある。異質の社会に本教を積極的に打ち出すという姿勢のなかで、はじめて思想化が試みられる。

安丸氏コメント（2）

いまの議論を聞いていて分からないのは、教義化と思想化ということが、どういう事情で出てきて、それが教団で問題になっているのかということである。つまり、普通に考えると、教義というのは、ある程度公的に決められた同一教団の人が共通に信奉する教えの内容である。それに対して思想というのは、恐らくいろいろな人が質問してくるわけだから、それに対してきちんと答えられるような一つの論理性をもったものということになる。従って、思想も教義も必要だということは分かるけれども、分からないのは、それかどうしていまのところでこういう議論になるのかということである。

信仰というものは個々の信者の方が、教会に来られて、自分の悩みごとを話したり、人の話を聞いたりして、自分自身の心が満たされるという体験をもつということなら分かるが、現代のような社会になってきた場合、実感的あるいは人格的な結びつきというものだけでは、それで説得される人もいるだろうけど、説得されない人というのがすごく沢山いると考えなければならない。どんな大きな問題でも、例えば、資本主義か社会主義か、それを金光教はどういうふうに考えるか、というふうに聞かれた場合に、教祖の時代だったら答えなくてもよいけれど、今の時代では答えないと、つまり、そうした問題に対する一定の考え方がないと、説得性をもたない人間がかなり沢山あると思う。

そういうことから考えると、教祖の時代の信仰というのは、恐らく広前に来る人と教祖とのかなりパーソナル（個人的）な関係で成立している信仰であるわけだが、そこで出される問題と、いまの人が出す問題とのずれというものをどう考えるか。そのずれに対してても筋道を立ててきちんと説明できるようなものが必要だ。それを思想化というなら、そういうものが必要だということは当然そうだということになる。

例えば、「実意丁寧神信心」(2)というようなことを言われた場合に、実意丁寧だけでは全然だめだという意見もあるだろうし、もっとひどいのは、実意丁寧なんていうことをやっているから、庶民がそれに忠実に従うことによって公害問題が起こるんだとか、現実を隠蔽する論理だとかいう批判も起こり得る。ところが「実意丁寧」ということは、普遍的意味をもっていると思うけれども、現代の人間に説得的な「実意丁寧」というのはどういうことなのかということが求められなければならない。これはなかなか難しい問題で、その辺のことがはっきりさせられないと、現代における説得性はもち得ない。

他にも、「家業を大切に」というような教えがあり、どれも教義といえば教義なのだが、昔はそのままでもよかったけれど、今はそのまま受け取れば教条主義になる。今は家業のない人も大勢いるわけで、そういう人たちにとってはどういうことになるのかということも起こってくる。恐らく、教祖の時代には、家業しかなかった。したがって、家業というものの持っていた重みというものは、現在ではどういうことになるのか。そういう重みというものが、現代ではかなり風化した形になってしまっているし、家業のない人も沢山いるわけだから、そうなると、一体その教えのもつ意味は何なのか。

先程の思想化と教義化の問題についても、何か概念の立て方を論じられているように受け取れて、そういうことが問題なのかと疑問に思う。具体的な論点というものが、あとでいろいろと出てくるのかも知れないが、どういう点で、現在思想化ということが問題になっているのかということが、どうもあまりピンとこない。それは、恐らく皆さんの場合は前提にされているのだろうが、その前提の部分の方に関心があるというのか、そこが分からないと何か概念的に受け取れて、どうしてそれが重要なのかピンとこないという感じだ。

私の立場から言えば、金光教にしろ、その時期の民衆宗教などは、その信仰が成立した時点というのは、日本人の大部分は農民であり、農民ではなくとも、自分の家で仕事をしていた社会である。自家営業といってもよいし、もう少しアカデミックにいえば小生産者なり小自営業であった。
そういう時期だと、「実意丁寧」であるということは、確実な有効性をもっているわけである。自分の家族とあるいは家族がつき合っている人間の間で、実意丁寧に暮らせるということが、自分の生活を確立する、お陰を頂くための基本的なことであったということは、非常にはっきりしている。ところが、現在みたいに、ずっと広がってしまうと、そういうことはどのような意味をもっているのかということが、非常に分かりにくくなっていると思う。

金光教の信仰というものは「実意丁寧神信心」ということで、現代でもなければならないと思うけれど、その現代の在り方ということが、そういう社会の変化を考えてみた場合に、「実意丁寧神信心」だけ、と言われても、そのことがもっている説得性、現実的な意味は、非常に衰退してきているわけで、それが信仰の脆弱化といわれていることの、かなりの部分を構成しているような気がする。

だから、そういう点で、金光教にしろ、他の教団にしろ、大きな問題に直面しておられるはずだということは分かる。その問題がどういう形で表れているのかということ。その表れ方が、ここでは教義化と思想化という言い方になっているわけであろうが、それはかなり抽象化されたレベルでそういうふうに言われているわけで、その基礎には、現実に直面しておられる問題が、もう少し具体的な形で、起こっているのではないかと思う。

討議３　信仰確認と社会科学的認識

政治・社会問題等に関する研究会で端的に示されたように、組合活動とか、市民運動について、妊娠中絶とか、訴訟問題などについて、個的な問題であっても、それを進めるプロセスで、個人の生活領域を越えた問題が多くなってきているなかで、「金光教」としての教団的見解を求められるようなことが多くなってきている。これまでは、それらに対する判断は、取次者個々にゆだねられてきたが、ややもするとそうした問題は世俗価値を基準として通俗的判断を示すにすぎず、それらの問題を通して信仰が深められ、広げられるという面に欠けたきらいがある。そうしたことから政治体制とか経済機構などによってもたらされる人間の難儀に対して信仰的にかかわるとき、どうしても現実認識の手段として社会科学の援用が必要だというのがここでの一つの考え方。これに対して、あくまで信仰という独自の領域からの価値基準をそれ自体のなかから見いだしていかなければならない、という意見が反論的に出た。

さらには、信仰というものは、要するに、社会問題に対しては右か左か、イエスかノーか、そういう形でこたえるものではなく、つまり結果が重要なのではなく、そうした結論が導き出されるプロセスこそ信仰の役割だ、という意見も同時に出てくる。それに対して、それはそうには違いないが、プロセスを重視するにとどまり、その客観的側面というものを不問に付すと、本教の戦時活動のなかでの本気論に代表されるように、結果的には信仰の歴史における責任が回避されてしまう危険があるという意見も出された。つねに方向と判断を出していけるために、信仰が、思想的に把握されねばならないというものである。その場合に、社会科学のような認識方法はどのように位置づけられるのか、という問題をめぐって討議がなされた。

以下はその主要な部分である。

○信仰の思想化は、単なる知的認識や知的操作によってできるものではない。問題に迫ることによって自らの実践を通して、体験的に認識されなければならない。実践の過程で思いがけない様々な反応、拒絶、圧力、反感などを呼び起こすであろう。そうしたものをくぐり抜けて、信仰の思想化は体験的に生まれてくる。

例えば、今日でいえば石油が足りない、物価高という困った問題があるわけで(3)、それに対して、例えば、できるだけ買わないという動きをとってみる。すると、家族からの突き上げがあったり、寒い思いをしたりという、肉体的、精神的苦痛に見舞われる。これは単なる処理でもなく、我慢でもなく、その行為を通して問題が深められ、世界の問題にまで広がりをもった認識に至ることが可能であり、資本主義体制の矛盾が見え、体制というものを考えることもできる。

ところが、従来の、本教信奉者の信仰の常識からいえば、いまの石油問題などにしても、たとえそれが高くなっても、買えるようなお陰を頂こう、というのが、一般的ではないか。

○教祖をみると、四二歳の時に、それまでの生き方が行き詰まり、神のお知らせを受けながら従来の生き方が自己崩壊するというところがある。それとの関連で、石油問題や今日の人間の問題をみていくと、従来の在り方がいろいろなところで行き詰まっているのだ、という見方がとれる。従来の習俗的信仰、生活意識が変えられなければならないということをはっきりさせられる。そこで、そういうものはできるかぎり買わない、という態度が出てくる。

○プロセスが信仰だというのは、まさしくその通りだと思う。しかし、次のことも考えられなければいけない。戦時中、兵役を拒否して投獄されたキリスト者が、どういうところからそういう信仰実践を取り得たかということを語っているが、その人はある種の勉強によって戦争というものに対する認識が生まれ、その認識に立って信仰実践が生まれたという。本教の場合、戦争協力の事実が改めて批判されるということになるが、そういう巨大な社会・国家体制の問題などにかかわる信仰実践を生み出すためには、科学的認識を欠くことはできないのではないか。科学的な認識に立った信仰判断、このことは信仰と科学との単なる折衷などという安易なものではなく、事実に即した信仰実践を生み出すための一つの素材として、社会的認識の方法を用いるということだ。

○信仰の思想化ということで、社会批判の目をもつことと、自分自身が痛むということ、この二つがポイントになる。石油を買わない方が良いと言っているのではなく、買わないという実践のなかに、この二つの意味があるのであって、そういう動きをとってみることによって、信仰とはどういうものかということを実感していくのだ。

安丸氏コメント（3）

信仰と今日の石油問題という難しい話があったが、これについては、信者の方がもっていらっしゃる普通の生活意識というか、簡単に金さえあればいくらでも買えばいいんだというのでも困るし、反対に何が何でも買わないというのでもない。そうでありながら、そのいずれでもあるという、非常に複雑な状態で現実の生活意識・信仰意識があると思う。そういう複雑な意識をもった人々が、なにか自分なりに納得できるような解決を求めて教会に来られるのだと思う。その場合に、信仰的には、値段が上がっても、自分のところはそれを買うだけの力がある。それがお陰だ、というのでは、それも一つの解決だが、現代ではちょっと信仰的には説得力がないのではないか。教祖の時代だと、自分が努力してそのなかでお陰を頂くというのが当時としては一番、信仰的な、人間的な生き方だとはいえても、そのことは、あの時代状況とのかかわりでいえることだ(4)。

しかしながら、現代においては、何でもいいから金をもうけて自分だけは物を買いなさいということでは、人の心を打つとは思えない。そういうことを考えてみると、石油問題というのはいろいろな次元の問題を含んでいるわけで、単純に買えとか買うなということはできない。現代において人間がもたざるを得ないジレンマがそこにある。

それから、社会科学的に考えるという話もあったが、ある面では社会科学的な面も必要だが、それよりも、もっと〝良心的に〟という意味ではないかと思う。つまり、石油問題にしろ、その他の問題にしろ、現代は資本主義社会なのだから、個人が自分の欲求にしたがってどこまでも行動すれば、そのことは、社会全体としてはマイナスになるということ。石油を求めて買いあされば石油の値段は高くなるというような仕組みをいまの社会はもっているわけだから、そういう社会の仕組みというものを知れば、直観的に、あまり勝手なことをしていいのかという疑問も出てくるはずだ。だから、そういうような個人の内部にある複雑な気持ちに何かを訴えるような教えでないといけないのではないか。

そういう目でいろいろな問題を考えていくと、金光教の教えのなかには人の心を打つものがいろいろとある。そういう点では現在は、『金光大神覚』などが、あまり先入観をもたずに素直に読める時代になってきているわけで、その意味で新たな思想化、素直な読み取り方が可能となってきているといえる。信仰は、問題を単純にひきなおして判断する、そこに意味があるということを考えるべきだ。

金光教その他の宗教運動に対して、いまの時代は、比較的若い世代の人たちの間でも、率直な関心がある。それには、いろいろな要因があるが、主として、現代は思想をはじめとして既成の権威が崩れた世界なので、若い世代は、社会科学によればといってみても、そのままには信用せずに、疑わしそうな目つきで見ている。それは、大学の教師の権威が落ちたということもあるが、ある思想を学べば、世界が理解できるのだというような時代ではなくなっている。その代わり一切の権威の失墜のなかで、『金光大神覚』という、まさに、一人の農民思想家が信仰を得ていく過程に対して、そうしたものをそぼくに感動して読んでいくという情況が生まれてきているように思う。そういう点では、宗教ブームというものも一理あるわけで、各宗祖の教義書などに対して、学生たちが素直に感動するということがある。その受け取り方は、お陰を頂く、つまり個人の生活が幸福になる、極端にいえば、どんどんエゴイズムが発展するというような受け取り方ではなくて、もっとそぼくな、民衆的なヒューマニズムみたいなものとして受け取っている。

先程金光教の「実意丁寧神信心」などは現代のような社会では必ずしも通用しないのではないかというようなことを言ったが、実は、逆にいうと、通用しない世の中だからこそ、そういう本当に人間らしい結びつきを求める気持ちが、非常に広く底流としてあるということも確かだ。学生たちをみていると、一橋大学のように実用主義的な学校でも、エリート・サラリーマンになって出世し、幸せになりさえすればよいと考える人が非常に少なくなってきている。実際には、就職し、エリート・サラリーマンになっていく人たちというのは圧倒的に多いのだが、自分の生き方があらかじめ社会によって決められてしまっているということにはとても耐えられない、と反発する。そういう人たちの群れがすぐ金光教の信仰を求めるということにはならないが、人々が宗教的な、あるいは精神的なことについて考えていこうという方向が今の時代のなかにはあると思う。

その場合、金光教をはじめとする庶民信仰というものは、その発生において、少なくとも自分の家で、自分の家族と共に労働して生きていくという生活に対応しているわけで、そこでは気持ちが通ずればよいというか、「実意」というのはまさにそういうことなのだが、言葉によって語らなくとも気持ちが通ずれば、そのことによって心の安らぎ、生活の信念が得られるという、そういう世界で作られたということがいえる。

現在では、大部分の人々がそういう家族関係だけでは生きられないという仕組みになっているので、そういう社会で生きる人たちにとって、やはり信仰の内容が、小生産者や農民社会に充当するようなものであっては、簡単には満足しないということが、現実には起こっているように思う。そういう点では、金光教の中にいる人も外にいる人も、無限に質問をもっているわけで、その問いに対して、形式論理的につじつまを合わせることを望んでいるわけではないわけで、何らかの形で実質的に答えていかないと、説得力、迫力に欠けることになる。

翻って言えば、金光教は、個人の生活、普通の庶民の生活を非常に重んずる思想であるわけで、その生活を重んずるということを下部において思想化するということが可能だし、また必要なのではないか。日本では、思想というと、どうしても、大文字で書かれた思想というか、例えば、江戸時代でいえば儒教ということになるし、近代でいえば、教育勅語とかそういうことになるのだろうが、そういう支配的な思想の動向というものから、取り残されている民衆の生活的な意識の問題というものを取り上げるということができるのではないだろうか。そういうことを考えていくためのいろいろな手掛かりというものもそこにあるのではないか。

庶民の普通の生活を重んずるということは、そこからすごく保守的なものも出てくるし、革新的なものも同時に出てくるという領域なので、いろいろな試みが出てくることが重要な意味をもつのではないか。外部者なので、勝手な言い方になるが、宗教教団として異端が全然出て来ないのは、長い目で見てあまり得ではない。短い目で見ると、異端が出てくれば非常に面倒なことだし、まずい面もあるが、長い目で見ると、それは一つの衝撃であり、問題提起だから、そういう問題が、教団をゆさぶって、それらを通じていろいろな論争が行われることになる。その場合、多くは教祖へ帰れという形で起こるのだが、教祖の本当の精神はこうだと、現代流に読みかえればこういうことだという運動が起こると、教団の組織からいえば、まずい点がいろいろと出てくるが、そのことが、運動の裾野を広げることになり、新しい説得性をもっていくという場合が多い。

そのように、異端を契機として教団が発展していく場合が多いと思う。これに反して、儀式だとか、パーソナルな結び付きだけでできている教団は、ある程度までは発展するが、それ以上伸びることは困難な場合が多い。したがって、長い目で見れば、困難は多いが、教団の中でいろいろ論争が行われていくという方向が、宗教の意味を深めていくことになるのではないかと思う。その意味で、教団の中でいろいろな議論がなされるのが望ましいのではないかという感想をもっている。

その場合に大きな手掛かりになるのは、個人生活のレベルと、社会との関係をどのように考えていくのか、そこには矛盾した困難な問題があるわけだが、その困難な問題を考えていく、そのなかで何かが深められるのではないか。そのとき、社会科学の考えを取り入れるということは必要ないと思う。例えば、戦争とか平和とかについて考えるときにも、社会科学的な立場からいえば、国家というのは戦争に向かうある必然をもっているわけで、戦争や暴力は、そういう意味では必然なものだ。だからといって、宗教者は、こういう戦争は良くて、こういう戦争は悪いという言い方をせずに、絶対平和主義者で良いわけだ。宗教者の場合は、現実の社会の仕組みのなかでいつも有効なことを追求しなければならないという筋合はなく、さしあたっては有効性はなくとも、むしろもっと人間の本質に根ざす問題を提起していけばよい。社会科学的には戦争は必ず起こるものであり、原爆も必然的なものであると、かりにそうだとしても、宗教者は宗教者としての立場を取り得るのだ。金光教は金光教としての個有な問題領域を発見されていくならば、金光教に対する関心、認識もより一層深まるのではないか。

安丸氏との対話を終えて

第二日目は、本教者のみで、安丸氏のコメントに基づいてさらに討議を進めた。本教信仰の思想化ということで歴史的・社会的広がりをもって、金光大神の信心の今日化を目指したとき、民衆宗教の特性をもつといわれる本教として、革新性と保守性の双方を内在的にもつという庶民の生活感情・意識をどうくみ取っていくかということが問題となった。

また、取次という形態をもって一対一の個別性を尊ばれた金光大神の信仰のパターンと思想化の関連はどういうことになるのか、ということも討議された。金光大神の世間を見る見方、すなわち社会性といえばいえるところのものを、どのように培われていったのか、その今日的な在り方はどのように求められるのか、それとともに、そのことは、庶民の願望、意識というものをどのように含み込むのか、などの問題が追求された。

「金光教として」というものを打ち出すさいに、なにも教団として単一の見解を打ち出せなくとも、問題性を共有できる者が同志的に連帯して、問題を煮詰めたり、実践に向かうということが必要だ。

多様な信奉者群の動きを無理やりに押しくるめて「教団として」ということを考えるのではなく、むしろ言葉はわるいが、ゲリラ的な実践を保障し、あるいは促していくものが教政であろうと思う。そういう観点からの教政原理を探るとすれば、社会科学的認識を欠くことはできないだろう。そういう社会性をもった信仰創出を可能ならしめる教政とはどういうものなのか、個々においても、社会性をもった信仰はいかに形成され得るのか、という問題である。このことは、本教の信仰の脱皮を大きく促す。

（1）『覚』とは、教祖・金光大神（一八一四―一八八三年）による自伝『金光大神覚』を指す。出生から一八七六年までの自身の信仰との関わりが綴られている。本シンポジウム当時は、本文にも紹介がある安丸・村上重良編『民衆宗教の思想』（日本思想大系67、岩波書店、一九七一年）所収のもののほかに、教団から『金光大神覚』（金光教本部教庁、一九六九年）が刊行されていた。現在は、「金光大神御覚書」として『金光教教典』（金光教本部教庁、一九八三年〔増補版二〇〇四年〕）に所収。『金光大神』は、教団の編になる金光大神の伝記（金光教本部教庁、一九五三年）。現在教団から刊行されている同名の書は、二〇〇三年に教団があらたに刊行したもの。

（2）「実意丁寧神信心」とは、日常生活の局面で倫理的な態度を貫き、その態度が神に対する信心としても現れていることをいう。なお、教祖四二歳時の回心を境として「実意丁寧」に意味の変遷がみられることが、藤井記念雄によって指摘されている（藤井「実意丁寧神信心の志向性についての試論」〔『金光教学』五、一九六二年〕）。

（3）本シンポジウムがおこなわれた一九七四年は、第四次中東戦争が契機となって引き起こされた原油価格の高騰、いわゆる第一次オイルショックの翌年にあたる。当時、日本国内の各地でトイレットペーパーなどの買い占め騒動が発生した。第一次オイルショックは、戦後日本の高度経済成長の終焉を告げる象徴的な出来事であった。本シンポジウムの問題関心も、こうした社会的背景を如実に反映したものといえよう。

（4）　金光教では、霊験、つまり神が現前する体験を「おかげ」と呼ぶ。しばしば具体的な現世利益といった形をとるとされる。言葉で説かれる「教え」とともに、「おかげ」は信心の重要な指標とされてきた。

（注作成・小田龍哉）

【付記】　本書第II部は、『金光教報』昭和四九年五月号（金光教本部教庁）に掲載された、「日本思想史における宗教史研究の意義」および「安丸良夫氏を囲むシンポジウム」をあらためて収録するものである。なお、本書に収録するにあたり、後者のタイトルの変更や、全体の論旨と必ずしも深い関連を持たない箇所を一部割愛するなどの修正をおこなった。

第III部　生神思想と孤独

島薗　進

第1章　生神思想論

新宗教による民俗〈宗教〉の止揚について

1　新宗教の発生基盤

新宗教の諸教団に対して、仏数系とか神道系とかいった分類がなされることがある。それぞれの教団の礼拝対象・儀礼形態・教義内容などを、歴史的な大「宗教」の系譜をひくものと捉えて区分がなされるのである。こうした表現は、それらの教団が仏教や神道というすでに成立した宗教宗派を発生基盤として生まれた、ということを意味するものではない。仏教系・神道系といった分類項とならんで、諸教という分類項があったり、新宗教の特色の一つがシンクレティズムにあるとされたりするのはそのためである。しかし、かといって新宗教の諸教団がなんら共通の発生基盤をもたない、雑多な要素の寄せ集めにすぎない、と考えるのもあたらない。諸教団の多くの共通点を考慮に入れれば、むしろある共通の基盤から生まれたと考えるのが適当であろう。この基盤がいわゆる「民間信仰」である。新宗教の発生の過程をたどれば明らかなように、「民間信仰」と新宗教との結びつきは、仏教とか神道と同様に「民間信仰」の色あいが含まれている、という以上のものなのである。

新宗教の発生基盤には「民間信仰」の伝統があるという指摘は、従来からしばしばなされてきた。しかし、こうした観点をとる論者はしばしばジレンマに陥ってきた。というのは、「民間信仰」は確固たる教義や組織を備えた救済宗教とはまったく異質で対照的な信仰体系であり、「民間信仰」から救済宗教への連続的な移行関係は存在しないという通念があり、これらの論者はこうした通念を積極的に受け入れてきたからである。救済宗教と「民間信仰」とが非連続的であるとすれば、救済宗教の形をとっている新宗教教団は「民間信仰」から生まれたとはいいにくいし、そこから生まれたとしても、その際説明の不可能な飛躍がなされたとするほかないであろう。こうしたジレンマは、一方で新宗教を社会的な混乱期に突発する異常現象として捉える見方に、他方で教祖の創唱性・独創性を過度に強調する見方によって糊塗されてきた。こうした突発理論を排して、「民間信仰」から新宗教が発生してくる過程を飛躍なしに後づけうるような発生理論の構図を探るのが本章の目的である。「民間信仰」において新宗教を生み出す基盤になった要素は、救済宗教の影響下に歴史的に形成されてきたものである。そうした要素を、救済宗教という概念と民間信仰という概念の中間にあり、両者を媒介する民俗〈宗教〉という概念で捉えたい。民俗〈宗教〉とは民間信仰的な基盤を保持しながら、救済宗教の持続的な影響によって、救済宗教的な組織や教義・活動のある程度の浸透が見られる信仰体系で、宗教センター——民間宗教家——生活共同体の祭祀の三項のゆるやかなつながりから成り立っているものとして理解される。以下、天理教と金光教を例にひきながら、シャーマニズムや生神信仰から新宗教が生み出される過程を、民俗〈宗教〉の内在的止揚の過程として明らかにしたい。

新宗教の教祖の多く、とくに初期の教祖たちは民俗〈宗教〉の信仰体系の中にいた。天理教の中山みきと金光教の赤沢文治の場合も例外ではない。彼らの場合、最初の宗教的回心体験が民俗〈宗教〉的な巫儀の中で獲得されている。中山みきの最初の宗教的自覚は、みきが四一歳のとき、息子の足痛を治そうとして開いた寄加持《よせかじ》とよばれる巫儀の中で生まれた。寄加持は憑祈禱《よりぎとう》ともよばれ、縁者や講中が寄り集まり、加持台（よりまし）である女性に超自然的存在をのり移らせ、祈禱師がこの超自然的存在と対話しながらこれを統御しようとするものである。寄加持の中心人物はこの祈禱師であり、この場合は当山派の有力寺院、内山永久寺に出入りする富農の山伏（先達）中野市兵衛であった。ふだん、加持台をつとめる女性が不在だったため、みきが代役をつとめることとなり、この代役中に常ならぬ神の降臨を体験したのだった。赤沢文治の場合は、四二歳のとき、文治自身の大患を治すために行なわれた巫儀の中で宗教的覚醒が起こった。この時、集まった縁者らを前に神がかったのは、石鎚の先達であった義弟の古川治郎であった。治郎はおそらく石鎚山信仰の講社の中で参詣登拝や修行を積み重ね、神がかりの術を身につけていたのであろう。この治郎に降った石鎚神との対話が、文治の積年の悩みを解決する緒口となる深い感動を与えたのだった。

これらの例は、近世の民俗〈宗教〉（大社寺—社寺所属の半俗宗教家—講の三項のゆるやかなつながりからなる講社〈宗教〉）におけるシャーマニズムの好例と見ることができよう。そこでは病は超自然的存在の無秩序無統制な意志に由来すると考えられ、それを統御するために巫儀が開かれ、神がかりが演じられる。巫儀は日常的な宗教活動ではない。非常の事態に際し、人びとを集め、多くの出費をかけて行なわれる一種の祭であり、日常にはない強烈な宗教体験が演出されるのである。神がかりを演出して超自然的存在を統御し、なすべき行為を明らかにするのは、当山派の山伏や石鎚の先達などの民間宗教家（ヤマ行者、サト行者）である。彼らはさまざまな伝統的宗教センターと宗教家＝信徒組織（市兵衛の場合は大峰山と大峰講、治郎の場合は石鎚山と石鎚講）を通して修行を重ね、儀礼を体得し、こうした統御力を得たのである。

中山みきや赤沢文治は以上のような講社〈宗教〉のシャーマニズムにおいて、その枠をはみ出すような特異な神の言葉を聞き、宗教者への道を歩み始める。枠をはみ出した彼らのその後の宗教活動は、講社〈宗教〉のシャーマニズムとは形態を異にしている。みきは「庄屋敷のおびや神様」と称され、文治は「大谷の金神様」と称され、彼らの家で参問者（client）に神の言葉を伝える。彼らもシャーマン的職能者（practitioner）として簡単な巫儀を行ない、超自然的存在との直接的交流を演ずることによって、参問者の悩みに対する宗教的指示を与えていた。彼らの巫業活動は、市兵衛や治郎の場合のように、伝統的な宗教センターや講社組織に結びついて行なわれたわけではない。しかしまた彼ら自身がただちに新しい宗教センターになり、組織を固め始めたというわけでもなかった。彼らの活動形態はむしろ流行神的なものだった。赤沢文治を例にとると、彼はまず実弟の香取繁右衛門の祀る金神のもとに参問しており、彼が開いた金神参問所は実弟のものと並び立つという形だった。のみならず、当時そうした金神参問所は、その地域に多数生まれていたらしい。やがて熱心な参問者が出てくると、文治は彼らにも彼ら自身の参問所の開設を許している。こうしてその地域一帯のあちこちに参問所が構えられ、そこで神の意志が直接に伝えられるという状態だったのである。中山みきの場合はそれほど顕著ではないが、やはり初期の信徒たちに参問所開設を許しており、その活動形態が流行神的なものであったことにかわりはない。

こうした流行神的なシャーマニズムは、講社〈宗教〉的なシャーマニズムにくらべてより直接的で日常的な活動形態をとっている。流行神的な宗教活動は、その活動内容を規制する伝統的な宗教権威をいただいていない。超自然的存在の無秩序無統制な動きを統御する力は、伝統的な宗教権威に基づく修行や儀礼の体系をおもな源泉とするのではない。そうした媒介物の力以上に、職能者個人個人の人格の直接的統御力が大きな役割を果たしている。また、流行神的職能者は、自己の日常生活の場で多くの参問者に応対する。神がかりは日常の立居振舞と同じ状況のもとに行われ、激しいトランス状態の演出は次第に軽減され、肉体的負担の軽いものにされる。時には、明瞭なトランスの見られぬ者も現われる。このことは彼らの日常的人格と神がかり状態との区別を減少させずにはいない。こうして流行神的職能者は、その人格全体が神的なものの顕現であると見なされ、生神とよばれるようになる。生神信仰はシャーマニズムの直接化・日常化の一つの帰結なのである〈生神信仰の中には、厳密な意味でのシャーマニズムからはずれるような場合もあると考えられる〉。生神はやがて明治政府の宗教統制のもとに、神道各教派に所属する教会で参問者を集めるマチ行者に、さらには数多くの小「教団」の「教祖」たちに受けつがれていくであろう。

われわれは中山みきや赤沢文治の宗教的経歴をたどりながら、当時の民俗〈宗教〉における二つのシャーマニズムの形態を素描してきた。一つは講社〈宗教〉的なシャーマニズムであり、もう一つは流行神的なシャーマニズム〈生神信仰〉である。両者にはいくつかの重要な相違点があるが、次の点においては等しいであろう。すなわち、特定の職能者たちの霊的能力のもとに無秩序無統制な超自然的存在の直接的顕現〈神がかり〉が演じられ、演じられることによって統御可能になるとする信仰である。この信仰によれば、悩み苦しみが起こるたびにそのつどそのつど、くり返し神がかりが演じられねばならない。それは超自然的存在が人間にとって疎遠で無秩序無統制な意志を示すものと考えられ、その場その場で意志の所在が明らかにされねばならないと信じられているからである。こうした多発的反復的な神がかりに対する信仰こそ、民俗〈宗教〉の根底にあり、新宗教の発生の基盤にあったものなのである。

2　新宗教の成立と生神思想

「民間信仰」から新宗教への移行を論じようとする論者は、その転換点を教義や世界観の形成に求めてきた。新宗教の成立にともなって、何らかの形で教義や世界観が形成されていくことは疑いのないところである。しかし、教義や世界観なるものが形成されさえすれば、それがどんな内容であろうと、「民間信仰」の救済宗教化をなしとげうるかどうかは大いに疑問の余地がある。明治期に成立した教派神道の各教派において、もっとも早く教義を確立したのは、神道修成派や大成教などで、その内実はもっとも「民間信仰」的要素の濃い教派であった。誇大妄想的な世界観をあみ出して、一代限りの「教団」を営んだ行者的な民間宗教家はけっして少なくなかった。新宗教成立に際して形成される教義や世界観はどんな内容のものでもよいのではない。新宗教の成立に本質的な意義をもったような教義・活動要素を取り出さねばならない。

親神に関する教えがそうした教義・活動要素の一つであることは明らかであろう。幕末の新宗教において、超自然的存在は人間に身近な首尾一貫した意志をもつ秩序ある存在である、とする教義が明確に打ち出される。天理教の天理王命（てんりおうのみこと）、金光教の天地金の神（てんちかねのかみ）のような親神がそうした存在である。親神は天地自然の諸現象をつかさどり、その目に見えぬ働きと恵みはあらゆる時と所に満ちあふれている。

「この世は、親神の身体《からだ》であって、世界は、その隅々にいたるまで、親神の恵に充ちている」(『天理教教典』第四章「天理王命」)。
「眼には見えぬが神の中を分けて通り居るやうなものぢや畑で肥をかけて居らうが道を歩いて居らうが天地金乃神の広前は世界中であるぞ」(『金光教経典』「御理解」第六節)。

親神は神の子である人間を生かし、人間のあらゆる行動を見まもり、その運命を支配している。

「人間わ、月日ほところ《懐》にすまい《住居》してい《居》るものなり。それゆゑ《故》にあ、人問のすること《事》に、月日のしらんことわなし。人間わみな《皆》神の子なり」(『こふき』十六年本《桝井本・五》、中山正善『こふきの研究』による)。
「天地金乃神は、われわれ人間の本体の親であり、人はみな、その神徳の中に生かされている氏子であって、神をはなれては生き得られぬものである」(『金光教教規』「前文」)。

親神の観念は天理教、金光教によって教義の前面におし出され、その後の新宗教に受けつがれていくが、それ以前の民俗〈宗教〉にも見られなかったわけではない。天地自然の働きを支配し、人間を生かしている神という観念は、民俗〈宗教〉の底流に常に伏在していた神観の一側面であろう。両部神道や伊勢神道の教義はこうした側面を大陸輸入の諸観念を用いつつ定式化しようと試みたが、体系的な教義となるとき、それは民衆の生活意識から遊離せざるをえなかった。富士講やおかげ参り、流行神など近世後期の宗教運動は、こうした神観を大きくうかびあがらせ、民衆にとってより身近なものにしていた。幕末の新宗教はそれをさらに、民衆の生活のあらゆる局面に深い関わりをもつ教義へと練り上げたのである。

民衆の宗教意識からいえば、親神の教義(親神思想)の明確化が可能になったのは、超自然的存在の無秩序無統制が克服されたからである。それは超自然的存在との意思疎通が日々なりたっているという実感の存在を意味する。この実感は新しい形態の宗教活動によってもたらされる。明確な親神の観念を支えるのはこの宗教活動である。われわれは前節で、新宗教の発生基盤となった民俗〈宗教〉の宗教活動として、巫儀における神がかりをとりあげた。新宗教においては、悩み苦しみを多発的反復的な神がかりによって解決するという宗教活動は行なわれなくなる。それにかわって天理教におけるつとめ・さづけや金光教における取次のような新しい各宗教独自の救《たす》けのわざが行なわれるようになる。つとめとはいくつかの楽器を鳴らし、みかぐらうたを歌いながら簡単な所作（手振り、手踊り）をつけて踊る祈りであり、行であり、儀礼であるようなわざである。毎日朝夕信徒によって行なわれるもののほか、毎月の祭日に特定の人びとを中心として教会や本部で（本部では仮面をつけて秘儀として）行なわれるものがある。さづけにはいくつかの種類があるが、実際に行なわれているもののほとんどは、病人に対して施されるあしきはらいのさづけといわれるもので、みかぐらうたと同様の簡単な呪文を唱えながら手振りを行ない、患部の上を撫でるようにする呪術的なわざである。中核信徒（よふぼく）になるための研修（別席）で伝授される。取次とは教会の神前（広前）の向かって右袖の結界とよばれる部分に、教会長が終日横向きに端座し、信徒の願いごとなどを聞いて祈念帳に書き記し、信徒の悩みにさまざまな指示を与え、信徒の献金に洗米を返すという一連のわざである。教会長は毎日朝夕、祈念帳に基づいて神に祈り、信徒の願いを神に取り次ぐのである。これらの救けのわざは、悩み苦しみからの解放をもたらす特別の力があると信じられ、その教団の本質をなすもっとも重要な宗教活動として位置づけられてきた。

　救けのわざにはシャーマニズムや生神信仰にあい通じる要素がかなり含まれている。つとめやさづけにおけるエクスタティックな要素は、神がかりの際のトランスと同様、神が顕現するにふさわしい非日常的・神秘的な雰囲気をかもし出す。取次における教会長個人への崇敬は生神の崇拝に通じるものがあり、結界から語りかけられる教会長の言葉は、いく分かは神が直接に語りかける言葉として聞かれるであろう。この点からすれば救けのわざはシャーマニズムや生神信仰の一つの発展形態であり、新宗教はその宗教活動において「神がかり」的なわざをさらに日常化し、その役割を拡大させたともいえよう。しかし救けのわざにおいては、そのつどそのつど超自然的存在が顕現し、その意志を明らかにするという神がかりそのものはもはや演じられない。シャーマニズムや生神信仰と救けのわざを決定的に分ける一線はここにある。教団形成の初期にはなお教会レベルでの神がかりが容認されていたが、それは次第に駆逐されてしまう。救けのわざとシャーマニズム・生神信仰の特異性が確認され、定型化された救けのわざをくり返すことが真の道であり、神がかりに身を委ねることは邪道であり、より低い信仰形態であるという信念が深まっていくのである。

この新しい宗教活動の展開にともなって、幕末新宗教のもっとも核心的な教義が必然的に生じてくる。すなわち、救けのわざが超自然的存在に人間の意思を疎通させることができるのはなぜか、という救けの根拠に関する教えである。民俗〈宗教〉的なシャーマニズムや生神信仰においては、そのつどそのつどの神がかりによる超自然的存在の直接的顕現がもっとも重要な根拠と感じられていた。新宗教においては生神に関する教えが救けの根拠を与える。天理教ではつとめとさづけを総称していうたすけ一条の道について次のように説いている。

「親神は、一れつの人間に、陽気ぐらしをさせたいとの親心から、教祖《おやさま》をやしろとして表に現れ、よろづいさいの真実を明かして、珍しいたすけ一条の道を教えられた」（『天理教教典』第二章「たすけ一条の道」）。

金光教では取次の起源を、赤沢文治が四六歳のときに神から受けた「立教神伝」とよばれるお知らせ（神がかりの言葉）に求めてきた。

「……此方《このかた》のやうに実意丁寧神信心致し居る氏子が世間になんぼうも難儀な氏子あり取次助けてやって呉れ神も助り氏子も立行く氏子あつての神神あつての氏子……」（『金光教経典』「立教神伝」）。

教祖は神から特別な委託を受け、神の意志を現出させ、この世に救けのわざをもたらした。ここに神と人間との間を取り結ぶ唯一の通路があり、救けの力の根拠がある。救けのわざに託された人間の願いは、究極的には生神教祖という唯一の媒介者を通して神に届くのである。

神と人間とをつなぐ生神教祖の観念は、民俗〈宗教〉におけるシャーマンや生神の観念と密接に結びついている。天理教における「月日のやしろ」「親様」、金光教における「生神金光大神」といったよび方は、教祖が神の顕現として表象されていることを示している。それが民俗〈宗教〉のシャーマニズムや生神信仰の延長線上にあることは明らかである。とくに生神信仰との区別はつきにくい。しかしながら決定的な違いは、神に選ばれた唯一の媒介者という明確な観念の有無である。民俗〈宗教〉においては多発的・反復的であった超自然的存在の顕現が、ここでは教祖一人の事実として一回起的な起源に基づいて信仰されている。こうした唯一の生神という信念を、多発的反復的な超自然的存在の顕現を前提とする生神信仰の概念と区別するために生神思想とよぶことにしたい。思想という言葉を付することによって、それが一つの宗教教義の要素として明確に言語化され規範化されうる信仰内容であることを示したいのである。

新宗教成立に本質的な意義をもった三つの教義・活動要素（親神思想・救けのわざ・生神思想）は密接に連関しており、どの一つも欠くことのできぬものである。しかし、その要となり、民俗〈宗教〉の止揚のもっとも明確な指標となるのは生神思想であるように思われる。なぜなら、新宗教の核心にある救けの信仰の最終的根拠を示す教えが生神思想だからである。

3　生神思想の稀薄化

生神思想は知性によって作り出された抽象的な「思想」ではなく、救けの信仰にともなってその思想的表現として確立したものである。救けの信仰はいうまでもなく教祖の宗教的体験を通じて生み出された。教祖は自らの悩み苦しみとの闘いの中で、生への疑いと絶望に耐えうるような人格の深さを彫り刻む。この人格の深さが救けの信仰の源泉なのである。人びとは教祖の人格のこの深さに直接間接に触れることによって、彼らの絶望を克服し、生きる希望を見出していく。彼らは救けられた喜びを多くの人びとに伝える。こうして教祖から布教者へ、布教者から新しい信徒へと宗教的情熱を伝える連鎖が成立する。この連鎖が明確に一つの宗教として規定されうる自己同一性をもつのは、それが親神思想・救けのわざ・生神思想などの組織化された教義・活動体系をもっているからである。それらは教祖を源泉とする救けの信仰を伝達する媒体であるといえよう。この媒体が確固としてゆるがぬ限り、同一の救けの信仰が教祖の死後も充分に働き続けることができるはずである。

源泉の消滅後、媒体が独自の発展をとげ、さらに大きな力を生み出していくこともありえないことではない。宗教史とはそうした実例の博物館であるといってもよかろう。教祖像という媒体も例外ではない。多くの歴史宗教においては教祖の死後、教祖像を伝説化し、誇大化し、新しい輝きを与えることに成功している。教祖は社会全体の精神的指導者として新しい教義的位置づけを与えられ、人びとの心に深くやきつけられていく。これに対して日本の新宗教においては、教祖の死後、そのイメージは色あせこそすれ、輝きを増すことはなかったように思われる。時代を下るにしたがって、救けの力の根拠としての生神教祖像は次第にぼやけて不明確なものになっていく。教祖像に関する限り、源泉から分離された媒体（生神思想）が独自の力を発揮することはなく、次第に力を弱めていくように思われるのである。

教祖像の変化は、まず宗教運動の制度化に伴う、宗教体験の構造の変化として捉えることができよう。初代の信徒のほとんどは、自らや、その家族の救けの経験を得て入信した者たちだった。彼らは救けの経験に基づいて、救けの根拠である生神についての教えを自らの生の支えにしていたであろう。二代目以降の生まれつきの信徒にあっては、救けの経験は必然的に稀薄化する。救けにおいて顕わになる生神のイメージは、それだけ不鮮明にならざるをえない。このことは、生活の危機（難儀）に際してこれを救けるという新宗教の活動の様式と密接な関連がある。日本の新宗教は罪に対する道徳的救いのように、日常的な倫理意識の中に宗教的主題を見出すものではなかった。したがって、日常的な生活実践の中では救けの根拠である生神は、鮮明な姿を取りにくいのである。このため二代目以降の平穏な日常の生活実践を重視する信徒の間では、教祖のイメージは救けの根拠である生神という位置から次第にずれるようになる。たとえば、「それを目標にして信仰生活を進めるべき」「信仰生活の手本」としての「ひながた」（天理大学おやさと研究所編『天理教事典』「ひながた」の項）、人類の苦悩や永遠の問いに「答えて生きぬいたひとりの実意な生活者――人生探求者」（金光教本部教庁『概説金光教』）といった表象が表だってくるようになる。日常の生活実践の模範である「人間教祖」というべき見方が、信仰者自身によって構成されてくるわけである。こうして脱生神化された人間教祖像は、二代目以降の生まれつきの信徒ではなく、新たに入信したり盛んな救けの布教を展開したりする信徒層にとっては、のみこみにくいものである。しかし、彼らも生神の鮮明な像を打ち出せるわけではない。というのは生神はすでに死んでいて、その救けをもたらす人格の力のふしぎな働きを直接的に体験することができないからである。新しい信徒にとって救けの力の源泉は、救けのわざ自体や布教者個人に感じられるようになり、親神＝生神複合である崇拝対象は生神教祖から親神へと重点を移すことになる。この場合、生神の神性が直接傷つけられることはないが、軽んじられることによって実質的に同じ結果をもたらすことになるだろう。

他方、生神が唯一絶対の存在ではないという認識がさまざまな方向から増大してくる。それはまず、教祖に対する歴史的認識の浸透によって促進される。学者・ジャーナリストなどは教祖を一人の歴史上の人物として捉え、その社会的文化的背景や心理学的な特徴などを、他の教祖との比較などをまじえながら、客観的相対的に明らかにしようとする。教団内の知識層は、こうした外部からの教祖像に影響されるのみならず、教義整備の要求や教祖の実像をできるだけ確かなものとしたいという願いからも、教祖に関する資料を収集し、実証的な知識をふやそうとする。それはたとえ教祖像の客観化相対化に抵抗しようとする意図に基づいていようとも、結果において客観的相対的態度の浸透を深めることになる。一方、天皇制イデオロギーは、救けとは別の領域ではあるにせよ、神々に連なる特殊な人物（家系）についての教えを説く。大正期や天皇制の崩壊後は、多くの教祖が現われ、多くの新宗教教団が並立する状況が明らかになってくる。日本の民衆を指導する超自然的権威に関するこれらの主張の存在は、公教育やマスメディアを通して人びとの生活常識となる。一般信徒層の生活意識においても、教祖は、時に大日本帝国臣民の一人であったり、時に多くの教祖の中の一人であったりすることを免れえないのである。こうした面からも教祖像の客観化相対化の圧力が加わることになる。敬虔な中核信徒は教祖を神秘化し超人間化しようとする志向をなお捨てないであろう。しかし歴史が新しく地域的にも身近なだけに、神秘化超人間化の志向が客観化相対化の志向に抗することは困難である。こうして、教祖はいかにすぐれた人物であるにせよ、多くの歴史的人物の中の一人であるにすぎないという認識が教団内部に深く浸透していく。その分だけ教祖は、神に選ばれ、神と人間との間を媒介する唯一の生神ではなくなるわけである。

幕末に成立した新宗教教団の生神思想は、教団の発展とともに、次第に稀薄化していかざるをえなかった。そして、その後の新宗教においては、生神思想が結実することさえまれであった。現代の新宗教を見わたして概括的に言えば、生神思想はもはやほとんど重要な役割を果たしていないといってよかろう。なるほど教団の創始者・指導者に対する崇拝はなお盛んに行われている。こうした現代の指導者崇拝が、生神信仰の系譜をひくものであることは明らかであろう。ここでも、特定の人物の言葉や行為が、従う者の悩み苦しみを解決し、その生活に指針を与える特別の力をもつと信じられている。しかし、もはや生神という言葉を使うことはできない。なぜなら、かつては生神信仰を支えていた神がかりは行なわれず、教祖が神と人を媒介する唯一の選ばれた存在であるという思想も放棄されているからである。

新宗教は民俗〈宗教〉の内在的止揚によって成立した。その際、超自然的存在との直接的交流が多発的反復的神がかりから生神教祖へと一元化されたのであった。日々の宗教活動としては救けのわざがとってかわった。新宗教の発展は救けのわざを広くゆきわたらせ、行者巫者らの行なう神がかりはもはや人びとの宗教意識の周辺をしめるにすぎなくなった。しかし、生神思想はそれにかわって人びとの宗教意識の中核にすわることはできなかった。もはや、神がかりによる超自然的存在との多元的交流も、生神教祖による一元的交流も充分に信じられてはいない。新宗教の全過程は、超自然的存在との直接的交流の信念そのものを止揚してきたのである。

日常と異質な次元に属し、時をえて直接的に顕現するような超自然的存在に対する信念の弱体化の根本的原因は、むしろ日本社会の世俗化という、より大きな歴史的過程に帰すべきであろう。新宗教による民俗〈宗教〉の止揚とは、この世俗化の過程を内側から地を踏みしめながら歩むことだったといえよう。

【参考文献】

突発理論、発生理論、民俗〈宗教〉、講社〈宗教〉、といった概念、また天理教の発生過程については、
島薗進「宗教と民俗」『宗教研究』二三〇号、一九七六年一二月。
島薗進「宗教と民俗II」『宗教研究』二三四号、一九七七年一二月。
島薗進「神がかりから救けまで」『駒沢大学仏教学部論集』第八号、一九七七年一〇月。
島薗進「疑いと信仰の間」『筑波大学哲学思想学系論集』昭和五二年度、一九七八年三月。
シャーマニズムや生神信仰の概念とその性格（第１節）については、
佐々木雄司「我国における巫者（Shaman）の研究」『精神神経学雑誌』第六九巻第五号、一九六七年五月。
宮田登『生き神信仰』塙書房、一九七〇年。
佐々木宏幹「シャーマン」田丸徳善・村岡空・宮田登編『日本人の宗教　第二巻　儀礼の構造』佼成出版社、一九七二年。
幕末新宗教の成立における本質的教義・活動要素（第２節）については、
鶴藤幾太『教派神道の研究』大興社、一九三九年。
高木豊「近世末動乱期の宗教」丸山照雄編『変革期の宗教』伝統と現代社、一九七二年。
世俗化とカリスマの関連（第３節）については、
Wilson, B., *The Nobel Savages*, University of California Press, 1975.

第2章　金光教学と人間教祖論
金光教の発生序説

嬉しいやら悲しいやら。どうしてこういうことができたじゃろうかと思い、氏子が助かり、神が助かることになり……（『金光大神覚』[1]）

ようも〳〵、こう云ふ事が出来ましたのう……トテ、ホロホロト涙ヲ落シ給ヘリ（高橋富枝の伝え[2]）

1　人間教祖論と大患体験

金光教の教祖、赤沢文治（川手文治郎、金光大神）の宗教的経歴と体験を内側から理解しようとする時、われわれは金光教学による豊かな研究成果に出会うことになる。金光教学は教祖を一個の人間としてとりあげ、その苦悩と喜びを共通の地盤から理解しようとする努力を積み重ねてきた。教学的な立場からのそうした教祖の生涯の共感的理解の試みを、ここでは人間教祖論とよぶことにしたい。金光教学における人間教祖論は、宗教思想としても教祖研究としても高度の達成を示してきた。教学者とは異なった関心から教祖研究にとりくむ場合にも、その成果をいかに読みとっていくかが最初の研究課題となるであろう。本章の第一の目的はこの人間教祖論の大きな流れをたどり、教祖の生涯に対する教学者の視角がどのように変わってきたかを示すことである。しかし、金光教学の成果は人間教祖論に限ってみてもかなりの量にのぼり、その全体を総覧することは容易ではなく、またさしあたって不可欠というわけでもない。そこで、ひとまず教学の流れを代表する数人の教学者を選び出すとともに、安政二年（一八五五）文治四二歳の大患体験をとりあげ、この事件に対する彼らの解釈を主たる検討の対象とすることにしたい。

文治の生涯、とくに前半生についてわれわれが知りうることの多くは、文治自身による『金光大神覚』（以下『覚』と略す）の記述によっている。『覚』前半生の記述は年を追って「事実」をぽつぽつと書き並べた「記録」であるが、その多くは晩年の文治の記憶に基づき、神との交渉の経過を記すという彼の関心にそって構成されたものであることを忘れてはならない(3)。文治の生涯を叙述するには、『覚』の記述に対する批判的分析が不可欠である。とはいえ以下の論述のために、ここで大患体験とよぶものの最少限の輪郭を示しておく必要があろう。金光教学以外の代表的な解釈を例示する意味も含めて、村上重良による大患体験とそれに至る経過の要約を引くことにしよう。

「赤沢家がようやく家産を回復した嘉永初年から、一家は、つぎつぎと不幸に見舞われた。すでに長男は夭折していたが、一八四八（嘉永元）年には二歳の長女、翌々年には九歳の次男が急逝し、三男と四男は疱瘡にかかった。そればかりでなく、飼い牛が二年つづけて同月同日に死んだ。文治はわずか十数年のあいだに、飼い牛を含めて合わせて七つの墓を築かねばならなかった。ちょうど普請中であった文治は、これこそ『金神七殺の祟り』であると恐れおののいた。金神は周期的に遊行している神とされ、その方位をおかして土木、建築、旅行、縁組み等をすれば、七殺の祟りを受けるとされていたのである。一八五五（安政二）年、文治は四十二の厄年を迎え、近在の寺社に厄晴れ祈願を怠らなかったが、四月になって、喉けを患い重態に陥った。喉けは、扁桃腺炎に似た病気で、当時では命取りの難病であったから、親族や知人が集まって、枕頭で病気平癒の祈願をした。すると石鎚の先達《せんだつ》をつとめる農民が神がかりになって、『普請、転居に附、豹尾、金神え無礼いたし』（『金光大神覚』）とのお下がりがあった。文治は『凡夫で相分からず』（同）と、ひたすら神に許しを請い、病気は、やがて全快した。初めて神と直接に出会ったこの日の体験は、文治にとって、終生忘れえない感動であった。これを機に、文治は、ますます信仰を深め、神仏にすがった(4)」。

人間教祖論の展開をたどるさい、焦点としてこの体験を選ぶさしあたっての理由は、多くの人間教祖論において大患体験が重要な主題となってきたこと、この体験の解釈においてそれぞれの人間教祖論の特徴が典型的に現れること、などである。しかし、と同時に、私自身の関心にとっても、大患体験の解釈が赤沢文治像再構成の鍵となるだろう、という予想が含まれている。したがって以下の論述は、⑴人間教祖論の展開をたどり、大患体験解釈に注目しつつそれぞれの人間教祖論の特徴を論じるとともに、⑵大患体験の解釈がどのような問題をかかえているかを示し、私自身の赤沢文治論の出発点を定める、という二つの目的を合わせもつものである。

2　生神思想の蘇生——高橋正雄

金光教学における教祖の生涯の最初の透徹した共感的理解は、高橋正雄の『我を救へる教祖』（一九三三年）によって示された。この書物は、教団内の孤立した知識人から教団革新の指導者へと成長する途上にあった著者が、昭和三年（一九二八）から五年（一九三〇）にかけて、彼を慕う人々を前に行った講義の筆記をもとに編まれている。その叙述は、それまでの教祖伝と異なる新たな枠組の構成を目ざしたものではない。とりあげられる事蹟や逸話、個々の事蹟の事実経過、それらの比重など、多くの点で旧来の伝統的枠組がそのまま踏襲されている。確かに高橋は、若い時から『覚』やその他の伝承資料に親しく接していた。資料収集に携っていた時期には、その作業に意義と喜びを見出していたかもしれない。しかし、『我を救へる教祖』の段階では、資料を資料として尊ぶ気配はみじんも見られない。『覚』の記述を批判的に分析したり、その背後にある歴史的民俗的資料に客観的な裏づけを求めたりする作業は、ほとんど行われていない。知識の集積は教祖を理解する上での妨げにこそならないが、その積極的な手段になることもありえないと見なされているかのようである。新たな知識によって教祖の面影を修正するというようなことは思いもよらなかったにちがいない。(5)

『我を救へる教祖』の新しさは教祖伝の枠組構成にではなく、同じ枠組にもられた内容の濃さにある。従来の教祖伝は、きわめて大まかな概括か、さもなくば統一性を欠いた散漫な年代記に終わりがちであった。高橋自身の初期の著作もその例外ではない(6)。ところが『我を救へる教祖』においては、教祖伝の細部がそれぞれはっきりした意味を与えられ、緊密に組み合わされて一つの全体へと構成されているのである(7)。このような教祖伝の質的転換は、大正六、七（一九一七、一八）年頃に頂点を迎える高橋の内面的危機とその克服の体験を通して獲得された(8)。その間の事情は、「金光教祖様」という呼びかけに始まるこの書の序文の次のような部分から知ることができよう。


「あなたの事を一通りわからせて貰ふまでには、私にかなりの長い年月が必要でありました。……

あなたはずん〳〵ずん〳〵人生の一筋道を真直ぐに進んで行かれまして、終に誰れでもが一度は通らなければ、それから先へ進む事が出来ない事になつて居るらしい、『我』と『無我』との境の関門をお通りぬけになつて、それから先のよい世界に進み出で、居られますのに、私は『我』の世界を行きつ戻りつ、迷うてばかり居りまして、どうにかして誤魔化せれば、その関門を通らずに、よい世界に出度いものだなど丶、ずるい事ばかり考へて居つたのでありますから、あなたの見て居られる世界が見えやう筈がありませず、あなたのなされる事、仰しやる事がわからうわけがないのでありました。……

しかし難有い事であります。私はなんと云ふ仕合せ者でありませうか。さう云ふ『我』の生活を完全に行き詰らせられたのでありります。たうとう私見、私情、私利、私境を投げ出して了つて、ひれ伏して道を求め、救ひを求める事にならせられたのであります。その時私もどうやら曲りなりにも、その一関を通らせて貰ふ事が出来たのではありますまいか。……

ところがさうなりましてから、私はあなたの事がよくわからせて貰へるやうになりましたのです。『我』を放れなければならない時、私は生死の境に立たせられました。どうなる事かと案じました。その時、あなたがはつきりと立ち現れて下さいまして、私を見よ、私の通つて来た道を見よと仰しやつて下さいました。あなたと面と面と向ひ、あなたの直ぐ御後に従ふ事が出来ましたのは、私に取つてどれ程の力強さでありましたらうか。私は全く助かる思ひが致しました。それから私はあなたを離れる事が出来ないのであります。全く一つに生き、同じに呼吸して居るやうな気がするのであります(9)」。


この文章は高橋の人間教祖論の成立の事情とともに、その核心的な特徴をも教えてくれる。危機克服は救いとして体験されたが、それは教祖と「面と面と向」うことによって可能になった。この時教祖は高橋にとって救済者となり、そうなることで初めて教祖伝の叙述が可能になった。高橋にとって、人間教祖論とは救済者としての教祖の生涯の叙述なのである。もちろん、高橋は素朴な救けの信仰から出発しているわけではない。高橋の「助かる思ひ」は屈折した自己意識の解放を、少なくともその一側面として含んでいる。にもかかわらず、教祖が神と人とをつなぎ救けを可能にする唯一の媒介者である、とする生神思想[10]は確実に生きている。大正八、九年ごろの高橋の日記風の断章には、ひたすら「いきがみこんこうだいじんさま」に捧げられた祈りがいくつか見られるが[11]、それは、彼にとって教祖が唯一至高の聖なる存在であったことを示すものである。この高橋正雄特有の生神思想は、さらに息子高橋一郎の「生神金光大神と天地金乃神は御一体である」という断言[12]に受けつがれていくであろう。おそらくその代償は天地金乃神＝親神の軽視であった。たとえば親神は「天地に満ち亘つて居る処の真心、実意」「天地の誠、……精[13]」と同一視されている。高橋においては神は内在的非人格的な力としての側面を強め、超人的人格的な意志の所有者としての側面は大はばに失われてしまっているのである。初期の信徒にとっては自明であった生神思想がすでに稀薄化し始めていた[14]この時期に、高橋は超越性を教祖のみに集中させることによって、生神思想を甦らせたといえよう[15]。

『我を救へる教祖』はこの新たな生神思想を導きの糸とした人間教祖論である。したがってその叙述の中心は、救済者としての教祖がいかに成就したかという点に向けられることになる。高橋にとっては、救済者教祖の成就こそが金光教独自の救済の始点をなすものなのである。この始点は安政六年（一八五九）一〇月二一日、四六歳の時の立教神伝とよばれる神のお知らせ（文治自身の口を借りて語り出される神の言葉）に置かれる。立教神伝とは、神が文治に「……世間になんぼうも難儀な氏子あり。取次助けてやあ《っ》てくれ[16]」と、農業をやめて神と人を媒介する取次のわざに専念するように頼んだ言葉をさす。高橋は、「立教の神宣に於て教組は御自身の中に神が生れ給ふ事になられたのでありまして、御名は後に確定したのでありますが、生神金光大神とお立ちになる事が定まつたのであります」「そこでわれ〳〵も亦救はれる事が出来るやうになつたのであります」として、立教神伝の降った一〇月二一日が金光教で「最も……大切に思はねばならぬ日」だとする。[17] 立教神伝はその呼称が示すように、従来から金光教立教の起点をなすお知らせとされてきたものである。高橋はこの前提を受けいれるが、そこに新しい内容をもりこんでいる。従来、立教神伝は神が金光教独自の救けのわざ[18]である取次を命令ないし依頼した言葉であるが故に神聖視されてきたものであった。そこではあくまで神が主体であった。高橋はこの神の主体性を奪い去り、教祖を主体にすえる。このお知らせは教祖の心の完成を示すもの、「人生一切の問題の起って来る根本の『我』と云ふものが解けて了つて、天地全体と一つである」[19] 生神金光大神の境地の成就を示すものと見る。神の言葉である立教神伝の一字一句に読みとるべきものは、神の人類救済の意志というよりも、むしろ救済者となった「教祖の真髄[20]」なのである。

教祖の生涯のすべては、立教神伝における救済者教祖の成就という頂点を見すえて叙述される。立教神伝の下された四六歳に至るまでの教祖の生涯は、救済者教祖の誕生に至る歩みの過程である。この歩みの始まりはすでに幼少のころの気性や態度に現れている。なるほど高橋は、教祖は生れも育ちも「最も普通」であり、「少しも特殊な所があったわけではない」としている。[21] 金光教学の一貫した立場である、教祖が平凡な生活者であったことを積極的に肯定していこうとする考え方は、高橋らによって確立されたものである。しかし高橋に関する限り、この立場は教祖の超人間性を排除するものとはなっていない。たとえば幼少期については、神仏を拝むのを好み養家に休日の神仏参拝を願ったという伝承が重視され、「始終尊いものを拝んで、良い方に〳〵と進まずに居れぬお方であった」「絶えず良い方に御自身をお育てなさつたお心掛の尋常でなかつたことが、はつきり分る」「教祖が御一代に大業を成就なされたそのことが……御幼少の時から既に〳〵異つて居られたといふことが思はれる」[22] といった評価を与えられる。あるいは教祖の気性として、「素直な」「優しい」「しつかりした」「蟠《わだかま》りのない打解けた」「行届いた」といった言葉が用いられているが、[23] それらの性質はそのもっとも純粋な形で現れたと見なされている。教祖は「ふつうの人間」ではあるが、その「ふつうの人間」の中の極限的存在として捉えられているのである。後に続く者は教祖をまねて自己を生神的なものへ高めようと努めることはできるが、その向上も教祖が体現した神性の高みを仰ぎ見ることを通してのみ可能なのである。

とはいえ、教祖の心が幼少の頃から完全な状態にあったわけではない。それなりに未熟な状態から完全な状態への成長の過程があったとされる。それは三段階にわたる信心の成長段階としてまとめられる[24]。第一段階は、世間一般の人々と同様の信じ方をしていた段階である。「皆んなが神様へ参るといへば、そこへ矢張り参られる。皆んなが難有い仏様だと云つて拝めば、矢張り教祖も難有いと思うて拝まれ、皆んなが怖いと云ふ金神は、教祖も怖いと思はれる」。世間の人々とちがうのは「その心の深さ」だけである。第二段階は、四二歳の大患体験によって画される。この体験によって神がおかげを授けてくれるものであることを確信し、世間の人々とは異なる独自の信念が定まった。この段階でも、すでに神との関係は非常に密接になっている。しかし、なお神は自らの外にあり、外から御利益を授けてもらうという信じ方である。第三段階は、安政五年（一八五八）七月一三日、四五歳の時初めて神の言葉を自らの口をもって語るようになって以後の段階である。そこでは神はもはや自身の外にいるものではなく、自身の中に現れ働くものとなっている。「自身が有難いもの、塊となりますから外のものは、一切が皆難有くな」り、内も外も神が充ちることになる。かくして「神を離れて居る事がない」一体化がとげられる。この段階に至ったことで、安政六年（一八五九）の立教神伝を受ける準備がほぼ整ったとされるのである。

高橋の信心段階論においては、各段階の転換は非連続的な飛躍として捉えられているわけではない。教祖はその生涯全体が尊いのであって、ある段階において突然注目に値する心のあり方を示し始めたわけではない。大患体験の解釈にもこの特徴が現れている。なるほど、大患体験は「それまでに無い全く一つの新らしい道[25]」の起点とされているし、この体験によって「神はこちらが行届けば、助けて下さるものであると云ふ事が、教祖に深くお分りになつたに相違ない[26]」というふうに、回心体験のようなものがあったことも認められている。しかし、それは教祖の生涯を流れている尊いものの性格を大きく変えたとは見なされていない。大きく変わったのは、むしろ神の方である。高橋はそれまで救けを現すことのなかった神が、この時点で初めて救けの意志を現すに至ったということを重視している。

「この事は実に大事な点でありまして、これは私の解釈でありますが、こゝの所から考へて見ますと、それ迄何百年何千年といふ永い間、金神の祟り障りと云ふ事が、支那から日本まで、ずつと支配して来て居りましたものが、それが教祖のかういふ実意の充ちた真心をもつての守り方、かういふ為され方に依つて、一変されたのであります。一寸申しますと、金神様の方でも、始まつてこの方何千年といふ永い間に、教祖のやうに誠心誠意をもつて守られる人に逢はれなんだ。守れる限りは守つて、その上なほ私の守りやうの足りないところは、どうぞ許して下さいと云はれる。どこ迄実意があるか分らない。さう云ふ教祖の実意さ、真実さに、金神様の方でも、やさしく打解けて守り助けてやらずに居れぬやうになられたと云ふやうなところがあるのであります」[27]。

これによって神と人類との関係のあり方が変わった、あるいは変わる端緒が現れた。「人間生活全体がさう云ふ不自由な事にならされて居たのが、開放されて自由な生活が出来る道が開けた」[28]。ここには生神思想の核心的な要素が現れている。大患の事蹟とは、教祖が神を揺り動かして人類への救済を実現せしめた、という意味で決定的な転換点なのである。教祖自身が神の救けを感得することができたのは、その転換の付随的な帰結にすぎないとさえいえよう。「それまでに無い全く一つの新しい道」とは、教祖の信心についてというよりも、むしろ人類の救済についての言葉なのである。

3　教祖の人間化——戦後教学

早くから高橋正雄や和泉乙三らによって耕されていた金光教学の土壌は、戦後、金光教学院研究部の設置（一九四六年）、教祖伝記奉修所の設置（一九四七年）、それらの教学研究所への発展（一九五四年）、『金光教学』（第一集—第一五集）の刊行（一九四七—五四年）、その復刊（一九四八年、一九七八年現在第一八号まで刊行）などによって、多彩な収穫を産み出していく。和泉乙三を中心に編まれた教祖伝記『金光大神』（一九五三年）の刊行は、資料収集の広さとその緻密な処理、社会的文化的背景への目くばり、叙述の客観性等において、教学の発展に一時期を画するものであった。こうした金光教学の確立は、教学に専念する教学者集団の誕生と彼らによる近代の批判的客観的な学問態度の導入によって可能になったものである。これら戦後教学の担い手たちは、歴史宗教に劣らぬ教義を樹立したいという強い意欲と関連諸学や現代思想に対する旺盛な関心につき動かされていた。その一方には、歴史学の素養をもち、地道な史実考証・資料探索の作業を積み重ねる金光真整、三矢田守秋らの実証家がいた。他方、主として『金光大神』に依拠して立論する理論家たちは、大患体験前後の事蹟に求心的に関わり、新たな人間教祖論の構築を試みた。『金光大神』自体は独自の教祖像を打ち出すことを慎重に避けていたが、その詳細な叙述の内容は従来の教祖伝の枠組に変更をもたらさずにはいないものだった。新しい理論家たちの役割は、躊躇なく新たな枠組を提示することだった。この試みを代表する教学者として小野敏夫、大淵《おおふち》千仭《ちひろ》、内田守昌、松井雄飛太郎を挙げ、その最終的決算というべきものを、大淵を中心として編まれた『概説金光教』（一九五五年からとりくまれ、一九七二年に刊行された）に見ることができよう。以下で検討したいのは、これらの教学者たちの業績である(29)。

この時期の金光教学の顕著な特徴として、歴史意識の確立を挙げることができる。そこでは教団も教義も歴史の外に、歴史的諸力を超越して存在するわけではなく、歴史の中に、歴史的諸力の影響下に形成されるものと見なされる。「もし、この歴史的現実ということをぬきにして、宗教なり信仰が語られるとするならば、それは単なる観念的なものがそこにあるというに過ぎない(30)」。真の信仰は歴史的現実の中にのみ現れるものであり、その本質は歴史的認識を通してのみ明らかにされうる。教団の過去はその時代の社会的文化的状況と関連づけて捉えられなければならないし、教団の現在は現代の社会的文化的状況への歴史的行為として選びとられねばならない。この教学態度は教祖論に対してまっ先に適用される。教祖の生涯に目を向けるということは教祖に全面的に帰依することではない。歴史的な隔たりがまず自覚されねばならない。すなわち、「現代を荷った『私』をもって教祖と対決をする(31)」という姿勢で、「先ず時間的に御生存の時代と、空間的に御生活の社会とを、知らねばならない(32)」。教祖は「社会のあらゆる圧迫の底に追いこまれ、窮乏に喘いでいた」幕末の農民の子として生まれ、「極めて外形的な一点を挙げれば、教祖もチョンマゲを結うておられた筈であって、全面的にその時代と社会の中に生きておられた訳である」[33]。

この研究態度と表裏をなしているのは、教団内で進行していた生神思想の稀薄化に呼応して、それをより徹底しようとする意志、教祖を人間化しようとする意志である[34]。戦後教学のもっとも有力な指導者の一人だった大淵千仭は、教祖の前半生について「概して、平凡、普通の一語につきる」[35]という。同様に、小野敏夫はその論文の一節に「教祖は普通の人間である」という見出しを付し、次のようにいう。


「……教典及び私の知り得た限りを綜合して考える時、教祖は普通の人間であつたと思う。御出生に於て、御生活に於て、神の申し子であるとか、生れ付き神の子であるとか見なければならぬような特殊な事実もなければ、その片鱗さえ、どの面にも見ることは出来ない。十二才の時に、『神仏に参るのが好きである。』と仰つていることも、これを特に強調して、普通の人とは違つた人であるように見るのは、独断に過ぎるであろう[36]」。

「以上のように、普通の人であるとか、普通のことをなさつたとか言うて来たこの普通という意味は、大体みんなの人と同じ様なという意味であるが、それは生活の様式とか形式とか云う外面的なことだけに限られるのではなく、内面的な心理状態というか、心持というか、教祖の精神内容に於ても、普通であつたと見なければならないと思う[37]」。

「……教祖には欲も我もあつたといえば、教祖を傷けるかのように考え、教祖は怒りも嘆きもされぬ人であるように云う方が、何か落着けるような気がするのは、その心が既に教祖を特殊扱いにし、人間放れした神の申し子のように仕立上げる心ではないだろうか。尊敬したり崇拝したりすると、すぐ特別扱いしたり、特殊視したりし易いが、こうした誇張や一方的強調は、その人の真面目を見失う心の錯覚である[38]」。


同じように「ふつうの人間」という言葉が使われながらも、高橋正雄においては〈ふつうでありながらも特異な点〉がくり返し述べられたのに対して、ここでは〈いくらか異なる点はあっても根本は同じであること〉が徹底して強調されている。

教祖像構成の新たな枠組は、何よりもこの教祖を人間化しようとする意志によって導き出されたものである。教祖の生涯はもはや教祖の救済者に至る歩みを示すものではない。以前のように立教神伝をもって教祖伝の中心と見なし、すべてをそこに集約するという構成はとられない。立教神伝を金光教の出発点とする教義が強いて疑われることはなかったとしても(39)、それが教義の核心に関わる教学的主題であることもなくなったのである。それにかわって新しい主題が鮮明に現れたわけではないが、主たる関心は教祖独自の信心がどの時点に始まり、どう完成していくかに向けられた。そして、その信心の起点は（初期の内田守昌のように三七歳の時（嘉永三年、一八五〇）の「思いわけ」を重視する独特の考えもあったにせよ(40)）、おおかたのところ四二歳の大患体験におかれるようになる。

小野敏夫によれば、四二歳の大患体験は「普通の人間」であった教祖が「本当の人間」になる転機であった。四二歳までの教祖は、「全体の物のあるべき姿がまだ明確になつて」おらず、「どうしたことであろう、どうしたらよいであろうと云う不安、疑惑、苦悶があつた」が、この体験を通じて「神人の新らしい関係が展開していく端緒」「信心の新大地」が開けた、という(41)。同様の観点から大淵千仭は、それまでの「特に実意丁寧であったとはいえ、その内容においては、いまだ世俗一般の信仰と、何らえらぶところは、なかった」信心が、この体験を転機として教祖独自のものへ展開した、という(42)。この体験の具体的なきっかけは病気であったが、教祖が直面したのは単なる病気の問題ではなく、「人間の生き方、生活態度」の問題であった。枕頭での石鎚神の問責は「人間の在り方」をきびしく問うものであり、それに対する教祖の「凡夫で、あいわかりませぬ」という応答は、「あくまで問題の根源を自己にもとめる」ものだった。「そこに、明確な、人間の有限性の自覚がある。しかも、有限性を自覚すればこそ、いかに心身のかぎりをつくしても、なお『それですんでおるとは、おもいませぬ』というのである。そこにいたれば、もはや人間能力の限界をつきやぶって、まさに神の世界につながろうとするはたらきである」。かくして、「教祖と神とは、はじめて結ばれることになり、そこに教祖の信心は成立した」とするのである(43)。

高橋正雄においては、大患体験は信心の展開の過程と救済の成就の過程という二つの光の下で捉えられていた。これに対し戦後教学においては、ほとんどもっぱら教祖の信心展開の過程の画期という側面からのみ捉えられている。大患体験は救済の起点であるよりも以前に、まず金光教独自の信心の起点である。それが重視すべきなのは、人間一般に対して教祖がまったく卓越した存在であることが証されるからではなく、世間一般の信仰や生活態度と教祖に代表される金光教信心の違いが浮き彫りにされるからである。明らかにすべき教祖の姿とは他の人間を超えた救済者としての姿ではなく、現在の信仰者が模範とすべき最初の信仰者としての姿なのである。小野と大淵の言葉を引こう。

「従って四十二才の展開は、教祖が本当の人間になられたことであり、人間の完成であると云うことが出来るであろう。本教に於て信心する者の真の在り方、本当のおかげはこの人間完成であると云うことが出来るであろう」[44]。

「さて、かくしてはじめて開けた教祖の新しい信境は、爾来、とみに進展していった。すなわち、教祖は、この体験によって証得されたところの、右に述べた如き方式によって、妻の出産、家族の病難など現実の問題に即して、実意丁寧神信心を実践し、そこに、非力有限な人間凡夫が、神のおかげをうけて、しあわせに立ち行くことができるということを、ひとつひとつ体現してゆき、その証果を積み重ねていった」[45]。

「人間完成」や「実意丁寧神信心」は教祖のきわだった特性であるが、同時に教祖と同様に「非力有限な」一般信徒が実現できること、すべきことであり、倫理的規範としての側面を色濃く含んでいる。

大患体験以後の神との交渉の深まりも、教祖を超人間的な存在に高めたわけではない。大患体験で得られたものの深化拡大として捉えられている。その過程のいちおうの帰結として、安政五年（一八五八）の文治大明神号、安政六年（一八五九）の立教神伝、あるいは明治元年（一八六八）の生神金光大神号の拝受がおかれる。いずれの場合にも、その帰結点は生神という概念で捉えられる。大淵の先の引用文は次のように続けられている。

「そうしてそれは、病気のみならず、次第に、家業である農事万端をはじめ、前節に述べたような（大淵はそこで、教祖が信仰上の問題としてとりあげた事がらを列挙している）、人間生活のあらゆる事柄、全部面に及びひろがっていった。かようにして、ついに生活全体が信心になり神徳によって裏うちされた、神と一枚の生き方を、現じたのである。そのような生き方がつねにできていることは、すなわち、その人においてつねに神が現わされ、神がそこに生れていることであるとして、教祖は、これを、〝生神〟といったが、教祖自身、神より、その信境の進展段階に応じて、遂次それぞれに神号を授けられ、ついに、〝生神金光大神〟にいたった」(46)。

〈神がそこに生れていること〉としての生神という概念は、徳永健次の伝承する教祖の言葉を根拠としてこの時期にさかんに使われ、金光教学の鍵概念の一つとなったものである(47)。それは救済者としての資格を示すものではなく、一つの境地であり、教祖一人に独占されるものではなく、教会長など多くの信仰の先達に体現されているものである。民俗宗教的な生神信仰における生神概念（多発的反復的なシャーマン的生神(48)）と、仏教的な模範予言における悟達や覚者の概念とを融合したようなこの生神概念は、戦後発展した新宗教において広くゆきわたる神人関係（仏人関係）に関する特有の考え方と軌を一にしている。おそらくそれは、神・自然・人間をすべて生命概念で捉えようとする日本新宗教に共通の生命主義的救済観の一局面を示すものである(49)。金光教にそうした神観・人間観が存在することは何ら奇異なことではない。しかし、それは幕末維新期の新宗教の初発のエネルギーとなった生神思想における生神概念、〈神と人とを媒介する唯一の救済者〉としての生神という概念とは、その強調点を異にしている。前者においては生神は日常的倫理的な努力目標であるのに対して、後者においては非日常的超自然的な救けの媒介者である(50)。この後者の意味での生神の起源は、戦後教学の論考の対象とされないのである。

以上に述べてきた教祖の人間化に伴って、戦後教学の人間教祖論は一つの曖昧さをかかえることになる。すなわち、教祖の生涯を媒介として新たな救けが可能になったのはなぜか、という問いへの明確な答えがないということである。神がいかにして救けの意志を現すに至ったかよくわからないのである。大患体験の解釈においてこの曖昧さはあらわになる。大患体験においては、確かに祟る神救けぬ神から救ける神への変容が見られた。しかし、「人間の有限性の自覚」が、なぜ神の救けの意志を目ざめさせることができたのかは、必ずしも明らかでない。大淵において「人間能力の限界をつきやぶる」のは、人間なのか神なのかよくわからない。人間が自力で自らを救けたとも、現象の背後に潜む影のような神が唐突に作動を開始したとも受けとれよう。また、松井雄飛太郎や内田守昌が「教祖は自己の大患から、凡夫の自覚によって、結果的に救われることになった[51]」といい、「天地金乃神のおかげとは、実に人間が難儀（人間性）を自覚することにあり、この自覚の成立するところ、そこに神あり、神の救いがある[52]」という時も、「自覚」と「救い（救け）」との結びつきは曖昧である。「神と人間による相依的相互的な作用的関係[53]」とか「神と人間とがあいよかけよで生れ同時存在する世界[54]」といった現代哲学風のジャーゴンは、人間の自覚と神の救けの意志の結びつきの曖昧さに輪をかけこそすれ、それを吹き払ってくれるものではあるまい。

救けの起源と神の意志に関するこのような曖昧さは、戦後教学における超越性の喪失と関わりがある。高橋正雄においては人々と教祖の間に無限に近い距離があり、したがって教祖による救済の実現は超越的な事態であった。ところが、戦後教学における教祖の人間化は、この教祖を媒介とした超越性を奪い去ってしまった。それだけではなく、救けの起源が不明確になることによって、神の超越的な意志の実在如何も不確かになった。内田守昌や松井雄飛太郎は、現代の信仰は中世的な神信仰に復帰しうるものではなく、そうしようとするのは時代錯誤である、と述べている[55]。「中世的な神信仰」とは、神の人格的超越的意志の実在への信仰を前提とするものであろう。高橋正雄においてすでに始まっていた神の非人格化非超越化は、戦後教学において自覚的に追求されその極点に至るのである。こうして教祖も神も超越的であることをやめる時、世界には人間の倫理的意志のみが残ることになる。現在の教学者たちが批判克服の対象とするのはこの点なのである。

4　超越性の回復——現在の教学

金光教教学研究所における戦後教学からの脱皮は、一九六四年頃から自覚的に試みられるようになり現在に至っている[56]。その基本的な志向性は教学の自立の徹底であろう。そこでは、教学は取次や布教の経験をもたず、教会の現場からの要請とはほとんど無関係に教学に専念する人々によって担われている。『金光大神』や『概説金光教』など実践的な教義に直結する書物の編纂執筆は、すでに先だつ世代の人々によって果たされたか、果たされつつあった。それとともに、教団を正当化するという教学目的の自明性があえて疑われ、教学者の主体性が問い直される。一方、教外の学者研究者との交流の機会が増してくる。教学者の活動は、金光教団という信仰共同体を離れた一個人一宗教者の学問的思想的営みという側面を色濃く帯び始める。教学者は、教団と社会の双方に対して充分に批判的な距離をとりながら机上の書物や資料ととりくむ「孤独な専門家[57]」なのである。方法的には、資料による実証を基礎とした批判的客観的方法がさらに浸透する。資料検討に専念する実証家と信仰の本質を問う理論家との分業は廃棄され、実証と理論が緊密に結び合わされるようになる。人間教祖論にとりくむ者は、「一つの出来事だけを特別に意義づけたり、逆に最初から全生涯を丸ごと価値づけたりすることをまずやめ」、教祖の生涯のさまざまな局面に遠心的に関わり、関連する歴史的民俗的資料などによって裏づけを与えようとするのである[58]。したがってその業績も多岐にわたるが、本章の目的、とりわけ戦後教学と対比しながら現在の教学における人間教祖論の特徴を明らかにするという当面の目的に従って、ここでは大患体験解釈のみに焦点をしぼり、瀬戸美喜雄と竹部教雄の論文を検討することにしたい。

瀬戸美喜雄の初期の教祖論[59]は大淵千仭や内田守昌の強い影響のもとに書かれており、彼らの思考を反復しているような部分が少なくない。昭和三九年を境とする教学研究所の戦後教学からの脱皮の過程で、瀬戸は彼が受けついだ戦後教学の教祖論の枠組を内側から克服する努力を強いられたにちがいない。大患体験を論じた瀬戸の二つの論文[60]（以下「大患の事蹟」⑴、⑵とよぶ）は、この努力の結実を示すものである。[61]瀬戸は「従来この四十二歳の教祖の体験やそこにおいて出現する金神・神仏の働きは、教祖のそれまでの生活の歴史や周囲の客観的主体的状況と切り離して捉えられる傾きがあった[62]」とし、大患体験の背後にある分厚い事実の層に注意を払うことを論文の眼目にすえる。そこでは、たんに教祖は「ふつうの人間」だったと規定してすまされるのではない。「ふつうの人間」として何を信じ何を悩んだかが問われ、それに答えるためにまず民俗的信仰の実態が探索されるのである。このような視点はすでに金光真整や松岡道雄によってある程度切り開かれてはいたが、[63]瀬戸はそれを人間教祖論の一貫した論理の中におこうとしたのである。

瀬戸によれば大患体験以前の教祖の信仰は、「世俗一般の信仰と何らえらぶところがな[64]」いものとして一括しうるようなものではない。教祖は金神や神仏に対して重層的な信仰を進めてきたが、子供の死を普請と連想する中で、すでに三七歳以前に金神との関わりを深めていた。金神は「現実生活をも左右する具象的な実在の神として実感され」、「孤独な一主体として、一対一で……対峙する」存在となり、「神と人間との超えがたい断絶性が意識されるようになった」。それはいっぱんの民間信仰とも、自身のこれまでの信仰とも明確に異なる神との関係のあり方だった。三七歳の普請のさい、金神への行届いた配慮を怠らなかったにもかかわらずふりかかった不幸への対処を通して、信仰のあり方はさらに深まる。「……人間の行為行動を方向づける伝承、慣習、規約、倫理等は、それらを拠りどころとして行為するほかないけれども、その拠りどころの存立根拠にまでさかのぼって問うていくとき、それらが絶対的な拠りどころたりうるか否かは疑問であり、何が究極の拠りどころたりうるかわからぬこと」が見えてくる。また、人間を助けるはずの神仏についていえば、大患に至るまでに「神仏と人間とのつながりが得られぬという超えがたい壁が痛感」されるようになる。大患の病床ではこうした宗教意識の先鋭化の末にもはやなすすべなく、思いの届かぬ神仏になおかつ「身まかせ」し、「心じっしょう」という「生死について不思議な平静さ」の中で横たわっている。[65]

大患体験の決定的な局面は、「普請わたましにつき、豹尾・金神へ無礼いたし」という神の宣告によってもたらされた。この宣告は、三七歳の普請のさいの金神への配慮、対処の中に、金神に従うことで自己を守ろうとする「自身のみにくさ、自身のたすからなさ」[66]があったことを気づかせるものだった。「大患の事蹟」(1)の結論部で、瀬戸は教祖の内面にとっての大患体験の意味を次のように要約する。

「民間伝承の一つとして金神方角の説が広く一般の間に流布し慣習化したのは、金神の七殺が畏怖された故であるが、同時に、それに従いさえすれば、身の安全が一応保証される簡便な行為の規準であったからでもある。ところで、教祖は大患の体験を経ることによって、金神にふれまいとする動きの根底に、自己保持なる動きが潜んでいることに目が届くことになった。金神にふれてしまっているという確認に立ったとき、問題になったのは外に存在する七殺の金神ではなく、不幸をおそれ自己なるものが崩壊することを避けたいとする自己の内なる自己保持の方であった。恐ろしいものがあるというより恐ろしがっている自分が居るということ、それに気づくという形で、恐ろしい七殺神としての金神像は、教祖の中で次第に自己倒壊していくことになる。また、この時の体験によって人間の究極のわからなさがいよいよ鮮明に自覚されてきた。いままでわかったものとして行為し、わかるはずのこととして人間のあり方を探求してきたが、その根底においてわからぬものに出会った。その結果、金神と方角を人間の簡便な行為の規準とすることはできなくなった。金神は教祖にとって新たな関係をとり結ばねばならぬ神となった」[67]。

同じことは「大患の事蹟」(2)の冒頭で「難儀性の直視」という言葉でまとめられているが、この「難儀性」とは、「人間の不可知性と自己中心性」、「すなわち、人間が畢竟知りて知りがたいにもかかわらず、あたかもそれを知っており、意のごとくなり、またなさねばならぬかのごとく自己中心に生きていく本性を指す」とされている[68]。大患体験の核心と金光教信仰の本質を、「自覚」とか「直視」とかいう概念で把えようとする見方は、戦後教学の人間教祖論を受けつぐものである。そこでも「人間凡夫の自覚」「人間の有限性の自覚」「難儀の自覚」といった概念がさかんに使われていた[69]。瀬戸の初期の論文もこれらの概念に立脚して書かれていた。しかし、「大患の事蹟」においては、それらにはなかった新しい観点が加わっている。すなわち、この「自覚」には神の存在の超越性の確認が含まれているという点である。自覚だけならば人間の頭の中で到達しうるものかもしれないし、人間の意志で喚起しうるものかもしれない。戦後教学にはそうした人間中心主義的倫理主義的な考え方があった。これに対して瀬戸は、教祖自身はけっして人間中心主義者倫理主義者ではなく、一介の庶民として民俗的な神信仰と深い関わりをもっていたことに注目した。忌避されてきた金神への信仰の中にも、すでに「恐れと畏敬」の「同時並存」[70]という形での超越性の感受があった。後に天地金乃神となる神と、金神や神仏とは別の存在ではない。不幸をもたらす金神と幸福をもたらす神仏として対立的に考えられていた神は、大患体験を通じて天地金乃神へと統一されるきざしを見せ始めた。大患体験は民俗的な信仰に含まれている超越性を統一純化し、それに思想的な深みを与えたのであり、瀬戸における自覚とは、この純化された超越性との対峙を通してのみ到達されうるものなのである。瀬戸が描く教祖像は信徒の模範である倫理的実践者というよりも、超越性と対峙して自己の内面を凝視する思想者の像に近いものである。大患体験以後の教祖の宗教者としての活動も、この自己凝視に基づく信仰を社会的な場面へとおし広げていくものと捉えられるのである。

瀬戸の視点は竹部教雄の「『実意丁寧神信心』考」[71]によって敷衍され、教学史的教義論的展望を与えられた。「実意丁寧神信心」とは立教神伝の中の一句であり、おおかたの意味は〈神を疑うことなく、まことをつくして、日々怠りなく信仰すること〉といったところである。戦後の金光教においては教義の中心となる用語の一つとして重視されてきた言葉であり、昭和三七年のある論文は「実意丁寧神信心が、本教の信心全体をつらぬく基調であり、信心展開の基盤であり要因であるということについては、こんにちまでの多くの論究によって明らかにされており、疑う余地のないこと」と見なすほどであった[72]。こうした教義の批判を目ざす竹部は、それを高橋正雄、和泉乙三など「教団二世の教学」[73]の系譜をひき戦後完成された教祖像に由来するものだとし、立教神伝の文脈解釈の検討を通して、この教祖像の変更を図るのである。

竹部の論旨は次のとおりである。立教神伝中の「此方（＝お前）のように実意丁寧神信心いたしおる氏子が、世間になんぼうも難儀な氏子あり、取次ぎ助けてやあてくれ」[74]という一節をめぐって、従来二つの文脈解釈があった。一方は戦前までの伝統的な解釈で、「此方のように実意丁寧神信心いたしおる氏子が」の述語を「世間になんぼうも難儀な氏子あり」とするものであり、他方は戦後ゆきわたった解釈で、「世間になんぼうも難儀な氏子あり」を挿入句と見、「……氏子が」の述語を「取次助けてやあてくれ」とするものである。旧解釈によれば、実意丁寧神信心は前半生の教祖のように信心してもなお難儀をこうむっている人々についての言葉であるが、新解釈によれば、救済者である教祖の特殊な資格の根拠となる信心のあり方を示す言葉であり、金光教信仰の究極的目標を示すものとなる。どちらの解釈をとるかという問題は、教祖の信仰の発展をどう捉えるかという問題と関わっている。新解釈においては、実意丁寧神信心は大患以前の前半生から大患以後に至るまで、一貫して教祖の信仰の特徴をなすものと見なされる。しかし、大患以前の「神仏願いてもかなわず、いたしかたなし。残念至極と始終思い暮し[75]」という状態と、大患体験に対する「どうしてこういうことができたじゃろうかと思い、氏子が助かり、神が助かることになり[76]」という感懐とを比べるとき、こうした連続的な見方には難点がある。

ここで竹部は瀬戸の大患体験論をひき、教祖の信仰形成にとって大患体験がもつ意義の重要性を指摘する。瀬戸は「豹尾・金神に無礼いたし[77]」という神の言葉が教祖に深い衝撃を与えた、という点に注目した。このことは、実意丁寧神信心の故に神の意志を動かしえた、とする新解釈の立場からの大患体験論の論拠を失わせるものである。実意丁寧信心の末に至りついた大患の病床での教祖は、「世俗一般の信仰形式の徹底的実践の故に、その信仰形式によって仕合せをつかみとる世界からはみだし、『神仏願いても叶わず、残念至極』という、誰にも、何処にも持ち出しようのない、又自分自身もどうすべくもなく、死によっても解決されぬ厚い人生の壁に無念の思いを呑んでいる[78]」ような状態だったはずだ。実意丁寧神信心とは神に到達する道ではなく、この人生の壁に至る道だった。神の言葉はこうした状態にあった教祖に、「人間のあり方そのものがそもそも無礼になっている」ことを示したものであり、これに対する教祖の詫びは無礼である身の「徹底的身元確認」であった。この問答によって初めて金光教独自の信仰と救済の道が成立したのである[79]。

竹部の議論には若干の注釈が必要である。大患体験の前後の教祖の信仰を連続的に捉えるのが、竹部のいうように新解釈をとる戦後教学固有の特徴であるかどうかは疑問である。瀬戸においても大患体験前後の連続性に充分な注意が払われているし、逆に小野や大淵においては、金光教独自の信心の出発点をなすものとして大患体験が強調されていたからである。戦後教学は大患の危機体験における「人間の有限性の自覚」と、日常平生の実意丁寧神信心という二つの信仰概念を並存させていた。日常平生の実意丁寧神信心のみを強調するのは、戦後教学というよりも戦後教義の特徴であろう。どちらも高橋正雄らの「教団二世」の影響下に形成され、深い相互関係があったにせよ、戦後教学は少数の教学者によって追求されたものであり、戦後教義は全国に広がる広汎な教会長後継者たちにその支持基盤を見出したものである。「ふつうの人間」論に立つ前者は高橋正雄や高橋一郎の思想からの脱皮を試みたのに対して、生神思想の余光を保つ後者は高橋らの思想の現場適用の過程で成立したものである。教学者自身の自覚如何にかかわらず、両者の区別は可能であり、必要でもある。竹部の批判にはこの両者の混同があるといえよう。とはいえ、竹部の批判が両者に共通する何ものかをついていることも確かであろう。それは人間中心主義倫理主義である。戦後教学の大患体験解釈についていえば、それは転換点である大患体験全体の過小評価としてではなく、大患体験は重視しつつも、そこにおける超越的なものの意義を軽視している点に現れているのである。

瀬戸や竹部の主張が、竹部の支持する旧解釈に代表される、伝統的立場の復興を含意することはいうまでもない。ただ、復興されるのは、教祖を唯一至高の救済者とする生神思想ではない。教祖は徹頭徹尾、一人の人間にすぎないものと捉えられている。復興されるのは神（親神）への敬虔であり、神と教祖を含む人間との距離が強調されることによって、神の超越性の回復が目ざされるのである。戦後教学では正体のわからぬ影のような存在となっていた神は、ここではかなり鮮明に理念化されている。大正中期から昭和初年にかけての高橋正雄が、人間教祖論としてはちょうど反対の方向をたどり、人間と教祖の距離を強調することで果たしたのと同様に、ここでも新たな敬虔の対象が発見される。人間の力を超えた何ものかの存在を強調し、我や無礼を人間の条件として捉えて、両者の距離を忘れまいとする姿勢は高橋と瀬戸、竹部に共通している。しかし、高橋においてはこの敬虔が救済者教祖を通しての救済の観念と直ちに結びついていたのに対し、瀬戸や竹部においては救済の観念が手のとどかぬところにある。大患体験で救けの曙光が現れえたことについて、竹部は「要するに、神との関りによる人間の助かりは、人間が神への無礼に心から気付く以外にはないということなのである」[80]といい、瀬戸は「難儀性が消滅して神意にかなうのでなくて、難儀性の極点に立った自己がみえるということと、神意にかなうということが、そのまま同じことの表裏であるという構造が、ここにうかがえる」[81]という。こうした逆説的な論理は教祖自身の救けの体験を説明しうるものではあるまい。

戦後教学においては曖昧につなぎ合わされていた自覚と救けは、ここではもはやおおい隠すことのできない亀裂を見せている。超越性を回復しようとする現在の教学においては、人間の自覚と神の救けの意志の間には無限に近い距離がある。大患体験においてなぜ救けが可能になったかという問いは、現在の教学者にとって一つの謎となっているように見える。「自身のたすからなさ」「人間のあり方そのものがそもそも無礼になっていること」といった一種の原罪論は、現在の教学が描き出す思想者教祖の像にはふさわしいものであろう。しかし、それは民衆的な救けの観念と結びつくものではなく、救けの不能といわないまでも、救けの直接的感受の不能を示す観念にとどまるものである。教学者たちが教祖に現れた民衆的な救けの事実を前に、立ちすくまざるをえないのはそのためである。

救けと結びついた超越性が失われたあとで、自覚と結びついた超越性が回復されたのだが、それは救けの起源を説明することができなかった。そのことによって自覚と救けの異質性があらわになる。それは現在の金光教学がかかえているアポリアを示すとともに、赤沢文治研究の今後の課題を提起するものであろう。

5　まとめと展望

以上に論じてきたことを表にまとめれば左のようになろう。いうまでもなく、ここに挙げた項目はそれぞれの教学のすべてをつくすものではなく、大患体験解釈を中心として人間教祖論の特徴を見るという本章の関心にそって選ばれた

表　人間教祖論の展開

	高橋正雄	戦後教学	現在の教学
教祖の人間性の位置づけ	極限的人間	歴史的・社会的状況の中の人間	苦悩する信仰者
教祖の特異性の位置づけ	救済者	信徒の模範	一思想者
大患体験以前の特徴	なみはずれた信仰心	実意丁寧な態度	宗教的葛藤の深まり
大患体験の意義	救ける神の出現・救けの感得	人間の有限性の自覚	人間存在の無礼さの自覚
大患体験以後の展開	救済者の成就	人格完成	信仰の社会的適用
救　済	生神金光大神による救済	自覚による救済（曖昧な結合）	自覚即救済（明瞭な亀裂）
神	教祖を介して現れる働き（人格性・超越性をやや保持）	現象の背後に潜む働き（人格性・超越性なし）	現象をこえた理念的存在（人格性なし・超越性あり）
神・教祖・人の距離	神＝教祖——人	神＝教祖＝人	神——教祖＝人

ものである。各項目に対するそれぞれの教学の特徴づけは教学者自身によるものではなく、私の関心にそって、多くは私の用語にそって行われている。そのさい、それぞれの特徴をきわだたせるために、三者がもつ共通点をことさらに軽視し、特徴的な面のみを誇張したところが少なくないかもしれない。

人間教祖論の中心には何よりもまず教祖の人間像がある。金光教学の展開は超人間的であった生神教祖を次第に人間化し、身近で具体的な人間教祖像を定着させていった。この過程で教祖の内面への理解は着実に深まった。それによれば、四二歳の大患体験はそれまでの生活の中で徐々に育てられてきた内面的葛藤の一つの帰結であった。大患の床の中で教祖は苦悩の末の自己放棄の状態にあり、神との対話による自覚の深化を通じて、ゆきづまりを打開する準備ができていた、と見なされるのである。われわれはこうした教祖像を土台として今後の研究を進めていくことができる。

しかし、こうした理解の深まりに並行して、困難な問題が露呈してくることになった。それは、救済がいかにして可能になったかが説明できない、ということである。教祖の人間化に伴って、教祖の信仰確立は救済者への歩みとしてではなく、信仰者の自覚の深まりとして捉えられるようになった。この自覚は、戦後教学においてはもっぱら人間の内面に生じる事がらとして捉えられ、現在の教学においては、人間を超えた神への敬虔と表裏をなすものとして捉えられている。しかし、いずれの場合にも、救ける神への信仰形成の過程とは見なされていない。神はもはや、具体的な救けをもたらす、明確な意志と豊かな情感を備えた存在とは見なされていない。すでに高橋正雄による生神思想の蘇生が、神からそうした人格性超越性をある程度取り去ることによって、比喩的にいえば神の自由を奪うことによって初めて可能だったといえよう。戦後教学においてそれは徹底され、内田守昌や松井雄飛太郎に見られるように、「神は死んだ」という言葉が引かれるまでになった[82]。現在の教学は神への敬虔を新たに復興させようとしたが、その神は民衆の意識と疎遠な理念化された存在であるほかなかった。人間教祖論の展開は、神そのものの非神話化と理念化の過程と表裏をなしていたのである。信仰概念が自覚という言葉に集約されるようになったのも、この過程に伴う信仰の内心倫理化[83]によるものと見なしうるであろう。

赤沢文治自身にとっての神と信仰は、けっしてそのように理念化され内心倫理化されたものではなかったはずである。彼の神は時に優しく、時に怒りを見せるというように、明確な意志と豊かな情感を備えた存在だったにちがいない。だからこそ文治の救けの信仰が成り立ち、彼を通じて多くの信徒が救けの確信を得ることができるようになったのである。この救けの信仰がどのようにして可能になったのかという問い、『覚』に神の言葉として記されている言葉によれば、「どうしてこういうことができたじゃろうかと思い、氏子が助かり、神が助かることになり[84]」という驚きに基づく問いがたて直されねばならないだろう。それは金光教の発生への問いでもある[85]。この問いに答える作業の中で、文治にとっての神の像が再び生き生きと甦ってくるであろう。それは歴史に潜む〈超越性〉、われわれが受けつぎわれわれが忘れることのできない、過去の人々の恐れと希望がもつ〈超越性〉を蘇生させることである。この意味での〈超越性〉の回復は、現在の教学が回復しようとする理念化された超越性の批判を通して、すなわち理念化された信仰や神の像を再び教祖が生きた時代と社会の中に投げ返すことを通して可能になる。金光教学は教祖に関わる多くのものを過去に投げ返しながら、凝縮された信仰と神の理念を切り札のように手元に残してきたのだった。しかし、現在の金光教学が当時の民衆の宗教的社会意識を文治の信仰の発生基盤と考え、その研究を人間教祖論のもっとも重要な課題の一つとする時、この切り札をも投げ返す準備はすでに整っているといってよかろう。それは、現在の金光教学に異質なものを接ぎ木することではなく、その志向を今一歩おし進め、戦後教学からの脱皮を完成することにすぎないだろう。

したがって、金光教の発生と赤沢文治の救けの信仰の起源に向けたわれわれの問いも、金光教学の成果に何を付け加えていくかという具体的な方策に結びつけられねばならない。さしあたり、それを三つの課題として示し、今後の研究の見取図とすることにしよう。

第一の課題は文治の宗教的葛藤の分析である。人間教祖論は大患の病床における文治の宗教的葛藤をかなりの程度まで明らかにしてきた。しかし、なお伝統的な解釈の難点が払拭されていない。金神を恐れるようになった主たる原因を「日柄方位の俗信」といった言葉で捉えるのは正しくない。文治は当時の常識的な日柄方位説に従ったのではなく、先進的な在村知識人であった小野光右衛門の学問的知識に基づく独特の説に従ったのだった[86]。また、不幸の原因が心から納得されたのは大患体験によってではなく、安政五年（一八五八）一二月の赤沢家の先祖にまつわるお知らせによってであった[87]。文治の宗教的葛藤は学問的知識や先祖との関わりにおいて、また小野氏や赤沢家に対する文治の葛藤との関わりにおいて理解されねばならないだろう。第二の課題は社会的葛藤の分析である。人間教祖論は文治の悩みをあまりに純粋に宗教的なものとして解釈するきらいがあった。第一の課題の追求は、文治の宗教的葛藤が家や村をめぐる文治の社会的葛藤と密接に関わっていることを示すだろう。一方、金光教学は文治の社会生活について瞠目に値する研究成果をあげてきた。幕末の一旗本領における村行政の実態と、その中での文治の家の発展への努力が詳細に描き出されてきた[88]。それらの研究から、文治は村外出身の小農でありながら村行政に積極的に参加する進歩的農民であるとともに、養家の家の重みに敏感に反応する感受性のもち主であったことが明らかになる。こうした観点から、従来切り離されてきた社会生活の研究と人間教祖論を接合する作業が必要であろう[89]。第三の課題は、民俗宗教との関わりの分析である。大患体験における宗教的ドラマは石鎚の先達である古川治郎に主導されたものだった。また、救けが確信されていく過程では、弟香取繁右衛門の金神信仰が重要な導き手となった。文治の救けの信仰は彼一人の自覚によってではなく、これらの人々が担う民俗宗教の諸観念諸活動を媒介として得られたものである。(90) 文治は民俗宗教に導かれながら、葛藤の深さと心の繊細さによってその枠をはみ出し、一歩一歩確かめながら独自の宗教的成熟をとげたのだった。この過程で従来の社会生活の構造も変化していく。(91) 救けの経験の成就の過程は、文治が従来の民俗宗教を超える宗教者に成熟していく過程としても理解されねばならないであろう。

【注】

（1）金光教本部教庁『金光大神覚』一九六九年、二五頁。

（2）「『金光大神覚』について」前掲（1）巻末、五頁。

（3）『金光大神覚』執筆にさいして、何らかの記録や他者の証言が参照されたかどうかは明らかでない。文治自身が神の言葉を自らの口を通じて語り出すようになった安政五年（一八五八）以降のお知らせの長文で重要なものは、そのつど記録されていたのかもしれない。しかし、少なくとも安政五年以前の前半生については、そのような記録はなかったと考えてよいだろう。前掲注（2）、および村上重良校注『金光大神覚――民衆宗教の聖典・金光教』平凡社、一九七七年、所収の「解説」、参照。

（4）村上、前掲注（3）、二六五―二六六頁。

（5）その後、綿密な資料検討を踏まえて、和泉乙三らによって教祖伝記『金光大神』（一九五三年）が編まれたが、この書をテキストとして講述された高橋の教祖論『「金光大神」を頂いて』上・下（一九五八、五九年）は、多くの点で『我を救へる教祖』との解釈の相違を示している。教学の展開をたどろうとする本稿は、教学の一時期を代表する『我を救へる教祖』のみを考察の対象としているので、高橋の人間教祖論の変容については触れえない。

（6）たとえば一九一六年の「金光教祖」、高橋正雄『金光教祖と新生活』一九二二年、所収。

（7）その文体や叙述形式だけを見れば、『我を救へる教祖』を教学の業績に数え入れることは躊躇されるかもしれない。しかし、教学という言葉をはば広く理解するとともに、ここで述べたような『我を救へる教祖』の叙述の一貫性緊密性と思想的内容の濃さを考慮に入れれば、この書の内容を教学とよぶのは不当ではあるまい。

（8）高橋正雄の危機体験については、『道を求めて』（高橋正雄著作集第一巻）一九六六年、所収の『道を求めて』（とくにその「序にかえて」、「山の家跡にて」）、高橋博志「兄高橋正雄について」参照。

（9）高橋正雄『我を救へる教祖』篠山書房、一九三三年、一―三頁。『高橋正雄著作集』に改訂版が収録されているが、私はこの初版本を参照した。

（10）生神思想の概念については、拙稿「生神思想論――新宗教による民俗〈宗教〉の止揚について」宗教社会学研究会編『現代宗教への視角』雄山閣、一九七八年、四四―四五頁、参照（本書第III部第1章、二四一―二四三頁）。高橋正雄自身は生神という語を、私のいう生神思想における生神、〈神と人とを媒介する唯一至高の救済者〉としての生神という意味ではなく、「人間の中に現れる神様」（前掲注（9）、一五〇頁）というより広い意味で用いている。しかし、このことは高橋が生神思想をもっていたことと矛盾するものではない。高橋が「生神金光大神様」とよびかける時、そこには唯一の救済者という意味が充分にしみこんでいる。これに対して、戦後教学においては「人間の中に現れる神様」という意味での生神という概念がより重要な位置をしめるようになり、生神思想はもはや失われてしまうのである（本章二六一頁、注（47）、（50）参照）。

(11) 高橋『道を求めて』（前掲注（8））。

(12) 高橋一郎『金光教の本質について』金光教徒社、一九四九年、三四頁。

(13) 高橋、前掲注（9）、五八、五九頁。

(14) 生神思想の稀薄化については、本書前章、二四三―二四七頁、参照。

(15) 『我を救へる教祖』の高橋にとって、教祖が神と人とを媒介する唯一の救済者としての生神であったとすれば、高橋の教組論は生神教祖論であって人間教祖論ではない、という異論が出されるかもしれない。もし人間教祖論という語を、教祖を他の人間と完全に対等の存在として扱う教祖論という意味に限定して使用するなら、高橋の教祖論は人間教祖論ではない。しかし、私はこの語をより広く捉え、教祖の内面を充分に理解可能なものと見なしている、という点にその指標を求めたい。この用法によれば、高橋の教祖論を人間教祖論とよぶことは正当である。『我を救へる教祖』の生神思想の特徴の一つは、教祖の内面を理解可能なものと見なしながら、なおかつ教祖を生神＝救済者としている点にあるといえよう。

(16) 『金光大神覚』（前掲注（1））八三頁。

(17) 高橋、前掲注（9）、一五五、一五四、一六〇頁。

(18) 救けのわざの概念については、本書前章、二四〇―二四二頁、参照。

(19) 高橋、前掲注（9）、一三六頁。

(20) 同、一五六頁。

(21) 同、一頁。

(22) 同、五、一二、一八頁。

(23) 同、六―八頁。

(24) 以下、同、五五―五八頁。

(25) 同、四二―四三頁。

(26) 同、三九頁。

(27) 同、四〇頁。

(28) 同、四二頁。
(29) 当然のことながら、四人の教学者はすべての点で同じ立場をとっているわけではない。部分部分をとってみれば相違点は少なくないであろう。とはいえ多くの共通点をもっていることも確かであり、私はこの共通点に注目して戦後教学の人間教祖論の理念型を構成しようとするわけである。同じことは現在の教学を論じる場合にも注意されねばならない。
(30) 内田守昌「信心の基本的構造――安政五年〜六年の教祖を中心として」『金光教学』第一号、一九五八年、二〇頁。
(31) 同、二四頁。
(32) 小野敏夫「四十二歳の教祖」『金光教学』第八集、一九五一年四月、一〇頁。
(33) 同、二四頁。
(34) 教祖を人間化しようとする戦後教学のこうした傾向に対する例外的存在として高橋正雄の実弟と実子、高橋博志（たとえば、「教学の根本問題――生神金光大神と教祖」『金光教学』第一〇集、一九五二年四月）と高橋一郎（前掲注（12）参照）をあげることができるが、彼らの教祖観は戦後の人間教祖論の展開の趨勢にそれほど影響を与えなかった。彼らの業績は、むしろ高橋教学として一括するのが適当であろう。
(35) 大淵千仭「教祖の信心について（上）――序説的概観」『金光教学』第一号、一九五八年、七頁。
(36) 小野、前掲注（32）、一二頁。
(37) 同、一八頁。
(38) 同、一八頁。
(39) 立教神伝はたとえば布教の起点を示すものと再解釈されることによって、「立教」神伝としての地位を保ち続ける（内田守昌「教祖における布教の意義」『金光教学』第六号、一九六三年、参照）。
(40) 内田守昌「思いわけ――教祖的立場の一考察」『金光教学』第九集、一九五一年一〇月。
(41) 小野、前掲注（32）、三二、三九頁。
(42) 大淵、前掲注（35）、一五頁。
(43) 大淵千仭「教祖の信心について（中）――四十二歳の体験をめぐって」『金光教学』第二号、一九五九年、七〇―七一、七三頁。
(44) 小野、前掲注（32）、三九頁。
(45) 大淵、前掲注（35）、一八頁。
(46) 同、一八頁。
(47) 徳永健次が伝える教祖の言葉は次のとおりである。「周防の御方、私の事を、人が『神、かみ』と云ひますが、おかしいではありませんか。何の私が神であらうぞ。私は、何も知らぬ、土を掘る百姓〔性〕であります……これへ御出なされます御方が、神様であります。〈参る人を指差して、神と云はれたり。〉あなたがたも、神様の御子でありませうが。生神と云ふことは『こゝに神が産れる』と云ふ事であります。私が、御蔭の受け始めであります。あなたがたも、その通りに御蔭がうけられますぞよ」（傍点引用者）（「金光大神理解（抄）」村上重良・安丸良夫校注『民衆宗教の思想』（日本思想大系67）岩波書店、一九七一年、四一〇頁）。この生神概念を金光教の中心思想とした最近の論考に、瀬戸美喜雄「民衆の宗教意識と変革のエネルギー——近世末から近代にいたる民衆宗教を軸に」（丸山照雄編『変革期の宗教』現代ジャーナリズム出版会、一九七二年）、小沢浩「幕末における民衆宗教運動の歴史的展開——川手文治郎の思想形成と金光教の成立をめぐって」『歴史学研究』三八四号、一九七二年五月、同「幕末期における民衆宗教運動の歴史的意義」『歴史学研究』（別冊特集〈歴史における民族と民主主義〉）一九七三年一一月、同「民衆宗教と国家」（江村栄一・中村政則編『国権と民権の相剋』（日本民衆の歴史6）三省堂、一九七四年）がある。それらの捉え方は、「生神思想論」（前掲注（10））における私の考え方と基本的に対立している。注（50）参照。

(48)　民俗宗教および生神信仰の概念については、拙稿、前掲注（10）、三九頁、四一—四二頁、参照（本書二三六、二三八—二三九頁）。

(49)　Michihito Tsushima, Shigeru Nishiyama, Susumu Shimazono, Hiroko Shiramizu, "The Vitalisitic Conception of Salvation in Japanese New Religions: An Aspect of Modern Religious Consciousness," *Proceedings of Tokyo Meeting of CISR 1978, 1979*（対馬路人・西山茂・島薗進・白水寛子「日本の新宗教における生命主義的救済観——近代の宗教意識の一側面」『ＣＩＳＲ東京会議紀要』一九七九年）。

(50)　私は新しい救けの信仰がいかにして可能になったかという点に注目するという立場から、後者の生神概念こそ初期金光教の中心的な思想であると考える。前者の生神概念を支持する典拠が、注（47）にあげた例のような理解（教祖自身の助言）の言葉であるのに対して、私の立場を支持する典拠は裁伝又はお知らせ（教祖の神がかりによる託宣）の言葉の中に見出される。たとえば、「今般、天地乃神より生神金光大神さしむけ、願う氏子におかげを授け……」（『金光大神覚』前掲注（1）、一六一—一六二頁）といった、神が教祖を選んで人々の救済のために遣わし（「さしむけ」）たという観念がそれである。近藤藤守による次のような伝承もある。

「『氏子は、霊験《おかげ》を受けて、遠路の所を参つて来るが、此方《このかた》金光大神あって、天地金乃神の霊験《おかげ》を、受けるやうになつた。金乃神は何千年此方、悪神《あくじん》、邪神《じゃしん》と云はれて来たが、此方金光大神があつて、神は世に出たのである。神よりの恩人は、此方金光大神である。氏子からも、此方金光大神があればこそ、金乃神の霊験《おかげ》が受けられるやうになつた。氏子からも恩人じや。神からも、氏子からも、両方からの恩人は、此方金光大神である。依つて金光大神の言葉に背《そむ》かぬやう、よく守つて信仰せい』と御裁伝あり。教祖は、御机の前に退かれて、

『神様はあゝ仰せられるが、私は百姓で、なんでもない。「天地金乃神」と云うて、神様の御袖に縋つて信心しなされ』と仰せらる。其所へ、田舎の人らしく、『熱病なれば』とて御願に来りたるを、御祈念せられ、

『「金光大神に縋つて居れ。一週間目には霊験《おかげ》を頂く。心配はない」。のう近藤さん、金光大神はあゝ云ふが、金光大神に縋つて居りや楽じや。まさかの折には「天地金乃神」と云ふには及ばぬ。「金光大神、助けて下され」と云へば、すぐにお蔭は授けてやる』と御裁伝ありたり」（「金光大神理解（抄）」前掲注（47）、三九四—三九五頁）。

この伝承は裁伝と理解の間の対立を示している。私が裁伝を重んじるのは、初期信徒にとっては裁伝の言葉が信仰の最大の根拠であり、理解の言葉はそれにつぐものにすぎなかったはずだ、と考えるからである。この観点からすれば、理解の言葉は裁伝が伝える生神思想に

留保を加えているものと見なしうるであろう。なぜそのような留保を加えるのかという理由については、生神思想がそもそも自己矛盾をかかえているから、という説明が可能であろう。生神思想は教祖を神的な存在とするが、そのような帰依が起こりうるのは、教祖が生身《なまみ》の生きた人間として人々の信仰心を喚起しうる人格を備えていたからである。しかし、生身の人間は人間としての弱さを示さずにはいない。病み、老い、死ぬことを免れうる教祖はいない。むしろこうして苦しむ存在であったからこそ、その克服を主張し、人々の帰依を引き出すことができたともいえよう。生神思想の自己矛盾とは、教祖が神的であると見なしながら神的でありえぬことを前提とせざるをえないということである。たとえば、天理教においてこの自己矛盾は、天保九年（一八三八）の神がかり後の中山みきが「月日のやしろ」であるにもかかわらず自殺を試みようとするまで悩み苦しんだ、という伝承に典型的に現れていた（拙稿「神がかりから救けまで――天理教の発生序説」『駒沢大学仏教学部論集』第八号、一九七七年、二一〇頁、参照）。生神思想のみならず、あらゆる救済者思想がこれと類似した自己矛盾をかかえていると推測することも許されるかもしれない。少なくとも私が考察の対象としてきた天理教と金光教の生神思想に関するかぎり、理づめにしていけばこの自己矛盾はじきに露呈せざるをえず、したがってさまざまな留保・修正の試みが必要になってくるように思われる。金光教祖の理解の言葉は、生神思想への留保・修正の試みが、極端をきらう性格であった教祖自身によってすでに始められていることを示すものである。しかし、こうした試みが生神思想そのものを無効にしてしまうほどの力をもつようになるのはかなり後のことであり、そして本節で示したように、その無効化の背後には生神思想の稀薄化というより大きな流れがあるわけである。

(51)　松井雄飛太郎「生神の意味――文治大明神について」『金光教学』第三号、一九六〇年、一一二頁。
(52)　内田守昌「取次の原理」『金光教学』第四号、一九六一年、一三三頁。
(53)　松井、前掲注(51)、一四頁。
(54)　内田、前掲注(52)、一三三頁。
(55)　内田、前掲注(30)、二一頁。松井雄飛太郎「金光教と浄土真宗の比較研究――その信心構造の輪郭について」『金光教学』第五号、一九六二年、一二六頁。
(56)　この転機は、教学研究所が「研究、運営を全くといっていいほど停止して、教学それ自身を問」い、「二年間にわたって喪に服した」事件として、「昭和三十九・四十年事件」とよばれているという（高橋行地郎「神のうちうら」への問い、教学三十年史」金光教教学研究所編『教学とは何か』（教学叢書1）一九七八年、一〇六頁）。この事件の内容については高橋論文のほか、『金光教学』第八号（一九六八年）の「彙報」によっていくらか知ることができる。
(57)　福嶋義次「『教学とは何か』を答える前に」『教学とは何か』（前掲注(56)）六〇頁。
(58)　高橋行地郎、前掲注(56)、一一二頁。また和田登世雄編「共同討議『金光大神覚』の解釈――教祖とわれわれ」『金光教学』第九号、一九六九年、参照。
(59)　「金光教とキリスト教の比較研究――教祖論についての序説」『金光教学』第五号、一九六二年、「教祖の信心の基本的特性――現実生活との関係を中心として」『金光教学』第七号、一九六四年。

(60)　A「教祖四十二歳の大患の事蹟について――金神・神々と教祖との関わり」『金光教学』第一〇号、一九七〇年、B「教祖四十二歳の大患の事蹟について（二）」『金光教学』第一二号、一九七二年。
(61)　前記二論文に至る過程で書かれ、それらの手引きとなるものに、「近代における宗教者と民衆との対話――川手文治郎の場」日本宗教史研究会編『布教者と民衆との対話』（日本宗教史研究2）法藏館、一九六八年、所収、がある。
(62)　瀬戸、前掲注（60）A、三頁。
(63)　金光真整「教祖と神との関係についての一考察（一）」『金光教学』第二号、一九五九年、松岡道雄「教祖における人間形成について――四十二歳までを中心として」『金光教学』第三号、一九六〇年。
(64)　大淵、前掲注（35）、一五頁。
(65)　瀬戸、前掲注（60）A、一一―一四頁。
(66)　同、一一頁。
(67)　同、一二頁。
(68)　瀬戸、前掲注（60）B、九四、一一三頁。
(69)　大淵、前掲注（35）、一七頁、大淵、前掲注（43）、七二頁、内田、前掲注（52）、一三四頁。
(70)　瀬戸、前掲注（60）B、九四頁。
(71)　竹部教雄「『実意丁寧神信心』考」『金光教学』第一五号、一九七五年。
(72)　藤井記念雄「実意丁寧神信心の志向性についての試論」『金光教学』第五号、一九六二年、二頁。
(73)　竹部、前掲注（71）、四頁。
(74)　『金光大神覚』（前掲注（1））八二―八三頁。
(75)　同、五五頁。
(76)　同、二四―二五頁。
(77)　同、二二頁。
(78)　竹部、前掲注（71）、一三頁。
(79)　同、一四―二〇頁。
(80)　同、一六頁。
(81)　瀬戸、前掲注（60）B、一〇一頁。
(82)　内田、前掲注（30）、一二頁。松井、前掲注（55）、一二六頁。
(83)　井門富二夫「秩序への挑戦」「現代社会と宗教」井門富二夫編『講座宗教学』第三巻（秩序への挑戦）東京大学出版会、一九七八年、一二三、五〇、五六、六四、六五頁、参照。井門はこの語を、現代社会の価値体系の変容という視点から、おおよそ〈宗教に対して、個々人が状況に応じて私的に関わるようになる傾向〉という広い意味で用いている。この用法は、近代中産階級における個人の内面性の強調と現代大衆における私的嗜好の多様化という宗教社会学史上の二つの問題領域を、同時に反映しているように思われる。第一の問題領域と重なるところがより大きいと思われる本章では、この語を、非神話化に伴う信仰概念の変容という視点から、より狭い意味で用いたい。この狭い意味での内心倫理化とは、〈信仰を、従来一般信徒に受けいれられていた象徴体系や救済観念から分離し、個人の倫理的決断や意識状態の問題として捉え直そうとする傾向〉をさす。

(84)『金光大神覚』(前掲注(1))二五頁。

(85)同じ問いを天理教に向けたものとして、拙稿「神がかりから救けまで——天理教の発生序説」(前掲注(50))、「疑いと信仰の間——中山みきの救けの信仰の起源」『筑波大学哲学・思想学系論集』昭和五二年度、一九七八年、参照。

(86)青木茂「小野家の家相方位学説」『金光教学』第一号、一九五八年、はこの点について貴重な情報を提供してくれる。

(87)安政五年一二月二四日のお知らせの重要性に注目したものに、内田、前掲注(30)、松井、前掲注(51)、竹部教雄「安政五年十二月二十四日のお知らせの一解釈」『金光教学』第九号、一九六九年、高橋行地郎「文治大明神誕生過程の考察——金神の悪神性との関係を視点として」『金光教学』第一三号、一九七三年、がある。竹部の論文は文治と先祖との関わりを詳細に論じている点で、とくに重要である。また、安政五年七月一三日のお知らせを素材として、教祖の先祖への関わりを論じたものに、福嶋義次「安政五年七月における精霊回向の事蹟解釈——伝承の世界と信仰の世界」『金光教学』第九号、一九六九年、がある。

(88)最近の注目すべき業績として、金光和道「大谷村と巡見使」『金光教学』第一三号、一九七三年、「川手家の研究——宝暦から文政にかけて」『金光教学』第一七号、一九七七年、がある。

(89)先駆的な業績として、瀬戸美喜雄「近世後期大谷村の社会経済状況について——赤沢文治における倫理的実践の背景」『金光教学』第一四号、一九七四年、がある。

(90)繁右衛門らの金神信仰および教祖のそれとの関わりについては、真鍋司郎「民衆救済の論理——金神信仰の系譜とその深化」『金光教学』第一三号、一九七三年、高橋行地郎、前掲注(87)、などによって、かなりの程度まで明らかにされている。

(91)この点に関する示唆的な論文として、たとえば、福嶋義次「一乃弟子もらいうけをめぐる金神と天照具大神との問答——伝承の世界と信仰の世界」『金光教学』第一〇号、一九七〇年、がある。

【付記】本稿は金光教教学研究所、金光教東京出張所など金光教内の多くの方々のご教示、ご援助に負うところが少なくない。とくに金光教東京出張所の方々には、金光教に関する初歩的な知識から教学上の諸問題に至るまで詳しくお教えいただいた。この場を借りてお礼を申しあげたい。

第3章　金神・厄年・精霊《しょうりょう》

赤沢文治の宗教的孤独の生成

1　宗教的恐れの対象

安政二年（一八五五年）四月、四二歳の赤沢文治（金光教祖）がのどけ（喉痺）に襲われ、石鎚講先達の古川治郎に導かれた巫儀を開くに至る四日間の状況を、『金光大神覚』(1)（文治の自伝、以下『覚』と略す）は次のように記している。

「四月二十五日ばんに気分わるし。二十六日病気まし。医師服薬、祈念神仏願い、病気ののどけに相成り。もの言われず、手まねいたし、湯水通らず。九死一生と申し。私は心じっしょう神仏へ身まかせ。家内に、外へ出て仕事いたせと手まねいたし。身内みな来て、小麦打ち、てご（手伝い）してくだされ。小麦打ちやめて心配、とてもいけん（だめだ）ともの案じ。宇之丞を育てにゃよかったにのう。死なれてはつらいものじゃと、みな思案いたし。仕事どころかと申し。それでも、なんでも早《はよ》うにかたづけて、神様願うよりしかたなし」（『覚』二一―二二頁、（　）内は原註、以下同様）。

のどけというのはおそらく重い咽頭炎か扁桃腺炎であって「もの言われず」「湯水通らず」というのはかなり重い症状であるとはいえ、現代ならば「かぜ」としてかたづけられる類のものであろう(2)。こうした急性疾患に対して充分な対抗処置を講ずることができるようになった現代の医療水準を前提にすれば、これを大患とよぶのは誇張であることになるかもしれない。事実、巫儀の六日後の五月四日には文治はほぼ回復し、「起きてちまきを結」う（『覚』二八頁）ことができるまでになっている。文治の生活史上から見ても、かくべつ重大な肉体的危機であったとはいえないであろう。一八歳の時のおこり（瘧）、二九歳の時の痢病をはじめとして、この程度の病状を経験したことは、いく度もあったのではなかろうか。

　ところが文治自身の感じ方はそうではなく、この病を自らの生存と家の存続に関わる重大な危機と受けとめていたようである。「九死一生」という医師の言葉や、「とてもいけん」「死なれてはつらいものじゃ」という身内の言葉がことさら記憶にとどめられているのは、そのことを示している。文治自身の心境に関する「私は心じっしょう神仏へ身まかせ」という記述も、文治が死を覚悟していたことを暗示している。こうした受けとめ方はやや深刻にすぎるのではなかろうか。もちろん、われわれは当時の医療水準を考慮に入れ、のどけが死の可能性をはらんでいたであろうことを認めなければならない。また、回心体験に直結した奇跡とそれに先だつ危機に特別の意味を付与しようとする、後年の文治の記憶のあり方に注意し、当時の文治の心境に関する『覚』の記述を多少わりびきして読む必要がある。しかし、それにしても当時の文治が病をかなり深刻に受けとめていたこと、そしてそれが客観的な症状判断としてはいく分的確さを欠くものだったことは否定しがたいであろう。身体的な症状だけを文治の生活史的精神史的状況から切り離して捉えるかぎり、こうした文治の受けとめ方は理解できないように思われる。

　文治の生涯についてのこれまでの研究の多くが、四二歳の大患をそれまでの不幸の集積と結びつけて捉えてきたのは、この意味でもっともなことであった。それによれば、文治の人生の黒い影は、二三歳の時の養父親子の死に始まり、二九歳の長男の死、三五歳の長女の死、三七歳の次男の死、そして三七、三八歳の飼牛の死というように次第に厚みをまし、暗雲となって四二歳の厄年の文治におおいかぶさっていった、とされるのである。人なみ以上に繊細な心の持ち主であった文治がこれらの不幸に深い悲しみを覚え、うちひしがれたであろうことは容易に推測できよう。文治自身、神の救けの意志に確信をもつようになった安政五年（一八五八年、四五歳）、これら七つの死を「金神七殺」としてふりかえり、[3]「医師にかけ治療いたし、神々願い、祈念祈念におろか（おろそか）もなし。神仏願いてもかなわず、いたしかたなし。残念至極と始終思い暮し」（『覚』五五頁）と記している。「残念至極」という思いを重ね、精神的に痛めつけられた状態で襲われた病であるとすれば、それを自らの死や家の崩壊の危機と結びつけたとしても、必ずしも不思議ではあるまい。

しかし、ここでもまた『覚』の叙述の性格に対する注意が必要である。今あげた引用文にしろ、これらの災厄を列挙した『覚』の最前部の記述にしろ、神の救けの意志を確信するようになって以後の視点から再構成された記憶にもとづくものである。確固たる信仰をもつようになってのちに、信仰をもつ以前の自己をふりかえる時、神とのつながりが得られぬための苦悩が強調されるのは自然のなりゆきであろう。

このことを考慮に入れて『覚』の叙述を眺めると、前半生の文治がひたすら災厄に脅え、苦難に痛めつけられてきたとは見えなくなる。養父の死は当時としては天寿に近い六六歳のことであり、その限りでは不慮の災厄とはいえない。二三歳で家督を継承してから三四歳までの間、家族の死は長男の死のみである。飼牛の死による悲しみは、家族の死による悲しみと比べればとるに足りないであろう。三五歳の時の長女の死と三七歳の時の次男の死は確かにあいつぐ不幸であった。しかし、その前後にも三男四男の誕生、四国まいりの道中での霊験の経験、[4]次男の死後の三男四男の疱瘡快癒など、神仏の恩恵を感得したにちがいない出来事もあった。不幸な事件のあい間にはこうした吉事もあり、長い平穏な日常もあったはずである。「残念至極と始終思い暮らし」という言葉を字義どおりに受けとるわけにはいかないのである。

といっても私は、のどけの病床に至るまでの文治が、次第に精神的危機に陥っていったこと自体を否定するわけではない。病床の文治の心境は、彼が精神的危機の極点にあったと考えることなしには理解できないであろう。ただ、その危機は不幸の集積ということから簡単に説明できるものではないこと、したがって不幸の集積がどのようにして精神的危機をもたらしたかについての説明が必要であることに注意を促したいのである。

従来の研究はこの点について概して無頓着であった。そのもっとも大きな理由は、文治の宗教的恐れについての強固な先入観があったことである。前半生の文治がもっぱら金神の祟りを恐れていたということは、ほとんどすべての研究者の前提とされてきた。しかし、この前提にはいくつかの無理がある。前半生の文治にとって金神は何よりも日柄方位、とくに普請の日柄方位に関わる神であった。文治が日柄方位に悩んだとすれば、それは二四歳、三一歳、三七歳の三度の普請の時であった(5)。文治がもっぱら金神の祟りを恐れていたのだとすれば、家族や飼牛の死をこれらの普請と結びつけたと考えねばならない。三七歳の次男の死と飼牛の死は、母屋の改築に先だつ仮移転の生活の最中におこったものであり、金神の祟りと結びつけるのはごく自然なことであっただろう。この普請に際しては、もちろん日柄方位鑑定を依頼し、金神の祟りをさける手だては尽くしていたのだが、その指示に従って安んじることができない理由があった。事実、これらの死の後、文治は金神に無礼をわび、さらに普請後新たに金神の神棚を設けたのであった。

しかし、それ以前の死については、普請との関係はさほど明瞭でない。三五歳の時の長女の死が結びつくのは四年前の門納屋の普請であり、二九歳の長男の死が結びつくのは五年前の風呂場、手水場の新築であろう。けれども、四年後五年後の死をもっぱらそれらの普請に結びつけたと判断する材料は乏しいように思われる。

これらの普請と死の結びつきが自明のことと見なされてきたのに対して、瀬戸美喜雄はそれが説明を要することであるのに気づいている。その上であえて両者が結びつくとする瀬戸の論拠は、(1)「金神は……金気の精なれば物を枯し死す事をつかさどる」と暦注の解説書に見られるように、「『死』が金神を連想させ、金神は容易に『普請』と結びつくからである」ということと、(2)「のみならず、当時の家相鑑定の実際をみると、普請などにまつわるたたりは、その数年後に人の生命を奪うと考えられていたようで」あるということである(6)。しかし、第一の論拠については、死の超自然的原因として恐れられていたのはけっして金神だけではなかったということを思いおこすべきであろう。また第二の論拠については、専門家の家相鑑定は（他の易占と同様）、一般人がふだんから明確に観念しえないことを断定しようとするものであり、必ずしも一般人の日常的観念を代表するものではないという点を考慮に入れれば、これも充分な論拠とはいえない。しかも文治の場合、この二つの普請に際してはいずれも日柄方位の鑑定を行い、普請に由来する災厄をさける手だてをとっているのである。なるほど二四歳の普請の時には金神の方角を犯したと思っていた可能性があるが、三一歳の時の普請についてはその可能性もない(7)。まして二三歳の時の養父親子の死については、その前に普請を行ったという記録がないのだから、それを普請と結びつける理由はほとんどないといってよかろう。

普請の際の日柄方位だけではなく、金神の祟りを招く他の原因についての観念を文治がいだいていた、ということも考えられないわけではない。一九六九年に発表された竹部教雄の論文(8)以来、この考え方は金光教学の通説になっているようである。しかし、第3節で述べるように、この説も充分に納得のいくものではない。もちろん、普請を原因と考えるにせよ、その他の原因を想定するにせよ、文治が金神を恐れていたという可能性をまったく否定してしまうことは困難である。私がいいたいのは、もし金神への恐れをいだいていたとしても、きわめて曖昧な漠然としたものであり、文治の宗教的恐れの一部をなすにすぎなかった、ということである。

金神への恐れがさほどでなかったとすれば、文治の宗教的恐れはいったい何に向けられていたかが、あらためて問題になるであろう。ところで、『覚』の中には、文治が金神以外の対象に宗教的恐れをいだいていたことを推測させる記述が、そこここに見出される。そうした恐れは金神への恐れと同様、いやそれ以上に文治を苦しめてきたと考えられる。このことは、これまでの研究ではあまり注意をひいてこなかった。しかし、こうした他の対象への恐れを分析することこそ、文治の精神的危機を理解する鍵であるとさえ思われるのである。以下の試みは、文治前半生の宗教的恐れの諸局面に光をあて、それが宗教的孤独という形の精神的危機に結晶していく過程を描き出そうとするものである。

表　赤沢文治の宗教的孤独の生成・関連事項

年　代	文治年齢	事　項	関連する『覚』の記述内容
1831（天保 2）	18 歳	養家実子（鶴《つる》太郎）誕生	八月一七日．文治おこり，七月一八日より六〇日も難渋．養母血の道総身はれ，産後，百日余難儀．翌年も乳痛み，百日余難儀．
1836（天保 7）	23 歳	養父（粂次郎）と弟（鶴太郎）の死	弟「病気づき，末では虫さしこみ病死」，七月一三日七つ時．養父痢病，改名の遺言，八月六日，病死．
1837（天保 8）	24 歳	風呂場，手水場の増築	卯の方角（この年，金神は卯の方角にとどまるとされる），「日柄改め」．
1839（天保 10）	26 歳	長男（亀太郎）誕生	六月一五日．養母おこり，この日より，九月はじめまで．
1842（天保 13）	29 歳	長男（亀太郎）の死	八月一日，亀太郎発病．文治とも痢病になる．八月一六日朝，亀太郎病死．文治は全快．
1844（弘化 1）	31 歳	門納屋増築	日柄方位鑑定どおり前年一二月一八日，手斧《ちょうな》はじめ，一月八日～二六日，工事．紀州に注文した材木がとどかず，玉島で柱木買いいれ間にあわせる．
1846（弘化 3）	33 歳	四国まいり	二月二二日より三六日間（実は三月二六日まで三四日間）．
1848（嘉永 1）	35 歳	長女（ちせ）の死	六月一三日．未明に発病，晩には病死．「医師二人もつけ，祈念，講中・親類のごやっかいに相成り候」．
1850（嘉永 3）	37 歳	住宅改築	前年大晦日，小野四右衛門の方位鑑定のうえ古家買収．一月四日，小野光右衛門の鑑定①「年まわり，普請はならん」，再度の依頼に対し，②三月一四日，辰巳の方（金神・豹尾がとどまる）に仮移転《わたまし》，八月三日，下家取り，四日地形，六日棟上げ，二八日移転（このとおり進行）．
		次男（槇《まき》右衛門）の死	三月一四日より文治とともに仮移転，五月一〇日ごろ発病．医師，祈念，裸まいり．「総方神々願いあげ」．五月一三日，死．
		三男（延治郎），四男（茂平）の疱瘡	三男，五月一三日，発病．二人とも軽く，五月二八日注連《しめ》あげ．
		飼牛の死	七月一六日より虫気．医師，鍼，服薬，療治．一八日，死．
		金神への祈り	八月三日，金神にお断り．二八日，工事終了後，金神の神棚を作らせ，「普請成就御礼」．
1851（嘉永 4）	38 歳	飼牛の死	七月一六日，虫気．「一七・八日医師につけ，夜日《よるひ》の看病」．一八日，死．

1854（安政 1）	41 歳	五男（宇之丞）誕生	一二月二五日.「四十二の二才子わるし」として，文治育てずとするも，養母の主張で翌年正月生まれに「まつりかえ」て育てることになる.
1855（安政 2）	42 歳	厄晴れの祈念	一月一日,「歳御神々様早々御礼」. 氏神に厄晴れ祈念. 神職に「まつりかえ」を願い，守札をおさめる. 一月四日，鞆《とも》の津祇園宮へまいり未札いただく. 一月一四日，吉備津宮へまいり,「日供《にっくう》」をあげる,「おどうじ」二度あり. つづいて西大寺観音へまいる（会陽に加わる). 一五日帰宅.
		のどけ（大患）	四月二五日，発病. 医師服薬，祈念神仏願い.「九死一生」,「心じっしょう神仏へ身まかせ」. 四月二九日「親類寄って，神々，石鎚様祈念願い申しあげ」. 古川治郎（石鎚先達）に降神.

注：1)『金光大神覚』（金光教本部教庁，昭和 47 年）(『覚』の中から，42 歳の大患に至るまでの文治の宗教的孤独の生成に深い関わりをもったと思われる事項（5-22 頁）を選び出したものである.

2)「事項」は『覚』の記述のまとまりに対するタイトルとしてふさわしい言葉を選んだ. なお,『金光大神』（金光教本部教庁，昭和 28 年）の小見出しを参照した.

3) 下段は,『覚』の記述を土台とし，それに適宜，取捨選択，要約，いいかえを行い，必要最小限の事がらを（　）内につけ加えた. ここでも『金光大神』を参照した.

2　厄年への恐れ

のどけを患った安政二年（一八五五年）は、文治にとって四二歳の厄年であった。わが国の民俗信仰において何歳を厄年とするかは、時代と地方によってさまざまであるが、男の四二歳は男の二五歳、女の一九歳、三三歳とともにもっとも広く忌まれてきた[9]。文治がこの厄年を深刻に恐れていたと見られる証拠は少なくない。この年の正月、文治は氏神に厄晴れ祈念をしたと記されているほか、四日に鞆《とも》の津（福山市）の祇園宮、一四日から一五日にかけて吉備津宮と西大寺観音に詣でている。西大寺観音では一四日の深更、神木を投げ与えるのを裸の男たちがうばいあい、これを得たものは年男として一年間除災が約束されるという会陽《えよう》とよばれる行事が行われた[10]。文治はこれに加わったのであろう。これらの参詣は明らかに厄晴れ、厄払いの祈願を目的としたものであった。

前年の暮に五男が生まれたことも、厄年と関わって問題とされている。というのは、厄年の前年に生まれた子供は、「四十二の二歳子《ふたつご》は親を食う」として忌まれ、他家へ預けるなどの措置を講ずる習俗があったからである。(11)『覚』によれば、文治がこれを恐れて家に「おかん」と主張したのに対し、養母はそれに反対し、その意見が通って、結局翌年正月二日生まれということに「まつりかえ」て育てることになったようである。この場合、まつりかえとは神に頼んで生まれ年を変更することであり、(12)実際、翌年正月四日、氏神の神職に願い出、卯年にちなんで赤沢宇之丞と名づけ、守札を納めたという。のどけが厄年による災厄として受けとめられたことも、疑いの余地がない。『覚』は病床の文治のかたわらの人々が、「宇之丞を育てにゃよかったにのう」と語ったことを伝えている。この言葉がのちのちまで記憶にとどめられたのは、それが文治の心にかかっていたことを的確に表現するものだったからであろう。

さらに重要なのは、石鎚神に神がかって救けの約束の言葉をもたらした古川治郎がこれを確証したことである。

「戌の年〔文治をさす〕、当年四十二才、厄年。厄負けいたさずように御願い申しあげ、と願い。戌の年男は熱病の番てい、熱病では助からんで、のどけに神がまつりかえてやり。信徳をもって神が助けてやる。……信心せねば厄負けの年。五月朔日《ついたち》験《げん》をやる」（『覚』二五—二六頁、〔　〕内は筆者注、以下同様）。

この時の治郎の神がかりの言葉の全体を見ると、治郎が文治の悩みをよく知っており、文治の懸念についてそれまでに語りあう機会があったと推測する根拠が充分にある。(13)ここで、「厄負けいたさずように御願い申しあげ」とお願いした、とあるのも、正月に文治が氏神やその他の神仏に厄晴れ祈願した事実を指したものである。治郎は文治が厄年を恐れているのを知っており、この病が（金神の怒りによるとともに）確かに厄年によるものであることを確証し、にもかかわらず救けの意志が実在することを示し、文治を納得させようとしたのであった。それが神の言葉である以上、文治も厄年が恐るべきものであることをあらためて確信したにちがいない。

厄年への懸念は文治が四二歳の時だけのものではなかった。いっぱんには女の厄年とされる三三歳もこのあたりでは男も忌むらしく、[14] 文治は厄ばねの宴（厄を払うための宴で、大谷村では二月一日に開かれたようである、厄ばねは厄晴れの訛か）を行うかわりに、四国遍路に出かけて厄晴れを願ったという[15]。

さらに三七歳の普請の時も厄年を恐れており、この時の災厄を厄年と結びつけていたようである。この普請に先だつ日柄方位鑑定で、小野光右衛門はまず、この年は「年まわり」であるから普請をしてはならない、と指摘している。生まれ年の十二支に還る三七歳を厄年とする観念（信仰）は厄年観念そのものの源泉である陰陽五行説に由来するもので、かならずしも民俗信仰に見られないわけではないが、文治や光右衛門の息子の小野四右衛門がこの年の普請を忌むべきだとはまったく考えていなかったらしいことから見て、この地方では広くゆきわたっていなかったと推測される。他の場合と同様、小野光右衛門の鑑定は人の意表をつく独特なものだったのであろう[16]。しかし、文治にとって光右衛門の発言は絶対的な権威をもっていた。すでに売買契約をすませてしまっていたゆきがかり上、その年に強いて普請を行うための指示をあらためて求め、嫡子槇《まき》右衛門と長期にわたる仮移転生活による忌みに従うことになるが、最初に光右衛門が指摘した厄年への恐れを忘れることはできなかったと思われる。そこへ突然に槇右衛門の死が襲った時、それを厄年と連想しなかったはずはない。

槇右衛門の病と死の起自然的原因としては、他にも思いあたるものがあった[17]。厄年はそれらにまさるとも劣らぬ有力な原因として文治の恐れの対象となったであろう。そのうちのどれが「ほんとうの」原因であるのか、その原因を取り除くために何をすればよいのか、文治は知らなかった。したがって、槇右衛門の死をはじめとする三七歳の時の災厄が厄年によるものではないかという疑いは、四二歳に至るまで増幅しつつ反芻されたにちがいない。四二歳の厄年があれほどまでに恐れられた理由の少なからぬ部分は、この疑いの反芻に求められるであろう。

四二歳以後の文治についても、厄年を恐れていたことを確証する資料がある。文久二年（一八六二年、文治四九歳）六月四日のお知らせを記した『覚』の次の一節である。「せがれ浅吉《あさきち》当年十八才巳の年、身上難年《みのうえなんどし》。祇園宮へ六月十三日まいらさせ」。「身上難年」は明らかに厄年をさすものである。この年の浅吉が厄であると考えられた理由は明白ではない。男子の一八歳が厄年であるとする観念は、民俗信仰にさほど広くゆきわたったものではなかったであろう。むしろ、父である文治の四九歳の厄が子に及ぶと考えられたのではなかろうか。四九歳は三七歳と同様、文治の生まれ年である戌に還る年であり、三七歳の年が「年まわり」とされ、嫡子槇右衛門が世を去ったように。この年も「年まわり」のため、嫡子浅吉の命が危いと考えられたと推測されるのである。

この記述が文治の厄年の観念について教えてくれることは以上にとどまらない。厄年が疫病と強く連想され、さらに疫病から人を守る祇園宮の信仰と結びつけられていることも注目されよう。この年は麻疹（はしか）がひどく流行したという[18]。六月四日になって浅吉難年のお知らせがはじめて下ったのは、夏に入って麻疹の流行を身近に知ったからではなかったか。実際、お知らせに従って年に一度の祭礼の行われる祇園宮に詣でた後、浅吉は麻疹にかかっている。ふりかえれば、文治が厄年の恐れの中にあった三七歳の年も四二歳の年も、疫病ないしはそれに準ずる急病に悩まされていたが、この時も厄年の恐れが的中して疫病に出会ったわけである。

厄という語は厄年を指すと同時に疱瘡をも意味するものである[19]。民俗信仰においては厄年の厄が疱瘡の厄と同義と考えられ、さらにその他の疫病・急病や災難一般も同じ概念のもとに捉えられていたのではなかろうか。少なくとも三七歳の「年まわり」に疫病・急病で嫡子と飼牛を失った文治にとって、そうした連想は自然なものだったであろう。四二歳の厄年を迎えた正月、文治が鞆の津祇園宮へ詣でたのは、そうした観念が充分に熟していたからにちがいない。この時すでに、厄年は疫病の厄の観念と、そしてさらには疫病の守護神である祇園宮への信仰と強く結びつけられていたと思われるのである。

ところで文治はかなりの期間、祇園宮を熱心に信仰していたようである。さきに引いた『覚』の文久二年の条はその一つの証拠である。早くは三七歳の時の子供たちの疱瘡についても、祇園宮信仰に関する記述が見られる。いっぱんに子供が疱瘡にかかると、神棚の祇園宮を床に移して厄守《やくもり》として祀り、病が癒えると再び神棚にもどし、これを注連（しめ）おろし、注連あげとよぶ[20]。三七歳の文治は、次男の死に続く二人の子供の疱瘡が癒えた後の注連あげの時、「親類よび、一人は死んでも神様へごちそう申しあげ、神職へ喜ぶようにお礼」(『覚』一五頁)したという。「神様」はいうまでもなく祇園牛頭《ごず》天王であり、丁重なふるまいは文治の祇園宮に対するなみなみならぬ関心を示すものである。

四六歳の年の夏、次女くらをはじめとして、まだ疱瘡にかかっていなかった三人の子どもが疱瘡を病んだ時も祇園宮を祀っている。この時は、子どもたちの病状いかんにかかわらず祇園宮の祭日である六月一三日に注連あげをしていること、金神に仕える身である自分ではなく子供たちに厄守(祇園宮)への奉仕をさせていることなど、習俗を脱しようとする姿勢が見られるが、それでも祇園宮への配慮は軽くない。また、宇之丞の病状が篤くなると、これを宇之丞の誕生後に厄年を恐れて「まつりかえ」を行ったことに結びつけ、それをやめて守札を流し、本来の生まれ年にもどすことを命じていることも注目される。これも神強制を脱しようとする文治の信境の進展を示すものであるが、一方、疱瘡の厄が生まれ年にまつわる厄と強く連想されていたことも示している。

さらに、この約一年前の四五歳の夏、文治がはじめて神の言葉を自らの口から語ったのは、家の祇園宮の神前であった。また、この日七月一三日は祇園宮の縁日であったと記されているのは、毎月一三日が祇園宮の縁日として祭られていたことを示していよう。

文治の祇園宮信仰は、いうまでもなく当時の民俗信仰に根ざしたものである。文治の住む大谷村近辺ではどの部落にも祇園講があったという[21]。金光真整の調査によれば、大谷村での祇園さまのお祭りは六月七日であった。「その前日の六日の夜に厄守を祇園さまがきめるという〔この意味不明〕。そこで大きなものをそとへだしておくと、祇園さまがまわってきて、それに判をおしてかえるので厄なんがくるという」[22]。六日後の六月一三日の鞆の津の祇園宮の祭礼に詣でる者も少なくなかったようである[23]。

この六月一三日は、文治が住む大谷村本谷部落の部落神ともいうべき荒神様の夏祈禱が行われる日でもある。憶測を加えれば、この荒神への信仰も厄と結びつき、祇園宮と関連したものと考えられていたのではなかろうか。金光真整の伝える古老の伝承によれば、夏祈禱の日「荒神様へ上、下の講内の人〔本谷部落は、上下二つの講に分けられていた〕が全部集つて、夏の間に悪い病気が流行しないようにと祈」り、「終ってお供えしておいた御幣を村の入口の道にたてる」。またマサノアタマとよばれる大きな握り食をみなで食べるという。(24) いうまでもなく祇園信仰の系譜に連なる厄払いの儀礼である。荒神のもう一つの大きな行事は「二十八講」であり、一月二八日、本谷の二つの講内の三十数人全部が集まって祈り、共同飲食をする。このすぐ後の二月一日まで厄年の人は注連をはっておき、二月一日親類などへ甘酒を配り、厄のがれを願うという。(25) 民俗信仰において厄払いのために日待が行われる例がしばしば見られるようであり、(26) 本谷部落の二十八講も厄払いと結びついて考えられていた可能性もあろう。さらに、文治四六歳の年の次女くらの疱瘡の後、祇園宮の祭日である六月一三日に行った注連あげについて、「祇園宮祭、厄守帰らせ、神社《かみのやしろ》へ子供みなお供仕り。御礼《おんれい》申しあげ」(『覚』七一頁)と記されているが、この「神社」は荒神を指すものではなかろうか。(27)

文治の厄年への恐れは、こうした民俗信仰における厄の観念に準備されていた。三七歳の時の普請に先だつ小野光右衛門の日柄方位鑑定は、この観念を意識の表面にひき出し、文治の恐れの一つの焦点を作ったのであった。

しかし、厄年によるものとして説明できるのは、赤沢家を襲った災厄のごく一部にすぎない。三五歳の時の長女の死までの不幸が厄と縁がうすいのは、普請による金神の祟りと縁がうすいのと同様である。ところが、これらの災厄も文治の恐れを誘ったこと、そして文治の心に深い傷あとを残したことはまちがいない。この点、のどけの病床での古川治郎の神がかりの言葉は、満足のいく答えを与えるものではなかった。災厄の原因を三七歳の時の普請による金神への無礼と四二歳の厄年に求めた治郎の言葉は、おそらく文治三七歳と四二歳の年の苦難のみを説明しようとしたものだった。たとえ文治がそれに納得したとしても、それ以前の苦難についての文治の思い悩みは、取り除かれぬまま胸底にわだかまっていたはずである。大患体験以後も文治はそれについての問いかけを続けていく。そして、そのいちおうの答えにあたるものは、安政五年一二月二四日のお知らせによって示されるのである。

3　養家の伝承

安政五年（一八五八年、文治四五歳）一二月二四日のお知らせをめぐる『覚』の一節は、三七歳以前の文治が金神を強く恐れていたとする先入観を形成する上で、きわめて大きな役割を果たしてきたと思われる。というのは、この一節において文治の神と文治自身が、三七歳以前の時期の災厄をはっきり金神の怒りによるものと確認しているからである。三七歳以前の文治が、普請の日柄方位とは別の観念にもとづいて金神を恐れる理由があったとする新見解を提示した竹部教雄も、この一節をその論拠としていた(28)。反対に、三七歳以前の文治の恐れが、主として金神以外のものに向けられていたと考える私にとっても、この一節の解釈がもっとも重要な手がかりとなると予想される。以下、竹部の推論に批判を加えつつ、この一節にどのような観念が反映しているかについての、私なりの見方を提示してみたい。

まず、『覚』の安政五年一二月二四日の条の全体を引こう。

「同じく十二月二四日、私名文治大明神お許しくだされ候。先祖のことお知らせ。（A）『前、多郎左衛門屋敷つぶれに相成り。元は海のへりにしばのいおりかけいたし、おいおい出世、これまでに四百三十一両二年になり。この家位牌ひきうけ、この屋敷も不繁盛、子孫続かず。二屋敷とも金神ふれ。海々の時、屋敷内四足埋もり、無礼になり』、お知らせ。私養父親子月並びに病死いたし、私子三人年忌年には死に。牛が七月十六日より虫気《むしけ》、医師、鍼《はり》、服薬いたし、十八日死に。月日かわらず二年に牛死に。医師にかけ治療いたし、神々願い、折念祈念におろか（おろそか）もなし。神仏願いてもかなわず。いたしかたなし。残念至極と始終思い暮し。天地金乃神様へのご無礼を知らず、難渋いたし。このたび、天地金乃神様知らせくだされ、ありがたし。（B）『うちうちのこと考えてみい。十七年の間に七墓築《つ》かした。年忌年忌に知らせいたし。実意丁寧神信心のゆえ夫婦は取らん。知ってすれば主《ぬし》から取り、知らずにすれば、牛馬《うしうま》七匹、七墓築かする、というが此方〔お前〕のこと』とお知らせなされ。恐れいりてご信心仕り、家内一同安心の御礼申しあげ」（『覚』五三—五六頁。（A）、（B）、『　』の符号は筆者の挿入）。

主要な部分は、神の言葉（お知らせ）（A）、文治の感慨、神の言葉（お知らせ）（B）から構成されている。神の言葉（A）は、文治の家の土地に先住していた二つの家がつぶれた理由を示したものである。その土地が以前海底であった時に、海の生き物の死骸が埋もれており、金神はそれを怒って先祖に不幸をもたらしたというのである。金神は日柄方位の神というより大地の神に近い内容で捉えられており、そのような神として人間を時に罰するものとして現れている。これによれば、文治の養父親子の死を始めとする文治三五歳までの災厄も、金神の怒りによるものとして説明がつくわけである。

問題はこうした神観と不幸の理由に関する観念が、どのようにして芽生え、どのようにして育てられてきたかということである。竹部の論文の次の一節は、この問題に対する一つの答えを提示したものと見なすことができる。

「教祖において、過去にうけとめられていた金神への無礼の問題は、これまで一般に理解されているような、教祖が家督相続後に行なった建築にかかわるものだけではなかったのではないか。前段のお知らせ〔（A）の部分〕に示されている先祖からの金神への無礼の内容は、恐らく養家が過去から背負ってきている伝説であって、教祖も養家の一員として当然このことを知らされていたであろう。そして養父親子の死は、この伝説にかかわりをもつ事件として受けとめられていたのではあるまいか。そうであるとするならば、養家の抱えている『四つ足埋もり無礼になり』という困果な金神との関係の問題を基盤として、その後の金神とのかかわりが生じている、と考えられるのである。このように考えを設定してみると、養父親子の死までが、金神への無礼にかかわる問題として、教祖に受けとめられていたことが理解できるのである。

以上のように述懐の内容を考えるならば、前段のお知らせの内容は、この安政五年十二月の時点においてはじめて知り得たものではなく、過去においてすでに問題になっていたものと解してよいのであろう(29)」。

竹部によれば、金神が日柄方位とは関わりのない大地の神のような存在であり、文治が赤沢家と関わりをもつ以前からこの土地の家々に災厄をもたらしてきたという観念は、養家に伝えられてきた伝承にもとづくものであり、文治は若い頃からよく知っていたはずだ、ということになる。この推測は次の二点を根拠として導き出されている。すなわち、(1)教祖が金神七殺という観念を自らの人生にあてはめていた以上、普請以前の不幸も金神の祟りによるという観念をすでにどこかで手に入れていたはずだということ、(2)（B）の中に「年忌年忌に知らせいたし」とあるが、何を「知らせ」たのかを示すものが（B）の中に見当らないので（A）の内容を指すものと思われ、すでに知られている（A）の内容に年忌ごとに注意を喚起したというふうに解釈すべきだということ——この二点である。また、竹部はこの伝承が伝えられた時期について、「四百三十一両二年」という表現の「三十一両二年」は伝承を知ってからこの年までの年数を示すものであろうということから、文治が養家入りして間もない一三、四歳頃ではないかと推定している。このような伝承年数の加算の仕方は、この地域の古老が昔話を伝える際、用いられるものだという。さらに、この伝承は、養父が死の床で川手の姓をやめて赤沢の姓を名のるように遺言した時点で、再確認されただろうとも論じられている[30]。

竹部の論述には、文治の内面を知る上で重要な指摘がいくつか含まれている。しかし、主張の核心的内容については、そのまま受けいれるのは困難である。(1)で言われていることはそれ自体は正しい。しかしだからといって、この観念を得たのが若い頃であり、文治の思考による加工を加えられる以前に、このとおりの形をもっていたということにはならない。養父親子の死にしても、先住の家々の滅亡にしても、それらが金神の怒りによるという観念が形づくられたのは、金神に初めて祈りをささげた三七歳以降であるかもしれない。あるいは三七歳の時の苦難が金神の祟りであることが確認された四二歳以降でも、金神祈禱者との接触が始まる四四歳以降でもありうるだろう。ところが竹部は、そうした可能性にまったく思い至っていないのである。

(2)については、まず「知らせ」という言葉の意味を理解する必要があろう。これは具体的には、家族や飼牛の不幸があったことを指し、それらの不幸は実は神からのメッセージ、ないし警告という意味をもっていたのだ、といおうとするものである。のちの新宗教において、病のことを「神のてびき」（天理教）、「みしらせ」（ＰＬ教団）などとよぶのと同様の考え方にたっている。「知らせ」る内容はきわめて漠然としたものであり、それをどう受けとるかは人間の心次第であるようなものである。「海々の時、屋敷内四足埋もり、無礼になり」「金神〔に〕ふれ」たというような詳細な内容を知らせたと解釈するのは困難である。そうした苦難の理由と神の意志のありかを明示する観念に文治が若い時からなじみえていたとしたら、のちにあれほど思い悩む必要はなかったであろう。

実際、神は文治のこれまでの苦難の理由をこの時はじめて開示したと信じられているのであって、そうでなければ『覚』のこの部分の内容の多くが説明できなくなる。第一に（B）の中の「知らずにすれば、牛馬七匹、七墓築かする、というが此方のこと」という神の言葉は、文治が苦難の理由（すなわち無礼の理由）を知らなかったことを明言しているのであって、それは文治の無罪性を保証したことになり、さらには文治の救済の確信につながっているのである。第二に、文治の感慨を記した部分で、「このたび天地金乃神様お知らせくだされありがたし」とあるのは、これまでは知らなかったために難儀をこうむったが、今度はじめて神に教えられありがたいという意味であり、ここでもこの時のお知らせによって神の救けの意志が確信された喜びが表現されているのである。若い頃の文治が金神の祟りについてどのような観念をもっていたか、金神への恐れはどの程度であったかを判断する材料は乏しい。しかし、この時のお知らせが金神の怒りについての文治の観念に、決定的に重要な内容をつけ加えたということはまちがいない。竹部の解釈は、苦難の理由と救済の意志の告知およびそれによる喜びという、『覚』のこの部分の基本的な内容を見落としており[31]、そのことが養家の伝承の内容の過大評価と表裏の関係にあるわけである。

竹部の論点のうち、養家の伝承が金神の祟りについて明確な内容をもっていた、という点はきわめて疑わしい。しかし、養家の伝承が文治の悩みの中で一定の役割を果たしていた、という点についてはそのとおりであろう。このことに注意を促したのは竹部の論文の重要な功績である。竹部の論点のいくつかを推し進めていくことによって、これまでの研究の盲点となっていた文治の宗教的恐れの一面に、光をあてることができるであろう。

4　精霊《しょうりょう》への恐れ

竹部の論文から拾い出したいことがらの第一は、赤沢家以前の先住の家々に関する観念の骨格が、文治が若い頃から知っていた伝承にもとづくものであろう、ということである。伝承が伝えられた時期に関する推定も傾聴に値しよう。とくに、川手姓を赤沢姓にもどすようにという死の直前の養父の遺言が、伝承と関わりがあったというのは確かであろう。伝承の内容についていえば、竹部が考えているよりも乏しいものだったと思われるのは、前節で論じたとおりである。すなわち、(1)二つの家がこの土地で滅亡し、その家々の位牌が受けつがれてきていること、(2)そのどちらかが「元は海のへりにしばのいおりかけ」した家に住んでいたこと、(3)二つの家の一方は赤沢姓を名のっていたこと、さらにお知らせ（A）の中の「多郎左衛門屋敷」というのは、養父の父が川手多郎左衛門と名のったことがあり、それはこの土地の先住者の名をついだと考えられるところから、(4)もう一つの家は川手多郎左衛門を祖とする家であること、などが主たる内容だったのであろう[32]。

これらの内容は金神の怒り祟りという観念を含んでおらず、したがって金神への恐れとはさしあたり関わりがないものであったと思われる。にもかかわらず、私はこの伝承が文治の宗教的恐れと深い関わりをもっていたと考えたい。そのもっとも大きな理由は、それがこの土地に住む家々の滅亡にまつわるものであり、養父が実子にあいつぐ不吉な死を予感して語り伝えたように、この地に住む家の危機に際して想起されるものであったという点にある。

いっぱんに家の歴史を語る伝承は、家の創始者を讃え、その後の系譜の連続性を強調するものである。連続性の強調は、今後も家が無限に継続し発展していくであろうという安心感と希望に結びついている。ところがこの伝承においては、むしろ系譜の断絶、あるいは系譜継承における断絶の契機が強調されているのである。家の系譜の継承にはいくつかの緊密さの度合がある。男子の血統による継承がもっとも緊密な継承であることはいうまでもない。それについで養子縁組による継承のいくつかの形態があろう。「位牌をつぐ（ひきうける）」ことによる継承、あるいは家の再興は、それをもし継承とよぶことができるとしても、もっとも緊密さの度合の低いものであり、むしろ断絶をふまえた上での継承なのである。

ところで文治の家の系譜は、四代前の八兵衛が分かれてきた大橋家につながるものでもあった。文治の養家と妻のとせの育った古川家は本家《もとや》とよばれた大橋家を中心とする同族団の構成員でもあった。この側面が強調されれば、文治の家の先祖は八兵衛以降の死者たちと意識されたはずである。さきの伝承は、文治がそうした先祖意識に安んじえなかったことを示している。このことは文治が養父からの家の継承を、どのように意識していたかということと深い関わりがあろう。

文治の家督の継承は、養父親子の急死という災厄の結果として行われたものだった。それは家系のなめらかな継承ではなく、養父の血統の無惨な断絶と背中あわせのものと感じられたにちがいない。とすれば養父から文治への家督継承は、先住の家の位牌をひきついでの継承と似た断絶的継承の契機をはらんでいることになる。先住の家々に関する伝承は、文治自身の家督継承に関する観念といわば重ねあわせになって、文治の脳裡にやきついていたと思われるのである。(33)

断絶的継承という観念は、二重の意味で宗教的恐れを喚起するものである。すなわち、(1)先祖と同じように現在の家も滅亡する宿命にあるのではないか、という恐れと、(2)滅亡した先祖の怨念がはらされぬままに現在の家に向けられているのではないか、という恐れである。第一の意味では、先祖は被害者であり生者とともに苦しみ悩む存在であるのに対して、第二の意味では、先祖は加害者であり生者に怒りを向ける存在である。とはいえ、当事者にとってこの二つの意味がはっきりと分化して観念されているとは限らない。少なくとも文治にとっては、アンビヴァレントな意味が未分化なまま、一つの恐れとして感じられたのではなかろうか。この恐れが先祖＝精霊《しょうりょう》の怒りや祟りに向けられていたと断ずるのは正しくない。しかし、この恐れがかきたてられるのはもっぱら仏壇や精霊棚を介して、すなわち先祖＝精霊を身近に感じることによってであったのも確かである。この意味での恐れを精霊への恐れとよぶのは妥当であろう。養家の伝承に託されていた恐れは金神をめぐるものではなく、実は精霊をめぐるものだったのである。

以上の視点にたつ時、『覚』安政五年一二月二四日の条の「年忌」という語が注目されよう。すなわち、文治の感慨の中の「私子三人年忌年には死に」という部分と、（B）のお知らせの中の「十七年の間に七墓築かした。年忌年忌に知らせいたし」という部分である。これらの解釈についても、竹部の論文が先鞭をつけている。竹部によれば「私子三人年忌年には死に」というのは、長男の死が養父親子の七年忌、長女の死が養父親子の十三年忌と長男の七年忌、次男の死が長女の三年忌の年にあたっていることを指すものである。また、養父親子の死から最後の二頭目の飼牛の死までの間が一六年にしかならないのに、「十七年の間に」とされている点にも注意すべきだという。これはむしろ、二頭目の飼牛の死の翌年の嘉永五年（一八五二年）が養父親子の十七年忌にあたるところから、「十七年忌までの間に」という意味に解される。安政五年（一八五八年）は十七年忌につぐ二十三年忌の年であったから、とくに十七年忌までの間をひとまとまりにしてふりかえる気もちが強かったのだろう、と論じられる[34]。これらのことは文治が年忌について深く思いふけり、文治の家を襲った災厄を年忌と結びつけて考えていたことを示すもの、と解することができよう。

年忌はとりわけ精霊が身近に感じられる時である。とすれば、災厄を年忌と結びつけるということは、災厄を精霊の意志や情念と結びつけることを意味しよう。そこには精霊への恐れが隠されている。年忌年に関する『覚』安政五年一二月二四日の条の記述は、文治が子供や飼牛の死をそれ以前の死者の苦難や怨念と結びつけ、ひそかにそれを恐れていたことを示すものである。

ところが文治の精霊への恐れを暗示する『覚』の記述は、安政五年一二月二四日の条にのみ見出されるのではない。養家に移って以来三〇年についての『覚』の記述のそこここに、家の滅亡の不安と精霊への恐れを暗示するものが見出されるのである[35]。

まず、天保二年（一八三一年、文治一八歳）、養家の実子で文治の血のつながらぬ弟にあたる鶴《つる》太郎の誕生の前後についての記述がある。鶴太郎の誕生は八月一七日、養父六一歳、養母四一歳の時の初子であった。ところが文治は「七月一八日より病気おこりになり、ふるい、またかやし、六十日も難渋」という状態だった。この六〇日間はちょうどお産にまたがる前後ひと月ずつにあたる。また、発病の日がお盆の精霊送りの二日後であることが注目される。一方養母は、「産後血の道総身はれ、百日余《よ》難儀」した。この時まで実子ができなかった（あるいは育たなかった）ことが、すでに運命的な不幸と感じられていたはずである。そこへようやく実子誕生、しかも男子誕生の喜びがもたらされた時に襲ったこれらの病は、家系のなめらかな継承に対する何ものかのねたみを感じさせたであろう（実はそこに、文治自身のねたみも投影していたかもしれない）。その何ものかが先祖であるにせよ、先祖を苦しめた他の存在であるにせよ、先祖＝精霊をめぐる存在であり、家の過去から現在へ働きかける存在であったことにちがいはない。翌年、「養母乳痛み、百日余難渋」したのも、同様に受けとめられたと推測されよう。

二三歳の時の養父親子の死は、文治の生涯の区切り目として重要な意味をもっている。親子のあいつぐ急死という事態が、そもそも不吉なものを感じさせたであろう(36)。最初に病んだのは六歳の鶴太郎であった。「病気づき、末では虫さしこみ病死」とあり、腹の痛みに苦しみながら世を去ったようである。死の日づけは七月一三日、お盆の精霊迎えの前日であり、しかも七つ時とあるのは精霊棚のしつらえの最中ではなかったか。時刻までを記した文治の記憶は鮮明である。続いて養父も同じく腹を病み（痢病）、養家の不運について何ごとかを伝えた後、「月並びに病死」（『覚』五四頁）した。この間、精霊の苦難と怨念をめぐる想念が文治の胸中をしきりに去来したであろう。そしてこの後、精霊の群に、これまた家の断絶を憂えて死んだ養父と夭逝した鶴太郎の霊が加わることになる。

若い文治夫婦が期待と緊張の中で迎えたと思われる文治二六歳の、第一子誕生の記述は次のとおりである。「六月十五日夜安産、男子生まれ、名は赤沢亀太郎、亥の年」。ところが家族の喜びに水をさすかのように、その日から「母おこり、ふるい、九月はじめまで」続いた。文治らは乳のみ子と病床の養母の世話に追われながら、お盆と養父親子の命日をつとめなければならなかったはずである。また、養母の病が鶴太郎の誕生の時の文治の病と同じおこりであったことも、精霊の怨念と連想され不吉に感じられたであろう。

家督をついで以後の文治の家の最大の不幸である長男亀太郎の急死は、文治二九歳の年におこっている。「私せがれ亀太郎、八月朔日より病気、また私当病、父子とも痢病に相成り。せがれは十六日朝病死仕り候。四才にて。私は全快仕り侯」。養父の七年忌の命日である八月六日をはさむ病であった。しかも、養父親子が死んだのと同じ腹の病に、同じ父一人子（実子）一人の文治親子が罹患するという不吉な符合があった。[37] 亀太郎が死んだ時、文治自身も養父と同じ運命を覚悟したかもしれない。そして精霊への恐れが頭をはなれなかったであろう。

三五歳の時の長女の死と三七歳の時の次男の死については、後者がまたまた嫡子の急死であったという点を除けば、年忌に関する竹部の指摘につけ加えるべきものはない。三七歳と三八歳の年の飼牛の死については、ちょうど同じ日に発病し死んだ（「月日かわらず二年に牛死に」）ということ、その発病の日が精霊送りの行われる七月一六日であったことに注意したい。

以上のように、文治の家を襲った災厄についての『覚』の記述のほとんどは、精霊への恐れと結びつく内容を含んでいるといえよう。この解釈は『覚』の叙述の性格に注目することによって導き出されたものである。『覚』は死や発病の日づけ、病気の性格などについて、いくつかのことを選んで記述しているのであり、この他にもとりあげられなかった病があり、とりあげられた病や死についての記述されなかったさまざまな内容があったはずである。一定のことがらがとくに選ばれているのは、それらが文治にとって特別の意味（とくに宗教的意味）をもっていたからである。選ばれた内容の重要な要素として、私は日づけや病状についての不吉な符合に注目した。そして、それらの不吉な符合には、精霊の意志や怨念に対する文治の意味づけが託されている、と考えるのが自然なのである。

前半生の文治が精霊への恐れに悩まされていたとしたら、のちに救けの確信を得ていく過程で、何らかの形でこの恐れが克服され、いわば精霊との和解がなされねばならなかったはずである。事実、安政五年一二月二四日のお知らせとそれに先だつ七月一三日のお知らせは、そのような内容をもっているように思われる。

安政五年七月一三日は文治がはじめて、神の言葉を自らの口を通して語るようになった日である。文治の信境の展開にとってきわめて重要な意義をもったこの日が、精霊迎えの前日、精霊棚をしつらえた後であったこと、神の言葉に続いて直ちに精霊の言葉が語られていること、などに注目すべきであろう。

「また金乃神様お知らせあり。家内中《じゅう》へ、『うしろ本家《もとや》より八兵衛と申す人、この屋敷へ別れ』、先祖を教え。『戌の年さん、おまえが来てくれたで、この家も立ち行くようになり、ありがたし。精霊御礼申しあげ』。次に、客人《まろうど》大明神、『近江国よりまいり、この所おさまり、八百三十一両二年になり。墓所《はかしょ》、氏子がそばへいたし、これを場所かえるように頼みます』と申され、私聞きおき」（『覚』三八頁、『　』は筆者挿入）。

金神（「金乃神様」）、精霊、客人大明神がこもごも語っているが、いずれも家の過去に関する内容である。精霊の言葉は文治の養家での努力を肯定し、それに礼を述べたものである。精霊が文治に悪意をもっていないこと、文治が精霊を恐れる必要がないことを明示したものであり、両者の和解の象徴的表現といえよう。客人大明神とは、文治の家の本家すじにあたる大橋家の裏手にあり、この同族団の墓地に近接した小祠である(38)。この神がかりの場ではこの小祠の起源伝承とともに、この神が大橋同族団の墓地をいとうているという観念が表出されている。それは客人大明神が大橋同族団に対してある不満をもっていること、したがってこの同族団の家々に祟りをもたらしうる存在であることを暗示するものである。これを推しおよぼせば、文治の家の不幸は精霊の怒りによるものではなく、客人大明神の怒りによるものだったということになろう。

以上のように考えると七月一三日の神々の言葉は、文治の家を襲った災厄の原因を明らかにする内容をもっていたことがわかる。そしてそれは、神の救けの意志を信じる前提となるとともに、精霊が恐れる必要のない存在であることを証明するものでもあった。もちろん、ここでは神の救けの意志は直接語られていないし、客人大明神の怒りを和らげるための手段である墓地の移動も、容易に実行できそうなことではない。また、文治の心の奥にひっかかっていたと思われる先住の家々の先祖のこと、彼らの滅亡の理由などは少しも明らかにされていない。この時のお知らせでは、文治の先祖はもっぱら大橋本家につながる系譜と考えられている。客人大明神が大橋・古川・赤沢（川手）三家の同族神の性格をもち、毎年本家を中心に祭りが行われていたことも思いおこされる[39]。これらのことは、この時のお知らせが文治の宗教的問いかけの答えとしては完全とはいえないことを示している。

一二月二四日のお知らせによって。もう一つのより完全な答えが提示されねばならなかったのはそのためであろう。それが文治の家の不幸の理由を示し、神の救けの意志を保証するものであったことは、第3節で論じたとおりである。ここではそれが、精霊の無罪性をも保証するものであったことを付け加えたい。すなわち、このお知らせは文治の家（また先住の家々）の不幸が先祖の悪意にも、また先祖の過失にもよるものではなく、先祖が生まれる以前の大地と生物の関係に由来するものであることを示している、という点である。こうして精霊の無罪性が示され精霊との和解が再確認されたことが、神の救けの意志への確信を得ることと不可分の関係にあったと思われるのである。

以上、私は文治が若い頃から精霊への恐れをいだき続けてきたと思われること、文治が救けを確信していく過程でその恐れを次第に克服していったと思われることを示してきた。このことは、先祖が悪意をもっているという明確な観念が存在した、と考えることを意味しない。幕末の農村において先祖の祟りという観念が、それほど広まっていたとは考えにくい。生活のすべてが家に結びついていた当時の農民たちにとって、先祖との一体感はきわめて強く、先祖が恩恵をもたらす存在、子孫を見守り導く存在とは感じられても、子孫に怒りをぶつけ災厄をもたらす存在とは直ちに表象しにくかったであろう。子孫が精霊の怒りに苦しむというようなことは、本来ありうべからざることと考えられていたのではなかろうか。

とすれば、文治も精霊への恐れを明瞭に意識するのは容易でなかったであろう。むしろ、精霊が恐るべきものであるという観念を自ら否定し、抑圧せざるをえなかったはずである。もし意識からまったく遠ざけてしまうことができなかったとしても、少なくとも言葉に出して表現し、他者に伝えるというようなことは思いもよらなかったであろう。したがって、精霊への恐れは個人的な表現不能な観念として、文治の胸中にしまいこまれるほかなかった。こうしたひそかな宗教的恐れこそ、のちの宗教的孤独の母胎となったものである。厄年への恐れや金神への恐れは、この母胎に植えつけられることで急速に成長し始め、やがて宗教的孤独を形づくっていく。精霊への恐れは厄年や金神への恐れに先だち、それらの基底をなすものだったのである。

5　宗教的孤独の生成

従来の金光教学において、文治の前半生の宗教的態度の特徴を示すものとして、またのちの宗教性の萌芽をなすものとして注目されてきたのは「実意丁寧神信心」という言葉であった。この言葉が教祖独自のものといえる内容をもつのは、それが通常の度をこえた敬虔さ、宗教的細心さを示していると思われるところからである。伝統的な教祖伝の著者や初期の教学者たちは、そうした態度が教祖の生来の特異な性格によるものであり、すでに幼時から現れていると考えていた。それは教祖の神格化伝説化であるとして、これに批判的な立場をとるその後の教学者たちは、人なみはずれた敬虔、細心としての実意丁寧神信心は、青年期以後に徐々に形成されたものと見るようになった(40)。この立場を鋭くつきつめた瀬戸美喜雄や竹部教雄は、実意丁寧神信心は単なる敬虔、細心ではなく、同時に宗教的問いかけと疑いを、したがって宗教的孤独を含むものと捉えている。竹部の表現をひけば、「『実意丁寧神信心』の意味するものは、その生活信条の徹底的実践の故に、どうにもならぬ人生の壁に突き当り、その壁を乗り越えることができず、さりとて諦められない、というよりは、そうであるが故に諦めるわけにはいかない苦悩を底に秘めた姿を表現していることばである(41)」と見るのである。

私は文治の前半生の信仰の深まりを、宗教的孤独の生成の過程として捉えようとする点において、瀬戸や竹部と同じ立場にたつものである。しかしこれまで論じてきたように、宗教的孤独の基盤となった宗教的恐れの対象が何であったかという点について、これらの論者と見方を異にする。宗教的孤独の母胎となったのは、金神への恐れではなくむしろ精霊への恐れであり、金神への恐れや厄年への恐れは少なくともその大部分は、後からこの母胎へ植えつけられたと考える。しかも、精霊への恐れは意識化されにくいものであり、文治の胸奥にしまいこまれたものだったと考えるのである。このように宗教的恐れを表現し、それと向きあうことができなかった点に、若い頃の文治の宗教意識の特徴があるようにおもわれる。人なみ以上の宗教的恐れをいだきながらそれを対象化する道が閉ざされているため、文治はその恐れのはけ口をさしあたり恐れの対象と無縁な宗教的行為に求めざるをえない。文治を「実意丁寧神信心」へと駆りたてたのは、こうした心理的メカニズムであろう。

『覚』を見る限り、文治の宗教的行為がはじめて人なみ以上の敬虔さ、細心さを見せるのは、三一歳の普請の時である。この時は、日柄方位鑑定によって指定された普請開始の期日までに材木が届かなかったため、文治は近辺で別の材木を買うという無駄をあえておかしている。それは農民の節倹の習慣に反することであり、家族や隣人にも奇異なふるまいと思われたであろう。もちろん文治自身にも多くの躊躇があったにちがいない。それを押しきったのは、文治が何ものかに怯え、過度に細心になっていたためである。この怯えの深い原因は精霊への恐れにあるのだろうが、それは文治にはっきり意識されていなかったはずである。

三三歳の時の四国まいりも、それが働きざかりの家主の三四日間[42]をかけた巡礼であったことを考えれば、「実意丁寧神信心」の現れと見てよいであろう。先にも述べたように、大谷村では三三歳の厄年を男女とも忌むという資料や、文治自身の述懐からも、四国まいりの目的の一つが厄払いにあったことは明らかである。しかし、厄年を深刻に恐れていたとするのはあたらないだろう[43]。伝えられる動機が、「厄晴れの宴を行うぐらいなら四国まいりをしよう」という意味の消極的な内容であることはそのことを物語っていよう。より深い動機は、充分意識されない精霊への恐れにあったのではなかろうか[44]。

三五歳の時の長女ちせの死についての『覚』の記述は、「右の女おちせ未明より病気になり。医師二人もつけ、祈念、講中・親類のごやっかいに相成り候。一日医師両人も薬り、晩には病死仕り候」（『覚』一一頁）というものである。「医師二人も」「医師両人も」というのは、文治が並はずれた気づかいで看病にあたったことを示している。講中、親類を集めて祈念を行うというような大がかりな宗教的手段を、生後一年足らずの女児のために尽くすというのもやや異常だったのではあるまいか。しかし、ここでの祈念が何に向けられたにせよ、年忌年に災厄をもたらす精霊（をめぐる存在）に対するひそかな恐れを白日の下にひきだすものでなかったのは確かであろう。

これら「実意丁寧」な宗教的行為を通して、文治は恐れをしずめようとしたであろう。そのことは一方で、文治を民俗信仰へと近づけ、神仏への親近感を強めるという結果をもたらした(45)。先にもふれたように、四国まいりでは霊験（おかげ）の体験があったようであり、のちのちまで弘法大師への拝礼をやめなかったらしい(46)。子どもの病の時に神仏に拝むというような行為も、三五歳より前については記述がなく、この頃から神仏への祈願が熱心になったことを推測させよう。しかし、この段階ではそのように神々との交わりを深めることも、精霊への恐れを意識へもたらすことには通じなかったであろうし、いっぱんに宗教的恐れの対象について鮮明な観念をもつことにもつながらなかった。

こうした精神状況は、三七歳の普請の時に大きな転機を迎えたと思われる。この時は日柄方位の鑑定内容から、長期にわたって普請による災厄を恐れる理由があった。まず、小野光右衛門の最初の指示ではこの年は厄年（年まわり）なので普請をやめようということだったので、あえて普請を行ったことが恐れの種となった。また、小野の第二の指示に従って普請を行うことにしたものの、小野が指定した仮移転の方角が金神（および豹尾）のとどまる方角を侵しているのではないかという不安もあった(47)。このように自己の具体的な行為と結びつけて意識せざるをえない明確な恐れの対象があるところへ、あいついで災厄が襲ったのだった。このため文治は、恐れの対象についてあれこれ思いをめぐらし、恐れの内容を鮮明にしていかざるをえなかったと思われる。

そのことによってはじめて「なぜ」という問いが文治の心の前面に登場したであろう。「なぜ、この家が災厄に苦しまねばならないのか」、「なぜ神は私に苦難をもたらすのか」という問いである。それまでの漠然とした宗教的恐れも、時に「なぜ」という問いに結びつくことはあったであろう。しかし、恐れの対象が充分に意識化されない以上、「なぜ」という問いも一時的断片的なものでしかありえない。恐れの対象が眼前にとどまり、文治を圧倒し続けた三七歳の時、はじめて問いは執拗で深刻な宗教的問いかけとなったであろう。そのような宗教的問いかけに心を奪われている状態こそ宗教的孤独とよぶべきものである。宗教的孤独が結晶するためには、それが向きあう鮮明な対象が必要だったのであり、この時の厄年と金神がその役割を果たしたといえよう。

したがって、この時の文治が厄守と金神の祭祀において示した極端なまでの敬虔さ・細心さは、それまでの実意丁寧神信心とはいささか性格を異にするものである。それは恐れの対象を意識化しえないためのある種の焦燥であるよりも、恐れの対象と向きあった宗教的孤独の表現と見なすべきものである。

文治の宗教的細心は、まず厄守の祇園宮と注連主（注連おろし・注連あげの儀礼の執行者）をつとめた神主に向けられている。槇右衛門の死に続く二人の子供の疱瘡が癒えた後の注連あげの時、「親類よび、一人は死んでも神様へごちそう申しあげ。神職へ喜ぶようにお礼いたし」た（『覚』一五頁）のである。神主を通してお礼のお裾分けにあづかった法類（下社家）の人々は、ふつうは全員が快癒してもお礼などもらうことがないのに、「なんと思いわけのえい人じゃのう」（同前）といいあったという。文治のふるまいが驚きに値すると思っていたのは法類の人々だけではあるまい。文治自身ひそかに自らのふるまいの極端さを自覚しており、それ故にこそ法類の人々の言葉をことさらに記憶にとどめたのであろう。それは文治の心のわだかまりを示すものである。「思いわけ」という言葉は字義どおりにとれば、〈潔く納得して諦めること〉といった意味になろう。しかし、この場合は納得できぬ故の激しい疑いと問いかけの逆説的な表現と見なすべきである。

同様の事情は二月後、普請を始める前にささげられた金神への祈りの宗教的細心についても見られよう。

「方角はみてもらい、何月何日で仕り候。小家《こいえ》、大家《おおいえ》にいたし、三方へ広め仕り、どの方へご無礼仕るとも、凡夫相わからず。普請成就仕り、早々おみたな仕り、お祓・心経〔六根清浄祓と般若心経〕五十巻ずつおあげまする」（『覚』一七—一八頁）。

この祈りは人間の思慮をこえた神の意志への帰依と読みとることもでき、事実、金光教学においてはそう解釈されることが多かった。確かにそうした一面も含まれていよう。しかし他面、文治は金神の怒りをかっているのかどうかにも確信がなかったはずである。文治の心中には、この年の不幸が金神の祟りによるものなのかどうか、そうだとすればなぜなのか、という激しい問いがうずまいていたはずである。金神への祈りは、そうした疑いと問いかけが解決しないままの、とりあえずの宗教的行為なのである。

以上のように宗教的孤独の生成は、新しい形での実意丁寧神信心、新しい形での敬虔・細心の成立と表裏をなしている。そこでは神々の善意の表現が切実に求められている。四二歳の厄年を迎えた文治が吉備津宮の釜占いで、「おどうじ」（釜が音を出すことで、幸運のしるしとされる）が二度もあったことに強い印象を受けたのは[48]、それが神々の善意の端的な表現と受けとられたからであろう。しかしこの神々の善意が確信できていないことこそ、神々への問いかけを深め、神々をさらに身近へひき寄せる原動力となるのである。神々への疑いと問いかけが深められるためには神々に深く首をたれる必要があり、逆に神々の世界に近づくにしたがって神々への疑いと問いかけが鮮明化せずにいないわけである。

この過程で可能な限りの心的活力が費される。神々への問いかけの中で文治は憔悴し、ものごとに積極的に関わっていく心のバネを失っていくようにさえ見える。すでに三七歳の年の飼牛の死を知った時、文治は「帰りても、牛をみるもいびらしし（いじらしい）、思いわけいたし。うえ頼みおき〔古川参作に処理を頼んだことを指す〕、すぐに益坂へ木を買いに出」た（『覚』一七頁）という。この一見きわめて潔い行為も、牛の死という災厄と向かいあい、正面から受けとめることができない心の衰弱を示すものであろう。

本章の冒頭にかかげたのどけの病床の文治に関する『覚』の記述も、こうした憔悴の状態を彷彿させるものである。「心じっしょう神仏へ身まかせ」とか、「家内に、外へ出て仕事いたせと手まねいたし」とかいう言葉は、文治が信仰に徹しきり、安心立命した平静な心でいたことを示すものではあるまい。むしろ病床の宗教的問いかけに疲れ果てた末の、仮の安らぎを示すものであろう。それは張りつめた宗教的孤独にしばし訪れる、自然の恵みであるともいえよう。そうした恵みの中でこそ、神々の親密な語りかけが深く心にしみいるであろう。治郎が石鎚神の巫儀を始めようとした時、文治も治郎もそのことをひそかに知っていたにちがいない。

【注】

（1）金光教本部教庁『金光大神覚』同庁刊、一九七二年（以下、『覚』と略す）。本稿で取り扱う赤沢文治の生涯についての諸事実は、ほぼ『覚』とその「注釈・補注」および、金光教本部教庁『金光大神』同庁刊、一九五三年、によっている。

（2）「のどけ」については金光教本部教庁『金光大神――総索引・註釈・人物志・年表』同庁刊、一九五五年、六六頁、参照。

（3）金神の祟りによって七つの命が奪われるという観念は当時広くゆきわたっていたようである。『覚』には「金神七殺」という言葉は見えないが、「十七年の間に七基築《つ》かした」（五五頁）とか「知ってすれば主から取り、知らずにすれば牛馬七匹、七墓築《つ》かする、というが此方のこと」（五六頁）という記述はこの観念に導かれたものである。

（4）和田安兵衛が「教祖御教ニ、……私ハ三十才ノ時、三人連レデ大師巡り（四国）ヲシタ事がアル。段々巡ツテ、最早、残リ三ヶ所ニナツタ。スルト、連レノ一人が急ニ、帰ル。ト云ヒ出シテ、如何ニ勧メテモ、後、三ヶ所ヲ巡ル気ガナイ。仕方ガナイカラ分レテ、二人丈ケ、巡ツテ了ウテ、サル川辺へ出テ見ルト、ソコニ先ノ一人ガ立ツテ居ル。ドウシタノカ。ト聞クト、雨ノ為メニ、川ノ水嵩が増シテ、渡シ舟ガ休ンデ居ルノデ、無拠、立ツテ居タノデ、ソレカラ、マタ、モトノ三人連レデ帰ルコトニナッタガ、コレ、全ク弘法大師ノ霊験デアル。云々」と伝えているほか、二、三の資料があるという（瀬戸美喜雄「教祖四十二歳の大患の事蹟について――金神・神々と教祖との関わり」『金光教学』第一〇号、一九七〇年、一二六頁）。

（5）文治と日柄方位の関わりについては、拙稿「宗教の近代化――赤沢文治と日柄方位信仰」桜井徳太郎ほか編『講座・日本の民俗宗教 5 民俗宗教と社会』弘文堂、一九八〇年（本書第III部第4章）、参照。

（6）瀬戸、前掲注（4）、九―一〇頁。

（7）拙稿、前掲注（5）、三三一―三三二頁（本書三二一―三二二頁）。

（8）竹部教雄「安政五年十二月二十四日のお知らせの一解釈」『金光教学』第九号、一九六九年。

(9) わが国の民俗における厄年については、(a)(b)倉田一郎「厄年の問題」『民間伝承』九―一、二、一九四三年五、六月。(c)(d)(e)瀬川清子「厄年について」「厄年の行事」「厄年の忌と厄児」『民間伝承』九―一、二、四、一九四三年、五、六、八月。(f)郷田洋文「厄年、年祝い」『日本民俗学大系』第四巻、平凡社、一九五九年、(g)井之口章次『日本の俗信』弘文堂、一九七五年。(h)宮田登『神の民俗誌』岩波書店、一九七九年、参照。

(10)「会陽」については、『金光大神』六二頁、参照。

(11)『金光大神』六〇―六一頁、瀬川、前掲注(9)(e)など参照。

(12)『覚』「注釈、補注」一四頁。

(13) のどけの病床での治郎の神がかりの言葉から、治郎は文治の悩みと信仰について、少なくとも次のような事実を知っていたことがわかる。すなわち、①三七歳の時の普請の方角について不安を感じていたこと、②正月に氏神に「厄負けいたさずように御願い申しあげ」と祈ったこと、③吉備津宮の釜占いで二度のおどうじがあったのを「もの案じ」しながら帰ってきたこと、である。

(14) 真鍋司郎「三十三歳の教祖――四国まいりの意味をたずねて」『金光教学』第一一号、一九七一年、七三、八九頁。

(15) 同前。七〇―七四頁。『金光大神』四八―四九頁。

(16) 拙稿、前掲注(5)、三三三頁(本書三二一―三二三頁)。三七歳を厄年・年祝いとする例については、倉田、前掲注(9)(a)、参照。小野のいう「年まわり」を小野や文治が「厄」という言葉で考えていたかどうかはわからない。しかし、その意味は「厄年」というのとほとんどちがいがない。私は「厄年」という言葉を、「年まわり」をも含めた広い意味で使っている。

(17) 金神や精霊と結びつけられた可能性がある。拙稿、前掲注(5)、三三三頁(本書三二一―三二三頁)、および本章二九八―三〇一頁、参照。

(18) 小野家文書や円珠院文書による。『覚』「注釈・補注」五五頁、参照。

(19)『覚』では二つの厄はともに「役」と表記されている(金光教本部教庁編『金光大神覚総索引』同庁刊、一九七五年、三四〇―三四一頁)。

(20)『覚』「注釈・補注」八―九頁。

(21) 小山玄章「仏教信仰」金光図書館報『土』九五(特集・金光町周辺の民俗(その2))一九七一年一一月、三五頁。

(22) 金光真整「大谷村における年中行事などについて(一)　増補訂正」『金光教学』第四集、一九四九年三月、一一六頁。

(23) 金光真整「大谷村における年中行事などについて(一)」『金光教学』第三集、一九四八年九月、一〇五頁。

(24) 同、一〇五頁。

(25) 同、一〇一―一〇三頁。

(26) 瀬川、前掲注(9)(b)、など参照。

(27) この「神社《かみのやしろ》」は「山ノ神」とよばれる地域にあったという(『覚』「注釈・補注」二二頁)。『金光大神』に付された本谷部落の地図によれば、山之神の近くの神社としては、荒神社と早馬神社がとなりあって存在しているのみである。
(28) 竹部、前掲注（8）。
(29) 同、三四―三五頁。
(30) 同、三三―三五、三九、四七頁。
(31) 松井雄飛太郎「生神の意味――文治大明神について」『金光教学』第三号、一九六〇年、はこの内容に気づいているが、その後、松井の論点を受けついだ研究はなされていない。
(32) 文治と同じ本谷部落に住んでいた最初期からの信徒、藤井きよのの一代記（「向妙人生代記」）には、文治の養家の起原について次のような記述があるという。「金光様の御先祖は、伊予の国の川の上（江カ）と言ふ所の家老に、川手武右衛門・川手次右衛門・川手太郎左衛門との三人が、慶長拾五年の七月の拾五日に三人とも討死にしましたのを、太郎左衛門の妹に当る拾三歳になる者が見て、恐れて系図の巻を持て逃げ、此所へ御出になられました。此所は昔は海浜でありました。浜辺の子の無き老爺と婆とがありました。その夫婦が見まして「此の子は人らしき者である」と言ひまして、子としました。此の子には、柏島の城主の赤沢と言ふ者の所より、養子を貰らはれました。之れが金光様の御先祖であります」（『覚』「注釈・補注」五〇頁）。この伝えは、元の川手家が滅亡したのはこの土地ではないとしている点で、『覚』の記述と食いちがいを見せているほかは、ほぼ『覚』の記述を裏づけている。文治の養家の伝承のおおよそはこうした形のものだったのであろう。
(33) 文治が家系の断絶的継承という観念に固執した理由は、文治の養父や養家に対する関係のあり方、ひいては文治の社会生活全般のあり方に求められねばならないだろう。文治の宗教的恐れは、そうした社会生活の諸葛藤に由来する面が少なくないはずである。これらの点についての考察は別の機会にゆずらねばならない。
(34) 竹部、前掲注（8）、四〇、四五頁。
(35) 以下の論述は、『覚』五―一九頁によっている。なお、本章二八六―二八七頁の表を参照されたい。
(36) 竹部、前掲注（8）、三四頁、真鍋、前掲注（14）、七五頁。
(37) 真鍋、前掲注（14）、七六頁。真鍋の論文は、文治の養家と養父に対する感情のあり方に注意を払っている点で、ここでの考察の参考になる点が少なくない。
(38) 『金光大神』七五頁。
(39) 同、七五頁、および、金光真整「大谷村における年中行事などについて（二）」『金光教学』第四集、一九四九年三月、一〇三―一〇四頁。
(40) 拙稿「金光教学と人間教祖論――金光教の発生序説」『筑波大学哲学思想学系論集』四、一九七九年（本書第Ⅲ部第2章）、参照。
(41) 竹部教雄「『実意丁寧神信心』考」『金光教学』第一五号、一九七五年、二一頁。
(42) 『覚』の記述に従えば三六日間であることになるが、他の記録によって三四日間であろうと推定されている（『覚』「注釈・補注」七、五一頁)。

(43)『金光大神』四九頁。

(44) 真鍋司郎はこの四国まいりの動機の一つに、養父の四国まいりを模するということがあったのではないかと推測している(前掲注(14)、七八―八〇頁)。これは文治の家意識と家の過去への配慮に注目しているという点で、四国まいりの背後に精霊への恐れがあったとする私の推測を側面から支えてくれる。

(45) 真鍋、前掲注(14)、八六―八八頁。

(46)『覚』「注釈・補注」五〇頁。

(47) 拙稿・前掲注(5)、三三三―三三四頁(本書三二一―三二四頁)。

(48)『覚』「注釈・補注」一一頁。

第4章　宗教の近代化
赤沢文治と日柄方位信仰

1　新宗教と脱呪術化(1)

宗教の近代化が脱呪術化と深い関わりをもつことは異論のないところであろう。日本における宗教の近代化の一局面をなす新宗教の発生・展開も、この脱呪術化という視点からとらえ返すことができよう。新宗教の宗教意識は、それ以前の民衆の宗教意識のアニミズム的要素を克服することによって成立した、と見るのである。ただその際、脱呪術化という概念の内容をあらためて吟味してみる必要があるように思う。従来、歴史宗教・救済宗教とアニミズムが過度に対照され、脱呪術化とは、アニミズムとはまったく異質な原理の介入により、アニミズムを激しく否定し排除していくことである、とする見方が支配的であった。新宗教の実態は、この意味での脱呪術化からはるかに隔たっている。新宗教の多くがアニミズム的な信仰要素を濃厚に保持しており、ある意味では、近代の民衆意識におけるアニミズム的な面を代表するものでさえあることは明らかであろう。新宗教の発生と展開は、民衆の意識の古い要素を一掃し異なる原理をそれにかえたのではなく、むしろアニミズム的な要素をよびさまし、それを内に包みこむようにして保ちつつ、新たな信仰形態を発展させていったのである(2)。新宗教を、伝統的な世界観の復興をはかる土着主義的・再生主義的宗教運動(3)としても見ることができるのはこの理由からである。

新宗教の中でもその近代性においてきわだっているとされてきたものに、赤沢文治（川手文治郎、金光大神ともよぶ）（一八一四―一八八三）によって創唱された金光教がある。金光教の近代性の指標としてしばしば指摘されてきたのは、それが日柄方位などの迷信俗信を否定しようとする脱呪術化・合理化の志向を顕著に示している、という点であった。たとえば村上重良は、金光教を「内面化し合理化した近代的な宗教(4)」ととらえ、教祖の思想について次のように述べている。

「文治郎は、一切の有害な俗信を斥け、とくに陰陽道の説く日柄・方角の俗信をきびしく攻撃した。明治政府が、その初年に示した絶対主義特有の啓蒙的合理主義に先んじて、文治郎は、その信仰の中心に、無自覚的にではあったが、近代的な合理主義思想をとらえていたのである(5)」。

金光教における脱呪術化・合理化の志向性を強調するこの見方は、さらに発生過程に、すなわち教祖の信仰の成長過程にも適用される。文治は前半生において金神信仰に代表される迷信俗信の世界に浸っていたが、のちにこれを脱し、内面的・合理的な宗教に到達したとするのである。

「文治郎は、日頃、山伏たちの説く俗信を固く信じ、その教える神、とくに人間をおびやかす金神の威勢に深いおそれを抱いていた(6)」。

「生来、神仏を信ずることの篤かった金光大神は、金神を深く信仰していたが、たびかさなる家庭の不幸を体験して、神の留守をねらう人間の行為こそ、神への無礼であると悟り、ついに人間本位の新しい信仰をひらいた(7)」。

こうした論述が、民衆意識の解放に注目する村上の立場を反映するものであることはいうまでもない。しかしまた、佐藤範雄らによって形成された伝統的な金光教の教義が、色濃く影を落としていることも否みえないように思われる。金光教の主要な特徴の一つを迷信打破に見ようとするのは、金光教の教義の一貫した立場であった。この立場によれば教祖の壮年期は、迷信俗信を排し、金光教独自の救済の教えを会得する転換点なのである。ここでは一九三三年の『金光教大要』と一九七二年の『概説金光教』を例にひこう。

「是れ教祖の御信仰に取って、極めて重大なる一転機であって、心眼茲《ここ》に開け、従来の金神に対する御見解が一変した。（中略）今や教祖の御心には、世人が悪神邪神と怖《お》ぢ恐れた、金神の面影は次第に薄れ行き、こゝに優しく慕ふべき、真正慈愛の神性が、それに代って心眼に映じ来り、天地の大祖神《おやがみ》との間に、奇《く》しき神縁が結ばるゝ端初は開けたのである」[8]。

「教祖は、こうした習俗的な民間信仰のなかに生まれ、育ち、しだいにそれをのりこえて、独自の宗教的境地をひらいていったのであるが、その信境展開の契機となったのは、四十二歳のおりの大患であった。（中略）凡夫としての人間自覚に立ち、実意に実意をこめた生き方をもって神に心をよせてきた教祖に対し、ついに、神がその真のすがたをあらわしはじめたのである。そこでは、神はもはや、人間にたたりさわりをする習俗的な信仰の神ではなく、人間を助け生かす神であった」[9]。

伝統的な教義の立場と近代主義的な宗教学の立場は、文治の信仰がある時点を境に民俗信仰[10]に背を向け、内面的宗教へと踏みこんだとする点で一致するのである。

もしこの見方が正しいとすれば、金光教はアニミズム的な信仰を否定し、排除することによって成立したのであり、脱呪術化のあり方において新宗教中の例外的存在である、ということになろう。しかし、私には金光教もまた例外とは思えない。金光教においても、アニミズムの克服はアニミズムの蘇生と表裏をなしていた、と考える。前半生の教祖は一様にアニミズム的な民俗信仰に身を委ねていたわけではないし、後半生の教祖とのちの教団の双方においてもアニミズム的な要素は濃厚に保たれていた、と考えるのである。この視点から教祖の信仰の展開をながめる時、まず疑問に思われるのは、教祖の前半生の信仰に対する従来の通説である。すなわち、文治は若い頃から日柄方位の吉凶を深く信じており、それは金神の祟りの信仰に等しく、さらにそれらは当時の民衆の慣習的信仰ないし俗信として一括しうる、とする点である。金光教学の個々の業績はこの点への部分的修正を加えてきてはいる(11)。しかし、なお通説の大枠をゆるがすには至っていないように思われる。以下の論述は文治前半生の日柄方位信仰をとりあげ、それが民俗信仰のアニミズム的な要素とどのような関係にあったかを問うことによって、この通説を克服する手がかりを得ようとするものである(12)。

2　小野光右衛門の日柄方位説

いっぱんに日柄方位の信仰という時、十干十二支による時間空間の分割にもとづき、特定の日付けと方角に吉凶を指定し、婚姻・葬儀・建築などの際の判断の拠り所とすることを指している(13)。このうち日の吉凶には、十二直《ちょく》（建《たつ》・除《のぞく》・満《みつ》・平《たいら》・定《さだむ》・執《とる》・破《やぶる》・危《あやぶむ》・成《なる》・納《おさむ》・開《ひらく》・閉《とず》）や六曜（先勝《せんかち》・友引《ともびき》・先負《せんまけ》・仏滅《ぶつめつ》・大安《だいあん》・赤口《じゃくこう》）のようにすべての日に割り振られるものと、天赦日《てんしゃにち》・八専《はっせん》・十方暮《じっぽうぐれ》・五墓日《ごむにち》・犯土《はんど》・社日《しゃにち》・三伏《さんぷく》・庚申《こうしん》・三隣亡《さんりんぼう》のように（特定の月や季節の）特定の干支のみに定められるものがある。方位の吉凶には丑寅（および未申）の方角を忌む鬼門説と、八将神（大《だい》歳《さい》・大将軍《だいしょうぐん》・大陰《だいおん》・歳刑《さいぎょう》・歳破《さいは》・歳殺《さいせつ》・黄旛《おうはん》・豹尾《ひょうび》）・天一《てんいち》神・金神などがその年めぐりとどまる方角を忌み、歳徳《としとく》神のめぐりとどまる方角を吉とする神殺説とがある。建築を例にとれば、仏滅・八専・三隣亡の日に金神のとどまる方角へ増移築することなどは、とくに忌むべきこととされた。これら吉凶指定の一部は（庚申のように）民俗信仰的なものにもよっているが、その根幹は天文暦数と陰陽五行の理論体系にもとづくものである。もちろん、日柄方位の信仰はそうした理論体系と組み合わされて普及したわけではなく、毎年の暦に記載された暦注の体系として人々の前に現れた。暦注の意味全体、およびその背後にある天文暦数と陰陽五行の理論体系は、陰陽師などの少数の人々のみが心得ているにすぎなかった。民衆にとって暦注とは、容易には理解できないある複雑な知識にもとづく記号の一群であった。この意味で一般の人々にとっての日柄方位とは、さしあたりアニミズムの色濃い民俗信仰でもなければ理論的な知識でもなく、疎遠な記号群による禁忌の体系だったといえよう。

しかし、干支にもとづく記号化された時間空間概念が暦とともに民衆に浸透し、それにともない暦注が生活にとけこんでいくにしたがって、自《おのず》からそこに変化が生じたであろう。一方で暦注の禁忌体系の構造がやや身近になってくると同時に、他方で民俗信仰的なアニミズムの要素が濃厚に混入してきたと思われる。日柄方位信仰の民間浸透に大きな役割を果たした山伏などの民俗宗教は、日柄方位を祈禱や呪術と結びつけアニミズム的な要素を強調した(14)。とりわけ由来不明とされる金神と金神の祟りの信仰において、アニミズム的な要素は顕著である。文治が一生のほとんどを送った幕末の岡山県地方は金神信仰がとくに盛んであったが、そこでは金神から身を守り、その祟りを取り除くためのさまざまな呪術的対処法が存在した(15)。山伏たちは、金神のとどまる方角の壁や柱の下に呪符を埋める「金神除《よ》け」の呪術を行ったり、稲荷など特定の社に金神を祀りこめる「金神封じ」を指導したりした。また出雲大社の砂をまき、土地の神大国主の神の札を祀る「出雲屋敷」とか、富原（総社市）に在住する陰陽師、上原《かんばら》太夫の巫儀と祈禱によって祟りを排除しようとする「上原祈禱」などの方法もとられた。屋敷神として、あるいは神棚の一隅に金神が祀られることも少なくなかったとされる。

こうした金神信仰と金神への呪術的対処法において、金神は暦注の禁忌体系の一部であると同時に、またそれ以上のものでもある。暦注で指定される日柄方位の多くが、対応する実在を想定しない抽象的な記号であったのに対して、金神は人々の身近に実在する精霊として現れている。家や大地に住みつき、人々のさまざまな行為を見守り、それをとがめる一つの意志をもった存在とみなされている。金神信仰において、暦注の禁忌体系は民俗信仰的なアニミズムと習合しているのである。そのような習合の過程を経ることなしに、暦注の禁忌体系が人々の生活にとけこむことはできなかったのであろう。文治の周囲の人々がときに深く傾倒していったのは、このようなアニミズム化した日柄方位信仰だったはずである。

若い頃の文治もまたそうした人々の一人であり、金神信仰に心をうばわれていた、というのが従来の通説であった。

しかし、この通説には重大な見落しがあるように思われる。若い文治が、日柄方位の吉凶をめぐって山伏と関わったとか、何らかの呪術的対処法をとったという記録は残されておらず、むしろ文治は、こうしたアニミズム化した日柄方位信仰に批判的だったと思われる、庄屋（のちに大庄屋）の小野光右衛門を深く敬慕し、彼の日柄方位指定に従っているという点である。

幕末旗本領の一村役人として傑出した行政手腕を発揮した小野光右衛門[16]（一七八五―一八五八）は、伊能忠敬の全国測量にも協力した谷東平に暦学・和算・測量を学び、江戸滞在のおりは天文方渋川景佑の門をたたいたというすぐれた学者でもあった。その著書は、『啓廸算法』五巻、『方鑒捷径書』、『神道力位考』、『西洋算法』、『春秋日食法』、『本州所々分間絵図』、『七政暦及凌犯細艸』など数十巻を数えるという。知識（とくに経験観察に依拠する知識）によって困難を解決することの可能性を深く信頼していたと思われるこの光右衛門が、山伏らの民俗宗教的呪術祈禱に批判的だったであろうことは容易に推測できる。実際、息子の四右衛門の手になる「小野啓鑒翁行状」には、光右衛門は後年、毎朝最上王経《ママ》を読誦するようになったものの、若い頃は「淫祀妖妄」を批判し「正祀名仏」といえども信じなかった、と記されている。とはいえ、「淫祀妖妄」への批判は、西洋的な科学的世界観によるものではない。当時の他の天文暦学者と同様、小野も土御門家と密接な関係にあった。天文暦数の知識は陰陽五行の理論体系による日柄方位説と不可分のものだったのである。

小野の日柄方位説の全容はいまだ明らかにされていないが、その一端は、青木茂によって紹介された『神道方位考』と『下元乙巳歳吉凶方』それぞれの「自序」によってうかがうことができる[17]。『神道方位考』「自序」には次のように記されているという。

「たいらけくやすらけき御代の恩沢四つの海に溢れ、足曳の山の奥、文しらぬ賤の男までも、家造し嫁娶首途くさぐさのことに、其方向の神を迎え、殺を避けることにはなりぬ。宜なるかな、吾、皇国は二神の大御神、陰陽五行の神を生み給いしことながら、此生尅制化によりて神妙不測の幸あり、また禍もある事ゆえ、百事にこれを迎避せずんばあるべからざるものなり。しかはあれど中つ頃より異国来船の書はびこり、方位のよしあしを判ち教える人々、神国正統の道を以て示さざるゆえに、幸いを受くること薄く、方殺によりてくるしみ、或は家産を破り疾病を発し、甚しきに至っては身を傷るもあり。そはかしこき御国振りの廃りたるゆえと思い、歎息して、こたび古事記を考えて、大御神のあたえ給うままに、方道のよしあしをしるして、その災をまぬかれしめんと欲す」。

ここには、小野の日柄方位説の背景となった復古神道的な神国思想が明瞭に現れている。「異国来船の書」にもとづく一般の暦注は、単に知識として不確実だからではなく、「神国正統の道」に反するものであるがゆえに排斥すべきものなのである。仏教にも心をよせた晩年はさておき、若い頃の小野には、一般の暦注と結びついた民俗宗教の呪術祈禱は、それが異国の思想ふるまいを無批判にとりいれているという理由からも許容しがたく思われたかもしれない。

以上のような小野の思想を、小野をのちのちまで敬慕し続けたという文治が、どの程度まで吸収していたかはなお明らかでない。前半生の文治の民俗宗教との関わりがどれほどのものであったか、そしてそれはどの程度まで小野の感化によるものなのかは今後の研究にまたねばならない。これに対して、小野の日柄方位撰定自体が文治の生活におよぼした影響については、おおよその推測が可能である。小野の日柄方位撰定の基本的な性格は、弘化二年（一八四五）刊の一般人向けの日柄方位解説書である『下元乙巳歳吉凶方』の「自序」によってうかがうことができる(18)。その第一の主張は、「近世方道大ニ行レ」ているのはよいが、「其書也、唯夕地盤循環ノミヲ主張シテ、七政運行ヲ載セズ」という点である。ここで「地盤循環」とは一般の暦に記載されている十干十二支にもとづく暦注の内容をさし、「七政運行」とは天文学的な観察にもとづく日、月、五星（木星・火星・土星・金星・水星）の運行を記載した七曜暦（七星暦、七政暦）の内容をさすものであろう。小野によれば、「夫レ天道モ太陽ニ非サレバ四時気候ノ節ナク、地道モ太陽に非サレバ万物生成ノ機ナシ、其ノ尊シテ吉ナルコト知ベシ、太陰は之ニ亜グ、五星ノ如キハ一偏ノ至吉ニ非ズト雖モ、実ニ生殺ノ柄ヲ握ル者ナリ。是ヲ措テソレ何ヲカ挙ンヤ」というように、七曜暦に記載された七政運行こそが日柄方位撰定の鍵なのである。この点は小野の日柄方位撰定の特徴的な点であったらしく、息子の四右衛門はのちに浅尾藩庁築造についての上申書の中で、「七政運行推歩の術」に関して父に並ぶ者がいないことを強調している(19)。「七政運行」を論ずるには天文暦数に関する高度の知識が必要だったのであり、それをなしうるということは誇りとするに足ることだったのである。

『下元乙巳歳吉凶方』「自序」のもう一つの主張は、「歳首」と「年首」の区別に関するものである。太陰暦の各月は初更の北斗七星の柄の建《おざ》(指)す方角にもとづいて、建子月、建丑月等々とよばれる。午後八時頃の北斗七星の柄がほぼ真北をさすのは冬至の頃であるから、一一月が建子月、正月は建寅月となる。小野の考えでは、一般の暦の正月である建寅月は「年首」であるにすぎず、真の年の初めである「歳首」は冬至が含まれる建子月、すなわち一一月である。その理由は、建子月こそが「陽気初生ノ地」をさし、「太陽ノ起ル所」だからである。神殺の撰定は「歳首」にもとづいてなされねばならないのに、従来は「年首」にもとづいてなされてきたために「禍福相反スル事多」かった、というのである。建子月が「陽気初生ノ地」「太陽ノ起ル所」だというのは、太陽が冬至を境に南へ移動していくということと、建子月と関わりのある「子」は元来生命繁殖の起点を意味するということにもとづく主張であろう。「歳首」と「年首」を区別する考えもまた、天文暦数と陰陽五行（とくに前者）に関する学問的な知識に由来するものなのである。

以上のように小野の日柄方位説は、天文暦数（と陰陽五行）に関する当代の威信ある知識に裏づけられたものであった。小野は従来の暦注の禁忌体系が、確固たる知識の裏づけを欠いた慣習的なものになり下がっていると感じ、天文暦数に関する体系的な知識を導入してそれを合理化し、洗練化しようとしたと思われる。そのような合理化・洗練化を遂行すれば、山伏らの呪術的祈禱に依存する必要のないような確実な日柄方位撰定ができるはずであった。小野の日柄方位説に、金神信仰にみられる民俗信仰的なアニミズムがまぎれこむ可能性は少ない。その意味で、小野の日柄方位説は民俗信仰的なアニミズムと習合した日柄方位信仰を脱呪術化し、元来の禁忌体系としての性格へひきもどそうとするものだった、といえよう。壮年にさしかかる頃の文治が必死につき従おうとしたのは、こうした脱呪術化された日柄方位説であった。

3　文治と日柄方位

『金光大神覚』（『覚』と略す、文治の自伝）を見るかぎり、天保七年（一八三六）、二三歳までの文治が、日柄方位に人なみ以上の関心を払った形跡はない。日柄方位に関する記述が最初に現れるのは文治が一二歳の時の養家入りについてで、わずかにその日が吉日であったとだけ記されている。次の記述は養父の死の直後の結婚の時（二三歳）のことで、この時は豹尾と金神の方角を忌み、まわり道をしたという。これらは当時の民衆の、アニミズム化された日柄方位信仰にもとづく慣行に従ったまでであろう。文治がこれらの日柄方位に深く心をわずらわせたとも思われない[20]。神との関わりの歴史を記すという『覚』の執筆動機がなかったら、忘却の淵に沈められても不思議はないようなことがらだったのではなかろうか。

文治が日柄方位に深く心をわずらわすようになったのは、家運興隆の象徴ともいうべき家の普請にとりかかるようになってからであろう。二四歳の時の風呂場と手水場の建築について、『覚』は「日柄改め」と明記している[21]。しかし、建てられた方角は金神がとどまっている辰巳の方角であった。三一歳の時の門納屋の建築については、「方角改め。卯（天保一四年）十二月十八日吉、手斧《ちょうな》はじめ仕《つかまつ》り、辰（弘化元年）正月八日よりはじめ、同じく二十六日までに建てるように、方位の方で申され」と記されている。ところが、注文した材木が予定どおりに届かず、指定の日に間にあわなくなったため、近在で別の材木を買いいれるというむだをしてまで、指定された日柄に従っている。

この二つの普請の時の日柄方位は、おそらく、一三歳から二六歳（この年、小野は大庄屋となり、井手の陣屋に詰めるようになった）まで何かにつけて指導を受けることの少なくなかった小野光右衛門か、さもなくば息子の四右衛門の指定によるものであろう。それは、これらの日柄方位の指定が、いっぱんの暦にもとづくふつうの日柄方位指定とは異なる内容をもっているように思われることからも推測される。二四歳の普請は建てられた方角が、金神のとどまる辰巳の方角であったことが注目される。このことから、この時には日柄のみを調べ方角は調べなかったのではないか、という推測もなされているが[22]、金神遊行の方角を文治や周囲の人々がまったく知らなかったとは考えにくい。むしろ知っていてあえて侵したと考えるのが自然であろう。三一歳の普請の時は、建築期間の詳しい指定があり、文治がそれを一日たりともはずすことはできない、と考えていたように思われる点が特徴的である。民俗信仰と習合した日柄方位信仰ならば、人間の側の都合にあわせて日をくりのべ、山伏に依頼して不安な状況への呪術的対処をすることも可能であろう。しかし、精妙な理論体系にもとづき、精霊の意志のような曖昧な要素の介在する余地が残されていない日柄指定であるとすれば、これに背くことは容易ではあるまい。小野に全幅の信頼をよせる文治が、小野の指定する禁忌に過剰に敏感にならざるをえなかったのはこのためであろう。

文治の日柄方位との関わりが頂点に達するのは、嘉永三年（一八五〇）、三七歳の母屋の改築の時である。この一生に一度の普請の話は前年の大晦日に突然もちあがった。家を買わないかという話がもちこまれたのである。文治はさっそく、庄屋になっていた小野四右衛門に方位をたずねて「よし」との答を得た。ところが一月四日、四右衛門が井手の陣屋に年始のあいさつに行くのに同道した時、陣屋に詰めていた父の光右衛門にあらためて方位をたずねたところ、まったくちがう答がかえってきた。「当年は戊年、三十七才年まわり、普請はならん」というのである。すでに家を買ってしまっていた文治は「なにとかお繰合せ願いあげ」、あらためて調べ直してもらった。「そんなら」と出された答は、三月一四日辰巳の方角に「小屋がけいたしてわたまし（仮移転）」、八月三日に下家取り、四日に地ならし、六日に棟上げ、二八日に新住居に移転せよ、というものであった。「小屋がけいたしてわたまし」というのは、家を建てかえる間に住むはずの小屋を、凶を避けるための忌みのための小屋としても使うものであろう[23]。

これらの指示も、光右衛門の日柄方位指定が独自のものであったことをうかがわせるものである。まず、最初の「年まわり」だからやめよという指示だが、それが、生まれ年の十二支にあたる年だから、という意味であるとすれば、文治も四右衛門もそのことは百も承知だったはずである。しかし、だから普請をやめるべきだという考えは、彼らには思いうかばなかった。光右衛門独自の意味づけがあるのであろう。また、調べ直した後の指示も常識をはるかにこえている。第一に、仮移転の期間が異常に長いことである。不自由な仮小屋での寝起きを五カ月も続けねばならず、また買い取った家を半年以上も放置しておくことになる。第二に、小屋がけの方角が金神などが遊行している方角だったことである。いっぱんの暦注によれば、庚《かのえ》のこの年、辰の方角に歳破・豹尾・金神が、巳の方には金神がめぐりとどまっているはずであった。ふつうならば、あえて金神のいる方角へ小屋がけすることはなかったのではあるまいか。四二歳の大患の時、石鎚先達の古川治郎が神がかってとがめたのは、このことだったと思われる。このように常人の理解をこえた光右衛門の指示は、文治を困惑させ、不安におとしいれずにはいなかったであろう。そのようなことは光右衛門の関知するところではなかったかもしれない。もともと小野の日柄方位説は、たずねるものの気持などというような曖昧な要素を考慮に入れる余地を残していなかった。民俗信仰的な日柄方位信仰と金神慰撫の呪術祈禱が不安を和らげる機能をもっていたとすれば、小野の理論的な日柄方位指定は禁忌意識を肥大化させ、従う者を不安におとしいれる可能性をもっていたといえよう。

文治は小野の指示に忠実に従い、嗣子である九歳の慎右衛門とともに仮小屋に移り住んだ。ところが、文治の不安は適中してしまった。仮移転の期間中に慎右衛門が病みつき、数日にして死んでしまったのである。さらに二人の子供が疱瘡となり、一頭の飼牛が死ぬという事件が続いた。これらの事件は文治の心を震撼させたにちがいない。細心をきわめて指示に従ったのに、なぜこうした不幸をこうむらねばならなかったのだろうか、という問いに文治は苦しんだであろう。文治の周囲でもこの問題はしばしば話題にのぼったにちがいない。さしあたり、文治には二つの思いあたるふしがあったと思われる。一つは、年まわりが悪いのに無理をして普請にとりかかった、ということである。もう一つは、小屋がけの方角が金神などのとどまっている方角だった、ということである。しかし、小野の日柄方位指定はこれらのことを考慮に入れた上、行われていたはずだった。小野の立場からすれば、年まわりが悪いのにあえて建てたのがしょせん無理だったのであり、不幸は甘受するほかないということになるのであろう。文治の気持がそうした説明に納得できなかったであろうことはいうまでもない。金神のことがしきりに思いうかべられたであろう。文治は小野の世界をこえて、不幸の理由の説明をもとめずにはいなかったと思われる。(24)

いよいよ普請にとりかかるという八月三日、文治は金神に次のような「お断り」をした。

「方角はみてもらい、何月何日で仕り候。小家《こいえ》、大家《おおいえ》にいたし、三方へ広め仕り、どの方へご無礼仕るとも、凡夫相わからず。普請成就仕り、早々おみたな仕り、お祓・心経五十巻ずつおあげまする……」。(25)

この金神への祈りは、文治と日柄方位の関わりの歴史の上で重要な転換点だったと思われる。「凡夫相わからず」と超自然的存在に向かって頭を下げるという行為は、理論的な知識にもとづく日柄方位指定に全幅の信頼をおくという姿勢からはでてこないからである。もちろん、小野の日柄方位説を否定することは、文治にはできなかったであろう。しかし、少なくとも普請の日柄方位に関して、小野光右衛門以上に親しく語り合わねばならない相手がいることが、はっきり認められたのである。それは、小野の日柄方位の世界の限界をこえ、神々や精霊の意志と関わりあう民俗信仰の世界へ大きな一歩を踏み出すことを意味した。工事落成後、文治は祈請のとおり神棚をつくり、大工に「金神様には、なにをそなえたらよいか」とたずね、「甑《こしき》の物」（蒸物の意、餅・赤飯の類）をそなえたという。今や天文暦学の権威でなく、一人の大工の指示が必要だったのである。(26)

4　二つの脱呪術化

赤沢文治はその前半生を通じて、一貫して民俗信仰的な日柄方位信仰に浸りこんでいたわけではなかった。文治と日柄方位との関わりは、日柄方位にさして関心をよせたとは思えぬ二三歳まで、小野光右衛門の日柄方位指定に忠実に従おうとした三七歳半ばまで、民俗信仰的な金神信仰への傾きを見せるようになった三七歳半ば以降、と変化していった。しかもその過程は、終始脱呪術化の方向へ向いていたわけではない。小野の日柄方位指定に従うことは、ある意味では脱呪術化の道をたどることだった。逆に民俗信仰的な金神信仰へ傾くことは、アニミズム的信仰の復興を意味している。こののち文治は、アニミズム的色彩の濃い民俗宗教の世界に次第に心をよせ、その内側から民俗信仰的アニミズムを〈それと習合した日柄方位信仰とともに〉克服していくであろう。アニミズムの内在的克服はアニミズムの復興を通してのみ可能だったのである。

したがって赤沢文治は、その生涯に二つの脱呪術化を経験したことになる。第一の脱呪術化は主として日柄方位信仰に関わるもので、小野光右衛門の日柄方位説にその特徴を見出しうるものである。すなわち、情報の体系化によって不確実で曖昧な要素を排除し、外部への支配力を高めていくことによる脱呪術化である。これを〈情報体系化による脱呪術化〉とよぶことにしよう。文治の場合、小野の日柄方位指定に忠実に従い、自己のアニミズム的な感受性と思考様式を抑圧し、排除しようとすることが、この意味での脱呪術化を経験することであった。しかし、それはしばしば文治の心の自由を奪い、彼を不安と動揺におとしいれるものであった。第二の脱呪術化は、アニミズム的世界観の復興と表裏をなして進行する内在的な脱呪術化である。それは三七歳ごろから明確な形をとりだし、教祖の一生を通して続けられ、さらにのちの教団において継続される過程である。この過程の具体的な内容については本章ではふれえなかったが、その要点は、不安と疑いという人格の危機に耐え、世界と人間への信頼を保ちうる自我を育てていくことにあると思われる。[27]その意味でこの過程は、〈危機克服による脱呪術化〉とよぶことができよう。二つの脱呪術化の関係についていえば、第一の〈情報体系化による脱呪術化〉の限界にぶつかりそれを相対化していくことが、第二の〈危機克服による脱呪術化〉の端初となったのであった。

小野光右衛門に代表される幕末の〈情報体系化による脱呪術化〉の志向は、やがて明治維新後の文明開化の志向にうけつがれていくであろう。文明開化は多くの知識や技術と同時に、新しい禁忌体系を人々に課した。[28]禁忌の増幅によって人々の心の自由を奪うのは、文明化にともなう不可避の一面であるのかもしれない[29]。小野の日柄方位説そのものは明治以後の文明化の担い手たちから忘れ去られたが、その禁忌体系としての性格は、文明開化によって育てられた新たな禁忌体系のそれと質を同じくするものであったと思われる。壮年期の文治は、時代に先んじてこれにぶつかり、それをこえる道をさぐりあてたのである。

最近の金光教学の成果は、明治維新後の赤沢文治が文明開化の動きにきびしい批判の眼を向けたことを明らかにした[30]。その内容をここで紹介する余裕はない。ただ、福嶋義次の的確な問いかけのみをとりあげたいと思う。

「『合理性』あるいは『開明性』が金光大神の信仰の基本性格をなすものの一つだとしたら、これまで見てきたような文明開化の世に向ける金光大神の鋭い眼指しをどう解けばいいのだろうか[31]」。

本章で私が示したかったのは、合理性・開明性の獲得と文明開化批判が表裏をなしているような過程として脱呪術化をとらえる視点であった。

【注】

(1)　私は脱呪術化という用語を、アニミズムの克服という意味に限定して用いたい。この用語を用いるのは、M・ウェーバー以来、宗教における合理化の主要な局面を示すものとして、この用語（Entzauberung〔「呪術からの解放」とも訳される〕）が人口に膾炙しているからであるが、その意味をアニミズムの克服というところに限定するのは、呪術という概念は人間の諸行動とあまりに広汎な関連をもち、輪郭を定めるのが困難であるのに対して、アニミズムという概念は特定の信仰形態をさしており、宗教の歴史的変化という一定の現象を分析する上で有効な概念だと思うからである。ここでアニミズムとよぶのは、人間の身近に存在し、もっぱら情緒的・非合理的な行動を見せる超自然的存在の多元的・反復的な作用に対する信仰のことである。

(2)　新たな信仰形態の内容、およびそれとアニミズム的な宗教意識との関係については、拙稿「生神思想論——新宗教による民俗〈宗教〉の止揚について」（宗教社会学研究会編『現代宗教への視角』雄山閣、一九七八年）（本書第III部第1章）、対馬路人・西山茂・島薗進・白水寛子「新宗教における生命主義的救済観」（『思想』六六五、一九七九年一一月）参照。

(3)　土着主義的運動（nativistic movement）、再生主義的運動（revitalization movement）の概念については、藤井正雄「運動としての宗教――新しい宗教のめばえ」（井門富二夫編『講座宗教学第三巻　秩序への挑戦』東京大学出版会、一九七八年）に簡単な紹介がある。
(4)　村上重良・安丸良夫校注『民衆宗教の思想』（日本思想大系67）岩波書店、一九七一年、村上「解説――金光大神と金光教」六三三頁。
(5)　村上重良『近代民衆宗教史の研究』〔第二版〕法藏館、一九六三年、一八〇頁。
(6)　同、一七五頁。
(7)　村上、前掲注（4）、六三二頁。
(8)　金光教本部編『金光教大要』金光教本部、一九三三年、三〇―三一頁。
(9)　金光教本部教庁編『概説金光教』金光教本部教庁、一九七二年、七―八頁。
(10)　私は先に、救済の教えと村落共同体をこえた組織の萌芽を含む「民俗宗教」（民俗〈宗教〉と断片的な習俗的信仰をさす「民間信仰」という二つの用語を区別して用いることを提案した（拙稿、前掲注（2））。本稿では、この両者をあわせたより包括的な概念として「民俗信仰」という用語を用いたい。民俗信仰のもっとも重要な要素の一つがアニミズムである。それは民間信仰の根幹をなす一方、民俗宗教において救済の教えの萌芽的形態と共存している。
(11)　金光教学の業績の主たるものは（『金光教学』第一号―第一九号、一九五八―七九年）に収録されている。四二歳の大患体験に対する解釈の変遷を中心に、金光教学における教祖研究の歴史をたどったものに、拙稿「金光教学と人間教祖論――金光教の発生序説」（『筑波大学哲学思想学系論集』四、一九七九年）（本書第III部第2章）がある。
(12)　以下、金光教教祖伝の一部に検討を加えることになるが、その際、基本的な史実については、綿密な調査研究をふまえた金光教本部教庁編『金光大神』（金光教本部教庁、一九五三年）に依拠したいと思う。教祖伝に関する記述はとくに注記しないかぎり『金光大神』によるものである。
(13)　以下、日柄方位信仰の大よそについては、飯島忠夫『天文暦法と陰陽五行説』（恒星社、一九三九年）、『金光大神』（前掲注（12））、渡辺敏夫『日本の暦』（雄山閣、一九七六年）のほか諸辞事典類によった。
(14)　山伏と日柄方位信仰の関係については、宮家準『修験道儀礼の研究』（春秋社、一九七一年）参照。宮家は修験道における日と方位の吉凶が、陰陽五行理論そのものより神々や精霊への信仰により深く関わっていることに注目している（二七〇―二七三頁）。
(15)　民俗信仰における金神（とくに幕末の岡山県地方のそれ）については、大藤時彦「金神」（『世界大百科事典』平凡社、一九五六年）、佐藤米司「岡山県下の金神信仰について」（金光図書館『土』九〇、一九六八年三月）、宮家準、前掲注（14）、真鍋司郎「民衆救済の論理――金神信仰の系譜とその深化」（『金光教学』一三、一九七三年）、高橋行地郎「文治大明神誕生過程の考察――金神の悪神性との関係を視点にして」（同）、参照。とくに、上原祈禱については、瀬戸美喜雄「教祖四十二歳の大患の事蹟について――金神・神々と教祖との関わり」（『金光教学』一〇、一九七〇年）一五頁参照。
(16)　小野光右衛門の生涯については、小野四右衛門「小野啓鑒翁行状」（金光教本部教庁編『金光大神別冊』金光教本部教庁、一九五五年、

三一―三五頁）、山縣二雄「近世備中の天文暦数学者小野光右衛門の事蹟」（金光図書館『土』六六、一九六〇年一二月）など参照。
(17)　青木茂「小野家の家相方位学説」（『金光教学』一、一九五八年）。
(18)　『下元乙巳歳吉凶方』「自序」の内容を理解するのに必要な中国伝来の暦法と日本の暦に関する知識については、飯島忠夫、前掲注(13)、渡辺敏夫、前掲注（13）によった。
(19)　前掲注（17）、五五頁。
(20)　金光真整「教祖と神の関係についての一考察（一）」（『金光教学』二、一九五九年）は、家督をついだ文治は結婚の時、すでに日柄方位に自覚的に関わっていたのではないか、と推測している（四九頁）。しかし、日柄方位の内容に特異な点はないこと、婚姻の万端に気を配ったのは、本家筋の仲人、大橋新右衛門や岳父、古川八百蔵であったとみられることなどからこの説はとりがたい。
(21)　以下、二四歳から三七歳までの日柄方位指定の内容については、金光教本部教庁編『金光大神覚』（金光教本部教庁、一九七二年、八―一三頁）から直接引くことにする。
(22)　瀬戸、前掲注（15）、九―一〇頁。
(23)　「当時は、仮移転などは単に形式的にすることですます方が、むしろ常識的であり、既成事実ですらあった」（高橋行地郎「三十七歳の教祖――その苦しみのとき」『金光教学』九、一九六九年、五七頁）といわれていることからも、仮移転が儀礼的・禁忌的意味をもっていたことが推測される。
(24)　文治の脳裏には、金神との関わりから次第に文治の一生の幸不幸、赤沢家のこれまでの運不運の総体がうかんできたと思われる。それは、さしあたりの迷いの対象であった嘉永三年（一八五〇）の普請の際の日柄方位の問題を相対化するに充分なものであったろう。そうした過程で文治が不幸の理由の説明をどこに求めるようになったかの考察は別の機会にゆずりたい。
(25)　『金光大神覚』（前掲注（21））一七―一八頁。
(26)　小野の日柄方位の世界の限界をこえるということは、小野からうけてきた精神的影響の全体から自由になることと密接なつながりがある。さらにそれは、小野との関係が重要な位置をしめていたそれまでの文治の社会生活の変化と関係があろう。
(27)　この過程については、拙稿「神がかりから救けまで――天理教の発生序説」（『駒沢大学仏教学部論集』八、一九七七年）、同「疑いと信仰の間――中山みきの救けの信仰の起源」（『筑波大学哲学思想学系論集』昭和五二年度、一九七八年）、同、前掲注（2）、参照。
(28)　高取正男『民俗のこころ』朝日新聞社、一九七二年、参照。
(29)　ノルベルト・エリアス（赤井慧爾ほか訳）『文明化の過程』（全二巻、法政大学出版局、一九七七―一九七八年）、高取正男『神道の成立』（平凡社、一九七九年）、参照。
(30)　たとえば、(a)福嶋義次「金光大神論――退避と休息の軌跡」（丸山照雄編『変革期の宗教』伝統と現代社、一九七二年）、(b)同「維新期における金光大神の視座」（『金光教学』一二、一九七二年）、(c)瀬戸美喜雄「一民衆宗教者の思想の軌跡」（笠原一男還暦記念会編『日本宗教史論集』（下）吉川弘文館、一九七六年）、(d)同「神の怒りと負け手――明治六年十月十日の神伝をめぐって」（『金光教学』一七、一九七七年)、参照。

(31) 福嶋、前掲注(30)(b)、四七頁。

第5章　民俗宗教の構造的変動と新宗教

赤沢文治と石鎚講

幕末維新期の新宗教（民衆宗教）がいかにして生まれたかを理解するための一手順として、発生の宗教的基盤となった民俗宗教との関係を明らかにするという課題がある。その主たる内容は、教祖が宗教的自覚を確立するまでに、民俗宗教とどのような関わりをもったかを知ることである。本章は、金光教祖赤沢文治（一八一四―八三）を素材に、この課題の一端を追求する。すなわち、文治の宗教的自覚の第一歩となった石鎚講との出会いの経験の意味を問うものである。この場合民俗宗教（民俗信仰・民間信仰と紛らわしいので、習合宗教 syncretistic cult とでもよんだ方が適当かもしれないが仮にこうよんでおく）とは、民間信仰的な基盤を濃厚に保持しながら、救済宗教の持続的な影響によって、救済宗教的な教義・活動・組織のある程度の浸透が見られる信仰体系で、宗教センター―民間宗教家―小地域の同信者集団の三項のゆるやかなつながりからなるものを指している[1]。日本の民俗宗教の中心は、修験道に代表されるような山岳宗教の神仏習合的な信仰体系であった。江戸時代の後期には伝統的な民俗宗教の主導権がうすれ、新しい形の民俗宗教が力をましてくる。石鎚講もそうした新しい大衆的民俗宗教の動きの一つである。赤沢文治の石鎚講との関わりを明らかにすることは、こうした江戸後期の民俗宗教の構造的変動に広く光をあてることにもなるであろう。

1　大患以前における民俗宗教との関わり

赤沢文治が石鎚講の信仰と出会い強い感動を受けたのは。安政二年（一八五五、四二歳）の大患（のどけ）の病床でのことである。本節では、この出会い以前に文治が民俗宗教とどのような関わりをもっていたかを、主として『金光大神覚』（文治の自伝、以下『覚』と略す）に拠りつつ明らかにしたい。[2]

まず、民俗宗教の主要な宗教行動の一つである有名社寺への参詣について見てみよう。『覚』によれば、文治は一七歳のとき伊勢神宮に参っている。これは別の資料によって、文治がなにくれとなく指導を受けていた庄屋の小野光右衛門の息子四右衛門ら一〇人（うち五人は抜参り）とともに、七月一五日から八月中旬にかけて、大峰を経ての参宮であったことが確認されている。[3] この年（文政一三・天保一、一八三〇）は、三月に阿波から始まったおかげ参りが八月末まで続き、西日本を中心に五〇〇万人もの人が参宮したといわれる。[4] 文治らの参詣もこのおかげ参りであり、大峰を経たとはいっても山伏に導かれたわけではなく、『覚』の記述が示すとおり、主要な目的は大峰登拝ではなく伊勢参宮にあったと考えられる。

三三歳の厄年には「四国まいり」に出かけている。村人四人と同道で、遍路がもっとも盛んな季節である二月二二日から三月二六日まで三四日間の旅であった。「厄ばね」の宴をはるかわりに出かけたとか養父の遍路にならおうとしたとかいった動機があったこと、遍路の途次で弘法大師の霊験を感じるような体験がいくつかあったことなどが明らかにされている。[5] また、四二歳の厄年を迎えた正月には、厄ばれ祈願のために鞆の津祇園宮、吉備津宮、西大寺観音に詣で、とくに吉備津宮の釜占いには強い印象を受けている。これらはいずれも現世利益を求めた祈願行動であるが、祇園宮の場合を除いて、民間宗教家の導きを受けたり、持続的な宗教的講の活動と結びついて行なわれた形跡はない。

次に、民間宗教家との接触や宗教的講の活動への参加を示す記録を拾いあげてみよう。文治は養父からひきついで、村に訪れる伊勢御師（太夫）の荷物送りや札配りの手伝いをする役を勤めていたという。[6] ただし、御師との間にどの程度の宗教的交流があり、また村人の側にどの程度の講活動があったかはわからない。また、三五歳と三七歳のとき長女と次男が急病で重態になると共同祈願を行なったようすがうかがわれるが、こうした祈願がどういった宗教的内容をもっていたのか、民間宗教家によって導かれたものであったかどうか不明である。次男の死に続いて他の子供たちが疱瘡にかかった際は、疫病に対する守護神である祇園宮の祭祀（しめ上げ、しめ下ろし）のために、近村の神職神田《こうだ》筑前が招かれている。もっとも神田家は古くから吉田家の許状を受け、五軒の下社家をかかえていた神主であり、民間宗教家というよりは、吉田神道教団の祭司としての性格が強いかもしれない。[7] また、この祇園宮祭祀は村組を単位として行なわれる祇園講と結びついており、村人は時折、鞆の津の祇園宮に集団参詣していたようである。[8]

『覚』といくつかの関連資料（村方文書など）からうかがわれるところでは、大患以前の文治と民俗宗教との関わりは、ほぼ以上のようなものである。ここで注目されるのは、この地方で大きな影響力をもっていた山伏との交流が、ほとんど記録に残っていないことである。

文治が生涯を送った備中浅口郡のあたりは、本山派修験の有力集団である児島五流の本拠地に近く、教派修験道の影響力がきわめて強い地域である。[9] 赤沢家があった大谷の近辺、現在の金光町・鴨方町の地域にも、小坂東や松井谷を中心に、少なくとも二一の山伏寺が存在したことが報告されている。これらの山伏寺のなかには庄屋をつとめたものもあり、また寺小屋を営むものもいくつかあったといい、地域に深く根を下ろしていたことが察せられる。祇園宮の祭祀や日柄方位の鑑定、あるいは金神の祭祀にあたっては、これら山伏の指示に従うのが大多数の農民のやり方だったはずである。ところが文治の場合は、祇園宮の祭祀は神職の神田家、日柄方位の鑑定は庄屋の小野光右衛門父子、金神の祭祀にあたっては大工の導きに従っているのである。[10]

このことは、文治が庄屋の小野光右衛門（一七八五―一八五八）に強い精神的影響を受けていたことと関わりがあろう。小野は暦学・和算・測量に秀で、またすぐれた行政手腕を発揮した在村知識人であったが、宗教についてもかなりはっきりした考えをもっていたようである。[11] すなわち「皇国正統の道」を宣揚し、「淫祀妖妄」をしりぞけ、晩年はともかく若い頃は「正祀名仏」といえども信じなかった、という。おそらく小野は、神仏習合と多彩な呪術祈禱を特徴とする山伏の宗教に、強い懐疑の念をいだいていたのであろう。そのことは、小野が専門的体系的な学問的知識を誇っていた日柄方位の問題においてはっきり見てとれる。小野は民俗宗教的な呪術祈禱と結びつく通俗的な日柄方位説をきびしく否定し、学問的知識に裏づけられた独自の日柄方位を主張していたのである。

文治が読み書きの手ほどきを受け、のちに生活の節目節目に日柄方位の指示を仰いだのは、山伏ではなくこの小野光右衛門（および息子の四右衛門）だった。のみならず、文治は青年期を通じて村仕事などの際、小野の指示と指導に従っており、小野の死後も深い敬愛の念をいだいていたという。[12] 前半生の文治が山伏の民俗宗教的活動とほとんど関わりをもたず、むしろ神道的な信仰にふれる機会が多かったように思われるのは、この光右衛門の思想の影響によるところが少なくないであろう。

以上のことから、大患以前の文治と民俗宗教の関わりは、次のようにまとめられよう。民俗宗教との関わりはある程度あったが、あまり深いものではなかった。とくに神仏習合的な要素の濃い民俗宗教、すなわち山伏の呪術祈禱や憑依の世界との関わりはうすかった。しかし、神道的な信仰（伊勢信仰、神職神田筑前による祭祀や祓い、小野光右衛門の日柄方位説や宗教観）や当時流行した大衆的群参（おかげ参り、四国遍路）にはふれる機会がかなりあった。このような文治の信仰状況は、民俗的な金神信仰に近づくようになった三七歳の頃から変化のきざしを見せ始め、四二歳の大患の病床において大きな転回をとげるのである。

2　石鎚講との出会い

文治の石鎚講との出会いとは、四二歳のとき（安政二年、一八五五）、自らの大患の平癒のために、石鎚講の先達古川治郎（五郎右衛門）（一八二七―六八）を招いて行なった巫儀での体験を指している。古川治郎は赤沢家と同族の古川家の次男で、文治の妻の弟でもあった。分家して一家を構えていたが、その耕地は狭く、農夫としての生活は順調ではなかったようである。[13] そうした境遇にも促されてか、若い頃から石鎚講に加わるようになり、早くも先達の資格を得るまでに至っていたのであろう。それは神仏習合的な民俗宗教（のちにのべるように伝統的な教派修験道とはいく分性格を異にするが、広い意味での修験＝山伏の宗教に数え入れることはできよう）の呪術祈禱や憑依の世界へのかなりの深入りを示すものである。こうした民俗宗教の熱心な信仰者（民間宗教家とよんでもよいであろう）を招いて巫儀の場を設定するということ自体が、すでに文治のなかで民俗宗教に対する態度の変更が進められていたことを物語っている。すなわち文治は、小野光右衛門的な山伏批判の立場から離れ、民俗宗教の呪術祈禱や憑依の世界の意義をすでに認めるようになっていたのである。

こうした態度の変更は、もちろん突然にもたらされたわけではない。次男と飼い牛を失い、他の子供たちが疱瘡を病んだ三七歳の普請の際、金神に詫びを告げ、新たに金神の神棚を設けたとき、すでに神霊と親しく交わる呪術祈禱の世界への第一歩が踏み出されていた。[14] 四二歳の厄年を迎えた正月にあちこちの神仏に祈願を重ね、とりわけ吉備津宮での釜占いの結果に強く心を動かされたのもこの歩みの延長線上の出来事である。この間《かん》の孤独な迷いや疑い[15]のなかで、おそらく治郎の熱心な石鎚信仰にも心ひかれるものがあったであろう。

悩みや信仰のことで文治が治郎と言葉をかわしたのは、この巫儀が初めてだったのではない。巫儀の場面での治郎の神がかりの言葉を見ると、治郎は文治の悩みや信仰について、少なくとも、(1)三七歳のときの普請の方角について不安を感じていたこと、(2)正月に氏神に「厄負けいたさずように御願い申しあげ」と祈ったこと、(3)吉備津宮の釜占いで二度のおどうじ（釜が音を出すことで、幸運の予兆とされる）があったのを「もの案じ」しながら帰ってきたこと、を知っていたことがわかる（第3節参照）。これらのことを治郎は文治（または文治の妻のとせ）と、折にふれて語りあっていたのであろう。ことによると、この年正月の諸社寺へのお参りなども、治郎の指示に従ってなされたのかもしれない。

いずれにしろ、文治は治郎を通じて石鎚信仰の価値をある程度認識していたであろう。

巫儀を通じて文治は、そうした治郎の信仰への共感を確認し、決定的なものにするのである。巫儀の場面についての『覚』の記述の前半において、すでにこの態度決定がなされた様子が、鮮明に描写されている。

「①親類寄って、神々、石鎚様祈念願い申しあげ。新家《しんや》治郎子《ね》の年へおさがりあり。②『普請わたまし〔仮移転〕につき、豹尾《ひょうび》・金神へ無礼いたし』、お知らせ。③妻の父が、『当家において金神様おさわりはない』と申し、『方角をみて建てた』と申し。④『そんなら、方角みて建てたら、この家は滅亡になりても、亭主は死んでも大事ないか』、と仰せられ。⑤私びっくり仕り、なんたこと（なんということ）言われるじゃろうかも思い。私がもの言われだし、ねざにてお断り申しあげ。⑥『只今氏子の申したは、なんにも知らず申し。私戊《いぬ》の年、年まわりわるし、ならんところを方角みてもらい、何日何日と申して建てましたから、狭い家を大家《おおいえ》に仕り、どの方角へご無礼仕り候、凡夫で相わからず。方角みてすんだとは私は思いません。以後無礼のところ、お断り申しあげ』。⑦『戊の年はえい。よし。ここへはいはいも出て来い』と」[16]（（　）内は原注、〔　〕内、○内の番号、『　』の符号は引用者の挿入、以下同様）。

ここで話題とされているのは、文治の次男が死ぬなどの不幸がおこった三七歳の普請の際の日柄方位の適切性である。文治は小野光右衛門の日柄方位鑑定に従って普請を行なったのだが、山伏の呪術祈禱や憑依信仰と結びついた日柄方位観からすると、それは豹尾（八将神の一）と金神のとどまる方向を侵す誤ったやり方であった[17]。神がかった治郎は、まずこのことをとがめる（②）。これに対し「妻の父」すなわち治郎の父でもある古川八百蔵は小野の指示に従った普請が金神の怒りをかうはずはないとして、治郎（の神＝石鎚権現）の主張を躊躇なくしりぞける（③）。一方文治は、小野の指示の適切性をはっきり否定するわけではないが、治郎の主張をより強く肯定し、普請のやり方に非があったかもしれないことを認める（⑥）。これが治郎（の神）の賞讃を受けるのである（⑦）。

ここで八百蔵と文治は、普請のやり方の適切性について異なる見方をとっていると同時に、治郎の神がかりの真正性についても対立する立場に立っている。神がかった治郎に対する八百蔵の反駁（③）は、治郎の語る言葉が万事を見通す神の言葉であることをまっこうから否定するものである。庄屋小野光右衛門の手足となる村の役職を長年勤めていたことなどから考えると[18]、八百蔵も小野の精神的影響を強く受けており、山伏の宗教に懐疑的なまなざしを向けていたのであろう。また、息子が家業を軽んじて石鎚信仰に熱中することも、堅気な八百蔵の気に染まぬことだったかもしれない。八百蔵にとって治郎の神は、怪しげな憑霊と大差ないものだったと推測されるのである。これに対し、文治は治郎の神がかりの言葉が真正な神の言葉であることをまったく疑っていない。そして、治郎と八百蔵の立場がきびしく対立しているのを見るや、八百蔵は事情を知らないのだとして八百蔵を弁護する形をとって、実は治郎の立場を支持し、治郎（の神）を苦境から救うのである。この文治のとりなしによって、巫儀はその後治郎の導くままに滞りなく進んでいくことになるわけである。

したがってここでは、文治の山伏的な呪術祈禱的民俗宗教への転回が二重の意味で確認されている。すなわち、(1)日柄方位鑑定の内容について、(2)治郎の神がかりの真正性についてである。この転回は、神と親しくふれあい、向きあうことができた感動に伴われることによって、一つの宗教的体験として心に刻印される。神に語りかけようとして、これまでふさがれていたのどからにわかに声がでるようになったこと（⑤）、神の賞讃と親しい語りかけに応じて神前に進み出ることができたこと（⑦）は、文治の気力の回復によって肉体のすみずみへと徐々に力がみなぎっていくさまを表現している。神とふれあいえた感動によって、神と全身で向きあう姿勢が自然に形づくられていくのである。しかし、この感動をさらに強め、文治の民俗宗教との関わりを決定的なものにしたのは、これに続く文治（の神）の言葉である。

「⑧『今言うた氏子の心得違い。其方は行届き。⑨正月朔日に、氏神広前まいり来て、どのように手を合わせて頼んだら（頼んだか）。氏神はじめ神々は、みなここへ来とるぞ。……「戊の年、当年四十二才、厄年。厄負けいたさずように御願い申しあげ」、と願い。⑩戊の年男は熱病の番てい、熱病では助からんで、のどけに神がまつりかえてやり。信徳をもって神が助けてやる。⑪吉備津宮にっくう（日供）二度のおどうじあり、もの案じいたしてもどろうが（もどったろうが）。病気の知らせいたし。⑫信心せねば厄負けの年。五月朔日験《げん》をやる。⑬金神、神々へ礼に心経百巻今夕にあげ』、とお知らせ。『石鎚へ、妻に、衣装きかえて、七日のごちそう、香、燈明いたし、お広前五穀お供えあげい。⑭日天四〔子〕が、戌の年頭の上を、昼の九つ（正午）には日々《にちにち》舞うて通ってやりょうるぞ（やっておるぞ）。⑮戌の年一代まめで（壮健で）米を食わしてやるぞ』と、うえ〔古川家を指す〕の五郎右衛門口《くち》で言わせなされ。⑯持っとる幣が、五穀の上、へぎ（へぎ板の小さな盆）の上、手をひきつけ、幣に大豆と米とがついて上がり。『盆をうけ、これを、戌の年に、粥にたいて食わせい』と仰せつけられ候」(19)（「　」の符号も引用者の挿入、（　）内は巻末注釈も含む）。

ここで治郎を通して現れている神（＝石鎚権現）の性格には、注目すべき点が少なくない。第一に人間の身近にあり、人間のふるまいをつぶさに見届けている存在として現れていることである。正月に文治があちこちで願ったことがらは、神がはっきり聞き届けており、文治の思いはよく理解されている（⑨、⑩）。また、神は太陽という形をとって、日々、人々の生活を見守っている（⑭）。第二に、人間を救けようとする明確な意志と、救済を実現する強い威力をもつ存在として現れていることである。現在、文治が苦しんでいる病は、本来もっと重いはずなのを、神の善意によって軽減されたものであり、したがってまもなく快癒するであろうこと（⑩、⑫）、今後も神が健康で豊かな生活を保障すること（⑮）がはっきりと語られ、それを裏づけるかのように奇跡が示される（⑯）。第三に、すべての神々に通じる包括的な神性として現れていることである。氏神、吉備津宮、金神、日天子はじめすべての神々はこの場に臨んでおり、治郎の神とまったく等しい善意をもって人間にあい対している（⑥、⑪、⑬、⑭）。それどころか、氏神や吉備津宮の意志を治郎の神が代弁していることに現れているように（⑨、⑩）、これらの神々と次郎の神の間の区画はしばしば取り払われ、融合してしまうのである。

このような神観念の性格は、実は巫儀の形式のなかにすでに準備されていたものである。この石鎚権現の顕現は、巫儀を主宰する先達自らが、関係者一同を前に神の言葉を語りかけるという形で行なわれた。神は特定の対話者の問いかけに促されて限定された内容の応答をするのではなく、自ら状況の全体を把握し、その状況全体に向けて直接にその意志を明らかにするのである。こうした形式をとるとき、神は明確な意志を表明して、集団全体を導く存在として現れる可能性が高いであろう。

このような神観念と巫儀の特徴は、新宗教の発生期のそれを思わせるものであり、伝統的な民俗宗教、とくに教派修験道におけるそれとはかなり性格を異にしている。伝統的な民俗宗教において行なわれる典型的な巫儀は、霊媒（よりまし）または病者にのりうつった神や霊に山伏が問いかけ、必要な答えをひき出す憑祈禱である[20]。そこでの神や霊の発言は、山伏という対話者の問いかけがはめる枠の内で行なわれる。山伏は神や霊の発言を注意深く統御し、状況にふさわしいものに整えていく。巫儀の場面で最終的権威をもっているのは、神や霊自身というより、山伏と山伏が体現している既存の宗教的伝統である。山伏は修行と学習を通じて、神や霊を統御するに足る験力と宗教的伝統を身につけているると信じられるのである。

憑依するのが人間に対して恩恵をもたらしうる存在（神）である場合でも、それは人間に身近な包括的救済神とはなりえない。本来の救済者である仏や菩薩が直接巫儀に顕現することはなく、かわりに部分的な機能を担った神（ときに菩薩とよばれることはあるにしろ）が、限られた現象について、限られた意志を必要とするような形で語るのである。神と人間の間には、一定の手順をふんで習得される技能・知識の体系や堅固な位階制度をもつ組織という救済装置が横たわっており、救済の源泉は、そうした救済装置のなかにある。神の役割は、少なくともたてまえ上は、救済装置の働きを円滑にしたり、守護したりするところにある、と信じられるのである。

伝統的民俗宗教の巫儀や神観のこうした性格と文治が出会った石鎚講のそれとの相違は、民俗宗教の内部での構造的変動を例示するものと見なすことができる。文治がたまたまふれた石鎚講先達による巫儀は、特殊な突発的現象なのではなく、石鎚講の宗教活動の全体的性格を反映するものであろう。ここでは、石鎚講の性格を典型的に示すものとして、石鎚講のもっとも重要な祭典である「お山開き」と組織の特徴を示す先達制度に目を向けてみたい。

お山開きは神仏分離以前は石鎚山別当前神寺の主管下に、ふもとの前神寺、中腹の常住舎（成就社）、頂上弥山を舞台に、六月一日から三日まで行なわれたものであり、その中心は「お上り」と「お下り」の二つの行事である。森正史はこの二つの行事のかつてのありさまを次のように描き出している。

「……お上りは頂上弥山に蔵王権現を奉遷して開帳し、自然の霊域で心ゆくまで加護冥助を直接的に請けられるところにある。旧五月晦日に前神寺から仏像三躰を唐櫃に納めて、信者の奉仕で常住舎に遷し、翌、朔日の朝弥山に奉安する。このとき信者たちは仏像を拝戴しようとして奪い合いをし、熱狂的な信仰世界を現出するのである。……おくだり行事（下山）は、仏像を弥山から本寺に遷す行事で、仏像が山門に到着すると、長い参道に信者たちは土下座して『走り込み』を待つのである。仏像を納めた唐櫃が信者の頭上を通り抜けてゆくと、そのとき信者は一様に合掌念仏を申して奉迎しつつ、随喜の涙を流す」(21)。

祭典が演出する大衆的熱狂が、参加者に石鎚権現の霊現のあらたかさを確信させるさまがうかがわれよう。石鎚講はこうした熱狂的な宗教的昂揚の雰囲気を伴う集団だった。いうまでもなく伝統的な民俗宗教には、こうした熱狂はない。石鎚講の組織の特徴は、長い期間にわたる修練と学習を経た専門的山伏ではなく、半ば俗人である大衆的信仰者が積極的に行動する大衆的な組織である点にある。たとえば、古川治郎は二八歳で先達として巫儀を主宰したのだが、彼は特定の寺院で長期の修行を行なったわけでもなければ、家業である農業を他の家族に委ねることができたわけでもない、まったくの俗人だった。江戸時代の組織形態をそのまま伝えているかどうか定かでないが、現在の石鎚信仰では五年以上登拝したものが先達の資格を得、会符《えふ》を受けることができるといい、先達の資格をもつ者はかなりの数にのぼる。岡山県西部に勢力を張る鴨方の東洋大心浅口教会（石鎚本教所属）では、昭和四五年ごろ一五八一人の先達が登録されており、そのうち鴨方に三一五人、六条院に六三人、金光に八九人がいる(22)（この三地域を合わせたものとほぼ重なりあうと思われる金光町、鴨方町両町のこの年の全人口は二万六六〇三人である）。おそらくこの数は、熱心な信仰者の総数と大差ないものであり、現代の石鎚信仰においては、熱心な俗人信徒がじきに先達すなわち布教者としての資格を与えられるものであることを示しているが、これは江戸時代以来のことであったと推測される。また、先達は村のなかで講を組織し、月々にお山講を催し、常夜灯を建立するなどして生活に密着した宗教活動を行なう。これらの先達が結集し、布教の拠点となる寺院は先達所とよばれる[23]。石鎚の先達は大衆的信徒となる生活様式をもつ寺院の住人というより、大衆的信仰者とともに、講や先達所での活動を通じて宗教的経験を積む俗人の熱心家なのである。これも、宗教家と俗人との距離が大きい伝統的民俗宗教と異質である。

以上のような石鎚講の特徴は、この民俗宗教において、霊的な威力（霊威＝カリスマ[24]）の昂揚が尊ばれ、一般の俗人がそれに参加する道がさまざまに開かれていたことを示している。それは富士講や御岳講、ひいては伊勢群参（おかげ参り、ええじゃないか）や四国遍路にも、いくらか形をかえて見出される共通の性格である。江戸期にはこれら新しい形の大衆的民俗宗教が、宗教運動のような形で、先進地帯を中心に全国に広まっていったと思われる。そして、それは明治前中期の新宗教の急成長に直接つながっていく。上にあげた石鎚講の特徴は、多くの点でそのまま成長期の新宗教の特徴とも重なりあう。お山開きは新宗教の大衆的記念祭に、先達は新宗教の布教者に、先達所は新宗教の教会や支部に対応するものといえよう。大患の病床で文治が出会ったのは伝統的民俗宗教ではなく、このような宗教運動的な性格をもった新しい形の大衆的民俗宗教だったのである。

3　大患以後の信境展開と石鎚講

大患の病床での石鎚講との出会いは、文治が民俗宗教の呪術・祈禱や憑依の世界に身を投じる決定的な転換点となった。文治自身にとって、この出来事が生涯の転換点として重大な意味をもったことは、『覚』の記述の途中で、大きなため息をつくかのように丸印を付し、次のように自己と神との感懐を挿入していることからも察せられよう。

「ここまで書いてから、おのずと悲しゅうに相成り候。『金光大神、其方の悲しいのでなし。神仏《かみほとけ》、天地金乃神、歌人なら、歌なりとも詠むに、神仏には口もなし。嬉しいやら悲しいやら。どうしてこういうことができたじゃろうかと思い、氏子が助かり、神が助かることになり、思うて神仏《しんぶつ》悲しゅうなりたの』(25)」。

文治自身にとってこの出来事の主要な意味は、初めて神と親しく交わることができたということであるが、われわれはそれを、宗教的発生基盤との関わりという観点から、民俗宗教の世界への参入として解釈しているわけである。しかしここで注意が必要なのは、民俗宗教の世界への参入といっても、文治がそのまま石鎚講の熱心な信徒となったわけではないということである。大患ののちも文治は健康がすぐれず、「病気難渋のこと思い、月の朔日十五日二十八日三日、朝の間《ま》かけて一日《じつ》と思いつきて、神様へ御礼申しあげ、神々様ご信仰仕り、願いあげ奉り(26)」、というような信心を続けた。この参詣や祈願がどのような神々へのものであったか定かでないが、近隣の石鎚権現社もそのなかに含まれていたことは、充分考えられるところである(27)。しかしそのほかに、石鎚信仰の宗教行動を思わせる記録、いわんや石鎚講の活動に加わったとか石鎚山に登拝したとかの記録は、まったく見出しえないのである。

その後の数年の文治の信境の展開は、石鎚講においてではなく、金神信仰のシャーマン的職能者への道を歩んでいた実弟の香取繁右衛門《かんとりしげえもん》との接触を通して進められていく。ここでは、繁右衛門の金神信仰についてのこれまでの研究成果を紹介する余裕がないが、必要最少限と思われる範囲で、その宗教活動のあり方を素描しておこう(28)。

繁右衛門の金神信仰は他の金神祈禱者の信仰に触発されたものであり、他にも同様の金神祈禱者が近辺にいく人かいたようであるが、いったんシャーマン的職能者となってのちは、これらの職能者相互が直接ふれあって宗教的交流を行なうということはあまりなかったようである。彼らはうわさを聞いて訪れる参問者たちの私的な悩みに耳を傾け、金神に祈りをささげ、金神が与える予言や指示を彼らに伝えていた。そこでは石鎚講の場合はまだ残っていた、伝統的社寺やその背後の伝統的権威とのつながりが、今一つ取り除かれている。その意味で、霊的な威力（カリスマ）が直接発現する度合いがさらに高められている。しかし一方、この霊的な威力が及ぶ範囲は、主として参問者の私的な悩みの範囲に限定されており、石鎚講におけるように大衆に対する壮大な神の威力の顕現が演出されることはない。こうした宗教活動の形態は、現代の東北地方のゴミソやカミサン、南島地方のユタやカンカカリヤーのそれとよく似ているといってよい。文治はこうした活動形態をもつ金神祈禱者との交流を通じて信仰を深めた末に、自らも同様の活動形態をもつシャーマン的職能者の一人となるに至るのである。

大患以後の文治が、こうしたシャーマン的職能者の信仰にあらためて出会うことによって初めて信境を展開させることができ、石鎚講に深く関わることがなかったのはなぜだろうか。第一に、大患の際の巫儀において治郎が語った石鎚権現の言葉は、文治の宗教的悩みのすべてに充分な答えを与えるものではなかった、という理由が考えられよう。治郎の（神の）言葉は、そのとき文治が苦しんでいたのどけの病と三七歳のときの苦難については一定の説明を与えていたが、文治が思い悩んでいたのは、赤沢家とそこでの文治自身の運命の全体であった。それについて文治はすでに孤独な思考を積み重ねており、それは文治以外の人々が容易に推測を加えることができないような、きわめて私的な観念領域に関わるものであった(29)。神がかった金神祈禱者との対話は、そうした私的な観念に明確な形を与えるための場をつくり出すのであるが、同様の機能を果たしうるような宗教活動の形態が石鎚講には存在しなかったと思われる。第二に、文治のそれまでの精神的経歴からして、石鎚講の集団的な宗教活動に身を投じるにはある種の抵抗が感じられただろう、という理由があげられる。文治はすでに四二歳であり、小野光右衛門らの影響を受けながら、すでに一つの生活様式を確立してしまっていた。熱狂的な雰囲気をもつ石鎚講に身を投じることは、そうした生活様式に急激な変更を迫るであろう。生来慎重で穏健な上に、通俗道徳的な自己規律をかなり身につけていたと思われる(30)文治が、そういう歩み方を好まなかったであろうことは、容易に想像がつく。文治が宗教的歩みを進めるためには、ある種の個人主義を許容するような宗教活動の形態が必要だったのである。以上二つの理由は相互に結びついており、一言でいえば、文治の宗教性が宗教的孤独という形ですでに育てられており、それをさらに深めていかざるをえないところまで来ていた、ということである。

したがって比喩的にいえば、石鎚講は文治を民俗宗教の呪術祈禱と憑依の世界にひきいれるという役割を果たしたのち、バトンをシャーマン的職能者の金神信仰にわたして、じきに身をひいてしまったということになろう。その意味で石鎚講の果たした役割は、一時的過渡的なものであった。しかしそのことは、石鎚講との出会いの経験がその後の文治の信境展開に、持続的な影響を及ぼさなかったということを意味しない。治郎の神の記憶は文治の心のなかで強く生き続け、のちの金光教信仰に受けつがれていくのである。

このことは、文治の日天四（子）信仰に関する岩本徳雄の研究によって明らかにされている[31]。岩本によれば、石鎚講の巫儀で出会った日天四に対する信仰が、その後の文治の信仰のなかで大きな位置をしめているという。このことを示すために岩本があげている事がらは、次のように要約されよう。

（1）　文治は熱心に日拝を実修していた——ある伝承によれば、文治は安政五年（一八五八）の土用三〇日間、一日中日輪を拝するという行を行なった。また、このような長時間の日拝は別として、朝昼夕三度の日拝は継続的に行なわれていた。

（2）　日天四の縁日が定められていた——毎月九、一〇日が金光様（金光大神＝文治）、二一、二二日が金神様、二三、二四日が日月様の縁日であるとした資料、また二四日が日天四の縁日であるとした資料がある。

（3）　日天四がお知らせ（神示）の主体となる場合が少なくなかった——文治が初めて神の言葉を自ら伝えるようになった安政五年ごろ、神の意志とくに天候に関する神の意志は、日天四の意志として感得されていたらしい。また、日天四の縁日である二四日は、月の始めである一日、金光大神の縁日である一〇日についで『覚』の記述内容が多く、とくに重要な内容のお知らせが多く下されている。

（4）　人間の魂は死後「日の許《もと》」へ帰ると考えられた——肉体は土に帰り、魂は「日の許」または天に帰るとした言葉が残されている。また、文治（＝金光大神）は死後、太陽として人々の前に現れる、と語ったという伝承もある。（５）主神は日天四・月天四・金乃神という三神の総合神として表象されていた──長期にわたって主神の正式の呼称は、「日天四月天四鬼門金乃神」であった。また「三神天地神」とか「三宝様」「三宝神」という言い方もされた。のちに定着する「天地金乃神」という呼称も、天神＝日天四・月天四と地神＝金乃神の総合神としての性格をとどめている。

岩本の研究によって、文治が金神祈禱者に関わりながらも、石鎚講との出会いの経験で強い印象を受けた日天四（子）への信仰を続けていたことが、ほぼ余すところなく示された。しかし、この日天四（子）信仰の民俗宗教的な源泉（基盤）がどこにあったかという点については、若干の補足が必要である。岩本は文治が大患の際に出会った日天四（子）信仰は、教派修験道のなかの日天子信仰に由来するものと考え、教派修験道の教義書における日天子解釈を紹介している。確かに治郎の日天子信仰は、修験道的な世界観のなかで育てられたものであったし、文治の日天四信仰も日拝の例に明らかなように、修験道から多くをひきついでいる。日天四が憑依の神として祈禱者とひんぱんにふれあうということ自体、修験道的な呪術祈禱や憑依の世界を前提にせずには生じえないであろう。

しかし、治郎と文治の日天子（四）信仰に、伝統的な教派修験道とは異なる要素が流れこんでいるのも確かなように思われる。すなわち伊勢信仰の影響である。[32] 日神崇拝あるいは日月神崇拝は、何よりも天照大神あるいは天照大神・豊受大神（国常立尊）への信仰と結びついて民衆に広められたものである。内宮外宮の二神を日神月神とし、また金胎両部に比するなどして一対のものとしてとらえ、万物を生む根源神であると同時に救済神であるものとして崇拝を促すのは、神道五部書以来の伊勢神道の基本的な教えの一つであり、民衆的伊勢信仰にも深く浸透していたと思われる。こうした神祇優位の救済観は、伝統的教派修験道の教義とはあいいれないものであろうが、より大衆的な新しい山岳講においては容易にとりこみうるものだったであろう。治郎の日天子信仰は、石鎚講の神信仰そのものにも影響を及ぼす。前にもふれたように、治郎に憑依した神は、身近な包括的救済神としての性格をそなえており、日天子はそのような神がとる一つの形姿であった。こうした神観は石鎚講の一つの特徴を示すものであったが、この特徴は日天子信仰という形での伊勢信仰のとりこみによって、さらに強められたと考えられるのである。

第1節で述べたように、文治は大患以前に、ある程度伊勢信仰との関わりをもっていた。しかし、それは民俗宗教の呪術祈禱や憑依の世界に直ちにつながるものではなかった。石鎚講との出会いは、文治のなかの漠然とした伊勢信仰を、民俗宗教の呪術祈禱や憑依の世界のなかに根づかせたといえよう。それが可能だったのは、石鎚講のなかに、この時期影響力を強めていた民衆的伊勢信仰と重なりあうような側面が存在していたからである。のちの文治の信仰に石鎚講が持続的に与えた影響とは、むしろ二つの新しい大衆的民俗宗教である石鎚講と民衆的伊勢信仰が相乗することによって生じたものということができよう。

4　民俗宗教の構造的変動

赤沢文治の石鎚講との関わりをたずねながら、私は江戸後期の民俗宗教の構造的変動にもふれてきた。この点について、ここまで論じてきた限りのことを整理しておこう。

石鎚講においては、伝統的な民俗宗教である教派修験道と性格を異にする点が少なくなかった。すなわち、(1)身近な包括的救済神の観念とそれに照応する熱狂的な宗教行動、(2)巫儀を主宰する民間宗教家自身が神がかる巫儀の形態、(3)講が主体となり、俗人が容易に布教者となりうる大衆的組織、などである。このうち(1)は、伊勢信仰の一面、とくにおかげ参りなどの伊勢群参に現れたような民衆的伊勢信仰の一面と重なりあっている。また(3)は、大衆の自発的な宗教行動が優位におかれているという点では、伊勢群参や伊勢講のある種のものと通じるものがある。以上二点は、四国遍路とある種の大師講、ひいては成田山信仰や金比羅信仰などについてもいえるであろう。一方、(2)の側面を大きく発展させたのは、金神祈禱者などのシャーマン的職能者の信仰である。伊勢群参などではしばしば突発的な憑依者が現れたが、(2)の型の継続的な巫術と結びつくことが少なかったし、シャーマン的職能者の信仰では、(1)や(3)の要素は概してうすい。石鎚講では三要素がそろっていると同時に、伝統的教派修験道の神仏習合的な諸観念や儀礼・修行の面影も色濃くとどめられている。これは、富士講や御岳講にもいくらか形をかえてわけもたれている共通の性格ではないかと思われる。

伊勢群参や四国遍路のような大衆的群参（およびそれと結びついた講）、石鎚講・富士講・御岳講などの大衆的山岳講、金神祈禱者などのシャーマン的職能者の信仰は、江戸後期とりわけ幕末期に急速に発展した、新しい大衆的な民俗宗教のうちの三つの型であるといえよう。三者に共通するのは、霊威《カリスマ》の発現を、大衆自身が演じ体験する機会がふんだんに与えられているということである。これは伝統的救済装置の権威に大きく依存している、教派修験者のような伝統的民俗宗教と対照的である。伝統的民俗宗教においては、伝統的な社寺、経典、儀礼、位階制的組織などのもつ宗教的権威が最大限利用され、伝統的な技能や知識の習得が、神霊を統御する威力の重要な源泉となっていた。もちろん、そこでも苦行や個人的資質に由来する霊威的な験力の意義が認められていないわけではない。この点で、教祖以後、霊威の持続的な発動の余地を原則として認めない、伝統的な救済宗教教団の宗教性とは性格を異にしている。しかし、少なくとも近世の伝統的民俗宗教においては、こうした霊威の作用する領域は、ある程度限られていたといってよい。新しい大衆的民俗宗教において霊威が解放されていたのに対して、伝統的民俗宗教においては、霊威が統御されていたということができよう。

赤沢文治はここにあげた大衆的民俗宗教の三つの型のすべてから何らかの影響を受け、のちの新宗教の基礎を築いていった。新しい大衆的民俗宗教の解放された霊威にふれることが、彼の宗教性を目ざめさせ、宗教的孤独の成熟を促すのである。霊威の解放は、文治を中心とする初期の金光教信徒集団にも受けつがれていく。しかし、そこでは当初から霊威を文治の人格に集約し、唯一の霊威者である生神金光大神としての文治を救済の源泉にすえようとする傾向があり、次第に強められていく。霊威が教祖に集約されるに従って、大衆的な布教者、信徒層における霊威の発現は抑制されて

表　民俗宗教から新宗教へ

民俗宗教の構造的変動と新宗教への止揚	代表例	霊威《カリスマ》信仰
A　伝統的民俗宗教	教派修験道	霊威の統御
B　江戸後期の大衆的民俗的宗教		霊威の解放
B_1　大衆的群参（講）	伊勢群参（伊勢講），四国遍路（大師講），成田不動講，金毘羅講	
B_2　大衆的山岳講	石鎚講，富士講，御岳講	
B_3　シャーマン的職能者信仰	金神祈禱者	
C　農村を基盤とする幕末維新期の新宗教	金光教，天理教，丸山教，黒住教	霊威の集約

いくのである。(33) このような発生展開の過程は、天理教や丸山教、あるいは黒住教など、幕末維新期に農村を基盤として発生した他の新宗教についても、多かれ少なかれいえることであろう。したがって、次のような江戸後期から明治前期へかけての、民衆の宗教の一つの流れ（A→B→C）を考えることができる。(34)

この流れの背後にあるのは、既成仏教を中心とする伝統的教団の伝統的救済装置の権威が次第に失われていく過程である。既成仏教の権威失墜は、何よりもまず、民俗宗教の構造的変動という回路を通して、新宗教の発生を促したのである。

【注】

（1）「民俗宗教」の概念については、島薗進「生神思想論——新宗教による民俗〈宗教〉の止揚について」（宗教社会学研究会編『現代宗教への視角』雄山閣、一九七八年）（本書第III部第1章）、参照。本章は「生神思想論」で提示した考え方を、金光教祖伝の資料に即して再検討し、部分的な修正を加えようとするものである。

（2）金光教本部教庁『金光大神覚』（金光教本部教庁、一九七二年）。文治の伝記の基本的な内容については、『覚』のほか、金光教本部教庁『金光大神』（金光教本部教庁、一九五三年）によった。以下、これらに拠った部分はいちいち注記しない。

（3）金光教本部教庁『金光大神——総索引・註釈・人物志・年表』（金光教本部教庁、一九五五年）「註釈」三六頁。

（4）藤谷俊雄『「おかげまいり」と「ええじゃないか」』（岩波書店、一九六八年）八九頁。

（5）真鍋司郎「三十三歳の教祖——四国まいりの意味をたずねて」（『金光教学』一一、一九七一年）。

（6）福嶋義次「一乃弟子もらいうけをめぐる金神と天照皇太神との問答——伝承の世界と信仰の世界」（『金光教学』一〇、一九七〇年）。

（7）金光真整「備中国佐方庄と神田家について」（金光図書館報『土』九〇、一九六八年）。

（8）島薗進「金神・厄年・精霊——赤沢文治の宗教的孤独の生成」（『筑波大学哲学思想学系論集』五、一九八〇年）（本書第III部第3章）一七六頁（本書二九一頁）。

(9)　江戸後期の大谷近辺の修験道の状況については、中山薫「修験道」(金光図書館報『土』九五〈金光町周辺の民俗・その(2)〉、一九七一年)、早川公明「修験道との折衝過程に関する一考察――尊滝院許状の取得から返却に至る過程分析」(『金光教学』一六、一九七六年)、参照。また、備中地方の修験道の状況については、宮家準編『山岳宗教史研究叢書一二　大山・石鎚と西国修験道』(名著出版、一九七九年)所収の諸論文、および中山薫「倉敷付近の山伏寺」(『岡山民俗』七五・八一、一九六七―一九六八年)、同「備中南部の山伏寺」「備中北部の山伏寺」(『日本民俗学会報』六一・六五、一九六九年)など参照。

(10)　文治の日柄方位との関わり、および金神祭祀に至る経緯については、島薗進「宗教の近代化――赤沢文治と日柄方位信仰」(五来重・桜井徳太郎・大島建彦・宮田登編『講座日本の民俗宗教5　民俗宗教と社会』弘文堂、一九八〇年)(本書第III部第4章)、参照。

(11)　小野光右衛門の生涯と思想については、小野四右衛門「小野啓鑒翁行状」(『金光大神――総索引・註釈・人物志・年表』前掲注(3)「註釈」三二一―三五頁)、青木茂「小野家の家相方位学説」(『金光教学』一、一九五八年)、山懸二雄「近世備中の天文暦数学者小野光右衛門の事蹟」(金光図書館報『土』六六、一九六〇年)、島薗進、前掲注(10)、など参照。

(12)　小野の指導のもとに文治が村仕事に精励したもようについては、金光真整「二十五才のときの教祖について」(『金光教学』第五集、一九四九年)、金光和道「大谷村と巡見使――金光教祖と巡見使」(『金光教学』一三、一九七三年)、文治が小野の死後も敬意をいだいていた点については、『金光大神』(前掲注(2))四〇頁、参照。

(13)　金光真整「古川家について」(『金光教学』第六集、一九五〇年)。

(14)　島薗、前掲注(10)三三四頁(本書三二四頁)。

(15)　文治の宗教的悩みや疑いについては、島薗、前掲注(8)、参照。

(16)　『金光大神覚』(前掲注(2))二二一―二四頁。

(17)　島薗、前掲注(10)三三三頁(本書三二三頁)。

(18)　金光真整、前掲注(13)。

(19)　『金光大神覚』(前掲注(2))二四―二七頁。

(20)　修験道における巫儀、巫術については、鈴木昭英「修験道と神がかり」(『まつり』一二、一九六七年)、宮家準『修験道儀礼の研究』(春秋社、一九七一年)の第五章「修験道の巫術と憑祈禱」、参照。ただし、これらの論文でいわれていることは、伝統的な修験道についてのみ言いうることで、石鎚講や幕末に誕生した新しい山伏寺などでは、行者が自ら神がかることは珍しくなかったと思われる。中山「備中北部の山伏寺」(前掲注(9))では、自ら神がかった山伏の例があげられ、そういう神がかりを「祈りかつぎ」とよぶという(四八頁)。この例は、伝統的修験道とシャーマン的職能者信仰の過渡的性格を示すものといえるかもしれない。

(21)　森正史「石鎚信仰と民俗」(宮家、前掲注(9))二八六頁。

(22)　中山「修験道」(前掲注(9))二四―二五頁。

(23)　森、前掲注（21）、安藤宏幸「石鎚信仰の研究――愛媛県松山市周辺地域を中心として」（『日本民俗学』一一九、一九七八年）。

(24)　カリスマとは、個体の資質の差にもとづいて特定の物や人に宿る、非日常的な力と信じられているものである。島薗進「カリスマと宗教意識の進化――初期新宗教の発生過程を手がかりとして」（中牧弘允編『神々の相克――文化接触と土着主義』新泉社、一九八二年、所収）、参照。本章で「霊威」と表記したものは、カリスマの中でも、超自然的力の直接的顕現の観念を含む原型的なもの、上記論文の中で「一時的カリスマ」とよんだものに相当する。

(25)　『金光大神覚』（前掲注（2））二五頁。

(26)　同前、二八頁。

(27)　現在の金光町・鴨方町の地域内に祀られている石鎚神社は一一社あるという。もっともこのなかには、一九三五年勧請のものも含まれている。中山「修験道」（前掲注（9））二四頁。また、この参詣・祈願の内容に推測を加えたものとして、高橋行地郎「教祖における信心展開の基本的構造――『月の三日神参り』の意味をたずねて」（『金光教学』一一、一九七一年）、参照。

(28)　繁右衛門やその他の金神祈禱者の金神信仰については、『金光大神』（前掲注（2））のほか、次の論文が参考になる。真鍋司郎「民衆救済の論理――金神信仰の系譜とその深化」（『金光教学』一三、一九七三年）、高橋行地郎「文治大明神誕生過程の考察――金神の悪神性との関係を視点にして」（同前）、金光和道「資料論攷『堅盤谷の婆さん』考」（『金光教学』一五、一九七五年）、藤尾節昭「布教史試論――金神考」（『金光教学』一六、一九七六年）。

(29)　島薗、前掲注（8）。

(30)　瀬戸美喜雄「近世後期大谷村の社会・経済状況について――赤沢文治における倫理的実践の背景」（『金光教学』一六、一九七四年）。

(31)　岩本徳雄「日天四と金光大神」（『金光教学』一八、一九七八年）。

(32)　天理教の発生において伊勢信仰が強い影響を与えたことは明らかであり、その影響の性格は金光教の場合とかなり似ているのではないかと思われる。この点については、島薗進「神がかりから救けまで――天理教の発生序説」（『駒沢大学仏教学部論集』八、一九七七年）、同「疑いと信仰の間――中山みきの救けの信仰の起源」（『筑波大学哲学思想学系論集』昭和五二年度、一九七八年）、参照。なお、本章の全体にわたって、この二論文で考察した天理教と民俗宗教の関わりのあり方が参考にされている。

(33)　これを生神信仰の展開という観点から説明しようとしたものとして、島薗、前掲注（1）、参照。

(34)　この流れに近いものは、圭室諦成「教派神道の誕生」（圭室監修『日本仏教史III　近世・近代篇』法藏館、一九六七年）によって、治病宗教の系譜として描き出されている。

第6章　初期新宗教における普遍主義
習合宗教の流れの中で

天理教や金光教に代表されるような教派神道の中の創唱宗教集団を、初期神道系新宗教（略して初期新宗教）とよびたい。この初期新宗教において、宗教的普遍主義がどこまで形成されていたのかという問題を、日本の神信仰の歴史の中に位置づけて考察する、というのがこの報告の意図である。そこでまず、宗教的普遍主義とは何かについてかんたんにふれておきたい。

1　宗教的普遍主義と日本の神々

宗教の領域で普遍主義という言葉が使われる時、そこには二つの要素が含まれているように思われる。すなわち、平等性の主張という要素と全体性の主張という要素である。まず平等性の主張であるが、これは全人類が平等に救われるべき存在であり、したがって一つの真理に平等に参与しうるし、そうすべきだとするものである。民族、身分、性、生得の資質等のちがいによって、救済の論理の適用の仕方や救済手段への接近可能性に差別があってはならないと考えるのである。この主張は、人間が誰しももつ限界に注目し、その限界を超える救済の方法を提示し、個々人の人格の転換を迫るところに生ずるものである。したがって、この意味での普遍主義は救済宗教の基本的属性といえるだろう。達人宗教の性格を含み、救済手段を選ぶ際に機根の相違を問題にする仏教は、この点やや徹底を欠いている。

一方全体性の主張とは、唯一の源泉にもとづく唯一の真理の体系があらゆる事がらを説明しつくしうるし、そうすべきだとするものである。自然界・人間界はそれらと次元を異にする存在（神・仏）や理法の一元的支配の下にある。真理とはそれらの存在や理法から人間に開示されたものなのだから、当然ただ一つの体系をなすはずだと信じられる。ある事がらについてはAを信じ、別の事がらについてはBを信じるというような相対主義的な態度は否定され、他の思想や信念を説き伏せる試みが執拗にくり返される。こうして正統なる教義と、正統か否かを判定する機関が形成され、それから逸脱するものは神や法に背くものと見なされるのである。「方便」の観念にもとづいて相対主義をある程度とり入れている大乗仏教は、この点でもやや徹底を欠いている(1)。

平等性の主張も全体性の主張も、宗教的合理化の一環をなして形成されてくるものである。それも救済宗教の形成による宗教的合理化が、決定的に重要な契機をなすと考えられる。したがって、平等性の主張と全体性の主張は救済宗教的な宗教意識の形成にともなって、並行して形成されるというのが典型的な場合であろう。しかし、時には一方のみが形成され他方は未熟なままにとどまるという場合もあると思われる。

次に、日本の伝統的な神信仰の性格を瞥見しておきたい。とりあえず三つのタイプにわけて考えてみる。すなわち、集団神、国家神、霊威神である。

集団神とは、村の氏神や家の先祖のように、小規模の共同体的集団において祀られる神々である。ここでは、多くの集団がそれぞれによく似た、しかし別個の崇拝対象をもつことが前提とされており、集団外の人々がその祭祀に参加するのは例外的なことと見なされている。これは原始的民俗的な宗教意識に根をおくもので、宗教意識の合理化はなされておらず、普遍主義的要素はほとんど見られない。

国家神とは、記紀神話で重要な役割を果たす、天照大神を中心とする神々であり、いわゆる民族宗教の神々である。その多くは天皇家や有力氏族の祖神伝承の神々であるが、それらは一族の集団神であるにとどまらず、国家の創出を中心とする神話的教義の体系の中に位置づけられている。ここでは一定の合理化がなされているのだが、日本の国家、民族と神との特殊な関係が想定されており、また他の信仰や思想についての態度もはっきりしておらず、普遍主義的要素はきわめて乏しい。

霊威神とは、災厄や悩みを解決する霊威をそなえているとして広範囲の人々に信仰される神々である。八幡、天神、祇園、稲荷のような全国に勧請された神々、熊野や金峰山を始めとする全国各地の山岳神などがこれにあたる。これらの神々は特定の集団の占有物とは見なされておらず、諸個人諸集団を救いうる救済の神として信仰される。といっても、その力は仏や他の神々のそれと並列ないしそれに従属するものと考えられていたし、その対象は日本人のみに限定されることも多かった。ここには確かに普遍主義が芽生えているのだが、それは中途半端なものにとどまっているのである。

これら三種の神々は、一応以上のように区別することはできるものの、相互に画然と異なる領域を形づくっているものではない。たとえば伊勢神宮の場合、内宮の祭祀を中心としてみれば、いうまでもなく国家神であり、外宮の霊威を宣揚しつつ御師たちによって全国に広められた信仰としては霊威神の性格が濃く、各地に勧請された神明社としては集団神ともなるといったように、一つの神や神社がいろいろな性格をあわせもっているというのがむしろふつうである。しかし、日本人の神祇に関わる宗教活動や宗教的表現のあり方を、それを支える集団と関連させて整理考察するには、このように分析してそれぞれの性格を明らかにしていくのが有益であろう。

初期新宗教ともっとも深い関わりがあるのは、このうちの霊威神への信仰である。日本の宗教史においては、この霊威神信仰が、仏教の影響下にありつつも半ば独立した宗教活動の領域としてはば広く存在してきた。それを私は習合宗教（syncretic cult）という名でよぶことができると考える。(2) 初期新宗教はこの習合宗教を発生基盤としながら、それを超え出たものと見ることができる。そこで次に、この習合宗教がどんなものであったか、またそこにおいて霊威神信仰がどのような形をとっていたかをより詳しく見ておくことにしたい。

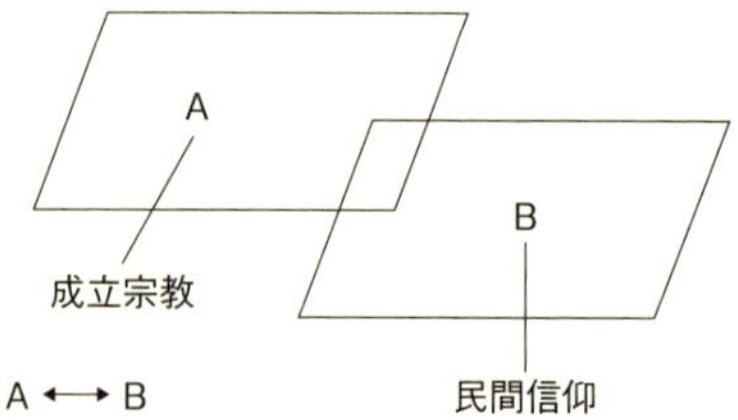

図1　二元モデル

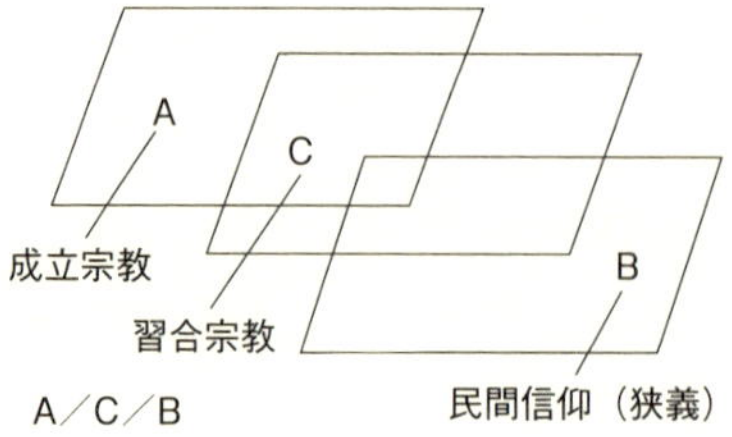

図2　三元モデル

2　習合宗教における霊威神信仰

習合宗教とは、普遍主義的な外来宗教と土着宗教とが入り混じりつつ、そのどちらにも属させることができないような一つの宗教活動の領域を形づくっているものをいう。そこでは外来宗教の持続的な影響により、救済宗教的な教義や実践がある程度の体系性をもって存在しており、したがってそれなりの教団組織（またはその萌芽形態）をも伴っているが、それらは独自性自己完結性の弱いもので、一成立宗教とよばれるほどの内容を備えるには至っていない。習合宗教の活動の主たる担い手は「民間宗教家」とよぶべき人々である。彼らは一定の教義体系や修行体系の習得を経ており、相互に、また（あるいは）信徒との間に、それなりの組織的結合をもっているという点で成立宗教の祭司に似ている。しかし一方、超自然的存在から直接授けられたと信じられる力を行使するカリスマ的存在であるという点では、独立したシャーマン的呪術師的職能者に近い。

この習合宗教の概念を図で示したのが図1と図2である。従来、成立宗教と民間信仰ないし土着宗教の関係をとらえる時、両者を単純に対立させてとらえる二元モデルが有力だったのに対して、私は両者の中間に習合宗教の領域を設定し、三元モデルとしたのである。図3は最近、中牧弘允が提起したモデルである[3]。ここで土着主義的宗教とは、土着的宗教が普遍的なものの影響下で自覚的にとらえ返されたものとされている。中牧のモデルは、神道は普遍主義の否認によって成立したとする高取正男説[4]の影響を受けており、日本における土着主義的宗教はもっぱら純粋な神道であると考えられているが。私は習合宗教をも土着主義的宗教に含めて考えるべきだと思う。

　日本における習合宗教は、いうまでもなく外来の仏教と土着の神祇信仰との習合の過程で生じてきた。その始まりは、古代におけるある種の神仏習合的神社をめぐる宗教活動に求められよう。例として八幡神社、熊野神社、祇園社などをあげることができる。これらの神社「教団」の頂点には、別当などとよばれる神仏習合的な祭司がいたが、その下では、シャーマン的呪術師的性格の濃い宗教家が多数活動していたと思われる。そしてこれらの神社が各地に勧請されていく際には、そうした宗教家の活躍があったと推測される（たとえば熊野先達）。

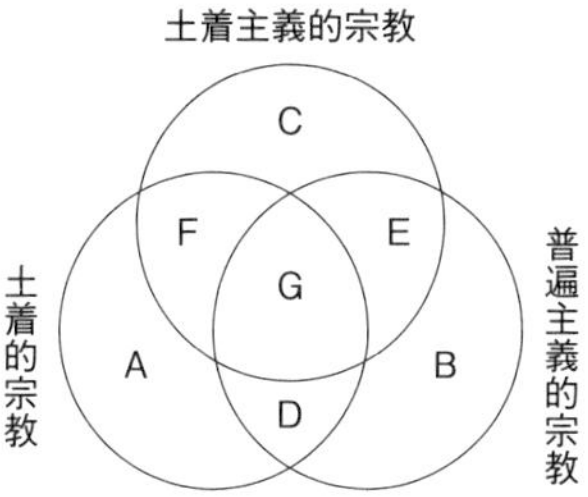

図3　中牧弘允の土着主義論

　中世に入ると、中央の仏教教団からかなり独立した習合宗教の教団とよびうるものが、山岳宗教の連合体として成立してくる。いうまでもなく、山伏を担い手とする修験道である(5)。山伏たちは独得の道具装束を身に着け、入峰修行とそれにもとづく位階体系をもち、共通祖師として役行者をいただくなど、いちおう教団といってよい統一的行動様式をもっていた。しかし、彼らが目ざしたのは普遍的救済の教えの習得宣布というより、一所不住の抖擻《とそう》家的性格や入峰修行の凄絶性に由来する呪術的カリスマ、すなわちシャーマン的呪術師的霊能力の獲得であった。こうして成立した修験道は、その周辺に成立したさまざまな民間宗教家（たとえば伊勢御師）とともに習合宗教の大きな流れを構成し、その中心に位置するものとなる。

　この日本の習合宗教において、教義の大枠は大乗仏教の救済の論理によって規定される。この世は無常であり、人は運命にもてあそばれる生をくり返しており、来生においては地獄に落ちるかもしれず、とくに末法においては容易に救われがたい存在である。この悪の無限の連鎖から脱するには、仏の教えに従い、慈悲にすがらねばならない。したがって、最高の崇拝対象は釈迦、阿弥陀仏、大日如来等であり、最高の真理を伝えるのも大乗仏教の諸経典と信じられていた。

しかし、習合宗教は大乗仏教の諸宗派の教義体系に全面的に従っているわけではなく、それらからかなり自由な観念領域を形づくってもいた。その拠り所となるものとして作られたのが、それぞれの霊威神をめぐる伝承をまとめた神社縁起である。そこでは在地の無秩序が克服される過程で昇華された神が生まれてくる由縁が描かれる。習合宗教の民間宗教家たちは個々の霊威神のもつ特殊な霊験＝救済力を説こうとしたのであり、その際これらの縁起が大きな役割を果たしたのである。

これらの霊威神は、さしあたり大乗仏教のパンテオンの一角、それも最下層に属し、パンテオンの中で一つの部分的機能を果たすものである。しかし、習合宗教の担い手たちは、神々にそうした消極的な役割を与えることで満足しはしなかった。そこに本地垂迹説による日本的な神仏習合の教説が形成されてくる。(6)

本地垂迹説とは、本地である普遍的な仏菩薩が日本という特殊な地域に迹《あと》を垂れ、仮に現われた（権現）ものが神々である、とする教説である。これは神の本質は仏であるとし、仏とその教えがより根源的なものと考えるという点で、仏教優位の立場に立つものである。しかし、その上で神に高い地位と積極的な機能が与えられるのである。八幡神が釈迦如来の仮現であると見なすことは、八幡神は釈迦如来と同等の存在であると見なすことである。パンテオンの下層に属すべき神が、最上位の如来と等しいところにまで引き上げられるわけである。

ではなぜ、仏が仏そのままの姿においてではなく神という形をとって出現するのか、すなわち仏に対する存在としての神の積極的な機能についても一つの説明が用意される。神は衆生に近い存在であり、であるからこそかえって衆生を救済しうるのだ、という考え方である。仏の姿では高貴すぎるので、その光を和らげて、人界欲界の塵事に同じて神として現われるのだとする「和光同塵」という言葉がこの思想を代表する。(7) 神社縁起もこの思想のもとにとらえ返されていく。仏は神に仮現するに先だって、人間として生まれて苦悩を背負うことによって救済の力を獲得していく、とするのである。

ここには、救済者としての機能という点では本地よりも垂迹が、すなわち仏菩薩よりも神々の方が上であるという観念がある。特定の自然環境と結びついて存在する土着的な霊威神の方が、深い真理は代表していなくても、目に見える霊威ゆえに尊いのだという考え方である。これは神の霊威的な働きに、仏の悟りとは異なる、しかしこれも普遍性を志向する救済の機能を見ようとするものである。ただし、それはしばしば「機根の劣る日本の国土においては」という限定づきの上でである。

ここには屈折した土着主義がある。外来宗教の普遍主義的な主張に対して土着の神々を宣揚することによって対抗したいのであるが、外来宗教の優位は認めざるをえないので、土着神に高い、しかし限定づきの機能を付与するのである。神信仰として見た場合、その力は仏や他の神々と並列するものと見なされ、救済の対象が日本の国土に住む人々に限定されることが多いという点で、それは普遍主義の否認を含んでいる。仏教思想のあり方としてみれば、機根や方便の観念が（末法思想の影響もあって）大きな役割を与えられたことの一つの帰結として、仏教の中の非普遍主義的側面が表面化したといえる。しかし、単なる機能神や守護神ではなく、苦しむ者を平等に救う至高の救済神としての性格を備えているという点で、これらの霊威神への信仰は普遍主義的な要素を充分に含みもつものだったのである。

3　大衆的習合宗教と初期新宗教における神の性格

習合宗教の中心であった修験道は、室町時代以降、次第にその性格をかえていく。組織化が進み本山派当山派の二つの教派へと明確に統合されていくとともに、入峰修行の形式化、師檀関係の固定化、山伏の定着化といった傾向が生じてくる。さらに江戸時代に入ると、一方で民衆生活に広く深く浸透するとともに、他方幕府の政治的な統制を受けるようになる。山伏は抖擻家的性格、すなわち一所不住の自由な山岳宗教家としての性格や、修行の凄絶性にもとづく神霊との直接的交流の能力といった性格を減じていく。かわりに伝統的な技能や知識の習得が、神霊統御の威力の主要な源泉と見なされるようになる。こうして修験道は、習合宗教が元来もっていた民衆の呪術宗教的救済要求に応じた宗教運動としての性格を弱め、伝統的習合宗教とよぶべきものに転化していくのである。

これに対して、江戸時代後期に急速に広まる民衆的宗教運動が大衆的習合宗教である。大衆的習合宗教の主なものは次の三つの種類に分けられる(8)。すなわち、(1)伊勢参り（伊勢講）、四国遍路（大師講）、成田不動講、金比羅講のような大衆的群参（講）、(2)富士講、御岳講、石鎚講のような大衆的山岳講、(3)ある種の里山伏など自ら神がかることの多いシャーマン的職能者信仰である。これらは明治時代以降も相当の勢力を保っており、いわゆる教派神道の中には、これら大衆的習合宗教がそのまま中央の教派に登録したにすぎないものがかなり含まれているのである。

大衆的習合宗教における宗教活動の形態が伝統的習合宗教のそれと異なるのは、霊威の発現を大衆自身が演じ体験する機会がふんだんに与えられていること、すなわち民間宗教家と一般信者の相違が小さなものになっているということである。外来宗教との関係という観点からみると、伝統的な仏教の教義や儀礼の影響がかなり薄まっている。無常や末法についての教理や読経の類は、ここではあまり重要な役割を演じていない。むしろ仏教的な救済装置の媒介を経ずに、直接、霊威神の力を感得しうると信じられるのである。

これに対応して神信仰のあり方も形をかえてくる。霊威神への信仰が本地垂迹説の枠を超えていくのである。目に見える霊験を次々ともたらしてくれる霊威神は、もはや仏菩薩という普遍的な存在の仮現なのではなく、それ自身独立した救済神として信仰される。日本の国土においてのみ機能する神であるというような意識も乏しくなっている。ここでは霊威神の中の救済神としての性格が拡大され、普遍主義的な局面がかなり表面化しているのである。

しかし、なおかつ習合宗教の名でよぶのは、霊威神を主宰神とする新宗教とよべるまでに、独立した教義や実践の体系が形成されていないからである（富士講など突出した例外はある）。神もなお特定の土地に結びついたり、伝統的な神祇の諸伝承をひきついだりしており、また他の神仏と並ぶ多の中の一として観念されている場合が少なくない。本地垂迹説にもとづくかつての霊威神信仰の性格が払拭しきれていないのである。

教派神道の中の創唱教団、すなわち初期新宗教は、この大衆的習合宗教にひきつづいて幕末維新期に起こり、伝統的習合宗教や大衆的習合宗教にかわって民衆の救済要求を担うもっとも大きな勢力になっていく。代表的なものとして天理教、金光教、これに準ずるものとして黒住教、丸山教、さらに禊教があげられる。また、食行身禄を祖とする富士講の一流や如来教をその先駆形態として位置づけることができよう。

初期新宗教が大衆的習合宗教をひきつぎ、それを超えるものであることは、金光教の場合に典型的に見られる(9)。金光教の教祖赤沢文治は、若い頃から伊勢参りや四国遍路に参加しており霊験も体験していた。四二歳の時大病にかかり、石鎚講の先達である義弟の巫儀によって神との直接的交流の体験を得る。その後、金神を祀るシャーマン的職能者となった実弟の影響で、自ら神の意志を実感できるようになり、宗教者としての道を歩むようになる。大衆的習合宗教の三つのタイプのすべてから影響を受けたわけである。しかし、彼は単にシャーマン的職能者であるにとどまらず、神の性格をより普遍主義的なものに高め、救済儀礼の性格を洗練し、教祖へと成長していく。教祖としての自覚が高まる過程で、宗教的自伝『金光大神覚』の執筆に着手し、礼拝対象としての「天地書附《かきつけ》」を定めていく。

ここに見られるように、初期新宗教の教団は一人の教祖をいただき、その教祖に帰せられる教義と実践と組織の体系をもっている。習合宗教が明確な輪郭をもつ教団として定義づけにくいものであったのに対し、これらは確固たるアイデンティティーをもち、それぞれ一新宗教とよびうるものである。教義的には仏教の直接的影響がほとんど姿を消す。伝統的な仏教や習合宗教の諸要素はもちろんとり込まれているのだが、それらは新しい体系の中で新しい意味づけを与えられるのである。

初期新宗教における神の性格は、黒住教、天理教、金光教、丸山教（および富士講）の諸教団で軌を一にして使われている「親神」という呼称に典型的に示されている。親神はただ一体の宇宙の本体であるところの救済神であり、人間の肉体をはじめ宇宙のあらゆる所に遍在していて、人間を守り育んでいる。人間は親神によって生み出されたものであり、したがって全人類は同胞であるとされる。

ここでは霊威神の救済神としての性格が最大限に拡充され、霊威神としての性格そのものを止揚するに至っている。

霊威神は特定の土地との結びつき、その土地に内在する霊威をその力の重要な源泉とするものであった。また、それは他にも存在する神仏と並ぶ多の中の一であった。初期新宗教においては神は特定の土地との結びつきから解放され、唯一の存在となる。かわりに地上において霊威（カリスマ）を体現するのは唯一の教祖である。

確かに天理教では教祖中山みきの家の所在地（ぢば）が、また丸山教では富士山が重要な聖地である。神は特定の土地において特異な現れを見せる。しかし、それと同時に、あるいはそれ以上に、天の神であり、大地の神であり、日月の神であることが強調されるのである。この場合、天地や日月は全人類に平等に及ぶ神の恩恵を象徴するものである(10)。この意味で初期新宗教における親神は、習合宗教における霊威神信仰の普遍主義的な側面が拡大して、非普遍主義的な側面を払拭することによって成立したものといえよう。

ただし、ここでも土着主義の要素が払拭されてしまったわけではない。むしろ、土着主義が新たに力を得ているともいえる。天理教や丸山教には、日本は神国であり、外来文化は排除すべきだというような主張が含まれていたと見ることもできるからである。しかし、こうした土着主義は、外来文化の普遍性に対して、特殊なものの価値を主張しようとしたのではなく、わが神こそは普遍であるということを強く主張しているという点において普遍主義なのである。日本が神国であるという主張も、だから日本人には日本人だけの宗教があるとか神の力は日本以外には及ばないといっているわけではなく、神の力が日本から世界に及んでいくという歴史的展望を示したものといえよう。

しかし、このような神観念が初期新宗教（またはその先駆形態である富士講等）によってまったく初めて唱え出されたと考えるのは早計であろう。初期新宗教において「親神」と並んでよく用いられる「月日」（日月）という神の呼称は中世の神道思想に源泉をもつと思われる。中世の両部神道や伊勢神道では、伊勢外宮の豊受大神＝国常立尊（ないし天御中主神）とし、天照大神と同等の地位ないしその上位に立つものと見なして外宮への崇拝を促そうとした。そして国常立尊（ないし天照大神）と天御中主神を神々の根源に位置する一対の宇宙開闢の神とする思想が形成されていった。この一対の初原神は陰陽の神でもあり、月日の神とも考えられていた。

大衆的習合宗教や初期新宗教の神観の源流となったのは、この中世神道思想の神観であったように思われる。天理教の救済史神話『古記《こうき》』（「泥海古記」ともよばれた。天理教の教団では『こふき』を表記する）では、親神＝月日の神はクニトコタチノミコト、オモタリノミコトとされ、この二神が人間の創造を企てる。その際、二神の分身的存在であるクニサヅチノミコト、ツキヨミノミコト等の八神が「道具雛型」として重要な働きをする。そして初原の二神とこの八神のあわせて十柱の神が、その後も人間の身体の諸機能を守護し、宇宙の諸現象をつかさどるとされる。これは記紀神話の天神七代を宇宙の初原に位置する一体の神と考え、二代から六代の神々に五行五大の機能を帰する中世神道の教説を多くの点でひきつぐものである(11)。

中山みきは天理教を創出するに先だって、当山派の山伏中野市兵衛に深く指導を受けていたが、これらの教えの内容は彼から学びとったものと推測される(12)。市兵衛の教えの中からこの側面が抽出されたのは、さらにおかげ参りなど伊勢群参の影響によるところが少なくないであろう。また金光教の初期の神格は日天子月天子鬼門金乃神とよばれていたが、この「日天子月天子」は赤沢文治が義弟の石鎚講信仰からひきついだものである。さらに富士講においては、早くから天地の祖神＝元の父母＝月日の神とされていたが、これも修験道の伝統の中から形成されたものである。中世神道思想の神観が修験道や大衆的習合宗教経由で、初期新宗教の神観に影響を及ぼしたのである。

以上のように、中世神道の神観は大衆的習合宗教や初期新宗教のそれを先どりする普遍主義的な性格をもっていた。そしてそれは、山伏や伊勢御師などを通して次第に人々の間に浸透していったのであり、大衆的習合宗教や初期新宗教はその影響を受けている点が少なくなかった。この点でも、初期新宗教が習合宗教を発生基盤としていたということが確認されるのである。

中世の神道思想は少数の人々の秘教的な思想にとどまっていた。それを受け入れた人々も本地垂迹的な神観や伊勢神の国家神としての性格を放棄してはいなかった。実際の宗教的活動の場面では、中世神道の神観は普遍主義的な救済神として機能しえていなかったであろう。大衆的習合宗教はこの神観を表面にひき出し、国家神信仰や本地垂迹的な神観の影響を払拭し、大衆的なレベルで普遍主義的な神観をうち立てたといえるのである。

4　全体性の主張の欠如

以上見てきたように、初期新宗教は従来の習合宗教の中に保たれてきた霊威神の信仰を発展させ、その普遍主義的な要素を表面化させた。そこでは明らかに普遍主義的救済神の観念が成立していた。ただし、その普遍主義は平等性の主張をうち立てたというに止まっている。全体性の主張という点から見ると、初期新宗教の普遍主義はそれほど鮮明ではないのである。

初期新宗教の教祖たちは、自らの生活の中に生起する身近な問題の中から、その宗教的思考を発展させていった。当時の政治的文化的指導層が思想的関心を集中させるような問題、とくに社会秩序のあり方というような問題に、彼らはあまり関心をはらっていない。しかし、そうしたイデオロギー的問題にとりくみ、既存の思想をねじふせることなしには、全体性の主張をうち立てることはできなかったと思われるのである。

黒住教や金光教の場合、イデオロギー的問題に立ち入らないという姿勢がはっきりしている。黒住教の教祖黒住宗忠は、教えを充実させようと四書五経などの書物にとりくもうとしたが、それは教えにとって本質的でないことに気づきやめてしまったという。赤沢文治は「お上《かみ》もかみ、神様もかみじゃから、お上の規則に外れた事をしたら、神様の霊験《おかげ》はないぜ」（金光大神理解）という言葉を残している。彼らの教えがこれまでの諸思想にかわって、社会の唯一の正統的思想になるというようなことは、彼らの思いもつかぬことだったであろう。これらの教団がのちに天皇制国家イデオロギーを受け入れ、国策に積極的に協調していく姿勢を見せたのはこうした考え方と関わりがあろう。

天理教の場合は、自らが究極の教え（「ダメの教え」）であるという観念がある。これまでの宗教や思想は人類が「成人」するまでの間に仮に与えられたもの、すなわち準備段階の教えにすぎず、天理教こそが、神が本当に人類に教えたい最終的な真理の体系である、というのである。ここには確かに全体性の主張が形を現わしている。

しかし、この主張を内実あるものにしていくことは、たいへんな困難を伴うものだったように思われる。中山みきは根本聖典として構想された『古記』において、彼女なりの一つの全体的神話をのべようとした[13]。ところがこの神話は人間の身体の創造という点に焦点を合わせたものであり、人類の歴史の内容――社会秩序のあり方とかこれまでの思想や宗教教義の意味――にはほとんどふれていなかった。儒教や仏教の思想内容を論じるというようなことはもちろんなされていない。一農婦であった教祖には、そうしたことを論ずるための基礎知識が欠けており、ふれようにもふれようがなかったであろう。

天理教は教祖の死後、公認を求めていく過程で、明治国家のイデオロギーを全面的に受け入れていった。それは『古記』の神話的内容をとり下げることを意味した。中山みきの思想に含まれていた全体性の主張が、明治国家のイデオロギーと抵触したのである。天理教は全体性の主張を確立しそれに内実を与えていくべき時に、外圧によって自らその芽を摘みとらざるを得なかったわけである。しかし、逆に考えると、このような妥協が可能だったのは、中山みきの思想にとって全体性の主張が不可欠の要素ではなかったからだともいえるのである。

初期新宗教においては、全体性の主張という意味での普遍主義は、いくらかその萌芽はあったにせよ充分には展開されなかった。そして、それは初期新宗教の形成者たちがイデオロギーに強い関心をもつ知識人ではなく、既存の思想や宗教教義についての充分な教養をもっていなかったということ、彼らの関心が日常生活の中に生起する身近な問題に集中していたことに由来するものであった。

このこともまた、初期新宗教の発生基盤が習合宗教であったという事実と結びつけて説明することができる。習合宗教は教義体系の洗練にさほど関心をはらわず、教義の維持発展に携わるような学問的宗教家層を欠いている。他の諸思想、諸教義とはりあって自らが唯一の正しい宗教のあり方であることを示そうとするような志向は、習合宗教にはきわめて乏しい。習合宗教は平等性の主張という意味での普遍主義の傾向は充分にはらんでいたが、全体性の主張という意味での普遍主義の傾向はほとんど含んでいなかったのである。

5　結　語

初期新宗教はその神観において、平等性の主張という意味での普遍主義を確立した。初期新宗教の親神信仰は、古代以来の習合宗教における霊威神の信仰を発展させたものであった。習合宗教の霊威神信仰には普遍主義の要素が含まれており、それは江戸時代後期の大衆的習合宗教によって拡大され、初期新宗教において明確な普遍主義的神観に到達したのであった。しかし、全体性の主張という意味での普遍主義は、初期新宗教においても確立されなかった。習合宗教の脱イデオロギー性という性格が、初期新宗教にもひきつがれたのであった。

現代の「神道」概念は、明治維新以後の宗教状況に強い影響を受けているように思われる。神仏分離以後、仏教側も神道側も神仏習合の過去を無意識のうちに忘れようとしてきたのではなかったか。この報告の視角は、新宗教を近代の特異現象としてではなく、日本宗教史の一つの帰結として見ようとするものであった。この視角に立つ時、かつては神々への信仰のきわめて大きな部分が神仏習合という形をとっていたこと、そこに民衆の救済信仰の大きな潮流があったことが、重要な事実としてうかびあがってきたのである。教派神道と同時に、神仏習合の諸現象をも包み込みうるような「神道」論の形成が必要なのではなかろうか。

【注】

（1）Michael Pye, *Skilful Means*, Duckworth, 1978 参照。

（2）この概念の内容については、島薗進「カリスマの変容と至高者神話」中牧弘允編『神々の相克』新泉社、一九八二年、同「習合宗教」圭室文雄ほか編『民間信仰調査整理ハンドブック』（上）雄山閣、一九八七年、参照。

（3）中牧弘允「無名の神、普遍の神、結縁の神」中牧編、前掲書。

（４）高取正男『神道の成立』平凡社、一九七九年。本書に対する私の批判は「書評と紹介・高取正男『神道の成立』」『宗教研究』二四一、一九七九年、を参照されたい。
（５）修験道の宗教社会学的特性、およびその歴史的展開については、和歌森太郎『修験道史研究』〈新版〉平凡社、一九七二年、参照。
（６）本地垂迹説をめぐる神仏習合の諸現象については、村山修一『本地垂迹』吉川弘文館、一九七四年、参照。
（７）柴田実『中世庶民信仰の研究』角川書店、一九六六年、参照。
（８）島薗進「習合宗教」（前掲）、同「民俗宗教の構造的変動と新宗教」『筑波大学哲学思想学系論集』六（本書第III部第５章）、一九八一年、参照。
（９）島薗進「民俗宗教の構造的変動と新宗教」（前掲）、参照。
（10）対馬路人「新宗数における至上神の性格」池田英俊ほか編『日本人の宗教の歩み』大学教育社、一九八一年、参照。
（11）早坂正章「十柱神考」『天理教学研究』一八、一九六八年、参照。
（12）池田士郎・島薗進・関一敏『中山みき・その生涯と思想――救いと解放の歩み』明石書店、一九九八年、参照。
（13）島薗進「天理教における救済史神話」『筑波大学哲学・思想論叢』一、一九八二年、参照。

終章　民衆宗教発生論の現在

島薗　進

はじめに

この章では、私自身が四〇年以上前の一九七〇年代から八〇年代にかけて執筆した本書所収の諸論考が目指したものを、二〇一八年の現在の視点から捉え返し、その現代的な意義を問い直してみたい。また、一九八〇年代後半以降に取り組んだ私の他の領域での研究との関係についても述べていきたい。宗教学を学んだからこそ身につけてきた視点ではあるが、思想史、文化史、社会史、比較文明論といった領域とも関連が深い。そのことを理解していただければ幸いである。

振り返ってみると、私自身の学問的問題意識の核心はあまり大きく変化しておらず、一九七〇年代から八〇年代にかけて執筆した民衆宗教発生論の諸論考は二〇一八年の現在も「あまり古くなっていない」と感じる。もちろん、天理教学や金光教学で、あるいは民衆宗教論の領域で、その後、教祖論に関わる意義深い論点が、多々示されているのだが、私が提示した問題意識や教祖理解の構図を組み替えなければならないような研究展開はなかったように思う。

他方、二〇一〇年代の現代的な視点から「救済宗教とは何か」、「教祖とは何か」、「日本の宗教史における民衆宗教をどう捉えるか」といった問いを立てるとき、本書に掲載した諸論考が提示している論点は、今も再検討してみてよいものではないかと思う。それはまた、「宗教とは何か」、「宗教という観点から見て日本文化の特徴は何か」といった、より広い問いにも結びつくものだろう。私自身、その後の研究歴を振り返ってみて、今に至るまで、そうした問いの周りを徘徊し続けているように感じている。

（1）教祖研究、あるいは民衆宗教の発生過程の研究

金光教や天理教や大本教などの民衆宗教（新宗教）[1]への関心は、民俗学におけるシャーマニズムや宗教運動への関心（堀一郎、宮田登ら）や、歴史学における民衆文化論・民衆思想論（鹿野政直、安丸良夫、村上重良ら）という形で一九六〇年代から七〇年代にかけて興隆した。国際的にも同時期に千年王国的宗教運動の研究が盛んになっていた。

だが、どちらもまったく新しいものではない。日本の場合は、一九三〇年ごろから教派神道研究という形で民衆宗教研究が進められていた。私は一九七五年ごろからこうした研究動向をできるだけ広く見渡す研究史的な探究を行うとともに、教祖研究という形で新たな民衆宗教論に取り組んだ。研究動向の展望は、以下の書物の「新宗教の発生」の章がよくまとまっている。

井上順孝・孝本貢・塩谷政憲・島薗進・対馬路人・西山茂・吉原利男・渡辺雅子『新宗教研究・調査ハンドブック』雄山閣、一九八一年

事例研究として、まずは天理教の教祖論について、続いて金光教の教祖論について論文をまとめていった。教祖研究（あるいは民衆宗教の発生過程の研究）に焦点を合わせたのは、一つには教祖の信仰を知ることが近代日本の民衆宗教を理解する上で核心的な意義をもつと考えたからだ。これは日本の宗教の特徴を知りたいという動機である。もう一つは、そもそも「教祖」という現象や「救済」の信仰というものをよりよく理解したいという動機があった。これはそもそも「宗教」とは何かということを、「救済宗教」という現象を通して理解したいという動機である。

なお、「救済宗教」という概念は、エルンスト・トレルチやマックス・ウェーバーによって提示された概念で（ハンス・キッペンベルグ『宗教史の発見――宗教学と近代』月本昭男ほか訳、岩波書店、二〇〇五年、原著、一九九七年）、宗教学・宗教社会学の柱の一つである宗教類型論の分野では今もある程度の有効性を保っている。ロバート・ベラーの「宗教の進化」（『社会変革と宗教倫理』河合秀和訳、未來社、一九七三年、原著、一九六四年）では「歴史宗教」という語が用いられている。

天理教については以下の三つの論文が主なものだ。

「神がかりから救けまで――天理教の発生序説」（『駒澤大学佛教学部論集』第八号、一九七七年）

「疑いと信仰の間――中山みきの救けの信仰の起源」（『筑波大学哲学・思想学系論集』昭和五二年度、一九七八年、『中山みき・その生涯と思想――救いと解放の歩み』池田士郎・関一敏と共著、明石書店、一九九八年、にも収録）

「天理教研究史試論――発生過程について」日本宗教史研究年報編集委員会編『日本宗教史研究』三、佼成出版社、一九八〇年

金光教については、本書に収録された諸論文がまとめられていった。一九八二年頃までのことで、その後は教祖研究で学んだことを応用する方向での研究に進んだ。これについてはのちにふれる。

研究動向を展望する際、また、自分なりの教祖論を展開する際、私が重視した観点が二つある。一つは教学的な教祖研究に注目するということであり、もう一つは発生基盤である民俗宗教との関わりに注目するということだった。前のことから述べる。

教学というのは、キリスト教でいえば神学にあたるもの、仏教でいえば仏教学とか宗学にあたるもので、特定の信仰を前提にして、その立場から教祖や宗祖、たとえばイエスやブッダ、あるいは空海や親鸞や道元について研究し、理解

を深めようとするものだ。天理教には天理教学、金光教には金光教学があり、そのような立場から教祖研究が積み重ねられてきた。その蓄積に学ぼうという立場だ。

教学的な教祖（宗祖）研究は実証的であろうとする。と同時に、また現代人の信仰を支える宗教思想を反映し、そこから教祖（宗祖）の信仰を捉えようとする。これは聖書学とイエス伝研究において、ゴータマ・ブッダ研究において、また親鸞研究や道元研究や日蓮研究においてなされてきたことである。だが、こうした教祖（宗祖）研究の場合、時代が離れているだけに、推測に依存せざるをえない側面が大きい。ところが、幕末維新期に発生した天理教や金光教の場合、教祖の信仰生活のリアリティに近づきやすい。それだけに、現代の教学的な教祖（宗祖）研究の直面する問題が見えやすい。それはまた、教祖理解を支える現代の宗教思想の特徴を捉える手がかりにもなるだろう。

もう一つの着眼点、つまり発生基盤である民俗宗教との関わりについてだが、これは民衆文化の領域と文字文明の領域とが接するような領域で民衆宗教が生まれてきたという事実に注目し、宗教において二つの領域がどう関係しているかを理解しようという問題意識にそったものだ。「救済」の信仰がこの両領域をまたぎ、関係づける働きをもっている。民俗宗教においてはまだ十分に明確ではない「救済」の信仰が、教祖の人生経験のなかで明確になっていくことで、文字文明の組織性と関わりが深い救済宗教が生み出されていく。そのようなプロセスとして、民衆宗教の発生を捉えようというものだ。

救済宗教の代表格はキリスト教、仏教、イスラームなどで、いずれも信仰の核に広い意味での「救済」がある。仏教の核は「解脱」であって「救済」ではないという論もあるが、「解脱」も広い意味での「救済」の一部と見るなら、キリスト教、仏教、イスラームなどは救済宗教である。だが、天理教や金光教も救済宗教だ。そして、天理教や金光教の場合、民俗宗教という発生基盤との関連が明確に捉えられる。民俗宗教に近い救済宗教なのだ。そこで民俗宗教のどのような側面から救済信仰が生まれてくるかを手に取るように捉えることができるだろう。これが発生基盤である民俗宗教に注目した理由である。

(2)　救済宗教と倫理的個人・主体の成立

偉大な教祖が出現して、特異な宗教体験を経て、新たな宗教伝統を打ち立てる。その核には「救済」という概念がある。「救済」とは「悪」が避けがたい実在性をもつという認識と関わりがある。悪に、また苦や罪に脅かされる人間であるからこそ、救われなくてはならない。だが、その道を人類は知らなかった。教祖が現れて、初めて人類は悪について、また救済について、究極的な真理を明かされるに至った。人類の精神史は教祖の登場以前と以後で大きく二分される。この救済史が時間意識の基盤となる。このように教える宗教が救済宗教である。仏教もキリスト教もイスラームも、天理教や金光教もこのような救済宗教としての特徴を共有している。「宗教」というとき、まず念頭に置かれるのは救済宗教であることが多い。

個々の人間もこの究極的な真理を知る前と後とでは、人間としてのあり方が大きく異なる。究極的な真理を知り、身につけていく過程が人生の中心的な主題となる。信仰、悟り、信心をわがものとする、あるいは求め続けていくことが、倫理的な個人として、また自律的な主体性をもった生き方をする柱となる。自らの内に倫理的な判断の基準をもつこともそれによって可能になる。それは平等・対等な人類の一員としての自己を強く内面化することであり、国や部族や地域共同体や家族親族の一員であるということを越え出ていくことを意味する。普遍的な真理に照らし合わされる自己を強く意識することである。

人類史の水準で救済宗教が大きく登場するのは、古代文明圏に帝国が成立してくる紀元前一千年紀である。この紀元前一千年紀が人類の精神史において転換軸となったということを明確化したのが、カール・ヤスパースの「軸の時代」の論である（ヤスパース『歴史の起源と目標』（ヤスパース選集9）重田英世訳、理想社、一九七六年、原著、一九四九年）。ヤスパースはマックス・ウェーバーと親交があり、ウェーバーの宗教社会学の構想に大きな影響を受けてこの論を提示した。しかし、ヤスパースは「軸の時代」に登場した精神文明を救済宗教に限定していない。ギリシア哲学や儒教もそこに含めている。そして、それはある程度、納得できる精神文明史の理解である。そこに歴史的な文明社会で前提とされてきた主体のモデルが形成された。そのことによく考慮を払った上で、「では、日本において救済宗教の意識構造はどのように導入され根づいていったか」という問いが成り立つ。

日本においては、六世紀以来の仏教の導入が救済宗教の導入の主要な道筋であることに異論はないだろう。では、救済宗教的な意識構造がいつどこまで日本に根づいたのか、これについてはさまざまな捉え方がある。鈴木大拙の『日本的霊性』（大東出版社、一九四四年）のように鎌倉時代に深い精神史的転換があったとする考え方や、阿満利麿の『日本人はなぜ無宗教なのか』（筑摩書房、一九九六年）のように、「創唱宗教」（私が「救済宗教」とよぶものとほぼ同じものを指す）は未だに日本人の身についていないとする考え方もある。

だが、江戸時代の末期から第二次世界大戦後に至る時期に、民衆を基盤とし「救済」を掲げる多くの宗教運動が広がったという事実を無視するわけにはいかないだろう。民衆宗教、あるいは新宗教とよばれる救済宗教が、一九世紀の初め頃から現代に至るまで大きな影響力を保ってきた。これは日本の宗教史の一つの注目すべき事実である。近現代において、民衆が主体となる救済宗教集団が勢力を拡張したこと、これを日本の宗教史の顕著な特徴と見ることができる（拙著『現代救済宗教論』青弓社、一九九二年）。

天理教や金光教は、この救済宗教集団群の初期の顕著な例であり、その後の運動を引き出す役割も担ったと言えるだろう。たとえば、大本教の出口なおの神がかりは、「艮《うしとら》の金神」や「お筆先」といった用語が用いられていることからも分かるように、金光教や天理教を強く意識してなされている。そうであるとすれば、金光教や天理教の発生過程を学ぶことによって、日本における救済宗教のあり方、また発生の仕方の特徴を捉える手がかりが得られるだろう。本書に収められた諸論考、また天理教の発生過程についての私の諸論考は、こうした問題意識にそって書かれていった。

この過程で大きな影響を受けたのが、安丸良夫の民衆宗教研究だった。安丸良夫は江戸時代の前期以来、民衆が「通俗道徳」の実践を通じて自己鍛錬を行い、主体を形成していく歴史を明らかにした（『日本の近代化と民衆思想』青木書店、一九七四年)。安丸は民衆宗教をこの通俗道徳的な民衆思想の系譜において捉える。安丸良夫『出口なお』(朝日新聞社、一九七七年)はその観点からの教祖論である。この安丸の研究は私の教祖論の一つの道標となった。民俗宗教との連続性をもっと重視すべきではないかとの観点からの批判を行いはしたが(『現代救済宗教論』第六章「日本の近代化と民衆宗教」)、安丸の研究から学んだものは大きかった。

一九八〇年代半ば以降も私は民衆宗教(新宗教)の研究を続けていったが、それは大正期以降、現代に至るまでの救済宗教集団を論ずる方向にシフトしていった。『現代救済宗教論』(青弓社、一九九二年)、『新新宗教と宗教ブーム』(岩波ブックレット、一九九二年)はその過程でまとまっていったものである。そして、オウム真理教地下鉄サリン事件(一九九五年)が来る。ここで救済信仰が暴力的抑圧的な方向へ展開する典型的な事例に向き合わざるをえなくなった。その問いへの応答は、以下の書物にまとめられている。

『現代宗教の可能性——オウム真理教と暴力』岩波書店、一九九七年

その結論部分から一節を引く——「麻原彰晃は瞑想や身体修行を初めて本格的に取り入れた大衆運動を作り上げるとともに、現世否定の教説を持ち込んでラディカルな超越志向を含みもった新宗教教団を育てようとした。新宗教の現世主義を引き継ぐ集団行動主義と、主としてタントリズムに由来する超越志向の宗教性を合体させたと言える。しかし、オウムが継承した現世主義はいのちを育む能力を喪失した無残な空洞化した現世主義であり、取り込んだ超越性はそれが健康な形で存立するための条件から切り離された頽落したそれでしかなかった」(一九九ページ)。

「救済」信仰は自律的な主体性の形成に資する可能性をもつとともに、暴力の増幅へと向かう可能性を備えている。この認識は天理教・金光教を素材とした民衆宗教発生論と矛盾するわけではないが、そこに十分に組み込まれていなかったことも確かである。

(3)　日本の近代民衆宗教の救済思想

民衆宗教（新宗教）に現れているような救済宗教の特徴を捉えるという点で、本書に収めた諸論考と同時期に発表された重要な論考がある。

対馬路人・西山茂・島薗進・白水寛子「新宗教における生命主義的救済観」『思想』六六五号、一九七九年一一月

この論考は、社会学者の対馬路人の考察を軸に、他の三人の共著者の考察を加え、一九七八年の国際宗教社会学会の東京集会において、日本語と英語で同時に発表されたものである。

この論文で示されていることは、新宗教の多くの教団が現世志向的、一元論的な救済観をもっているということである。一九世紀の前半から一九七〇年代までに主要な発展期をもった日本の新宗教の諸集団の大多数が、現世志向的な救済観をもっており、死や死後の世界に強い関心を向けるというより、この世の生の充実にこそ力点を置いている。人間の「陽気ぐらし」を見てともに楽しむことこそ、人間と天地万物を産み出した神の究極の目標だったという天理教の教えはその代表的なものである。

この点では、黒住教、天理教、金光教、本文仏立講のような明治維新以前に発生した教団から、第二次世界大戦前後の時期に発生した、霊友会、生長の家、世界救世教、真如苑、立正佼成会、創価学会、妙智會教団のような教団までほぼ同様である。これらの教団は、いずれも「生命の根源」としての「親神」、「仏」、「宇宙大生命」といった根源者を尊び、それとのつながりを保持し、そこから恵まれた生命を分かち合う他者との連帯を大切に生きていくよう教える。それがこの世での救済、すなわち最高の幸福を得ていく道だとする。こうした生命主義的救済観が新宗教全体にわたって共有されているとする。

「生命主義」という語の意味するところの一つとして、伝統的宗教と比べて「生」の横溢が強く願われ、讃美されている代わりに、死に対する関心が薄いということがあった。「新宗教における生命主義的救済観」ではそのことを次のように論じている。

生命主義的救済観の特徴の一つは、われわれが現に生きているこの現実世界における救済の実現を説くことであり、この点で、彼岸志向的ないし解脱的救済論の現世悲観主義と著しい対照を示している。この現実世界における生命の充実・開花に積極的・救済的な意義が与えられるのとは対照的に、死後の世界での救いに対する関心はうすい。

我道は死ぬるばかりぞ穢れなり、生き通しこそ道の元なれ（黒住教『黒住教教書』）

死ぬる用意をするな、生きる用意をせよ、死んだら土になるのみ（金光教『金光大神理解』）

死んでいってからなんて何ひとつ自由にならない、生きているうちだけが自由であって金もつかえれば仕事もできる、修業もできる（霊友会『天の音楽』）

少なくとも第一義的には、救いはこの現実世界において「子孫繁栄、家繁昌」（金光教）、「陽気ぐらし」（天理教）、「寿命も長くなり、おだやかにくらす」（大本教）生活、「現世の幸福《みさち》」（PL教団）の実現、「強き強き生命力の涌現」（創価学会）、「地上天国」（世界救世教）の実現といったかたちで達成されるべきであると考えられている。

この論考では、伝統的な救済宗教と対比して、日本の近現代に展開した救済宗教としての民衆宗教（新宗教）の特徴を示すことに力点があるが、本書に収めた私の諸論考においてもそのことは強く意識されている。救済といっても、求められているのはこの世の外での救済、死後の世界での救済ではない。つまり、現世否定的ではない。救済は現世の中で実現する。このように、現実次元と超越次元とが連続的であり、一元論的である。にもかかわらず「救済」宗教であるという捉え方となる。天理教や金光教の発生論において、それは民俗宗教との連続性を強調するという形で示されている。

また、現世肯定的な救済宗教の特徴ということは「生神思想」という概念で考えようとしたことでもあった（本書第III部第1章「生神思想論――新宗教による民俗〈宗教〉の止揚について」）。教祖はこの世の存在でありながら、そのまま「生神」として崇敬された。また、「救けのわざ」というような呪術的なものと相通じる儀礼が大きな役割を演ずる。この点では、救済宗教「以前」的な宗教性を引き継いでいる。民俗宗教にしばしば見られる「生神信仰」と連続的である。だが他方、その「生神」は民俗宗教の中にあるような「多数並存する生神」ではなく、救済史の決定的な転換を画するような、唯一性をもった「生神」である。「救けのわざ」のような救済儀礼も至高の師で救世主的な存在として尊ばれる「生神」への信仰を不可分のものとして信仰されている。その面では他の神仏霊的諸存在とは異なる隔絶性をもっている。「生神信仰」から一歩踏み出た「生神思想」を含んだ信仰なのだ。以上のように、「生神思想」という用語を用い、「唯一の真理を体現した至高の人間」という理念に、神道的・民俗宗教的な伝統の「止揚」の核心を求めようとしたものだった。

「生神思想」については、金光教祖の言葉を元にして小沢浩らによって、並行して、またその後も考察が進められていった（小沢浩『生き神の思想史』岩波書店、一九八八年）。小沢の場合、「誰でもが生き神になれる」というように、生神の開放的な側面が強調されているのに対して、私の論では唯一性、隔絶性を強調しており、そこに偏りがあることを認めざるをえない。また、仏教系の民衆宗教（新宗教）においては、「唯一の真理を体現した至高の人間」という理念はさほど明確ではない。釈尊（ゴータマ・ブッダ）や日蓮の卓越性が強調されることもある。神道系でも大本教の場合、開祖（出口なお）と聖師（出口王仁三郎）の両者が教祖として尊ばれる。たとえ天理教・金光教には妥当であったとしても、その適応範囲は狭い。

さらに、「初期新宗教における普遍主義」（第III部第6章）では、「平等性」と「全体性」という概念を立てることで、伝統的な救済宗教と近代日本の民衆宗教（新宗教）の思想体系としての違いを示そうとしている。「全体性の主張とは、唯一の源泉にもとづく唯一の真理の体系があらゆる事がらを説明しつくしうるし、そうすべきだとするものである。自然界・人間界はそれらと次元を異にする存在（神・仏）や理法の一元的支配の下にある。真理とはそれらの存在や理法から人間に開示されたものなのだから、当然ただ一つの体系をなすはずだと信じられる」として、近代日本の民衆宗教（新宗教）ではこの側面が弱いということを示そうとしている。これらについては、さらに考察を深めていくべきところだが、アイディアを示すところで終わっている。

民衆の自律的な社会的主体の形成と宗教との関わりについて問うという私の問題意識が、今なお意義をもつというのが、本書の序章と第Ⅰ部で磯前氏が示唆しているところだ。しかし、天理教や金光教や大本教のような民衆宗教がそのような可能性をもっていたとして、実際の歴史経過においてどうだったかについては、私の考察はまだまだ不十分である。「救済」の信仰がどのような場合に、自律的な社会的主体の形成に有効に機能するのかという点について、「生神思想」や「普遍主義」という観点から問おうとしたが、入り口から少し入ったところで立ち往生している状況である。

他方、日本の伝統仏教については、『日本仏教の社会倫理』（岩波書店、二〇一三年）で一歩、先へ踏み込んだというところである。「民衆宗教の社会倫理」については、次節でふれるような展開はあったものの大きな歩みには至っていない。

（4）民衆宗教発生論「以後」

その後、私の研究は民衆宗教論以外の方面へ広がっていったが、民衆宗教論をさらに深めていく余地はふんだんにあり、教祖論の分野でも民衆宗教研究の意義深い業績が生み出されている。たとえば、浅野美和子『女教祖の誕生――「如来教」の祖・媰姾如来喜之』（藤原書店、二〇〇一年）や神田秀雄『如来教の成立・展開と史的基盤――江戸後期の社会と宗教』（吉川弘文館、二〇一七年）は、現世救済ではない民衆宗教の事例についての意義深い研究である（拙著『スピリチュアリティの興隆』岩波書店、二〇〇七年、でそのことにふれている）。一九七〇年代以降、新たに発生する新宗教にも、現世否定的・来世救済的な要素が顕著に出てくる場合があり（拙著『ポストモダンの新宗教――現代日本の精神状況の底流』東京堂出版、二〇〇一年）、民衆宗教（新宗教）の歴史、日本における救済宗教の歴史を考える上でも参考になる点が多い。

私自身は霊友会の久保角太郎や小谷喜美、生長の家の谷口雅春、創価学会の牧口常三郎や戸田城聖、修養団誠誠会の出居清太郎、大本教の出口王仁三郎などの研究を積み重ねてきてはいる。

「新宗教の体験主義――初期霊友会の場合」村上重良編『大系・仏教と日本人10　民衆と社会』春秋社、一九八八年

「生長の家と心理療法的救いの思想――谷口雅春の思想形成過程をめぐって」桜井徳太郎編『日本宗教の正統と異端』弘文堂、一九八八年

「生活知と近代宗教運動――牧口常三郎の教育思想と信仰」河合隼雄ほか編『岩波講座宗教と科学5　宗教と社会科学』岩波書店、一九九二年

「新宗教と現世救済思想――創価学会の仏教革新」高崎直道・木村清孝編『シリーズ・東アジア仏教4　日本仏教論――東アジアの仏教思想III』春秋社、一九九五年

『時代のなかの新宗教――出居清太郎の世界1899-1945』弘文堂、一九九九年

『思想の身体　悪の巻』春秋社、二〇〇六年

だが、天理教祖・金光教祖の研究ほどに打ち込むことはなく、民衆宗教理解の深まりも限定的だった。「生神思想」にあたるような救済信仰の理念は、大本教以後の新宗教では薄れていく。では、自律的な主体性と救済信仰の関係はどのように変化していったのか。合理的な知識をもつ主体の意識や、個人の主体性を教える近代教育の影響が増していく。

出口王仁三郎、久保角太郎、牧口常三郎、谷口雅春、出居清太郎の場合、そのような思想資源から自律的主体性を調達しようとする側面がある。その側面に注目し、近代化が進むとともに救済理念が変容していく過程を理解することに努めた。

ただ、宗教的な思想がもつ自律的主体性を問うという問題意識は、次第に民衆宗教（新宗教）研究という枠には収まらなくなってきた。「救済宗教とは何か」、また「日本における救済宗教はどのような特徴と歴史をもつのか」といった問題意識は保持し続けていたが、それは民衆宗教「以後」を問うという方向に展開していった。近代化とともに来世救済の思想が受け入れられにくくなってくる状況で、日本では民衆宗教（新宗教）の現世救済思想が広まってきたと捉えることもできるが、やがてその現世救済思想も受け入れられにくくなってくるのではないか。そもそも「救済」という観念や、避けがたい「悪」という観念が受け入れにくくなっているという事態がある。

そこで、「スピリチュアリティ」に関心が向かった。世界的に「救済宗教」以後の「新しいスピリチュアリティ」（新霊性運動・新霊性文化）の興隆が見られる。日本でも一九七〇年代末以降、「精神世界」や「霊性」の人気が高まっていった。これらは、かつては「救済」を提供する思想や実践や共同体に求められていたものを、個々人がそれぞれに体験し選び取る思想群・実践群の総称である。救済宗教団体に属していても、個々人それぞれがスピリチュアリティを探求する傾向が強まる。それは死生学やスピリチュアルケアといった領域でも顕著になっていく。

『精神世界のゆくえ』東京堂出版、一九九六年、新版、秋山書店、二〇〇七年
『現代宗教とスピリチュアリティ』弘文堂、二〇一二年

一九九〇年代以降の私の研究はそうした方面に力点が置かれるようになってきた。だが、現代の新しいスピリチュアリティのあり方を理解するときにも、民衆宗教発生論で学んだ宗教理解が引き継がれている。たとえば、死生学やスピ

リチュアルケアの領域では、死に直面した個々人は「スピリチュアルペイン」に見舞われると捉えられる。しかし、天理教や金光教の教祖が民衆宗教を創唱する以前に体験した苦悩は、まさにスピリチュアルペインそのものであった。スピリチュアルペインに即して個々人の自己意識の変化を捉えようとする点では、教祖研究とスピリチュアルケアの研究は連続的と言えるだろう。

民衆宗教発生論「以後」のもう一つの大きな研究領域は、民衆宗教と国家や市民社会との関係に関わるものである。「軸の時代」の理論に即して考えると、民衆宗教が倫理的な個の意識や自律的な主体の形成に寄与する可能性をもつことになる。では、それは近代日本社会においてどのように現れたのか。これはたいへん大きな問いであり、たくさんの研究が積み重ねられてきた。民衆宗教の諸集団は国家とどのような関わりをもったか。厳しい抑圧を受けたり、抑圧を避けるために妥協したり、戦争政策に協力したりといったさまざまな対応があった。国家との関わりだけではない、ナショナリズム、社会倫理等の側面でどのような思想・実践の展開があったのか。それらは教祖の宗教性をどう受け継ぎ、あるいは隔たっていったのか、等々。

これらについてもさまざまな研究が積み重ねられてきているが、本書に収められている諸論考ではほとんど触れられていない。「初期新宗教における普遍主義」（第III部第6章）での平等性と全体性についての論がその端緒を提示したにとどまっていた。実際、国家と宗教という問題になると、特定宗教集団にそった研究では限界が大きい。民衆宗教だけではなく、仏教やキリスト教の諸教団についても、またさまざまな宗教者やグループについても問うていなくてはならないだろう。そして、そもそも「近代日本の国家と宗教」についての全体構図を捉えていなくてはならないだろう。私が二〇〇〇年代に入って、国家神道論に取り組んだのは（拙著『国家神道と日本人』岩波書店、二〇一〇年ほか）、そうした問題意識によっている。

たとえば、安丸良夫氏の民衆宗教論は当初から、「近代日本の国家と宗教」についての明確な問題意識をもっており、そこから遠く離れてはいかなかったように感じられる。本書に収録されたシンポジウムでも、その特徴はよく現れている。私の論考は、マックス・ウェーバーやカール・ヤスパースを受け継ごうとし、文明論的な広がりをもっているが、その分、「国家と宗教」といった論点については明確さを欠いたところがあったかもしれない。国家神道研究はその弱点を補おうとする意味ももっている。

本書で取り組んだ民衆宗教発生論・教祖論から展開していく問題群はたいへん広く、そのすべてを追おうとすれば、議論は拡散していかざるをえないだろう。だが、民衆宗教発生論・教祖論はそのように幅広い射程をもったものであるということもできるだろう。安丸氏に拙著を謹呈すると、いつも丁寧なお葉書をいただいた。もう二〇年ほども前にいただいた葉書に、「日暮れて道遠し」と記されていた。個人的な「安丸語録」の中でも、今にふさわしいその言葉を思い起こしながら、この終章をしめくくる。

晩年の安丸良夫先生と研究会を続けることができたのはたいへん幸いなことだった。林淳氏（愛知学院大学）とともにその研究会を担ってくれたのが磯前順一氏（国際日本文化研究センター）である。その磯前氏の尽力で「民衆宗教発生論」の再考の機会を得たことに感謝している。

（1）　天理教や金光教などは「教派神道」に属するものとして社会的に位置付けられたが、第二次世界大戦後の歴史学においては、担い手に注目して「民衆宗教」とよばれることが多かった。他方、社会学においては「新宗教」のうちの比較的、時期が早いもの、すなわち「初期新宗教」として捉えられることが多かった。二つの概念の異同については、「民衆宗教か、新宗教か――二つの立場の統合に向けて」「江戸の思想」編集委員会編『江戸の思想1　救済と信仰』（ぺりかん社、一九九五年）で考察したことがある。ここでは「民衆宗教」の語を用いることにするが、この用語を重視しているからではなく、本書では歴史学的な論点との関係がより大きいと考えてそうしている。

あとがき

磯前　順一

二〇一六年四月四日、安丸良夫先生は八一歳の人生を閉じた。自宅前での交通事故が原因となっての無念の死であった。事故から約一カ月、容態の思わしくない安丸先生をおもんばかって、色川大吉さん、ひろたまさきさん、鹿野政直さんをはじめ、原秀三郎さん、小沢浩さんたちに声がかけられ、島薗先生も私も見舞いに駆けつけた。そこで何年ぶりかで、安丸先生と最後の言葉を交わすことができた。

安丸先生が一橋大学を退官する直前に、島薗先生の紹介で私は安丸先生と知り合うことができた。そして、自分が東京の大学に勤務した約一〇年間、ともに主宰した研究会でその民衆宗教史を勉強させていただいた。その成果のひとつが、安丸先生の晩年の主著『文明化の経験』（岩波書店、二〇〇七年）の刊行を契機とする論集『安丸思想史への対論』（ぺりかん社、二〇〇八年）であった。そして、もう一冊が研究会の成果を何とか形にした『戦後知の可能性』（山川出版社、二〇一〇年）であった。勉強会をさせていただいた上に、二冊のお仕事を共にさせてもらったのは若かった自分にとって僥倖であった。

しかし、当時の自分は日本の宗教思想史を言説論の視角から捉えようとしていたこともあって、安丸先生の専門とする民衆史の分野には十分踏み込めず、その理解には消化不良の感が否めなかった。特に、『戦後知の可能性』は、提唱者である安丸先生を除けば、戦後知が一体何であるかを明確に把握しておらず、稔りある議論にまで発展しえずに途切れてしまった。安丸先生は戦後の知識社会を生き抜いてきたが故に、その結果である戦後知に可能性を見出そうとしていたが、その残骸を目の当たりにしてきた私はどうしても戦後的な価値観を肯定的に捉える気持ちにはなれなかった。

その頃、安丸先生からは「一つ目の仕事は勢いで出来る。時代の流行と交差すればね。問題は二回目なんだ。二回目のときに自分ならではの咀嚼をした思想を作り出せるかどうかなんだよ。」としばしば言われていた。流行の言説論を自分の専門であった宗教学に適応するだけでなく、自分ならではの学問としてどのように発展させるか。そうした危機感を私は持つようになっていた。それは安丸先生とは違うアプローチで、戦後および近代社会を捉えるものでなければならなかった。

具体的には『安丸思想史への対話』の編纂過程で安丸先生から言われた、「自分が今の時代を生きる君の立場ならば、江戸・明治の農民史はやらないね。僕以降の人たちも、それは僕たちの世代が作った枠組みを継承しているだけだよね。農村解体以降の民衆史をやるね。それが創造的ということだろう。」という言葉が気になっていた。現代性、何よりもまず自分にとって逼迫した問題に取り込むこと。そこから、通俗道徳が解体する一九六〇年代の団地住まいのテレビ世代の体験を対象としたグループ・サウンズ論を、そして二〇一一年の東日本大震災を対象とした被災地信仰論を書き上げた。

そのときに久しぶりに、安丸先生と島薗先生の三人で上野の鰻屋で会った。他人に奢られることも奢ることも潔しとしない安丸先生が、「原稿料がすこしまとまって入ったから」という私の言葉に気を許してくださったことを嬉しく感じた。

それから五年、安丸先生に再会したのは立川市の病院であった。病院のベッドで目を覚まされた安丸先生と、何度かの訪問でいくつかの言葉を交わした。それが最後の会話になった。それから二週間後、安丸先生は帰らない人になってしまう。葬儀では人々は口々に安丸先生から学恩や愛情を賜ったと話していた。華やいだ回顧談のなかに、なぜか私のいる場所はなかった。

帰路につきながら、では私は安丸先生から何を受け継いだのだろうかと自問した。そこで、これまで学び損ねていた民衆宗教の世界に足を踏み入れてみようと思ったのだ。おりしも、安丸特集を組む予定の雑誌から寄稿の打診があった。幸いに、若き日に安丸先生が訪れた岡山の金光教団を自分も訪問するご縁もいただいた。思いがけないことに、著作集にも年譜にも収録されていない、安丸先生の金光論を教団の方から頂戴することにもなる。それが今回収録した安丸先生の論文である。

この論文は、安丸先生の名を世に知らしめた『日本の近代化と民衆思想』が刊行される直前の講演を活字にしたものであった。そして、安丸先生が金光教団に来てどこを訪れ、何を見たのかを関係者の方から教えていただき、自分もまた同じようにゆかりの場所を案内してもらった。あいにく、その日は激しい雨の日だった。私は風邪をこじらせてしまい、結局、雑誌への寄稿は間に合わないでしまう。しかし正直なところ、たとえ時間にゆとりがあったにせよ、何をどう書いてよいのか、民衆宗教の豊かで奥行きのある世界に圧倒された私は、書くべき言葉を見失っていた。

半年以上の沈黙の後、私は安丸先生という読み手だけを念頭において、数カ月の間、執筆に没頭した。それが今回収録された拙稿である。その主題は「宗教的主体化」。若き日の安丸先生が批判したように、西洋的な近代主義とは異なる主体形成のあり方を、日本の民衆の経験に模索しようとしたものである。当然のことながら、その好敵手であった島薗先生の新宗教論も併せて射程に収めなければ、議論は成り立たないことになった。

その論文が書きあがった頃、私にはもう一つの出会いが訪れる。安丸夫人の弥生さんに紹介されて、大本関係者の人たちの知己を得ることができたのである。京都に住む彼らと共に、綾部を訪れた。そして、『出口なお』を書いた当時の安丸先生の人となり、教団の人々との付き合いの様子などを聞くに及んだ。生前の安丸先生が、自分がもうすこし若ければ、今度は中国大陸に進出した出口王仁三郎のことを書きたいと述べていたことを伝えるととても喜ばれ、いずれはその遺志を継いでほしいと励まされた。

思えば私自身が中学しか出ていない両親の子どもとして生まれ、商家を継ぐことを期待されていた。実家には、安丸先生の描く通俗道徳を体現したような二宮金次郎像や福助人形、あるいは恵比寿・大黒像があった。その一方でキリスト教会の幼稚園に通っていた自分には、はっきり自覚はできないではいたが、この二つの世界の違いをなんとか理解したいという欲求がずっとあったように思われる。理解しなければ、自分の住む世界は二つに分断されたままで、その分裂は主体の統合性を大きく損なう危機を感じ取っていたのであろう。

青年期を迎え、実家のトラブルもあって、自分はこうした通俗道徳の世界から離れよう、離れれば幸せになれると思い、大学のアカデミズムの世界へと逃避しようとする。そんな若い頃の自分には安丸先生が描く民衆の世界は、自分が目を背けたがっていた出自を突きつけられているようで荷が重かったのだ。

結局のところ、安丸先生がこの世を去るのと入れ替えに、私は民衆の世界に戻ってきたことになる。しかし、もはやそのときには自分は民衆であって、同時に民衆ではない存在になっていた。かつての安丸先生もそうであったのだろう。「市井の隠者」という、安丸先生がよく口にした言葉もそういった存在の二重性から出てきていたのだと思う。市中の只中に住みながらも、その場の空気には決して馴染みきれない自分の違和感、あるいは同化されきれない強靭さ。「孤独を代償にしなければ知識人の責務は担えない。」そのようなことを安丸先生はしばしば口にしていた。

「市井の隠者」とは、私のように疎外感に悩まされる弱さに甘えることなく、孤独に心を閉ざすことのない強靭な精神の持ち主のことなのだ。だから、民衆宗教も、その只中にいながらも、同時に全体を俯瞰する視点の拡がりを持ち得るのだと、私も次第に了解するようになる。それが安丸先生の言う「全体性」、すなわち世界を超越的に俯瞰する視座のことなのだと思う。おそらく島薗先生も同様の精神の強さと責任感の持ち主なのだろう。それゆえ、二人は強い信頼関係で結ばれていたと私は感じる。

最後になったが、安丸先生から贈られた最後の葉書の文章を紹介しておきたい。私の被災地信仰論に対する読後感を綴ってくださったものである。

『死者のざわめき』、たいへん感銘深く、一気に拝読しました。大きなものの見方をふまえながらも、現地を何回も訪れ、ご自分の内部経験に組み替えてのみごとな表現になっているように思われました。学問の既存の枠組みをいったん離れて、自分の内面を拠点にして世界の全体性を再構築されているということでしょうか。しかしそのためには、何よりも死者たちの声にならない声に耳を傾けようということでしょうか。としても難しい、そしてもはや後戻りできない地点を進んでおられるのだと思います。……御労作ありがとう。お礼までに」。

「今度の震災は先の戦争と同じように、出来事の意味を昇華するのに一〇年はかかると思うよ。」東日本大震災の直後に、いち早く文章を発表した私に安丸先生はそのようにいましめてくださった。根気強く出来事に向き合っていくこと。そうした忍耐強い生活の中で、安丸先生は戦後という社会にも希望を見出そうとしてきたのであろう。その過程の中で、安丸良夫という個人の「主体」もまた歴史家として生起してきたのだ。それは自分の意志なしでは成り立たないものではあるが、状況の中で自分が他者によって生かされた存在であることを引き受ける者にしか起こり得ないものでもあろう。

そのうえで、「自分の人生が後戻りできない選択を積み重ねていく中でしか、人間は前に進んでいくことは出来ないものなんだよ」、このように安丸先生は研究に逡巡する私を諭してくれた。今から思えば、そうした人生の不可逆さを自らの判断の結果として引き受けること。それが、安丸先生が自らの人生を通して実践してきた、進行中の「主体化過程」であったのだろう。いつか私は安丸先生が生まれ育った真宗の篤信地帯、砺波平野を訪れてみたいと思っている。

著者紹介

島薗　進（しまぞの・すすむ）

1948年生まれ．東京大学大学院人文科学研究科博士課程単位取得退学．上智大学神学部特任教授・同大グリーフケア研究所所長／東京大学名誉教授．宗教学・宗教史・死生学研究．

主要著書に『現代救済宗教論』（青弓社，1992年），『救いと徳』（編，弘文堂，1992年），『時代のなかの新宗教』（弘文堂，1999年），『〈癒す知〉の系譜』（吉川弘文館，2003年），『スピリチュアリティの興隆』（岩波書店，2007年）ほか．

安丸　良夫（やすまる・よしお）

1934年生まれ．京都大学大学院文学研究科博士課程修了．一橋大学名誉教授．日本思想史研究．2016年逝去．

主要著書に『日本の近代化と民衆思想』（青木書店，1974年，平凡社ライブラリー，1999年），『出口なお』（朝日新聞社，1977年，岩波現代文庫，2013年），『神々の明治維新』（岩波新書，1979年），『近代天皇像の形成』（岩波書店，1992年，岩波現代文庫，2007年），『文明化の経験』（岩波書店，2007年）ほか．

磯前　順一（いそまえ・じゅんいち）

1961年生まれ．東京大学大学院人文科学研究科博士課程中退．博士（文学，東京大学）．国際日本文化研究センター教授．宗教・歴史研究．

主要著書に『近代日本の宗教言説とその系譜』（岩波書店，2003年），『喪失とノスタルジア』（みすず書房，2007年），『宗教概念あるいは宗教学の死』（東京大学出版会，2012年），『閾の思考』（法政大学出版局，2013年），『死者のざわめき』（河出書房新社，2015年）ほか．

民衆宗教論
宗教的主体化とは何か

2019年 5月30日 初 版

[検印廃止]

著 者 島薗《しまぞの》 進《すすむ》・安丸良夫《やすまるよしお》・磯前順一《いそまえじゅんいち》

発行所 一般財団法人 東京大学出版会
代表者 吉見俊哉
153-0041 東京都目黒区駒場4-5-29
http://www.utp.or.jp/
電話 03-6407-1069 Fax 03-6407-1991
振替 00160-6-59964

組 版 有限会社プログレス
印刷所 株式会社ヒライ
製本所 牧製本印刷株式会社

ISBN 978-4-13-010413-5 Printed in Japan